Die Schriftsteller
und die Weimarer Republik

Die Schriftsteller und die Weimarer Republik

Ein Lesebuch

Herausgegeben von
Stephan Reinhardt

Verlag Klaus Wagenbach Berlin

Eine Republik zu bauen aus den Materialien einer niedergerissenen Monarchie, ist freilich ein schweres Problem. Es geht nicht, ohne bis erst jeder Stein anders gehauen ist …

Georg Christoph Lichtenberg

Wagenbachs Taschenbuch 208

Umschlaggestaltung Rainer Groothuis
unter Verwendung einer Montage von Herbert Bayer
(*Einsamer Großstädter*, 1932. Museum Folkwang Essen)
Das Karnickel auf Seite 1 zeichnete Horst Rudolph
Druck/Bindung durch die Druckerei Wagner, Nördlingen
Gedruckt auf chlor- und säurefreiem Papier
Printed in Germany.
ISBN 3 8031 2208 2

Inhalt

Die Revolution

Rat geistiger Arbeiter 12
Heinrich Mann *Sinn und Idee der Revolution* 16
Kundgebung von Berliner Künstlern und Dichtern 17
Walter von Molo *Ruhe, Ernst, Verantwortungsgefühl* 19
Alfons Paquet *Das Golgatha der Völker* 19
Aufruf der »Antinationalen Sozialisten Partei« 20
Ludwig Rubiner *Die Erneuerung* 22
Armin T. Wegner *Aufruf zum Bürgerkrieg* 23
Carl Sternheim *Die deutsche Revolution* 24
René Schickele *... ohne Anwendung von Gewalt* 25
Rudolf Leonhard *Kampf gegen die Waffe!* 25
Kasimir Edschmid *An den hessischen Ministerpräsidenten* 26
Alfred Döblin *Karl Liebknecht und Rosa Luxemburg* 27
Kurt Tucholsky *»Zwei Erschlagene«* 28
Gerhart Hauptmann *Eine rote Garde nach russischem Muster ...* 29
Oskar Kanehl *Demokratie – Lügendemokratie* 30
Für das neue Deutschland! 30
Thomas Mann *Zuspruch* 33
Hermann Broch *Konstitutionelle Diktatur als Rätesystem* 34
Albert Ehrenstein *Urteil* 36
Entschließung des 2. Aktivistenkongresses 36

Die Republik der Schriftsteller

Ernst Toller *Brüder am Schraubstock, am Pflug, am Schreibtisch!* 39
Erich Mühsam *Proletarier aller Länder vereinigt euch!* 40
Klabund *Brief aus dem Gefängnis* 40
Gustav Landauer *Laßt mir ein paar Wochen Zeit ...* 41
Ret Marut *Im freiesten Staate der Welt* 42
Jakob Haringer *Stand, eine Zigarette rauchend, an der Wand* 43
Erich Mühsam *Schlußwort vor Gericht* 44
Appell an die Münchner Regierung 45
Ernst Toller *Die Friedenskonferenz zu Versailles* 48

Versailler Vertrag

Gerhart Hauptmann *An den Kongreß der Alliierten in Paris* 47
Thomas Mann *Nieder mit der westlichen Lügendemokratie ...* 47
Ernst Toller *Die Friedenskonferenz zu Versailles* 48
Thomas Mann *Zum Versailler Friedensvertrag* 49
Walther Rathenau *Was soll geschehen?* 50
Gerhart Hauptmann *Folterbank von Versailles* 52
Franz Blei *Die Menschwerdung* 52
Erwin Guido Kolbenheyer *Wem bleibt der Sieg?* 54

Deutsch-französische Aussöhnung – ein erster Versuch

Hugo von Hofmannsthal *An Henri Barbusse* 55
Heinrich Mann *An Henri Barbusse und seine Freunde* 56

Richard Dehmel *Offener Brief an die Weltfriedensprediger* 58
Kasimir Edschmid *An die revolutionäre französische Jugend* 59
Stefan Zweig *Aufruf zur Geduld* 60
An die Demokratien Deutschlands und Frankreichs! 61

»Nur bitte, immer reinspaziert / Das alte Stück wird aufgeführt!«

Otto Flake *Klärung* 62
Heinrich Mann *Kaiserreich und Republik* 63
Walther Rathenau *... wir sind ein ordentliches Volk* 65
Ernst Bloch *Jugend, Hindenburg und Republik* 66
Alfred Döblin *Republik* 67
Zur Rettung von Georg Lukács 68

»Nie-wieder-Krieg«-Bewegung

Kurt Tucholsky *Rausch, Suff und Katzenjammer* 69
Kurt Tucholsky *Drei Minuten Gehör!* 70
Ernst Toller *Genossen! Genossinnen! Revolutionäre Jugend!* 70

»Das dritte Reich«

Moeller van den Bruck *Das dritte Reich* 72
Joseph Goebbels *Michael* 73
Otto Flake *Die Ringleute* 74
Thomas Murner *Von der deutschen Republik* 75

Deutscher Maskenball

Kurt Tucholsky *Kapp-Lüttwitz* 77
Gerhart Hauptmann *Deutsche Einheit* 77
Franz Jung *Für Max Hoelz* 78
Gerhart Hauptmann *Für ein deutsches Oberschlesien* 79
Alfred Döblin *Staat und Schriftsteller* 80

Antisemitismus

Siegfried von Vegesack *Schlag sie tot, Patriot!* 81
Alfred Döblin *Zion und Europa* 82
Jakob Wassermann *Mein Weg als Deutscher und Jude* 82
Wilhelm Schäfer *Die deutsche Judenfrage* 83

Künstlerhilfe für die Hungernden in Rußland

Aufruf von Künstlern für die Rußlandhilfe 85
»Arbeiterhilfe für die Hungernden in Rußland« 85
Karl Kraus *Gott erhalte ihn als Drohung ...* 86

Von deutscher Republik

Stefan Zweig *Nicht aus der Nähe* 88
Jakob Wassermann *Zu Walther Rathenaus Tod* 88
Hermann Hesse *Geist »ruppiger Pistolenklöpferei«* 88
Kurt Tucholsky *Das Opfer einer Republik* 89
Thomas Mann *Von deutscher Republik* 90

Kurt Tucholsky *Prozeß Harden* 92
Axel Eggebrecht *Das Ende der bolschewistischen Mode* 93

1923

Lion Feuchtwanger *Ruhrbesetzung* 94
Alfons Paquet *An Frankreich* 94
Rainer Maria Rilke *Alle diese herrlichen Patrioten* 95
Gerhart Hauptmann *An den amerikanischen Präsidenten Harding* 96
Carl Sternheim *Fest am irdischen Besitz* 97
Alfred Döblin *Blick auf die Ruhraffäre* 98
Thomas Mann *Geist und Wesen der Deutschen Republik* 98
Heinrich Mann *Wir feiern die Verfassung* 99
Zum 11. August 1923 101
Heinrich Mann *Diktatur der Vernunft* 102
Joseph Roth *Reisebild* 104
Otto Flake *Der Zug nach rechts* 104
Lion Feuchtwanger *›Abrechnung mit den Novemberlumpen‹* 104
Erwin Guido Kolbenheyer *Volk und Führer* 105

Reichstagswahlen 1924

Fritz von Unruh *Aufruf an die Jugend* 106
Heinrich Mann *An die Wähler zum Reichstag* 106
Umfrage zur Reichstagswahl 107
An alle Künstler und geistig Schaffenden! 110
Alfred Döblin *Schriftsteller und Politik* 111
Carl von Ossietzky *Schutz der Republik – die große Mode* 111
Schutzverein für die geistigen Güter Deutschlands 112
Johannes R. Becher *Deutsche Intellektuelle!* 113

Meinungs- und Lehrfreiheit – Der Fall Gumbel

Arnold Zweig *Gumbel, Heidelberg, Republik* 114

Paneuropa

Heinrich Mann *VSE – Vereinigte Staaten von Europa* 116
Wilhelm von Scholz *Paneuropa* 117
René Schickele *Erlebnis der Grenze* 117
Fünfzehn Jahre später – eine deutsch-französische Rundfrage 118

»Groß in der Sentimentalität, aber schwach in der Politik«

Thomas Mann *Zu Friedrich Eberts Tod* 120
Kurt Hiller *Republikanische Krönungsfeier* 121
Gerhart Hauptmann *. . . ein Segen für das Reich* 122

Von deutscher Justiz

Adolf Hitler *Rede vor dem Volksgericht* 123
Emil Julius Gumbel *Vier Jahre politischer Mord* 124
Alfred Kerr *Politisch talentlos* 124
Ludwig Quidde *Die Gefahr der Stunde* 125
Paul Levi *. . . lauter ehrenwerte Männer . . .* 126
Johannes R. Becher *An Hindenburg* 128
Gegen eine Gesinnungsjustiz 130

Für die Freiheit der Kunst 131
Protest der »Gruppe 1925« 132
Alfred Döblin *Recht der freien Meinungsäußerung* 133
Dichter und Richter 134
Die Rote Hilfe als »staatsfeindliche Verbindung« 135
Thomas Mann *Rachsucht und ›genehmere Gesinnung‹* 136
Heinrich Vogeler *Aufruf an die deutschen Künstler* 136
Heinrich Mann *Amnestie!* 137
Für Max Hoelz 139

Fürstenabfindung

Aufruf zur entschädigungslosen Enteignung der Fürsten 140

Schund- und Schmutzgesetz

Walter von Molo *Schund und Schmutz* 142
Gegen das Schundliteratur-Gesetz 143
Umfrage zum Schund- und Schmutzgesetz 144
Für Carl Zuckmayer 146

Kampf gegen die Zensur

Alfred Döblin *Aktionsgemeinschaft für geistige Freiheit* 147
Alfred Döblin im Gespräch 148
Heinrich Mann *Gegen die Zensur* 149
Für Alfred Döblin 150
Gegen die Entartung im deutschen Volksleben 151

Über die Freiheit der kolonialen Völker

Brüsseler Manifest zum Kolonialismus 152
China-Resolution 153

Die schwindende Zustimmung

Josef Ponten *Worte an die Jugend* 154
Heinrich Mann *Der tiefere Sinn der Republik* 154
Gerhart Hauptmann *Mussolini* 155
Kurt Tucholsky *Zur Psychologie der ›radikalen‹ Literaten* 156
Alfred Rosenberg *Vorposten bolschewistischen Niedergangs* 157
Thomas Mann *Kultur und Sozialismus* 157
Erich Mühsam *Es lebe die Republik!* 158

Gegen Panzerkreuzer

Für Fortschritt und Kultur 160

Gegen die Todesstrafe

Erich Mühsam *Sacco und Vanzetti* 161
Heinrich Mann *Für Josef Jakubowski* 162

Zehnter Jahrestag der Revolution

Carl von Ossietzky *Gedenkblatt* 164
»Was würden Sie tun, wenn Sie die Macht hätten?« 165
Ernst von Wolzogen *Aufblick zu Führern* 166

Ernst Toller *In Memoriam Kurt Eisner* 166
Siegfried Kracauer *Asyl für Obdachlose* 167

Blutmai

Erich Weinert *Große Anfrage* 168
Carl von Ossietzky *Zörgiebel ist schuld* 169
Kurt Tucholsky *Heimat* 170

»Der Krieg ist unser Vater«

Friedrich Georg Jünger *Der totale Staat* 171
Ernst Jünger *Der Krieg ist unser Vater* 171
Franz Schauwecker *Die Besten der Nation* 171
Ernst Toller *Das dumme Heldenideal* 172
Hermann Hesse *Keine alte Geschichte* 172
Ernst Jünger *Selbstanzeige* 172
Alfred Rosenberg *Sammlung statt Verlumpung* 174
Kurt Hiller *Krieg ist organisierter Massenmord* 175
Manifest gegen Wehrpflicht und militärische Ausbildung 175

Von der Rolle des Schriftstellers in dieser Zeit

Gottfried Benn *An Becher und Kisch* 177
Bertolt Brecht *Ein Mißverständnis* 178
Stefan George *Artverschlechterung* 178

Erdrutsch – Septemberwahl

1929 – ein weltgeschichtliches Jahr? Eine Umfrage 180
Alfred Döblin *Führer für junge Wanderer durchs Labyrinth* 182
Siegfried Kracauer *Was soll Herr Hocke tun?* 183
Thomas Mann *Diese neue ›Rückkehr zur Natur‹ . . .* 183
»Die Intellektuellen haben das Wort« 185
Walter Mehring *Antwort auf ein kommunistisches Verhör* 188
Ernst Toller *Reichskanzler Hitler* 189
Heinrich Mann *Nach der Septemberwahl* 190
Gerhart Hauptmann *Vom »verwegenen Jugendsein«* 191
Klaus Mann *Jugend und Radikalismus* 192
Thomas Mann *Ein Appell an die Vernunft* 192
Erich Mühsam *Zwölf Jahre Republik* 194
Erich Mühsam *Das Jahr der Entscheidung* 196

Aus dem Vereinsleben

Alfred Döblin *Bilanz der Dichterakademie* 197
Paul Ernst *Des Volkes Not und Aufgabe* 198
Friedrich Wolf *Die zwei Patienten* 199
Bertolt Brecht *Für Friedrich Wolf* 200
Thomas Mann *Die Wiedergeburt der Anständigkeit* 200
Hans Henny Jahnn *Die neue Linke greift an* 201
Gegen eine Notverordnung zur geistigen Knebelung 202
Kurt Tucholsky *Austrittserklärung* 203
Aufruf der »Aktionsgemeinschaft für geistige Freiheit« 205
Hermann Hesse *Dieser haltlose und geistlose Staat* 207

Die deutsche Entscheidung

Gerhart Hauptmann *Sehnsucht nach der Monarchie* 208
Heinrich Mann *Die deutsche Entscheidung* 208
Erich Mühsam *Aktive Abwehr* 210
Alfred Kerr *Mein stärkstes Erlebnis 1931* 211
Carl von Ossietzky *Der Weltbühnen-Prozeß* 211
Thomas Mann *Für Carl von Ossietzky* 213
Carl von Ossietzky *Rechenschaft. Ich muß sitzen!* 214

Die Ausscheidung der Juden aus dem Leben

Alfred Rosenberg *Die Lüge als jüdische Lebensform* 215
Gegen die ›Kulturschande des Antisemitismus‹ 215
Heinrich Mann *Der Antisemitismus und seine Heilung* 216
Paul Fechter *Kunstbetrieb und Judenfrage* 217
Jakob Wassermann *Antwort an Fechter* 218
Hans Friedrich Blunck *Anti-Germanismus* 219
Walter Mehring *Rede gegen den Antisemitismus* 220
Theodor Lessing *Ein Kollektiv-Verbrechen* 221

Dämmerung

Ernst Bloch *Tag und Dunkel* 222
Hanns Johst *Kunst unter dem Nationalsozialismus* 223
Walter Karsch *Flucht aus der Drecklinie* 223
Fritz von Unruh *Die Front des Reiches* 223
Kurt Hiller *Der Präsident* 224
Walter Mehring *Frühlingsheil: 1932* 225
Aufruf des Scheringer-Komitees 226
Max Hermann-Neiße *Wo ich leben möchte* 227
Lion Feuchtwanger *Motive, die nicht zu ergründen sind* 228
Protest des Hauptvorstandes des SDS gegen Zensur 229
Carl von Ossietzky *Ein runder Tisch wartet* 229
Paul Fechter *Die Stimme des deutschen Ostens* 230
Arnold Zweig *Der Krieg und seine Folgen* 231
Hans Henny Jahnn *Humanismus und Nationalsozialismus* 232
Thomas Mann *Was wir verlangen müssen* 235
Jura Soyfer *Bericht von der deutschen Verfassungsfeier* 236
Kurt Hiller *Selbstkritik links!* 236
Erich Fromm *Am Vorabend des Dritten Reiches* 238
Heinrich Mann *Der Schriftsteller und der Krieg* 239
Walter Bloem *Offener Brief an Heinrich Mann* 240
Gegen die Wiedereinführung der Wehrpflicht 241
Heinrich Mann *Das Bekenntnis zum Übernationalen* 242
Thomas Mann *Zum Sozialismus* 244
Leopold Schwarzschild *Dämmerung* 245
Carl von Ossietzky *Der Flaschenteufel* 246

Quellennachweise 247
Nachbemerkung 253

Die Revolution

Das Ungeheure ist zur Tatsache geworden. Die Bahn Wilhelms II., dieses eitlen, überheblichen und fleißigen Monarchen, ist beendet.

GERHART HAUPTMANN (9. 11. 1918)

... Ich entsetze mich vor der Anarchie, der Pöbelherrschaft, der Proletarierdiktatur nebst allen ihren Begleit- und Folgeerscheinungen à la russe. Aber mein Haß auf den triumphierenden Rhetor-Bourgeois muß mich eigentlich die Bolschewisierung Deutschlands und seinen Anschluß an Rußland wünschen lassen. THOMAS MANN (19. 11. 1918)

Ich bleibe, der Vergangenheit zugewandt, Herzensmonarchist, und werde, der Zukunft zugewandt, Vernunftrepublikaner.

FRIEDRICH MEINECKE (November 1918)

... Bemerkenswert übrigens, daß während der Revolutionstage trotz der Straßengefechte die Elektrischen regelmäßig gefahren sind. Auch das elektrische Licht, Wasserleitung, Telephon haben keinen Augenblick ausgesetzt. Die Revolution hat nie mehr als kleine Strudel im gewöhnlichen Leben der Stadt gebildet, das ruhig in seinen gewohnten Bahnen drum herumfloß. Auch gab es trotz dem vielen Schießen merkwürdig wenig Tote oder Verwundete. Die ungeheure, welterschütternde Umwälzung ist durch das Alltagsleben Berlins kaum anders als im Detektivfilm hindurchgeflitzt ... HARRY GRAF KESSLER (12. 11. 1918)

Die Meuterei der Kieler Hochseeflotte hat sich sehr schnell über das kriegsmüde Deutsche Reich ausgedehnt. Über Nacht werden Arbeiter- und Soldatenräte nach sowjetischem Vorbild gegründet. Der Kaiser dankt ab, Reichskanzler Max von Baden tritt zurück. Am 9. 11. 1918 gegen 14 Uhr ruft der Sozialdemokrat Philipp Scheidemann von einem Fenster des Reichstags die Deutsche Republik aus. Die stärkste Partei im kaiserlichen Reichstag – die SPD – übernimmt gemeinsam mit der USPD (die sich 1917 als Sammelpartei der Kriegsgegner von der SPD abgespalten hatte) die Regierungsgewalt. Drei Monate lang hat nun die ehemals konservative Monarchie eine sozialistische Regierung mit revolutionärer Legitimation: den Rat der Volksbeauftragten.

Die Revolution ist nahezu unblutig verlaufen. Die Begeisterung für das Neue ist groß, das Bewußtsein weit verbreitet, daß der wilhelminische Obrigkeitsstaat endgültig abgedankt habe.

Voll Zuversicht und Hoffnung, beseelt vom Wunsche zur Mitarbeit, betritt der Schriftsteller, frei nach jahrhundertelanger Knebelung, die Schwelle der deutschen Republik ... Wie kein anderer ist er, der Schriftsteller, berufen zur Mitarbeit am Neuaufbau des Reiches und an seiner notwendigen geistigen Erneuerung.

BERNHARD KELLERMANN
(»Der Schriftsteller und die deutsche Republik«)

Rat geistiger Arbeiter

Leitstern aller künftigen Politik muß die Unantastbarkeit des Lebens sein. Die Schöpfung zu heiligen, das Schöpferische zu schützen, die Sklaverei in jeglicher Gestalt vom Erdball zu fegen: das ist die Pflicht.

Der Rat geistiger Arbeiter kämpft daher vor allem gegen die Knechtung der Gesamtheit des Volkes durch den Kriegsdienst und gegen die Unterdrückung der Arbeiter durch das kapitalistische System. Er will persönliche Freiheit und soziale Gerechtigkeit. Entschlossen zu raschester und radikaler Durchsetzung der Gebote menschlicher Vernunft, ruft er auf gegen die Lauen, die Vorsichtigen, die Verzögerer und begrüßt alle Methoden der Umwälzung, die nicht zur Anarchie, das heißt: zur Vernichtung der Kulturgüter und zur Bluthherrschaft einer Minderheit führen.

Aus dieser Gesinnung fordert der Rat geistiger Arbeiter:

I

Als Bürgschaften für die unbedingte Verhinderung des Krieges:

Den Völkerbund mit Völkerparlament, das Zwangsschiedsgericht und, über diese Vorschläge des Pazifismus hinaus, auf Grund eines Völkervertrages die Abschaffung der Wehrpflicht in allen Ländern und das Verbot aller militärischen Einrichtungen. Die internationale Exekution gegen den Friedensstörer hat allein durch wirtschaftliche Maßnahmen zu erfolgen.

Die planmäßige Umwandlung der Gesinnung, insbesondere durch gründliche Änderung des Geschichtsunterrichts, der von freien Volksausschüssen kontrolliert werden muß.

II

Förderung des Ausleseprozesses durch gerechte Verteilung der äußeren Lebensgüter.

Handarbeitern und Kopfarbeitern gebührt der volle Ertrag ihrer Arbeit, unverkürzt um den »Mehrwert«, den der kapitalistische Unternehmer bisher eingesteckt hat.

Progressive Verkürzung der Arbeitszeit nach dem jeweiligen Stande der Produktionstechnik; Wohnungs- und Siedlungspolitik; Arbeitslosenversicherung. Abschaffung aller indirekten Steuern; stärkste Progession der Einkommen- und Erbschaftssteuer. Vergesellschaftung von Grund und Boden; Konfiskation der Vermögen von einer bestimmten Höhe an; Umwandlung kapitalistischer Unternehmungen in Arbeiterproduktivgenossenschaften.

Schutz der Konsumenteninteressen.

III

Freiheit des Geschlechtslebens in den Grenzen der Verpflichtung, den Willen Widerstrebender zu achten und die Unerfahrenheit Jugendlicher zu schützen. Beschränkung des Strafrechts auf Interessenschutz; durchgreifende Herstellung des Rechtes aller Männer und Frauen, über den eigenen Körper frei zu verfügen. Strengere Bestrafung vorsätzlicher und fahrlässiger Übertragung von Geschlechtskrankheiten. Rechtliche und gesellschaftliche Gleichstellung der unehelichen Kinder nicht nur, sondern auch der unehelichen Mütter mit den ehelichen.

IV

Abschaffung der Todesstrafe; Recht des Verurteilten auf Freitod. Tötung auf ausdrückliches und ernstliches Verlangen des Getöteten bleibt straflos.

Vermenschlichung des Strafvollzugs; durchweg Beschäftigungszwang anstelle der Zwangsarbeit.

V

Radikale Reformation der öffentlichen Erziehung.

Einheitsschule: Unmechanische Auslese der Begabteren aller Stände für die

Kulturschule. Ihr Besuch: unentgeltlich. Ihre Aufgabe: weniger Lern- als Denkschule zu sein, weniger Historie zu treiben als die Wege der Zukunft zu weisen, weniger zu praktischen Berufen als zu ideelichem Leben anzuleiten. Beseitigung des Vorgesetztenverhältnisses zwischen Lehrer und Schüler. Weitgehende Beteiligung der Schüler an der Verwaltung der Schule. Beaufsichtigung des Unterrichts durch Ausschüsse hervorragender Universitätslehrer. Fakultativität der alten Sprachen. Abschaffung des Abiturientenexamens. Die Absolvierung der Kulturschule berechtigt zum Besuch der

Universität. Durch Abtrennung von Fachhochschulen für angewandte Wissenschaften, durch Einordnung der Theologie in die philosophische Fakultät, durch freie Dozentur, durch Wahl der Professoren seitens studentischer Ausschüsse, die auf Grund gleichen, direkten und geheimen Verhältniswahlrechts gebildet sind, durch Beseitigung des Trink- und Duellzwanges, durch unbeschränkte Freiheit der politischen Diskussion und Aktion sämtlicher Hochschulbürger, durch allgemeine Entgreisung des Lehrbetriebs soll die Universität wieder zur Hochburg des Geistes werden. Neben den Universitäten Volkshochschulen in möglichst großer Zahl, jedermann zugänglich.

Säuberung der Presse vom Unrat der Korruption, von nationalistischer Verhetzung und feuilletonistischer Verdummung. Preßgerichtshöfe, bestehend aus bewährten Publizisten geistiger Richtung, zur Aburteilung über jeden unanständigen journalistischen Akt.

Preßfreiheit; Vereins- und Versammlungsfreiheit; Freiheit der Schule, der wissenschaftlichen Forschung, der philosophischen Lehre und der Kunst von jeder staatlichen Bevormundung.

VI

Trennung von Kirche und Staat. Beseitigung des konfessionellen Unterrichts an allen Schulen. Dafür Morallehre; philosophische Propädeutik.

VII

Sicherung und Ausbau der gesamtdeutschen sozialen Republik. Auflösung der bundesstaatlichen Sonderformationen; weitgehende Selbstverwaltung der deutschen Stämme; ebenso der Kommunen und ihrer Verbände.

Der Reichstag: Nach wahlkreislosem Verhältniswahlrecht zu wählen. Gleiches, direktes und geheimes Wahlrecht aller über zwanzig Jahre alten Reichsangehörigen beiderlei Geschlechts. Wählbarkeit der Frauen. Dreijährige Legislaturperiode.

Daneben, zur Beseitigung der Gefahr einer Beeinträchtigung der Kulturpolitik durch einseitig wirtschaftliche Gesichtspunkte und zur Ausgleichung der Schäden parteibürokratischer Erstarrung:

Der Rat der Geistigen. Er entsteht weder durch Ernennung noch durch Wahl, sondern – kraft der Pflicht des Geistes zur Hilfe – aus eigenem Recht, und erneuert sich nach eigenem Gesetz.

Die Regierung: In den Händen eines Ausschusses von Vertrauensleuten des Reichstags und des Rates; bevor der Rat zusammentritt, eines Ausschusses von Vertrauensleuten des Reichstags.

Der Präsident der Deutschen Republik: Auf begrenzte Zeit vom Reichstag auf unverbindlichen Vorschlag des Rates zu wählen; vor Konstituierung des Rats allein vom Reichstag.

Der Rat geistiger Arbeiter glaubt, daß unter dieser Verfassung, welche den demokratischen Gedanken vollendet und die Führung durch die Besten gewährleistet, eine Politik der Freiheit, der Gerechtigkeit und der Vernunft am ehesten möglich und am wirksamsten gesichert ist.

Der Rat geistiger Arbeiter sucht alle Menschen zu sammeln, die sein Ziel bejahen. Kameraden, unterstützt uns!

Vorbedingung zur Durchführung dieses Programms ist die Einberufung einer konstituierenden Nationalversammlung, auf Grund des allgemeinen gleichen, direkten und geheimen Verhältniswahlrechts. Sie ist nach Herstellung der Ordnung sofort mit aller Kraft zu verwirklichen.

Kameraden, unterstützt uns! Kameraden, bildet Ortsgruppen! Kameraden, sagt uns Eure Vertrauensleute, die sich zum Geist dieses Programms bekennen. Krittelt nicht! Es kommt nur auf den Geist an.

Kameraden, unterstützt uns! Helft uns die kulturpolitische Radikale durchsetzen auf dem Boden der sozialen Republik!

9. 11. 1918. – Programmresolution des Berliner »Rats geistiger Arbeiter«, der sich u. a. anschließen: die Schriftsteller Kasimir Edschmid, Hans W. Fischer, Otto Flake, Manfred Georg, Wilhelm Herzog, Kurt Hiller, Annette Kolb, Heinrich Mann, Leo Matthias, Robert Müller, Hans Natonek, René Schickele, Frank Thiess, Fritz v. Unruh, Armin T. Wegener, Paul Zech; die Schauspieler Alexander Moissi, Gustav v. Wangenheim; die Maler Willy Jaeckel, Ludwig Meidner, Moritz Melzer, der Verleger Kurt Wolff, der Schulreformer Gustav Wyneken; Helene Stöcker (Vorsitzende des »Bundes für Mutterschutz«), Magnus Hirschfeld (Leiter des »Instituts für Sexualwissenschaft«; gründete 1919 die erste deutsche Eheberatungsstelle), Alfons Goldschmidt (Wirtschaftstheoretiker), Richard N. Coudenhove-Kalergi (Begründer der »Paneuropa«-Bewegung), Hugo Sinzheimer (Arbeitsrechtler), Johannes M. Verweyen (Philosoph), Eduard Wechssler (Romanist), Johannes Werthauer (Strafverteidiger), Bruno Taut (Architekt); ferner Lou Andreas-Salomé, Alfred H. Fried (Pazifist), Werner R. Heymann (Komponist), Carlo Mierendorff, Walter Rilla (Herausgeber von: »Die Erde«), Hans Reichenbach (Naturwissenschaftler und Philosoph).

– Das Programm trägt die Handschrift Kurt Hillers, der die Mitglieder des pazifistischen »Bundes zum Ziel«, die Leser der von ihm herausgegebenen »Ziel«-Jahrbücher und »Aktivisten« wie Pazifisten für den 7./8. 11. in das Casino am Berliner Nollendorfplatz eingeladen hatte: Warum sich nicht neben, vor und hinter die neuen Räte stellen durch einen Rat ›geistiger Arbeiter‹?

Die Intellektuellen als »kulturpolitische Radikale«, als Ideenspender und Kursbuch und gleichgeordnet mit dem von der Bevölkerung gewählten PARLAMENT, sollten eine zweite Kammer bilden, ein »Ministerium der Köpfe« – für das nach Hillers Ansicht in Frage kommen u. a. Hellmuth von Gerlach, Gustav Wyneken, Leonard Nelson, Alfons Goldschmidt, Magnus Hirschfeld, Helene Stöcker, Otto Flake, Walther Rilla und René Schickele.

Dem »Politischen Rat geistiger Arbeiter« strömte eine breite Welle der Sympathie entgegen. Er konstituiert sich am 10. 11. im Reichstag und wird in den Tagen nach der Revolution zur Anlaufstelle der Intellektuellen und Künstler Berlins. In Windeseile überträgt sich das Berliner Modell auch auf andere deutsche Städte: auf Breslau, Leipzig und Hannover, auf Dresden, Wien und München, Magdeburg und Marburg. An der Isar wird Heinrich Mann zum Vorsitzenden des »Rats« gewählt. Die Sympathie der jungen Intellektuellen und Autoren gilt weder Gerhart Hauptmann, dem man dessen begeisterte Kriegsgedichte verübelt, noch dem konservativen Thomas Mann, sondern dessen weit weniger bekanntem Bruder Heinrich Mann, dessen Essayband »Geist und Tat« von 1911 das Programm des Aktivismus, der aktiven Teilhabe der Intellektuellen an der Politik, verkörpert: Nach dem Vorbild Frankreichs sollen sich die deutschen Intellektuellen an der Politik beteiligen und sich zum Sprachrohr demokratischer und republikanischer Ideen machen.

Heinrich Mann, der, als sich Hindenburg im Glanz des Volkshelden sonnte und als Sieger von Tannenberg feiern ließ, längst das Ende des Kaiserreichs und den politischen Sieg der Demokratie angesagt hatte, wird zu einer Identifikationsmöglichkeit der politisierten Autoren. Thomas Mann greift ihn deshalb in den noch im September 1918 veröffentlichten »Betrachtungen eines Unpolitischen« als »Zivilisationsliteraten« an, als »poetischen Volksverführer« und »Menschheitsschmeichler«, der als »Freiheitspfaffe«, »Bummelpsychologe« und »Jakobiner« eine ganz und gar unpolitische Angelegenheit wie die Dichtung zu einer politischen Sache »westlicher Demokratien« erniedrige. Was Heinrich Mann verbinden möchte – Geist und Tat, Literatur und Politik, will Thomas Mann säuberlich getrennt wissen: »Geist ist nicht Politik ... Der Unterschied von Geist und Politik enthält den von Kultur und Zivilisation, von Seele und Gesellschaft, von Freiheit und Stimmrecht, von Kunst und Literatur; und Deutschtum, das ist Kultur, Seele, Freiheit, Kunst und nicht Zivilisation, Gesellschaft, Stimmrecht, Literatur.«

»Durch Demokratie zum Sozialismus« – unter dieser Parole veranstaltet vor 100 000 Berlinern am 10. 11. 1918 der »Bund Neues Vaterland« (der schon 1914 gegen den Krieg aufgetreten war und dessen bekannteste Mitglieder waren: Graf Arco, Albert Einstein, Magnus Hirschfeld, Harry Graf Kessler, Ernst Reuter, Helene Stöcker) im Tiergarten eine Massenveranstaltung. Dem die Veranstaltung austragenden »Hauptausschuß« gehören an: Albert Einstein, Käthe Kollwitz, Heinrich Mann.

Heinrich Mann *Sinn und Idee der Revolution*

Wie die neue Zeit selbst mit ihren neuen Einrichtungen und Männern, ist auch diese unsere Vereinigung ein Erzeugnis der Not. Ein siegreicher Ausgang des Krieges würde eine deutsche Revolution nie gebracht haben, und noch ein rechtzeitiger Friedensschluß hätte sie verhindert. Alle sind wir heute Söhne der Niederlage. Ist es nicht aber der Natur gemäß, daß ein unterliegendes Land von seinen Kindern mehr geliebt wird als ein triumphierendes? Der Triumph enthüllt viel Unschönes. Zu lange haben wir es an Deutschland enthüllt gesehen. Wir bekennen uns viel lieber heute zu ihm. Darum sagen wir vor allem, daß wir es von Herzen lieben, und daß wir mit unserer Einsicht und unseren Kräften ihm dienen wollen ...

Die Fälschung unseres gesamten Volkscharakters, Prahlerei, Herausforderung, Lüge und Selbstbetrug als tägliches Brot, Raffgier als einziger Antrieb zu leben: dies war das Kaiserreich, das wir nun glücklich hinter uns haben. Und dies konnte es nur sein, weil unter ihm, nach innen wie nach außen, Macht vor Recht ging.

Macht anstatt Recht bedeutet nach außen den Krieg, und bedeutet ihn auch im Innern. Gerechtigkeit verlangt schon längst eine weitgehende Verwirklichung des Sozialismus. Jetzt soll sie ihn verwirklichen. Wir sind dabei – sind nicht nur mit unserer Vernunft, auch mit unseren Herzen dabei. Wir wünschen das materielle Glück unserer Volksgenossen so ehrlich, wie man sein eigenes wünscht. Sie mögen es anerkennen, wenn wir zudem noch ihres seelischen Wohles gedenken. Das seelische Wohl ist wichtiger; denn das Schicksal der Menschen wird mehr von ihrer Art, zu fühlen und zu denken, bestimmt als durch Wirtschaftsregeln. Denkt gerecht, Bürgerliche! Solltet ihr in irgendeiner gesetzgebenden Versammlung je die Mehrheit haben, ergebt euch dennoch niemals dem verhängnisvollen Irrtum, ihr könntet die begründeten Ansprüche der Sozialisten, indem ihr sie niederstimmt, aus der Welt räumen. Denkt aber auch ihr gerecht, Sozialisten! Wolltet ihr die Sozialisierung nur euer Macht verdanken, anstatt der Einsicht und dem Gewissen der meisten, ihr würdet nichts gewonnen haben. Diktatur selbst der am weitesten Vorgeschrittenen bleibt Diktatur und endet in Katastrophen. Der Mißbrauch der Macht zeigt überall das gleiche Todesgesicht.

Man gebe doch nicht vor, die Vergesellschaftung noch der letzten menschlichen Tätigkeit sei das Radikalste, das sich tun läßt. Einen Radikalismus gibt es, der alle wirtschaftlichen Umwälzungen hinter sich läßt. Es ist der Radikalismus des Geistes. Wer den Menschen gerecht will, darf sich nicht fürchten. Der unbedingt Gerechtigkeitliebende wagt sehr viel. Mag er Gewalttätigen weichen müssen, mehr Kraft war dennoch in seiner Mäßigung, seiner Treue zur Idee, als in jeder Gewalt. Unser Deutschland lerne...

Wir sind hier, um dahin mitzuwirken, daß die sittlichen Gesetze der befreiten Welt in die deutsche Politik eingeführt werden und sie bestimmen. Wir wollen, daß unsere Republik, bis jetzt noch ein Zufallsgeschenk der Niederlage, nun auch Republikaner erhalte. Und wir sehen in Republikanern weder Bürgerliche noch Sozialisten. Dies sind hinfällige Unterscheidungen, wo es Höheres gilt. Republikaner nennen wir Menschen, denen die Idee über den Nutzen, der Mensch über die Macht geht.

13. 11. 1918. – Rede Heinrich Manns, gehalten im Münchner »Politischen Rat geistiger Arbeiter«, erschienen am 1. 12. im »Berliner Tageblatt«. Nicht nur in München, sondern auch im übrigen Reich wächst Heinrich Mann die Rolle des geistigen Geburtshelfers der Republik zu. Bürger und Sozialisten an ihre Pflicht zu republikanischer Solidarität erinnernd, stellt er sich vor die junge Republik. Wie viele Autoren neigt er politisch zunächst der USPD zu, die sich 1917 als Sammelpartei der Kriegsgegner von der Mehrheits-SPD abgespalten hat. Heinrich Manns moralisches Prestige bei Schriftstellern und Intellektuellen wird freilich durch den Rückhalt überboten, den Gerhart Hauptmann, der Autor der »Weber« und des »Biberpelzes«, bei sozialdemokratisch und gewerkschaftlich organisierten Arbeitern hat.

Kundgebung von Berliner Künstlern und Dichtern

Es ist an der Menschheit in ungeheurem Maße gesündigt worden. Die zivilisierte Welt wurde zum Kriegslager und zum Schlachtfelde. Millionen der besten Söhne aller Völker ruhen in Gräbern. Die Gefallenen, brüderlich vereint, sind friedlich und stille. Auch bei uns hat der Waffenkampf aufgehört, nicht aber der Kampf um Sein oder Nichtsein unseres Volkes. Dieses Volkes, das einer künftigen gerechten Zeit in einer Glorie erscheinen wird.

Wir Gestalter mit Meißel, Palette und Feder, wir Baumeister und Musiker, Männer und Frauen, die wir vor allem Menschen und von ganzer Seele Deutsche sind, zweifeln nicht daran: unser Volk, unser Land wird bleiben und wird nicht untergehen. Aber wir sehen Volk und Land gerade jetzt auf die schwerste Probe gestellt. Es kommt darauf an, sie zu bestehen.

Wir haben es schaudernd erlebt, daß der Haß nicht fruchtbar ist. Die Liebe aber ist fruchtbar und schaffend, und sie strömt nur aus einem wachen Herzen. Laßt uns also nicht nur unser Brot mit unseren Brüdern teilen, die aus dem Felde heimkehren, wir wollen ihnen auch unsere wachen Herzen entgegentragen. Es ist endlich Zeit, daß

eine große Welle der Liebe

die verheerende Woge des Hasses ablöse. Mit einer klaren und furchtbaren Logik wurde, man möchte sagen, menschliches Planen durch göttliches ersetzt. Aber obgleich es so ist, und obgleich vor der Gewalt dieser so bewirkten Umwandlung jedes Volk zu zerbrechlich erscheint, erkennt doch der Sehende schon in dem, was sich, gleichsam von selbst, an neuer Form durchgerungen hat, das alte, kraftvoll-besonnene Wesen des Deutschen unversehrt. Und wer lebt, wird in nicht allzu langer Zeit – dessen sind wir gewiß – den deutschen Boden reicher als je in Blüte sehen.

Seit einem Jahrtausend hat die deutsche Nation nichts erlebt, was an Bedeutung dem Ereignis der letzten Tage gleichzusetzen wäre. Wer es versteht, der fühlt seine unvergleichliche Macht. Seine Bedeutung ist unendlich viel tiefer, und es kommt auch aus ganz anderen Quellen her, als vielleicht jene meinen, deren weltgeschichtliche Pflicht es ward, es äußerlich zu vertreten. Wer wollte sich dieser eisernen Bestimmung entgegensetzen?

Heute hat das Volk sein Geschick in die Hand genommen. Keiner wird jetzt zurückstehen, dessen Kräfte im Nationaldienst verwendbar sind. Auch die neue Regierung möge mit uns rechnen, wo sie unser Wirken für ersprießlich hält. Keiner von uns wird zögern, im Wohlfahrtsdienste des Friedens das Seine von Herzen und nach Kräften zu tun.

15. 11. 1918. – Von Gerhart Hauptmann auf Anregung des Kunsthistorikers Julius Meier-Graefe verfaßte »Kundgebung«, die am 15. 11. im »8-Uhr-Abendblatt« und am 16. 11. im »Berliner Tageblatt« und im »Vorwärts«, dem Parteiorgan der SPD, erscheint und zu deren Erstunterzeichnern u. a. gehören: Peter Behrens, Leo Blech, Walter Bloem, Lovis Corinth, Ludwig Dettmann, Herbert Eulenberg, Ludwig Fulda, Gerhart Hauptmann, Bernhard Kellermann, Fritz Klimsch, Friedr. E. Koch, Käthe Kollwitz, Ernst Koerner, Hermann Kretzschmar, Hugo Lederer, Max Liebermann, Otto Marcus, Walter von Molo, Gabriele Reuter, Fritz Schaper, Max Schlichting, Georg Schumann, Richard Strauss, Eduard Stucken, Hermann Sudermann, Clara Viebig, Fedor von Zobeltitz. – Gerhart Hauptmann, der Vertreter des Bürgertums, meldet Vorbehalte an gegenüber der Parteipolitik und dem Sozia-

lismus. In der Politik der sowjetischen und deutschen Kommunisten sieht er »bluttriefende Scholastik« und »mißverstandenen« Marx. Unter Sozialismus versteht er das ›Soziale‹ und die Tatsache, daß in der Republik der Proletarier nun »voll in die Reihe der Bürger« eintrete. »Ich bin national, wie Tolstoi und Gorki Russen sind, nicht anders. Das Nationale wie das Soziale, ist der Grund der Persönlichkeit, und diese ist nur als übernational wahrhaft zu denken und als ein überpersönliches Gefäß des Göttlichen!«

Walter von Molo *Ruhe, Ernst und Verantwortungsgefühl*

...Ernst sein heißt nicht rechten, wer »recht« oder »unrecht« hatte, wer mehr oder weniger fehlte; gefehlt haben wir *alle*! Ernst, ruhig und froh müssen alle Einzelwünsche verstummen; wir wollen und müssen jeder Richttag in *uns selbst* halten! Hart, unerbittlich und wahrheitsfanatisch. Und dann wollen wir aufbauen; jeder an seinem Platz, nicht rückwärtssehend, *vorwärts*schreitend, nicht den andern richtend, sondern gerichtet auf die Zukunft, in der der Geist, die Nächstenliebe und das Einheitsfühlen von »arm« und »reich«, von »hoch« und »nieder«, aller Stände, Klassen und Religionsbekenntnisse sich zum Bau des Menschentums vereinigen müssen, nicht im Kampf *gegeneinander*, im *gemeinsamen* Kampf um die Erreichung der lichteinbrechenden Freiheit, die jetzt anhebt, die nur mehr ein »arm« oder »reich« an Geist und Brüderlichkeit, ein »hoch« oder »nieder« im seelischen Gehalt und Vermögen kennen darf und wird. Wir *dürfen* nicht gegeneinander rasen in der alten begrabenen Art der Parteiungen, wir werden jetzt alle arm sein an »Gütern«, aber wir wollen alle *reich* werden an seelischem Gut, das allein Gut ist von Dauer und *Wert*! Wir wollen und müssen jetzt alle hinter der Regierung stehen, die der Zusammenbruch, der größte Anbautag, der für uns je war, uns gab...

November/Dezember 1918. – Der Mitunterzeichner von Hauptmanns Manifest Walter von Molo – später Mitbegründer des deutschen PEN-Clubs (1921), Präsident des »Schutzverbandes deutscher Schriftsteller« (SDS), der »Section für Dichtkunst« in der Preußischen Akademie (1928-30) und Anreger der »Notgemeinschaft des deutschen Schrifttums« – wird zu einem der kulturpolitisch regsten Befürworter der republikanischen Demokratie.

Alfons Paquet *Das Golgatha der Völker*

...Dem Deutschen würde es nicht gut anstehen, im eigenen Lande ein Novize des triumphierenden Amerikanertums zu werden oder das

Chaos des Bolschewismus hereinbrechen zu lassen. Jeder besinne sich, wer er ist, so werden wir in der erhabenen Melodie der Klage den tierischen Aufschrei, den zeternden Mißton des Gemeinen nicht hören. Wer jetzt noch hoffen kann, der hoffe weit hinaus in die Jahrhunderte!...

Es gibt in Deutschland allzu viele Schilder, auf denen zu lesen ist: »Eintritt verboten«. Es gilt, deutsches Volk, diese Schilder abzureißen und sie vor dir selber aufzurichten, wenn du auch in dieser Stunde des Opfers noch die Versuchung spüren solltest, vor deinem Schicksal, das dich in die Mitte der Leidenden gestellt hat und die ganze Geduld deiner Hände fordern wird, um die aus den Fugen gegangene Welt wiedereinzurenken, auf einer deiner alten, närrischen, dummen Mittelstraßen zwischen Tat und Untat, zwischen Willen und Willkür, dich davonzustehlen! Denn das Mittelalter endet nun ...

November/Dezember 1918. – Die Zeit der Aufrufe und Manifeste. Auch ein konservativer Autor wie Wilhelm Schäfer verabschiedet in dem Aufruf »An mein Volk!« das Kaiserreich, erwachsen aus »Blut und Eisen« und in dem »aus den blutigen Tränen noch fraß die Gewinnsucht«, d. h. die am Krieg verdienenden Rüstungsfabrikanten. »Gott ist mit uns« – unter dieser Überschrift druckt Maximilian Harden in seiner Zeitschrift »Die Zukunft« den Text einer Rede ab, die er am 6. 11. in der Berliner Philharmonie gehalten hat – die Revolution: ein »Riesenschritt bergan, ins Hohe und Freie«. – »Wir müssen den Volksstaat organisch aus den Bedürfnissen der geistigen Individualität heraus in genossenschaftlichen Organisationen aufbauen« – erklärt der Verleger Eugen Diederichs und setzt auf »gegliedertes Volkstum« und »Selbstverwaltung« statt »Staatsbürokratie«.

Aufruf der »Antinationalen Sozialisten Partei (A. S. P.), Gruppe Deutschland«

Die Vaterländer des internationalen Kapitalismus sind am Zusammenbrechen.

Das werktätige Volk deutscher Sprache, das fast 4 1/2 Jahre unter dem patriotischen Beifallsjubel des Kapitalismus abgeschlachtet wurde, das Volk hat begonnen, mit seinen Peinigern abzurechnen.

Der deutsche Militarismus liegt am Boden. Die Revolution marschiert.

Der Marsch hat erst begonnen, doch schon versuchen die blutbesudelten Helfer des deutschen Raubkrieges, die revolutionären Kämpfer vom Wege abzudrängen. Schon versuchen jene Elemente, die im August 1914 das deutsche Volk und die Internationale verraten haben und die bis zum 8. November 1918 die willigsten Lakaien der Blutherrschaft waren, die ihnen entrissene Macht zurückzugewinnen. Mit dem Verwirrung stiftenden Schlagwort »Einigkeit!« wollen sie das einige werktätige Volk, das soeben dabei ist, *ganze*

Arbeit zu machen, in den bürgerlich-kapitalistischen Blutsumpf locken, in jenen Sumpf, der noch jede Revolution erstickt hat...

Unschuldige Millionen wurden über Nacht, ohne Verhör, ohne daß gegen sie auch nur ein Verdacht vorlag, zum Martertode verurteilt.

Die Welt ward ein Menschenschlachthaus.

Und in das Stöhnen der Verröchelnden hinein, in das Wehklagen der Hinterbliebenen hinein – grausiger schallend als alle Todesschreie – drangen die wüsten Rufe der Aufpeitscher, die, von ihrem Schreibtisch aus, den Verblutenden von der Herrlichkeit, der Heiligkeit, der Notwendigkeit des (planmäßig heraufbeschworenen) Schlachtens vordeklamierten. Ritter des Gummistempels »Gott strafe England«, intellektuelle Haßsänger, unabkömmliche Pressesubjekte, gewerbsmäßige »Führer«, »geistige« Karriererevolteure und sadistische Pfaffen rangen mit ehemaligen Pazifisten, »völkerbefreienden« Hohenzollernsozialisten und gutbezahlten Kruppjournallien um die Palme der Hetzkunst.

Freunde, Kameraden, die wir uns aus dem Blutbad gerettet haben: das alles sollte jemals in Vergessenheit sinken können? Wir sollten Verrat nicht Verrat, Mördergehilfen nicht Mördergehilfen, Verbrecher nicht Verbrecher nennen, nicht Abrechnung halten dürfen, weil die Mitschuldigen uns »Einigkeit« zurufen?...

Wer das Volk in der Stunde der Gefahr verraten konnte, weil das Vaterland der Bourgeoisie Kanonenfutter brauchte, der hat abzutreten.

Kämpfer der Revolution!

Auch die Antinationale Sozialisten-Partei fordert euch auf: seid einig! Aber lehnt jede »Einigkeit« mit Mördergehilfen ab! Nur die reinen Hände des werktätigen Volkes sind würdig, am Bau unserer sozialistischen Gesellschaft mitzuwirken.

Brüder, Sozialisten im Auslande!

Der deutsche Militarismus, die Hauptstütze der internationalen Bourgoisie ist gestürzt!

Solange er die Welt bedrohte, zitterten wir, ihr könntet zu früh losschlagen. Wir zitterten, denn wir wußten (und Brest-Litowsk und Bukarest bestätigten es uns), daß die Verräter des deutschen Volkes, die deutschen Sozialpatrioten, dem Militarismus Henkerdienste leisten würden.

Jetzt aber, Brüder in Frankreich, Italien, England, Amerika, jetzt ist sie da, *eure* Stunde der Erhebung!

Wir wissen, ihr werdet mit euren Kriegshetzern und Ausbeutern abrechnen. Zögert nicht eine Stunde! Das werktätige Volk deutscher Sprache wird nur dann restlos siegen können gegen jeden Kompromiß, wenn ihr *sofort* euern Kampf aufnehmt!

Nieder mit den Vaterländern!

Nieder mit der völkerschlachtenden, völkerexpropriierenden *Diktatur des Kapitalismus!*

Es lebe der revolutionäre, antinationale Sozialismus!
Es lebe das grenzpfahllose Land der arbeitenden Menschheit!
Hoch die sozialistische Weltrevolution!

16. 11. 1918. – Aufruf der »Antinationalen Sozialisten-Partei«, die sich 1915 um die Berliner Zeitschrift »Die Aktion« gebildet und die während des Krieges in der Illegalität gearbeitet hatte. Unterschrieben von Ludwig Bäumer, Albert Ehrenstein, J. T. Keller, Karl Otten, Franz Pfemfert, Heinrich Schaefer, Hans Siemsen, Carl Zuckmayer. Der Aufruf, eine Art Antwort auf Gerhart Hauptmanns Einigkeitsappell, richtet sich u. a. gegen die deutsche Sozialdemokratie (»Sozialpatrioten«), die 1914 die Kriegskredite bewilligt hat, und gegen jene Mehrzahl von Autoren, Publizisten, Intellektuellen, die am 1. 8. 1914 in den Hurrataumel einstimmten wie Gerhart Hauptmann und Maximilian Harden.

Es waren nicht viele Autoren, die bei Ausbruch des Weltkrieges einen pazifistisch kühlen Kopf behielten: Hermann Hesse, Stefan Zweig, Franz Werfel, Carl Sternheim, René Schickele, Ivan Goll. Silvester 1914 trafen sich im Weimarer Hotel »Elephant« und riefen pazifistische Parolen vom Balkon: Walter Hasenclever, Martin Buber, Kurt Pinthus, Ernst Rowohlt, H. E. Jacob, Paul Zech, Rudolf Leonhard, Albert Ehrenstein. Die Realität des Krieges mit ihren Giftgasen, Tanks, Flammenwerfern und endlosen Grabenkämpfen machte auch aus kriegsbegeisterten Autoren bald leidenschaftliche Gegner des Krieges. Zu den leidenschaftlichsten gehörte während des Krieges der Kreis um die von Franz Pfemfert herausgegebene »Aktion«: Ferdinand Hardekopf, Carl Einstein, Franz Jung, Wilhelm Klemm, Karl Otten, Ludwig Rubiner. Der Syndikalist Pfemfert, für den politisches Handeln gleichbedeutend ist mit geistiger Aktivität, lehnt bei der revolutionären Umgestaltung der Gesellschaft den Parlamentarismus ebenso ab wie den ethischen Pazifismus.

Ludwig Rubiner *Die Erneuerung*

Der Weg der Bekehrung: Untertauchen in die Masse. Masse sein. Masse sein, heißt nicht: hinter dem Rücken des Vorderen verschwinden. Es heißt: Verantwortlich mit der brennendsten Spannung deines Willens in den Willen deiner zahllosen Kameraden stürzen ... Wer führt die Massenaktionen aus? Die Arbeitenden. Das Proletariat. Sie handeln, die anderen schauen zu. Es gibt aber keine Zuschauer mehr. Du sympathisierst mit den Handelnden, den Arbeitern, dem Proletariat? Man braucht keine bloßen Sympathiekundgeber mehr. Du hast heute zu handeln. Mein Freund, dein Weg geht zum Proletariat ... Du hast sein Vertrauen erst, wenn er in dein Leben blickt, wenn er sieht, daß du nicht ihm schöntust und anderwärts mit den Augen zwinkerst. Du kannst ihn nicht belehren, du kannst ihm keine Weisheit von oben bringen (um dich dann ruhevoll in die Gemütlichkeit zurückzuziehen). Du kannst nur mit ihm arbeiten. – Aber das Ende des Klassenkampfes? die Gewaltlosigkeit? das dritte Reich der Menschheit? Beginne, der die Forderung erhebt! Der Weg geht durch die Solidarität. Du kannst nur noch Masse sein. Hier ist die Erneuerung.

1918/1919. – Aus dem Aufsatz »Der Dichter greift in die Politik«.

Armin T. Wegner *Aufruf zum Bürgerkrieg*

Auf! Auf! Verlaßt Eure Häuser, ihr Eingekerkerten, leise! Ihr Flüchtlinge kriecht aus den Verstecken. Fiebert der Mond? Erbebt die Erde? Lauschen Gesichter voll Erwartung gegen die Scheiben gepreßt? Die Straße erbricht sich; sie sind es, sie sind es! Die Stunde der Gewalt ist da!

Eintausendfünfhundertsechzig Tage haben wir den Fluch der Verbannung getragen, eintausendfünfhundertsechzig Nächte hat uns das Schweigen erdrückt. Nun aber heben wir die Hände gegen die Stadt der Grausamkeit, der Mund des Volkes ist die Posaune, die über den Dächern dröhnt: Ihr Massen ergießt Euch! Aus den tödlichen Mauern eurer Fabriken, dem Schlamm eurer Schützengräben, aus den engen Stuben des Jammers, der Kälte, den Schreibzimmern der Unterordnung und dem Blutgeruch eurer Lazarette. Haltet nicht ein, bis der flammende Himmel dieses Krieges erlischt, die Mauern beiseite weichen. Die Züge in den Hallen bleiben stehen, die Kaufhäuser entleeren sich. Durch die schweigenden Alleen, die Gittertore der Parke, durch Vorstädte und elende Mietskasernen, durch zerfallene Friedhöfe, mit zerschlissenen Schuhen brandet herauf! Erbrecht die Tore der Gefängnisse, schlagt die Schlösser ein! Tafelten sie nicht an marmornen Tischen, hinter goldenen Gittern, die euch das Brot stahlen, das Lager unter dem Kopf, den Schlaf und die Muße? Reißt die Minister aus ihren Sesseln, plündert die Magazine und streut Mehl unter die Menge! Entweiht die Kirchen! Stürmt die Parlamente! Erlösung! Erlösung!

Wir sind die Verzweiflung wider das Unerträgliche, wir sind die Empörung wider die Sklaverei, der Zorn der Unschuld gegen das Verbrechen. Unser Aufruhr ist nicht von gestern und ehegestern, unser Wille ist nicht von morgen und übermorgen; wir sind die Revolution aller Zeiten und Ewigkeiten.

Wir rufen Euch alle:

Ihr Verfluchten, Ausgestoßenen! Ihr jungen und starken Männer, die das Leiden gezeichnet hat! Ihr Greise! Ihr Hungernden, Elenden und Lahmen! Zaghafte fürchtet euch nicht mehr; Schweigende redet! Ihr Söhne widersetzt euch euren Vätern, ihr Schüler gehorcht euren Lehrern nicht mehr; Andächtige treibt den Priester von der Kanzel, Soldaten mißachtet die Befehle! Nieder mit dem Kaiserreich! Reißt die Kokarden herab! Dies Kleid, das mit Blut und Eiter beschmutzt ist, soll verflucht sein für alle Zeiten. Wir sind der unerbittliche Drang zur Gerechtigkeit; wir sind der Haß des Arbeiters gegen den Fabrikherrn, der Studenten gegen den Professor, der Dienstboten gegen ihre Herrschaft, der Kellner gegen ihren Gast. Wir rufen den Bürgerkrieg! Wir preisen den Kampf aller gegen alle! Haß, du bist es, der aus uns schreit, berstend von Begierde und Wollust der Vernichtung

– aber was bist du denn? Fleht nicht aus dir die Qual aller Liebebedürftigen, treibt dich nicht Mitleid zu denen, die unterdrückt und gescholten sind? *Barmherzigkeit ist der Geist aller Revolutionen.* Diese Stunde hat die ewige Güte geboren, dies ist die große Offenbarung der Liebe. . . .

Dies ist die Stunde der großen Weltvergeltung. Wir kennen weder Grenze noch Ziel, wir haben weder Schlaf noch Aufenthalt. Vor unseren Füßen trocknen die Meere, unsichtbar schlägt die Brücke des Geistes in die Herzen. Ihr Länder erschließt euch: Frankreich, Rußland, Amerika, Spanien, Ungarn, Norwegen, die Schweiz. Europa ist aufgelöst. Millionen Asiens warten auf uns; aus dem Brüten der Jahrhunderte schrecken sie auf und folgen unserem rasenden Zuge. Hier schleicht der türkische Bandenführer, lächelt der gepflegte Japaner, der Araber schwingt seinen Jatagan. Hier trippelt das alte Negerweib neben dem Europäer, der Bure entrollt seinen Lasso, die Hindufrau wirft ihre brennenden Mistkuchen bei Seite, vierhundert Millionen Chinesen brüllen nach Reis.

Marsch! Marsch!

Das Dröhnen unserer Schritte durchschallt das Weltall, wir fordern Brot und Frieden für viele Reiche. Wir sind die Tränen aller Mütter der Erde, die Peitschenschnur auf dem Rücken der Abgestandenen, das Aas der Verwesung vor dem Keimen der Fruchtbarkeit. Und ist vom Tode keine Schranke gesetzt, noch aus dem Samen der Kinder blüht unser Haß. *Solange Liebe lebt, wird die Stimme des Aufruhrs erschallen.* Im Sterben noch schleudern wir brennende Wünsche von unseren Lippen, und wo wir hinsinken, da küssen wir die Spuren derer, die nach uns kommen – ewige Revolutionäre!

1918/1919. – Wegner, einer der agilsten unter den politisch engagierten Autoren, war Mitarbeiter im »Politischen Rat geistiger Arbeiter«.

Carl Sternheim *Die deutsche Revolution*

. . . Das ist seit einem Jahrhundert der Deutschen erste geistige Tat wieder, und daß sie sie schlicht vollbrachten, läßt für ihre Zukunft hoffen, sie finden endlich die Rolle wieder, zu der sie in der Welt vor anderen Völkern berufen sind, und die sie bis vor einem halben Jahrhundert zur Bewunderung der Menschheit gespielt haben.

Dieser neue geistige Elan läßt aber auch voraussehen, daß die Deutschen jedem revolutionären Vorgang die ganz eigene, ihnen adäquate geistige Prägung geben und weder schematisch die ihnen fremde und ach so abgestandene Form westeuropäischer Demokratie nachahmen, noch vor dem geistig nicht bewältigten Torso der russischen Lehren ohne Prüfung den Tanz wie vor dem goldenen Kalb anheben werden . . .

20. 11. 1918. – Carl Sternheim, der Kritiker »jener Zustände ..., die zum Krieg und zum Zusammenbruch führten« (über sich selbst) – seine Stücke waren während des Krieges vielerorts verboten –, publiziert den mehrteiligen Aufsatz »Die deutsche Revolution« in Franz Pfemferts »Aktion«. Sternheim teilt mit dem befreundeten Pfemfert die Vorstellung eines »antiautoritären Sozialismus«, ist ein Kritiker sowohl des Kapitalismus wie des sowjetischen Modells.

René Schickele ... *ohne Anwendung von Gewalt*

... Ich beantrage, daß die Übernahme der höchstkonzentrierten Produktion im geschichtlichen Augenblick nicht durch die ›Diktatur des Proletariats‹ vor sich gehe, nicht allein durch die zur unbestrittenen Mehrheit gewordene Fraktion der kapitalistischen Gesellschaft, nicht durch den Staatsstreich der Roten gegen die Weißen, die beide aus demselben Stoff sind, nicht im Winter- oder meinetwegen im Frühlingssturm, der die Bestie zu ihrem Mut hinreißt, sondern im reifen Sommer der Menschheit, wo die verfaulte Frucht einer tyrannischen Minderheit von selbst abfällt, durch eine Mehrheit von Kameraden, die gelernt haben, körperlich und geistig ohne die Ausübung von Zwang, ohne Anwendung von Gewalt zu leben ...

Ende 1918. – Schickele, 1916 wegen der pazifistischen Haltung der von ihm herausgegebenen Zeitschrift »Die weißen Blätter« von Berlin in die Schweiz emigriert, kehrt im November 1918 für einige Monate nach Berlin zurück. In seiner antimilitaristischen Zeitschrift tritt er zugleich ein für einen christlichen Sozialismus, für Gewaltlosigkeit im Sinne der Bergpredigt (»Bekehrung durch Überzeugung«). Die Revolution, die er begrüßt (»der schönste Tag meines Lebens«), soll vom Geist bestimmt und gewaltlos sein.

Rudolf Leonhard *Kampf gegen die Waffe!*

... Ich spreche nicht gegen ›Terror‹ im Wortverstande, denn man soll und möge dem Pack auf allen Seiten, wenn es nicht mehr anders geht, einen heilsamen ›Schrecken‹ einjagen. Diesen Terror übe Geist aus mit den Mitteln des Geistes; ich kämpfe aber gegen die ungeistigen, die brutalen, die falschen Mittel des Terrors. Ich lasse die Überzeugungskraft zusammengescharter Leiber, der einmütigen Bataillone der Gläubigen, willig hingehn – wenn diese Leiber unbewaffnet sind. Ich habe alles Verständnis für die schließlich auch terroristische Macht eines suggestiv gewaltigen Blicks, das unmittelbare Hervorlodern einer für Argumentation zu ungeduldigen Seele aus einem Auge – aber unter allen Umständen und in allen Verhältnissen bin ich gegen den Un-sinn der bewaffneten Hand, und ich bleibe, bleibe für immer bei dieser Feindschaft. Waffe – ist Bekenntnis der Ohnmacht, Eingeständnis der Dummheit ...

Frühjahr 1919. – Aus der Rede »Kampf gegen die Waffe!«, die Rudolf Leonhard im Frühjahr 1919 in mehreren deutschen Städten hält.

Kasimir Edschmid *Offener Brief an den hessischen Ministerpräsidenten und Staatspräsidenten Karl Ulrich*

... Setzen Sie nicht neben die Verständnislosigkeit des alten Regimes die des neuen! Soll an allen geistigen Stellen das Gewitter der Reinigung vorbeisausen? ... Auf zum geistigen Rat. Auf zur Durcharbeitung des Volkes! Auf aus Museen, Bildungsanstalten, Ausstellungen, Theatern, Kinos gewaltige Waffen der Idee, grandiose Instrumente der Kulturpolitik auf dem Boden der Revolution zu machen. Geben Sie die Befugnisse in die Hände des geistigen Rates, der in Fürsorge für die Qualität, der an Radikalität der Gesinnung allen guten menschlichen Zielen nahsteht! Vermeiden Sie das Schmerzlichste: daß die geistigen Führer wieder ausgeschaltet werden, daß sie neben der neuen Macht wieder voll Anklage stehen müßten wie neben der bisherigen. Greifen Sie zu. Schaffen Sie sich Fanfaren ins Herz der Zeit und des Volkes ...

5. 12. 1918. – Offener Brief Kasimir Edschmids an den Sozialdemokraten Ulrich, in dem die Mitarbeit des »Politischen Rats geistiger Arbeiter« angeboten wird. Von diesen und anderen Aktivitäten abgesehen bleibt der politische Einfluß des »Rats« gering. Alfred Döblin nimmt ihn in seinem auf großem Quellenmaterial beruhenden, zeitgeschichtlichen Roman »November 1918« zum Anlaß einer Satire (»Die vierzehn Punkte Wilsons stellten sie spielend in den Schatten. Sie verlangten, wie das damals jeder Mann tun mußte, der etwas auf sich hielt, die Befreiung der Arbeiter vom kapitalistischen System ...«). Und Siegfried Jacobsohn, der Kurt Hiller die »Weltbühne« zur Verfügung stellt, über seine Eindrücke vom »Rat«: »Ahnungslos idealistisch und himmelblau unschuldig ...« Dem »Rat« wird der Raum im Reichstag bereits im November wieder mit der Begründung entzogen, daß er keine Partei sei und sich im Reichstag nur Parteien aufhalten könnten. Der Vollzugsrat zeigt dem »aus eigenem Recht« und »nach eigenem Gesetz« sich legitimierenden »Rat« die kalte Schulter und empfiehlt ihm am 29. 11., Berufstände zu bilden und – je 1000 Mitglieder – einen Delegierten in den Arbeiter- und Soldatenrat wählen zu lassen. Das politische Schicksal des »Rats« ist damit entschieden (die Auflösung auf dem »Gesamtdeutschen Aktivistenkongress« vom 15.–22. 6. 1919 in Berlin ist nur noch eine Formsache). Auch politisch bläst dem Rätegedanken der Wind ins Gesicht.

Die entscheidende politische Frage dieser Wochen lautet: Parlamentarisches System oder Rätesystem? Für die Mehrheit der Sozialdemokraten und den Parteivorstand unter Ebert und Scheidemann gibt es keinen Zweifel daran, daß die gegenwärtige Räteherrschaft nur vorübergehender Natur sein könne und daß baldige Wahlen zur Nationalversammlung abzuhalten seien. Der linke Parteiflügel dagegen strebt ebenso wie der Parteivorstand der USPD eine Kombination zwischen Parlament und Räten an, während wiederum der linke USPD-Flügel, der sich um die

›revolutionären Obleute‹ – Vertrauensleute der Berliner Großbetriebe – gruppiert, auf das Parlament verzichten und das seit dem 9. November bestehende Rätemodell ausgebaut wissen möchte. Und um die Verwirrung auf der Linken komplett zu machen, setzen sich Rosa Luxemburg und Karl Liebknecht, die führenden Politiker des Spartacusbundes, ebenfalls für die Rätedemokratie ein. Sie stehen damit in Widerspruch zu weiten Kreisen ihrer Anhänger, die nach sowjetischem Vorbild die Diktatur des Proletariats erkämpfen wollen, unabhängig von den momentanen Mehrheitsverhältnissen.

Um diese grundlegende Streitfrage zu entscheiden, beruft die Regierung – der aus je drei SPD- und USPD-Vertretern zusammengesetzte »Rat der Volksbeauftragten«, einen Kongreß der Arbeiter- und Soldatenräte nach Berlin ein. Er tagt vom 16. bis zum 20. Dezember. Und von den 490 Delegierten dieser obersten revolutionären Körperschaft entscheiden sich 350 für Wahlen zur verfassungsgebenden Nationalversammlung – und damit gegen des Räteprinzip. Die Würfel sind gefallen; die Weichen für den Parlamentarismus gestellt.

Damit hat sich die politische Linie der Mehrheitssozialdemokraten durchgesetzt; von einem Sieg zu sprechen aber wäre übertrieben. Denn die Kompromisse, die Ebert aus Furcht vor dem sowjetischen Modell schließt, erweisen sich sofort und in Zukunft als schwere Belastung der jungen Republik. Ebert beläßt – um der Ruhe und Ordnung willen – das wilhelminische Berufsbeamtentum in seinen Ämtern und nimmt noch am Abend seiner Wahl durch die Arbeiter- und Soldatenräte im Zirkus Busch (10. 11.) das geheime Angebot des wilhelminischen Militärs zur Zusammenarbeit an.

Enttäuscht ziehen sich die bislang loyalen Volksbeauftragten der USPD – Haase, Dittmann und Barth – aus der Regierung zurück, und die am 1. Januar 1919 gegründete »Kommunistische Partei Deutschlands (Spartacusbund)« bekämpft in Berlin offen die Regierung Ebert, unterstützt von den revolutionären Obleuten der USPD, die sich ebenfalls mit der kleinen sozialdemokratischen Lösung nicht zufriedengeben wollen. Karl Liebknecht und Wilhelm Pieck verkünden am 5. Januar die Absetzung Eberts; bewaffnete Spartakisten besetzen Zeitungsgebäude. Unentschlossenheit und Ratlosigkeit aber sind größer als der Siegeswille. Der Volksbeauftragte Gustav Noske übernimmt am 6. Januar den Oberbefehl sowohl über die Regierungstruppen als auch die zahlreichen Freikorps, und die kaisertreuen Offiziere, die die Freikorps anführen, lassen sich diese erste Gelegenheit nach dem verlorenen Krieg nicht entgehen, es den »Roten« gründlich heimzuzahlen. Und wo immer sich in den nächsten Monaten Räte oder ihre Reste bemerkbar machen, Noske und die monarchistischen Freikorps sind zur Stelle.

Alfred Döblin *Karl Liebknecht und Rosa Luxemburg*

Offiziere der Gardekavallerieschützendivision im Edenhotel am Zoologischen Garten ... : ›Kann mir vorstellen, daß ein verdienter Krieger, der eben aus dem Feld zurückkehrt und das Schlammassel hier vor Augen hat, sich diesen Helden – Karl Liebknecht zum Geschenk ausbittet.‹ – ›Darauf sind viele scharf. Da gibts viele Freier.‹ ›Was die demokratischen Schweine anlangt, so sind sie zwar fett, aber stinken tun sie auch‹ ...

Der Landwehrkanal, zur nächsten Brücke, machen wir uns das Leben nicht so schwer. Das arme Kind wird sich noch ganz verbluten, dagegen soll man was tun. Da hast du – eine Kugel. Und da ist die andere. Macht zwei, nach Adam Riese. Und jetzt bis du tot, und so soll's allen gehn, allen Schweinen und Juden und deiner ganzen Sippe. Jetzt reißt du dein Maul nicht mehr auf und spritzt dein Gift, du Schlange. Zur nächsten Brücke ins Wasser, um das Gift zu verdünnen. Die Fische, da lernt sie, was sie nie gelernt hat: das Maul halten.

Kurt Tucholsky *»Zwei Erschlagene«*

Märtyrer ... ? Nein.
Aber Pöbelsbeute.
Sie wagtens. Wie selten ist das heute.
Sie packten zu, und sie setzten sich ein:
sie wollten nicht nur Theoretiker sein.

Er: ein Wirrkopf von mittleren Maßen,
er suchte das Menschenheil in den Straßen.
Armer Kerl: es liegt nicht da.
Er tat das Seine, wie er es sah.
Er wollte die Unterdrückten heben,
er wollte für sie ein menschliches Leben.
Sie haben den Idealisten betrogen,
den Meergott verschlangen die eigenen Wogen.
Sie knackten die Kassen, der Aufruhr tollt –
Armer Kerl, hast du das gewollt?

Sie: der Mann von den zwei Beiden.
Ein Leben voll Hatz und Gefängnisleiden.
Hohn und Spott und schwarz-weiße Chikane
und dennoch treu der Fahne, der Fahne!
Und immer wieder: Haft und Gefängnis
und Spitzeljagd und Landratsbedrängnis.
Und immer wieder: Gefängnis und Haft –
Sie hatte die stärkste Manneskraft.

Die Parze des Rinnsteins zerschnitt die Fäden.
Da liegen die Beiden am Hotel Eden.
Bestellte Arbeit? Die Bourgeoisie?
So tatkräftig war die gute doch nie ...
Wehrlos wurden zwei Menschen erschlagen.

Und es kreischen Geier die Totenklagen:
Gott sei Dank! Vorbei ist die Not!
»Man schlug«, schreibt Einer, »die Galizierin tot!«
Wir atmen auf! Hurra Bourgeoisie!
Jetzt spiele dein Spielchen ohne die!

Nicht ohne! Man kann die Körper zerschneiden.
Aber das Eine bleibt von den Beiden:

Wie man sich selber die Treue hält,
wie man gegen eine feindliche Welt
mit reinem Schilde streiten kann,
das vergißt den Beiden kein ehrlicher Mann!

Wir sind, weiß Gott, keine Spartaciden.
Ehre zwei Kämpfern!
Sie ruhen in Frieden!

23. 1. 1919. – Der Mord (am 15. Januar) an Karl Liebknecht und Rosa Luxemburg, deren Leiche erst am 31. 5. an einer Schleuse angeschwemmt wird (am 25. 1. wird, bei der Beerdigung Liebknechts, ein leerer Sarg in das Grab gelassen), nimmt der KPD nicht nur ihre wichtigsten Politiker, sondern auch die Vorläufer des demokratischen Sozialismus. (Im Unterschied zum sowjetischen Leninismus mit einer streng gegliederten Kaderpartei, die die Diktatur des Proletariats zu organisieren hat, betrachtete der deutsche ›Luxemburgismus‹ die Demokratie als Rahmenbedingung, die den politischen Kampf für den Sozialismus zuläßt. Der Verzicht auf die in Deutschland erkämpften bürgerlichen Freiheiten stand für ihn im Widerspruch zum demokratischen Sozialismus.)

Zu den wenigen Gruppen, die gegen den Mord an Luxemburg und Liebknecht protestieren, gehört der »Bund Neues Vaterland«, in dessen Auftrag Georg Friedrich Nicolai (ein bekannter Kardiologe, vor dem Krieg Leibarzt der Kaiserin, im Krieg verweigert er den Fahneneid und flieht schließlich nach Dänemark) eine Protestresolution verfaßt: »Wir beklagen es aufs tiefste, daß solche Taten in unserer jungen Republik möglich sind, aber noch schmerzhafter ist die Tatsache, daß weite Kreise diese Tat billigen.« Nicolais Aufforderung an die »intellektuellen Kreise«, diese Tat nicht einfach hinzunehmen und sie durch eine »unparteiische Justiz« sühnen zu lassen, findet kein Gehör. Die Mörder gehen straffrei aus.

Gerhart Hauptmann *Eine rote Garde, nach russischem Muster*

In Berlin sind seit Tagen blutige Straßenkämpfe. Die Spartakusgruppe will die Diktatur des Proletariats. Sie bewaffnet die Arbeiter, um ihnen die bürgerliche Welt wehrlos preiszugeben. Eine rote Garde, nach russischem Muster, wird gleichsam als Geburtstagsgeschenk der neuen Menschheit ersehnt.

Was auch immer der Bolschewismus wollen mag. Sein Allheilmittel, Diktatur des Proletariats, auch nur ein Jahr lang restlos in Europa verwirklicht, müßte es in einen geistigen Kirchhof verwandeln. Unterbunden, vielleicht für immer erstickt, würden sein mit der Knebelung des Bürgertums das Gebiet der Religion, das Gebiet der Kunst, das Gebiet der Wissenschaft ..., kurz, alle Gebiete, deren Grundlage ... die persönliche Freiheit ist. Damit würde das Proletariat nicht einmal die materielle, geschweige die geistige Erbschaft des

Bürgertums angetreten haben, denn der russisch versteinte Rest der Gedanken zweier deutscher Bürger, Marx und Engels, allein kann dafür nicht gelten.

... das terroristische Programm: ... Das schuldlose Kind eines Bürgers ist verflucht, und es wird nur gebilligt, wenn Proletarierkinder es wie eine Kröte steinigen ... In dieser Zeitspanne gibt es nur eine einzige Autorität, die Gewalt und den Totschlag ... Geistesarbeit wird überhaupt nicht als Arbeit angesehen ... Nietzsche und Goethe sind ... verfemte Faulenzer. An etwa fünfzig Millionen Bürger Deutschlands ... wird kein gutes Haar gelassen.

8. 1. 1919. –

Oskar Kanehl *Demokratie – Lügendemokratie*

Es ist Unsinn, einem in Ketten gelegten Musiker einen Flügel in seine Zelle stellen zu lassen. Gleiche Stimmen sind ein Hohn, so lange noch die eine Stimme einen Säbel in der Hand trägt, die andere einen Geldsack auf dem Rücken, so lange es noch Ausbeuter und Lohnsklaven, Kommandogewalten und Gehorsamsdiener, Waffentragende und Wehrlose gibt. So lange eine Minderheit mit terroristischen Gewaltmitteln ausgestattet bleibt, mit denen sie Mehrheit hinter sich zwingt ... Mehrheit ist Unsinn. Politik ist immer ein Kampf zwischen Minderheiten. Stimmenzahlen können darüber nicht hinwegtäuschen, denn sie zeigen nichts, als das quantitative Maß des Einflußes, den die Minderheiten auszuüben imstand waren. Gleiches Recht ist umsonst ... Die Bedingungen müssen ausgeglichen werden, unter denen das Recht den Menschen zugute kommt. Die undemokratischen Bedingungen sind aber geblieben ... Das Kapital wird nach wie vor Presse kaufen, Stimme kaufen, Abhängigkeiten ... Demokratie ist nicht das Mittel, die Erfüllung der Revolution zu gewährleisten. Sondern Mittel Revolution zu verhindern ... Demokratie ist Kapitaldemokratie. Militärdemokratie. Nationaldemokratie – Lügendemokratie.

1. 5. 1919. – Das Ziel der Geschichte allein kann sein die »Diktatur des Proletariats« – so lautet die Überschrift eines weiteren Aufsatzes des der KPD nahestehenden Lyrikers Oskar Kanehl in der »Erde« (15. 5. 1919).

Für das neue Deutschland!

Peter Behrens: Auf den Trümmern der alten Zeit sind die *neuen Zeichen* aufgesteckt. Wir wollen die Zweifel von uns abtun, zugreifen und den hellen Bau errichten.

Richard Dehmel: Soviel kann gar nicht zusammenbrechen, wie sich immerfort neu aufrichtet.

Paul Ernst: Ich halte den *sozialistischen Aufbau Deutschlands* für möglich, wenn geeignete Männer an der Spitze stehen.

Julius Hart: Ich stehe auf dem *Boden der Revolution*. Ich fühle mich sympathisch mit der *jetzigen Regierung* verbunden und hoffe zuversichtlich, daß auf den Trümmern des alten Staates und der alten Staatsordnung unter deren Herrschaft ein ewiger Kampf Aller wider Alle tobte, ein neues Gemeinwesen fruchtbar schaffender Arbeit, gegenseitiger Hilfen und Förderungen entstehen wird.

Gerhart Hauptmann: Unsere *Erneuerung* hat sich in der Erschöpfung vollzogen. Unsere Macht war innerlich so sehr in Schwäche übergegangen, daß sie in sich zusammenbrach. Aber sogleich sproß das Neue zwischen Ruinen. Das Neue ist so ganz anders wie das Alte. Wehe jedem, der heute nichts anderes weiß, als Urväter Hausrat unter Staub und Trümmern hervorzusuchen. Wehe einem Nationaltyp, der nichts weiter als die Rumpelkammer solchen Urväterhausrates darstellte mit den alten ausgeleierten politischen Gassenhauern und Akteuren. Entweder es schwebt das glaubensstarke Bekenntnis zum Neuen über einer kommenden Ratsversammlung der deutschen Stämme, in der unsere *deutschösterreichischen Brüder* nicht fehlen dürfen, oder: lasciate ogni speranza!

Ihr, die ihr an eine deutsche *Auferstehung* glaubt, denkt doch nicht, daß wir früher einig waren, weil wir von Kaiser und Reich sprachen: Wir waren zerrissen, zerklüftet, zerborsten unter dem glänzenden Einheitslack. Suchen wir nicht nur ängstlich die alte sogenannte Einheit. Ihr gleißender Schein ist vorüber. Sie genügt für das neue Deutschland nicht. Seien wir einig im Neuen, und suchen wir eine neue Einheit, die enger, inniger und redlicher ist.

Arno Holz: Die Zuversicht, daß die Revolution – vorausgesetzt, daß unser Volk nicht unter die Fuchtel irgendeiner abermaligen Gewaltherrschaft gerät – für seine Geistigen keinen Zusammenbruch, sondern den *Anfang eines neuen sozialen Aufbaues* bedeutet, teile ich.

Ricarda Huch: Der übertriebene Individualismus muß durch den *Sozialismus* ausgeglichen werden. Auf diesem Wege liegt unsere Zukunft. Aus neuer freiwilliger Gemeinsamkeit wird einst wieder kräftiges, individuelles Leben erblühen.

Käthe Kollwitz: Lebensschönheit, freies kräftiges Spiel, harmonische Entwicklung der Persönlichkeit soll sich von nun an nicht mehr aufbauen auf einem Grund von Häßlichkeit, Elend und Krankheit. Dieses befreite Gefühl zu haben, ist der Gewinn, den der Bürgerliche *vom Sozialismus* haben wird. Einen anderen Gewinn hat er nicht zu erwarten. Aber für diesen Gewinn muß er bereit sein, sein bisheriges Vorrechteleben einzutauschen.

Heinrich Mann: Die *geistige Erneuerung Deutschlands*, unsere natürliche Aufgabe, wird uns *durch die Revolution erleichtert.* Wir gehen endlich mit dem Staate Hand in Hand.

Thomas Mann: Es wäre sicher falsch, in der Revolution nichts als Zusammenbruch und Zersetzung zu sehen. Die deutsche Niederlage ist etwas höchst Paradoxes, sie ist keine Niederlage wie eine andere, ist es so wenig, wie der Krieg, den sie beendete, ein Krieg war wie ein anderer. Täuscht mich nicht alles, so ist die Nation, der diese unvergleichliche Niederlage zuteil wurde, nicht nur nicht *eine gebrochene Nation*, sondern sie fühlt sich auch heute noch, wie 1914 von den Kräften der Zukunft getragen. Es ist kein Zweifel (und auch wer dem Marxismus als Dogma und Weltanschauung keineswegs huldigt, kann es nicht bezweifeln), *daß dem sozialen Gedanken die politische Zukunft, und zwar in nationaler wie internationaler Beziehung, gehört.* Die westlichen Bourgeoisien werden sich ihres Triumphes nicht lange zu erfreuen haben. Einmal den Völkern ins Gewissen geschoben, wird die soziale Idee nicht ruhen, bis sie verwirklicht ist, soweit eine Idee sich im Menschlichen verwirklichen läßt. Der deutschen Staatsmoral aber ist sie am längsten vertraut. Der *soziale Volksstaat*, wie er sich jetzt bei uns befestigen will, lag durchaus auf dem Wege deutscher Entwicklung. Gewiß ist mir aber auch, daß gerade in Deutschland der soziale oder sozialistische Staat ohne einen Einschlag bürgerlichen Geistes nicht lebens- oder leistungsfähig sein würde. Denn dieser Geist, der mit imperialistischem Bourgeoistum gar nichts zu tun hat, ist einfach der Geist deutscher Gesittung. Die *reine* Arbeiterrepublik, die »Diktatur des Proletariats«, das wäre die Barbarei.

Julius Meier-Graefe: Wir danken der Revolution für die *Abschaffung würdeloser und geistloser Monarchen.* Unsere Stellung zur Republik ist weniger bedingt durch das Programm, dessen *sozialen Geist* wir zustimmen, als durch Persönlichkeiten, die geistiger führen als früheres Regiment. Diese erwarten wir vor allem. Mir erscheinen vaterlandslose Experimentierer oder schlappe Parteigänger ebenso verheerend wie Kaiser und Könige.

Alexander Moissi: *Nur ein Wetterleuchten* war bisher die deutsche Revolution. Kein Handelnder zeigte noch klare Erkenntnis des Weges, den wir in Zukunft gehen müssen. Heute genügt dem deutschen Volke noch eine mehrtägige Schießerei, um die Freiheit in einer Ordnung zu sehen, die es mit tönenden Worten am 9. November für überwunden erklärte. Alle Wege ins Freie scheinen verbarrikadiert. Dennoch: die Augen, die im neuen Licht noch blinzeln, kann keine Macht mehr schließen; sie müssen sich weit auftun. Wo ist der Führer, der das Losungswort fand, das alle Probleme leicht macht: Noblesse? Ohne freudigen Verzicht kann die unermeßliche Schuld der alten Ordnung nicht getilgt werden und wird ewig neue Ströme Blutes fordern. Solange sich *die Güte der Privilegierten* in Worten äußert, dabei aber die Herzen, Gehirne und Safes wohl verschlossen hält und mit erprobten Gewaltmitteln verteidigt, dürfen wir auf gütiges Verzeihen derjenigen nicht rechnen, die zum geringsten für sich, am meisten aber für uns gearbeitet und geblutet haben ...

Erst dann, wenn die Massen vom Druck des Kapitals und das Kapital vom Gegendruck der Massen *befreit* ist, beginnt die Wirkung der geistigen Arbeiter, deren Arbeit darin besteht: die Schönheit dieser Welt auch denen zu erschließen, die vor lauter Erwerb für Sonne, Sturm, Land und Meer kaum einen Blick haben. Und wir, die wir des Glaubens sind, in unseren kurzen Lebenstagen nur das Erwachen der elementarsten Empfindungen in diesen Aermsten erleben zu können, hinterlassen unseren Söhnen als heiliges Vermächtnis unsere Hoffnung, daß sie diese Aermsten zu den Gipfeln der Offenbarungen des Menschengeistes geleiten werden.

Franz Oppenheimer: Der Sozialismus ist die von allem unverdienten Einkommen befreite, darum klassenlose und darum brüderlich geeinte Gesellschaft der Freien und Gleichen. Er ist *das höchste Ziel aller religiösen und ethischen Systeme.* Er bringt Eintracht nach innen und Frieden nach außen und verwirklicht »Das Reich Gottes auf Erden«. Den Weg zu diesem Ziel zu finden, ist die Aufgabe der Menschheit. Bisher ist es nicht geglückt, aber es wird und muß glücken! Die deutsche Revolution hat uns von den Fesseln befreit, die uns hinderten, den Weg des Heils zu suchen. Und darum ist sie uns eine starke Hoffnung – trotz alledem.

Heinrich Woelfflin: Keine Staatsform ist an sich gut oder schlecht. Die *sozialistische* wird dann die *beste* sein, wenn jeder bereit ist, das größte Maß *sittlicher Verantwortung* auf sich zu nehmen.

17. 1. 1919. – Aus einer Umfrage im »Vorwärts«, dem Parteiorgan der SPD.

Die Wahlen zur Nationalversammlung am 19. 1. 1919 bescheren der SPD den Sieg mit 37,9 Prozent, das sind 11 500 000 Wähler und 163 Parlamentssitze. Es folgen das katholische Zentrum mit 19,7 Prozent (fast 6 Millionen Wähler und 91 Sitze) und die Deutsche Demokratische Partei (im November 1919 gegr. Sammelbecken der Liberalen) mit 18,5 Prozent und 75 Mandaten. Diese drei Parteien bilden mit 329 von 421 Sitzen die Weimarer Koalition. Viert- und fünfstärkste Partei werden die rechte DNVP (10,3 Prozent der Wählerstimmen, das sind etwas über 3 Mill. und 44 Sitze) und die USPD mit 7,6 Prozent, über 2 Mill. Wählern und 22 Mandaten. Am 6. Februar tagt die Nationalversammlung erstmals im Neuen Theater von Weimar; Friedrich Ebert wird am 11. 2. zum Reichspräsidenten gewählt und beauftragt Philipp Scheidemann mit der Regierungsbildung.

Thomas Mann *Zuspruch*

... Dieser Krieg ist entsprungen aus einem Weltzustande, den Deutschland nicht erfunden und hergestellt hat, sondern an dem es nur teilhatte. Deutschland war schlecht, aber die anderen waren nicht besser; höchstens, daß sie jenen allgemeinen Zustand ästhetisch besser ertrugen ... Es ist gegenwärtig Aufgabe des deutschen Volkes, die

Gefahren abzuwenden, die nicht nur seiner eigenen Zukunft, sondern der Zukunft der ganzen Welt aus dem triumphalen und unbegrenzten Sieg seiner Feinde erwachsen. Dies geschieht aber nicht, in dem es sich den Lustbarkeiten des Chaos überläßt, sondern es geschieht durch Vernunft, Würde und *Arbeit*. Es geschieht, konkret gesprochen, indem das deutsche Volk der völligen Auflösung seines Wirtschaftslebens steuert ... Der deutsche Arbeiter besinne sich. Revolutionstage sind freilich Feiertage. Es ist begreiflich, daß, wer vormittags die Bastille gestürmt hat, nachmittags nichts Rechtes mehr anfangen mag. Genug aber jetzt der Flitterwochen! Es ist Zeit, zu zeigen, daß das deutsche Volk mit der Freiheit eine ehrbare Ehe zu führen weiß.

14. 2. 1919; in der »Frankfurter Zeitung«. –

Hermann Broch *Konstitutionelle Diktatur als demokratisches Rätesystem*

... Die Sozialdemokratie darf ihr eingeborenes demokratisches Prinzip nicht aufgeben: auch nicht zugunsten des Rätesystems. Ist dieses – wie Lenin zeigt – in seiner Identität von Gesetzgebung und Verwaltung die einzig adäquate Regierungsform der marxistisch-ökonomischen Gesellschaft, so bedarf es des demokratischen Ausbaues, um aus dem Provisorium, das es jetzt ist, zum Definitivum werden zu können. Die einseitige Beschickung der Räte durch die Arbeiterschaft, also durch die Minorität einer einzigen Wirtschaftsgruppe, hat wohl für den Moment den Vorteil, daß die neue Staatsidee durch diese verläßliche Vorhut gesichert werden kann. Auch verspricht man uns, daß im endgültigen, kommunistischen Staate sich die Demokratisierung der Räte ohnehin und automatisch vollziehen werde. Denn es komme nur darauf an, daß der Fabriksdirektor, der Landwirt, der Gewerbetreibende, die geistigen Berufe auch wirklich zur kommunistischen Gesinnung gelangen, damit auch sie im rein kommunistischen Sinne als werktätige »Arbeiter« gelten und ihre Vertretung im Rätesystem finden könnten. Doch dieser Wechsel auf die Zukunft birgt – wie gezeigt – die schwersten Gefahren ...

Die Sozialisierungsarbeit bedarf der werktätigen Mithilfe aller beteiligten Kreise, darf nicht dem Proletariat allein überlassen bleiben, wenn sie das sein will, was sie sein soll: sachgemäße und fruchtbare Arbeit. Sowenig man den bisherigen Unternehmer, Direktor und Beamten in der Fabrik entbehren kann, sowenig ist er hier zu entbehren, wo es gilt, die Betriebe auf völlig neue Basis umzustellen. Man fürchte nicht, daß die Mitarbeit des Unternehmers diesen Weg erschweren werde, denn man darf die Liebe, die er zu seinem Werke hegt, das meistenteils seine Lebensarbeit ist, nicht unterschätzen. Auch er arbeitet ja meistens nicht »für sich selbst« – die Einfachheit der

Lebensführung vieler Kapitalisten ist bekannt – sondern für das »Werk«, manchmal für seine Erben. Und er wird in gleicher Weise an seinem Werke interessiert bleiben, wenn man ihm Gelegenheit gibt, seine neuen Erben kennen zu lernen und ihnen das Testament seiner Arbeit überantworten zu können. Es sind dies wohl nur psychologische Erwägungen, aber sie sind für denjenigen, der einmal im industriellen Wirtschaftsleben gestanden ist, beweiskräftig. Und im übrigen ist dies auch das einzige, zweckentsprechende Mittel, um die Sozialisierungsarbeit vor jener Überstürzung zu bewahren, die – wie Rußland gezeigt hat – die Verelendung der Produktion nach sich zieht, ihr aber hingegen jene »schrittweise« Entwicklung zu sichern, die die Sozialdemokratie immer propagiert hatte ...

Die Zweiteilung der gesetzgeberischen Gewalt in ein demokratisches Parlament und ein demokratisches Rätesystem ist für den Augenblick das einzige Mittel, um die Forderung und das tiefe Bedürfnis der Sozialdemokratie nach Aufrechterhaltung der Demokratie bei gleichzeitiger zielstrebiger Diktatur der sozialistischen Idee zu befriedigen und das in den demokratischen Gedanken innewohnende Gerechtigkeitsprinzip ist jetzt auch das einzige, das die Vergewaltigung, den Terror und den Bürgerkrieg verhindern, das Proletariat aber vor der damit verbundenen physischen und psychischen, ökonomischen und kulturellen, weiteren Verelendung behüten kann. Daß das demokratische Parlament dereinst zugunsten des demokratischen Rätesystems völlig abdanken wird müssen, gleichwie die Monarchie zugunsten der Parlamente abdankte, verhindert nicht, daß sie wie diese nunmehr eine Zeit lang nebeneinander bestehen werden müssen. Denn war das Ziel der Parlamente völlige Demokratisierung der Welt und machte erst diese die Monarchie überflüssig, so ist das Ziel des Rätesystems völlige Entpolitisierung der Menschheit und kann erst durchdringen, bis diese die politischen Schlacken abgestreift hat. Wer Revolution um der Revolution willen treibt, wird das Politische in das Rätesystem selber verpflanzen und wird in einer kindischen Ungeduld und Begehrlichkeit jene Blutschuld auf sich laden, deren tiefstes Verbrechen die Entwürdigung des Menschen ist. Denn erst wenn der politische Staat völlig von der apolitischen Idee durchdrungen sein wird, wird er zur Gesellschaft des freien Menschen werden ...

März/April 1919. – Artikel in der Zeitschrift »Der Friede«, in dem Hermann Broch – Textilfabrikant mit etwa 1000 Beschäftigten, 1927 verkauft er seine Fabriken – sich für das Nebeneinander von parlamentarischer Demokratie und Räten (als Zentralen der ökonomischen Selbstbestimmung) ausspricht, zumindest solange, bis die »Gesellschaft des freien Menschen« entwickelt ist (was in Brochs Terminologie »Entpolitisierung« genannt wird).

Innenminister Hugo Preuß bringt am 24. 2. den von ihm ausgearbeiteten Verfassungsentwurf in der Nationalversammlung ein; damit hat sich die Regierung offiziell gegen das – von den Alliierten ohnehin abgelehnte – Rätesystem entschieden. Als der Arbeiterrat von Groß-Berlin am 3. 3. unter dem Einfluß der KPD den Generalstreik ausruft, kommt es zu Unruhen. Über Berlin wird der Belagerungszustand verhängt. Bei den Kämpfen zwischen Regierungstruppen und der Volksmarinedivision, in deren Verlauf Reichswehrminister Noske (SPD) das Standrecht erläßt, sterben 1200 Menschen auf den Straßen Berlins.

Albert Ehrenstein *Urteil*

. . .
Wild lecken die Bluthunde ihre Blutsuppe.
Über Liebknecht und Luxemburg
Großer Sieg der Regierungstruppe,
Großer Sieg der Bürgerbäuche.
Sie füllen Menschenblut in ihre Schläuche.

Dies ist nicht Volk, ist Pöbel.
Dem Kehricht sing ich lieber meine Litanei.
Und wenn ich auch mit tausend Donnern riefe,
Es schliefe doch, verschliefe,
Mordend noch im Traum,
Seine Zeit.

1919. – Enttäuscht wie viele (für Döblin in »November« zum Beispiel der entscheidende Geburtsfehler der Republik) über das Bündnis von SPD und Reichswehr und das Scheitern der politischen Hoffnungen, siedelt Albert Ehrenstein von Berlin nach Weimar über.

Entschließung des 2. Aktivistenkongresses

Die Unantastbarkeit des menschlichen Lebens ist und bleibt unsere unbedingte Forderung.

Heere sind unsittliche Institutionen, da sie auf dem ethischen Irrtum beruhen, daß Menschen Menschen töten dürften. Heere gar mit Wehrpflicht, also mit dem Zwang zu töten und sich töten zu lassen, sind die skandalöseste Form der Sklaverei . . .

Die Idee der Gerechtigkeit, angewandt auf das Wirtschaftliche, ergibt die Notwendigkeit des Kampfs gegen den Kapitalismus. Man kann nicht Aktivist sein, ohne Sozialist zu sein . . .

Das demokratisch-parlamentarische System lehnen wir ab. Die politische Gleichberechtigung Jedes mit Jedem, zum Beispiel des Ausbeuters mit dem Ausgebeuteten oder des Bildungsphilisters mit dem Kulturrevolutionär, ist ein Axiom, das nur dazu dient, die Umwandlung der bestehenden Gesellschaftsordnung in eine vernünftige hinauszuzögern. Wir verwerfen die grundsätzliche Diktatur der Mehrheit, wir schwärmen auch nicht für eine Diktatur der Minderheit; wir fordern die wirtschaftspolitische Diktatur derer, die durch ihre Arbeit die materiellen Werte schaffen, und wir fordern die kulturpolitische Diktatur derer, deren revolutionäres Schöpfertum die kulturellen Werte hervorbringt, – ohne Rücksicht darauf, ob dadurch eine Mehrheit oder eine Minderheit über diktatorische Machtbefugnisse verfügt.

Als geeignetes Instrument, die Ideen der wirtschaftlichen und der kulturellen Revolution in die Wirklichkeit umzusetzen, erscheint uns die wirtschaftliche und politische Entrechtung aller unproduktiven Glieder der Gesellschaft und die Einführung des reinen Rätesystems, bestehend aus Wirtschafts- und Kulturräten ...

In der Erkenntnis des übernationalen Charakters von Wirtschaft und Kultur ist der Zusammenschluß der Wirtschafts- und Kulturräte Deutschlands mit denen der andern verfassungsmäßig auf derselben Stufe der revolutionären Entwicklung stehenden Länder anzustreben. In das innere Leben der übrigen Staaten ist der Geist der Revolution hineinzutragen zum Zweck der Herbeiführung einer Internationale der Wirtschaft und der Kultur. Der internationale Zentralrat tritt an die Stelle des vorrevolutionären Völkerbunds und Völkerparlaments, zur Ermöglichung einer internationalen Schiedsgerichtsbarkeit und zur Sicherung des Weltfriedens.

Die Aktion des Zusammenschlusses prinzipiell gleichgesinnter geistiger Menschen und Gruppen ist weiterzuführen. Der Bund der Aktivisten als die Organisation der kulturpolitischen Radikale sieht es als seine besondere Pflicht an, Kulturräte zu schaffen. Er verwirft die Bildung einer eigenen Partei. Er fordert im Theoretischen den Anschluß an den revolutionären Sozialismus und im Praktischen die Aktionsgemeinschaft mit allen auf dem Standpunkt des Rätesystems stehenden politischen Organisationen, soweit deren Programm und Praxis den Grundsätzen des Aktivismus nicht widerspricht.

Er empfiehlt seinen Mitgliedern, Parteien, die auf dem Boden des Rätesystems stehen, beizutreten, und sie mit aktivistischem Geiste zu durchdringen.

Juni 1919. – Auf dem vom 15.-22. 6. tagenden »2. Gesamtdeutschen Aktivistenkongreß« löst sich der »Politische Rat geistiger Arbeiter« auf. Auf dem Kongreß, der wegen des Versailler Friedensschlusses kaum Beachtung findet, sprechen u. a.: Manfred Georg, Alfons Goldschmidt, Magnus Hirschfeld, Heinrich Eduard Jacob, Rudolf Kayser, Susanne Leonhard, Leo Matthias, Magnus Schwantje, Helene Stöcker, Bruno Taut, Armin T. Wegner, Paul Zech und der Organisator des Kongresses Kurt Hiller.

Die Republik der Schriftsteller

Wir brauchen den Frühling, den Wahn und den Rausch und die Tollheit, wir brauchen – wieder und wieder und wieder – die Revolution, wir brauchen den Dichter.

GUSTAV LANDAUER
(»Eine Ansprache an die Dichter«)

... Weißt du, was mir hier immer auffällt? Wieviel Sympathie unter den Intellektuellen – ich meine jetzt nicht nur die im schlechten Sinn – für den Bolschewismus herrscht, das heißt für die Ideen, die dem Bolschewismus zugrunde liegen, nicht für das russische Verfahren ... Die Meinung, daß Deutschland berufen ist, das wirklich durchzuführen, was der russische Bolschewismus möchte, aber nicht kann, scheint mir richtig ...
RICARDA HUCH (am 14. 2. 1919 in einer Beschreibung der Stimmung unter den Intellektuellen, Schriftstellern und Künstlern Münchens)

Weder im roten Berlin noch im roten Sachsen, sondern im konservativen Bayern kommt es zum nachhaltigsten Versuch einer sozialistischen Rätedemokratie. In München wird der Schriftsteller, Theaterkritiker und Wilhelm-Liebknecht-Biograph Kurt Eisner in den Tagen der Novemberrevolution zum Mann der Stunde, akzeptiert auch von den bürgerlichen Parteien. Für den Ministerpräsidenten – seit dem 8. 11. – und lauteren USPD-Politiker bedeutet Politik vor allem Erziehung zu ethisch-humanem Verhalten; und die Tatsache, daß er auf friedliche, unblutige Weise zur Macht gelangt ist, sieht er als Bestätigung seiner Auffassung, daß ein Staat auch ohne Inanspruchnahme des Gewaltmonopols auskommen kann. Aufgabe des Parlaments soll es nicht sein, von oben her zu verordnen, sondern das zu koordinieren, was die Räte, die Bürgerinitiativen an der Basis vorschlagen und beschließen.

In München sind Schriftsteller und Künstler besonders aktiv, vor allem Ernst Toller – seit Mitte November zweiter Vorsitzender des Vollzugsrates der Bayerischen Arbeiter-, Bauern- und Soldatenräte, Erich Mühsam und Gustav Landauer. Revolutionäre Aktivitäten gehen auch aus vom Münchner »Rat geistiger Arbeiter« und vom »Aktionsausschuß revolutionärer Künstler«: Georg Kaiser, Friedrich Burschell, Alexander von Bernus, Karl Wolfskehl, Alfred Wolfenstein, Georg Schrimpf, Oskar Maria Graf. – Doch Eisner unterschätzt die Macht überkommener Strukturen. O. M. Graf, ein Gespräch mit Rilke referierend:

»›Ich weiß nicht‹, sagte ich ... einmal, ›durch diese Revolution geht ein Riß. Gemacht wird sie eigentlich nur von den Arbeitern und den meuternden Soldaten. Das Volk auf dem Land ... macht nicht mit ... Die Bauern draußen sind sogar ausgesprochen revolutionsfeindlich ... Das ist gefährlich. Solange nicht alle mitmachen ..., das ganze Volk, solang wird nichts Richtiges draus.‹ – ›Ja‹, stimmte Rilke nachdenklich zu, ›das möchte jeder Gutwillige hoffen ... etwas Neues sieht und fühlt noch niemand, aber man muß Geduld haben ... Dem Volk als Ganzem zählt sich unsereins doch zu, dem Volk ohne Einschränkung und Zutat ... Das ist uns aufgegeben.‹«

O. M. Graf (»Die Revolution war ... gewissermaßen ein Zustand, dem alles zustrebte«) behält recht. In den Landtagswahlen vom 12. 1. 1919 wird die Bayerische Volkspartei mit 66 Sitzen vor der SPD mit 61 Mandaten Sieger. Die USPD erhält nur 3 Sitze. Als Eisner am 21. 2. seinen Rücktritt erklären will, wird er auf dem Weg zum Landtagsgebäude von dem 22jährigen Leutnant Graf Arco-Valley erschossen. Bei der Beerdigung am 26. 2. folgen etwa 100 000 Menschen dem Trauerzug. In seiner Trauerrede in der Halle des Ostfriedhofs erklärt Gustav Landauer: »... Er wollte mit den Menschen gehen, er wollte auf die Menschen wirken, aber nichts lag ihm ferner als Herrschaft oder unterdrückende Überlegenheit ...«

Und in einer Gedächtnisrede im Odeon erklärt Heinrich Mann am 16. 3.:

... »Die hundert Tage der Regierung Eisner haben mehr Idee, mehr Freuden der Vernunft, mehr Belebung der Geister gebracht als die 50 Jahre vorher ... Er sah, wie furchtbar gerade dieses Volk von seinen alten Machthabern überanstrengt worden war im Blutdienst eines Staats- und Machtwahns, dem Menschen nichts galten. Fortan sollte Schonung walten, Versöhnung, Brüderlichkeit ...

Der erste wahrhaft geistige Mensch an der Spitze eines deutschen Staates ...«

Der Mord an Eisner drängt weitere Schriftsteller in die vorderste Front: Der 25jährige Student Ernst Toller wird zum Nachfolger Eisners im Vorsitz der Münchner USPD gewählt und nach dem 7./8. April – als Sozialdemokraten, Unabhängige und Anarchisten die erste Münchner Räterepublik ausrufen – als Nachfolger Ernst Niekischs zum Vorsitzenden des Revolutionären Zentralrates gewählt. Ein junger Schriftsteller ist damit für wenige Tage der ranghöchste Politiker Bayerns.

Gustav Landauer – wie Ernst Toller als ethischer Sozialist geistiger Erbe des ermordeten Eisner – wird das Volkskommissariat für »Volksaufklärung«, das einstige Kulturministerium, übertragen.

Und Erich Mühsam, der Eisners Politik als zu bürgerlich abgelehnt hat und als spiritus rector des »Revolutionären Arbeiterrats« und der von ihm neugegründeten »Vereinigung revolutionärer Internationalisten« eine schärfere Gangart fordert, erhält die Funktion eines Ministers ohne Geschäftsbereich.

Ernst Toller *Brüder am Schraubstock, am Pflug, am Schreibtisch!*

Die Räterepublik ist proklamiert. Die Arbeiter in Stadt und Land haben die volle politische Macht und Verantwortung übernommen. Schwere Arbeit und die Not des Alltags hat uns zu Brüdern gemacht. Es kommt nun darauf an, Schulter an Schulter gegen die Kapitalistenklasse vorzugehen. Wir haben keine Zeit zu verlieren.

Setzt euch über alle Führer hinweg, wenn sie gegen die Einigkeit des gesamten Proletariats sind. Nicht die Eitelkeit der Führer, sondern die Not des Proletariats zu befriedigen ist unsere Aufgabe.

Seid vorsichtig gegen die plötzlich auftauchenden Gerüchte.

Erkundigt euch nach den Ursachen, sagt den gewissenlosen Schwätzern die Wahrheit.

Überzeugt alle Proletariergenossen, die noch mißtrauisch der Räterepublik gegenüberstehen.

Seid vorsichtig gegen alle Redner, die zur Grausamkeit auffordern. Bayern ist in der revolutionären Bewegung vorangegangen, gerade weil alle Gewaltkämpfe im Proletariat vermieden wurden.

Proletarierblut muß uns allezeit heilig sein.

Alle Sozialisten und Kommunisten müssen jeden engherzigen Parteistandpunkt aufgeben und sich zu einer großen revolutionären Gemeinschaft zusammenschließen.

Wir dürfen nicht mit unserm Schicksal spielen, jeder Leichtsinn, jede Trägheit ist Sabotage an der Weltrevolution. Wir müssen die politische Macht des Proletariats heben, um sofort die Sozialisierung der Presse, der Fabriken, der Banken durchzuführen.

7. 4. 1919. – Text eines von Ernst Toller verfaßten Plakats und Flugblatts, das am 7. 4. verteilt wird. Toller unterzeichnet als Vorsitzender des Zentralrats u. a. Erklärungen über: »Kontrolle der Hotels und Gasthäuser«, »Neuerung des Bankwesens«, »Beschlagnahme und Rationierung von Wohnungen«, »Sozialisierung des Bergbaus«, »Leitsätze für Betriebsräte«, »Verordnung gegen Mietwucher«. Toller müht sich auf Versammlungen der Betriebsräte vergeblich um eine Einheitsfront der sozialistischen Parteien.

Erich Mühsam *Proletarier aller Länder vereinigt euch!*

... Proletarier Bayerns vereinigt euch!

Die Einigung des Proletariats kann nach dem herrlichen Beispiel des russischen Volks nur auf einer Grundlage geschehen, auf der der *Räterepublik!*

Bayern ist Räterepublik.

Ohne Rücksicht auf die Streitigkeiten ihrer Führer hat sich die werktätige Bevölkerung im Willen zusammengeschlossen, *den Sozialismus, den Kommunismus zu verwirklichen!*

Der Landtag ist fortgeschickt, das von ihm eingesetzte kleinbürgerlich-sozialistische Ministerium existiert nicht mehr.

Ein provisorischer Rat von Volksbeauftragten und ein provisorischer revolutionärer Zentralrat haben die Geschäfte des Landes vorläufig zu besorgen ... *Die Diktatur des Proletariats ist Tatsache!*

9. 4. 1919. – Von Erich Mühsam verfaßter Aufruf, der am 9. 4. in Zeitungen, auf Plakaten und Flugblättern erscheint. »Streitigkeiten ihrer Führer«: Die KPD lehnte die am 6./7. ausgerufene 1. Räterepublik als »Scheinräterepublik« ab. Mühsam, zunächst ständiger Redner auf KPD-Versammlungen, wird auf einer Generalversammlung der Münchner KPD am 6. 4. von Eugen Leviné, dem Beauftragten der Berliner KPD-Zentrale, zum politischen Gegner erklärt. Als die Weißen dann am 13. 4. in München putschen, wird Mühsam festgenommen und außerhalb Münchens gebracht.

Klabund *Brief aus dem Gefängnis*

... Du weißt, lieber Vater, wie ich zu ihr [= zur Räterepublik] stehe, und daß ich nicht lüge ... Und Du weißt, daß gerad mein Verantwortungsgefühl mich davon abgehalten hat, mich in diese Affäre zu mischen. Und jenes Telegramm, daß ich ganz privat aufgefaßt habe, soll mich nun zum offiziellen Emissär der Räteregierung stempeln? Denkt Euch: in der Vernehmung wurde mir noch Majestätsbeleidigung von 1917 vorgehalten (im Untersuchungszimmer hingen die Bildnisse dreier Prinzen)! Von einem Beamten der *sozialistischen Republik!* Was ich in den Zellen und durch den Begriff ›Zelle‹ ausstehe, brauche ich Euch nicht zu beschreiben, ich, der ich die innere und äussere Freiheit über alles liebe und, ein Schüler Laotses, jede Macht hasse, weshalb ich ja auch gegen die Diktatur des Proletariats bin, weil sie den gleichen Machtdünkel in ihm züchtet wie einst in den herrschenden Klassen der Imperialismus.

18. 4. 1919. – Nach Mühsams Festnahme am 13. 4. erhält Klabund in Locarno ein Telegramm mit der Aufforderung, sich für Mühsam einzusetzen. Auf der Fahrt nach München wird Klabund am 16. 4. in Nürnberg verhaftet. Das Telegramm wird bei ihm gefunden. Am 26. 4. wird er wieder aus der Schutzhaft entlassen.

Gustav Landauer *Laßt mir ein paar Wochen Zeit ...*

... Die Bayrische Räterepublik hat mir das Vergnügen gemacht, meinen heutigen Geburtstag zum Nationalfeiertag zu machen. Ich bin nun Beauftragter für Volksaufklärung, Unterricht, Wissenschaft, Künste und noch einiges mehr. Läßt man mir ein paar Wochen Zeit, so hoffe ich, etwas zu leisten; aber leicht möglich, daß es nur ein paar Tage sind, und dann war es ein Traum ...

7. 4. 1919. – Postkarte Gustav Landauers, Volksbeauftragter für Volksaufklärung, an Fritz Mauthner. Landauer, der die Diktatur des Proletariats ablehnt, versucht die Mitarbeiter seines Ministeriums in einem Brief vom 12. 4. auf seine Linie einzuschwören: »... Unter Räterepublik ist nichts anderes zu verstehen, als daß das, was im Geiste lebt und nach Verwirklichung drängt, nach irgendwelcher Möglichkeit durchgeführt wird. Wenn man uns in unserer Arbeit nicht stört, so bedeutet das keine Gewalttätigkeit; nur die Gewalt des Geistes wird aus Hirn und Herzen in die Hand und aus den Händen in die Einrichtungen der Außenwelt hineingehen ...« Als die KPD nach einem Putsch der Münchner Garnison am 13. 4. die zweite Räterepublik ausruft, stellt er sich »um der Sache der Befreiung und des schönen Menschenlebens willen der Räterepublik weiter zur Verfügung«, distanziert sich aber in einem Brief an den »Aktionsausschuß« vom 16. 4. von ihrem Vorgehen: »... Der Sozialismus, der sich verwirklicht, macht sofort alle schöpferischen Kräfte lebendig; in Ihrem Werke sehe ich, daß Sie auf wirtschaftlichem und geistigem Gebiet ... sich nicht darauf verstehen ...«

Aufruf der Unbeteiligten

Wir Unterzeichneten stehen dem Streit der Parteien und dem wirtschaftlichen Interessenkampf der Klassen fern. Uns liegt lediglich das Wohl und die Gesundung des äußeren und inneren Lebens unseres

Volkes am Herzen. Nicht nur von der Seite her, die jetzt im Bürgerkriege unterlegen ist, wird dieses Leben bedroht. Das glauben wir gerade in diesem Augenblick dem Bürgertum, dem wir entsprossen sind, zurufen zu müssen.

Es genügt uns nicht, gleich anderen Einsichtigen vor einer harten Gewaltanwendung und einem frivolen Triumphieren in diesem furchtbaren Augenblick zu warnen, sondern wir halten es gerade jetzt für notwendig, daß das Bürgertum ernst und ehrlich seinen Sinn darauf richtet, seiner Schicksalsgemeinschaft mit dem arbeitenden Volk inne zu werden. Daß es mit ihm die grundlegende Umwandlung der Gesellschaftsordnung beginnt und daß es seine Erfahrungen und Kenntnisse rückhaltlos in den Dienst dieses Neuaufbaus stellt. Müßig ist es jetzt zu fragen, wer als erster Blut und Schrecknis in diesen Kampf getragen hat: wichtig ist einzig, wer aus ihm heraus den Weg in eine für das ganze Volk fruchtbare Zukunft findet. Genug Fürchterliches hat sich begeben, und es ist wahrlich nicht notwendig, es durch Lüge und Verleumdung noch zu übertreiben, wie das leider in vielen auswärtigen Zeitungen mit Bezug auf die Münchener Ereignisse in den letzten Wochen geschehen ist. Denken wir daran, welches Unglück die Lüge im Kampf der Nationen schon verursacht hat, und verhindern wir mit aller unserer Kraft, daß diese vergiftete Waffe nun auch im Kampf der Brüder desselben Volkes als eine berechtigte betrachtet wird.

9. 4. 1919. – Sogenannter »Aufruf der Unbeteiligten«, unterzeichnet u. a. von: Walter Braunfels, Lujo Brentano, Ernst Bach, Wilhelm Hausenstein, Hermann Horn, Ricarda Huch, Erich v. Kahler, Erwin Kalser, Rudolf Kaßner, Georg Kerschensteiner, Ludwig Landshof, Heinrich Mann, Thomas Mann, Friedrich v. Müller, Emil Praetorius, Rainer Maria Rilke, Fritz Strich, Bruno Walter, H. v. Weber (erstmals unterzeichnen die Brüder Mann gemeinsam ein politisches Dokument).

Ret Marut *Im freiesten Staate der Welt*

Er ist nicht nur der freieste Staat der Welt, sondern er hat auch das freieste Wahlrecht der Welt. Ein Wahlrecht, das demjenigen Manne, der eine oder zwanzig große Zeitungen besitzt oder der sich nur die Mühe macht, einige Millionen geschickt abgefaßter Flugblätter drucken und verbreiten zu lassen, die Möglichkeit bietet, soviel Einfluß auf die Wahl zu gewinnen, als er nur immer mag ...

Mai 1919. – Ret Marut, Herausgeber des »Ziegelbrenner« und Mitarbeiter Gustav Landauers, bemüht sich während der Räterepublik – als Vertreter des Presseamtes des Revolutionären Zentralrates und als Mitglied der Presse-Sozialisierungs-Kommission – um eine Sozialisierung des Pressewesens.

Wie Landauer stellt sich auch Toller zunächst der 2. Räterepublik – mit starken Vorbehalten – zur Verfügung. Er wird Abschnittskommandant der Roten Armee im Raum Dachau. Er gerät mit Leviné und Levien in Konflikt (»Wir Bayern sind keine Russen!«). Während das Reich und die Regierung Hoffmann

München einzukreisen beginnen, bemüht sich Toller angesichts der immer aussichtsloseren Lage der Räterepublik um einen Verhandlungsfrieden. Vergeblich versucht er am 30. 4. die Erschießung von zehn Geiseln im Luitpoldgymnasium durch Rotgardisten zu verhindern. Mit Erfolg verwendet er sich für den vor der Hinrichtung stehenden Eisner-Mörder Graf Arco und den sozialdemokratischen Politiker Erhard Auer. Als die Weißgardisten am 30. 4./1. 5. München gegen heftigen Widerstand einnehmen, kommt es zu Massakern an Rotarmisten und unbeteiliger Zivilbevölkerung. Die Bilanz: über 1000 Hinrichtungen, vielfach ohne Prozeß, ohne Vernehmung. Am 1. 5. wird Ret Marut verhaftet, nach dem Verhör im Kriegsministerium gelingt ihm noch am selben Tag die Flucht. (Er taucht unter und verwischt seine Spuren. Die letzte Nummer des »Ziegelbrenner« erscheint im Dezember 1921; seitdem veröffentlichte Marut als B. Traven.)

Jakob Haringer *Stand rauchend an der Wand*

... In München sagte ich Tor, als nach den herrlichen Stunden der Freiheit wieder die Weißgardisten einmarschiert, einer Rotte Spießer meine Meinung. Sie fielen, an sechzig, über mich her und verprügelten mich. Dann sollte ich erschossen werden. Stand, eine Zigarette rauchend, an der Wand. Welche Teufel nur retteten mich, als bereits geladen war? Damals sagte mein bester Freund, der für mich bürgen sollte: ›In diesem Falle ist sich jeder selbst der Nächste.‹ Ich kam ins Gefängnis. Unter meiner Zelle erschossen sie, um sich zu unterhalten, die roten Helden. Ich litt monatelang auf der Festung, wurde hierauf als ›schuldlos‹ entlassen. Aber der Revolutionär Haringer hat kein Geschäft daraus gemacht ...

Mai 1919. – Zur gleichen Zeit schreibt Robert Musil in seinem Tagebuch über Alfred Wolfenstein, der dem ›Revolutionären Künstlerrat‹ angehörte: »Wolfenstein geht an lagernden Weißtruppen vorbei und sagt: wenn Christus heute lebte, würde er wie jeder anständige Mensch Kommunist sein. Sie stellen ihn mit ausgebreiteten Armen an die Wand, wenn er sich rührt, soll auf ihn geschossen werden, und lassen ihn so stehen.«

Gustav Landauer wird am 1. 5. im Hause Eisners verhaftet. Ein Zeuge berichtet: »Am 2. Mai stand ich als Wache vor dem großen Tor zum Stadelheimer Gefängnis. Gegen 1 1/4 Uhr brachte ein Trupp bayerischer und württembergischer Soldaten Gustav Landauer. Auf dem Gang vor dem Aufnahmezimmer versetzte ein Offizier dem Gefangenen einen Schlag ins Gesicht. Die Soldaten riefen inzwischen: ›Der Hetzer, der muß weg. D'erschlagts ihn!‹ Landauer wurde dann mit Gewehrkolben an der Küche vorbei in den ersten Hof rechts hinausgestoßen. Im Hof begegnete der Gruppe ein Major in Zivil, der mit einer schlegelartigen Keule auf Landauer einschlug. Unter Kolbenschlägen und den Schlägen des Majors sank Landauer zusammen. Er stand jedoch wieder auf und wollte zu reden anfangen. Da rief ein Vizewachtmeister: ›Geht mal weg!‹ Unter Lachen und freudiger Zustimmung der Begleitmannschaften gab der Vizewachtmeister zwei Schüsse ab, von denen einer Landauer in den Kopf traf. Landauer atmete immer noch. Da sagte der Vizewachtmeister: ›Das Aas hat zwei Leben, der kann nicht kaputtgehen!‹

Da Landauer immer noch lebte, legte man ihn auf den Bauch. Unter dem Ruf: ›Geht zurück, dann lassen wir ihm noch eine durch!‹ schoß der Vizewachtmeister Landauer in den Rücken, daß es ihm das Herz herausriß und er vom Boden wegschnellte. Da Landauer immer noch zuckte, trat ihn der Vizewachtmeister mit Füßen zu Tode. Dann wurde ihm alles heruntergerissen und seine Leiche zwei Tage lang ins Waschhaus geworfen.«

Eugen Leviné, der Führer der 2. Räterepublik, wird am 13. 5. verhaftet und am 5. 6. hingerichtet; Klabund telegraphierte an die Regierung Hoffmann: »Keiner Partei zugehörig, protestiere ich aus Gründen der Gerechtigkeit und Menschlichkeit empört gegen die Hinrichtung Levinés.«

Vom 7.-12. 7. wird Erich Mühsam vor dem Münchner Standgericht der Hochverratsprozeß gemacht. Der Staatsanwalt: »Seine Ansichten, die er hier entwickelt hat, sind die Ansichten einer verbrecherischen Natur und nicht die eines Phantasten und fanatischen Idealisten. Er ist der geborene Hetzapostel; er stellt die ungeheuerliche Behauptung auf, daß die besten Elemente des deutschen Volkes im Zuchthaus verkommen. Er hat das deutsche Volk besudelt mit dem Ausspruch: ›Soweit die deutsche Zunge klingt, reicht die deutsche Charakterlosigkeit.‹

Mühsam ist und bleibt die größte Gefahr für jedes staatliche Gemeinwesen.«

Das Standgericht verurteilt Mühsam wegen Hochverrats zu 15 Jahren Festungshaft.

Erich Mühsam *Schlußwort vor Gericht*

... Die Konterrevolutionäre – und da verstehe ich die Machthaber, die sich sonst auch Sozialisten nennen, die in Weimar, Berlin und Bamberg am Werke sind – verlangen, daß wir die Revolution als nicht geschehen betrachten. Sie wollen zugleich mit Ruhe und Ordnung einen Zustand wiederherstellen, dem wir die Ursachen der Unruhe und Unordnung zu verdanken haben. Nicht *wir* sind es, die die Welt in Bewegung gebracht haben und die diese Revolution gemacht haben, die in ihren Keimen und Trieben schon in allen Ländern ist und sich mit Notwendigkeit zur Weltrevolution auswachsen wird: diese Revolution begann am 1. August 1914 ... damals überschlug sich der Kapitalismus. Wir sehen jetzt die Tatsache, daß der Kapitalismus sich durch den Weltkrieg ad absurdum geführt hat und daß nunmehr ein Zustand herbeigeführt werden muß, der sowohl den Krieg als auch fernere Revolutionen ausschließt.

Der Staatsanwalt widerspricht sich, wenn er sagt, ich hätte die Diktatur des Proletariats proklamiert und wenn er fortfährt, das heiße das ganze Volk ausschalten. Nein, das bedeutet: das ganze Volk einschalten.

In der Tat ist das ganze Volk ausgeschaltet durch die Diktatur der Demokraten in Bamberg, die Diktatur der Bourgeoisie oder, wenn ich mich gröber ausdrücke: durch die Diktatur der Indifferenten über die Aktiven. Ich sehe darin die Diktatur der Passivität über die Aktivität. Nun aber ist die Diktatur des Proletariats keineswegs unser letztes Ziel. Sie ist nur ein Mittel der Revolution: sie ist solange durchzuführen, bis die Revolution ihren natürlichen Zweck, die Abschaffung der Ausbeutung, erreicht hat ...

Ich fühle mich nicht verantwortlich vor Ihnen, meine Herren; verantwortlich fühle ich mich vor dem Volke, für das ich lebe und arbeite und das allein über mich zu richten hat. Ich bestreite, daß der Hochverrat überhaupt begangen ist, ich bestreite noch viel mehr, daß die, die nach uns kamen, an der Regierung Hoffmann irgend etwas gesündigt haben; die haben *uns* abgesetzt, niemand anders.

12. 7. 1919. – Mühsam tritt im September – überraschenderweise – in die KPD ein, als sie sich jedoch auf ihrem Heidelberger Parteitag vom »Linksradikalismus« abgrenzt, einen Monat später wieder aus. Mühsam wird am 20. 12. 1924 wieder auf freien Fuß gesetzt. (Die Strafe wurde auf acht Jahre herabgesetzt und für die Restzeit Bewährung eingeräumt. Erst am 14. 7. 1928 wird er durch das Reichsamnestiegesetz endgültig straffrei.) – Der steckbrieflich gesuchte Ernst Toller wird am 4. 6. verhaftet.

Appell an die Münchner Regierung

Der Münchner Sozialistenführer Ernst Toller ist verhaftet und soll vor ein Standgericht gestellt werden. Er, der während des Krieges einer der Vorkämpfer für die Völkerversöhnung war, der während der Revolution an der Seite Kurt Eisners und nach dessen Tod in seinem Sinne stets für wahre Menschlichkeit eingetreten ist, der zu wiederholten Malen seine warnende Stimme gegen Verantwortungslosigkeit von links erhoben, es jedoch für seine Pflicht gehalten hat, gerade zur Zeit der ärgsten Gefährdung seiner Ideen, an verantwortungsvoller Stelle mitzuarbeiten, der aber auch hier jedes Blutvergießen zu vermeiden versucht hat und aufs schärfste, ja mit eigener Lebensgefahr aufgetreten ist, darf nicht das Opfer einer voreiligen und terroristischen Ausnahmejustiz werden. Es sind genug Opfer gefallen. Wir appellieren an die Münchner Regierung, sein Leben zu schonen wie er das der anderen geschont hat.

12. 6. – Telegramm aus Wien an die Münchner Regierung, unterzeichnet u. a. von: Hermann Bahr, Alfred Bernau, Franz Blei, Coudenhove-Kalergi, Sigmund Freud, Egon Friedell, Hugo v. Hofmannsthal, Alexander Moissi, Robert Musil, Josef Popper-Lynkeus, Ida Roland, Otto Soyka, Jakob Wassermann, Franz Werfel, Grete Wiesenthal. In einem weiteren Telegramm an Ministerpräsident Hoffmann protestieren »gegen jedes Standrecht besonders gegen die beabsichtigte Erschießung Ernst Tollers«: u. a. wiederum H. Bahr, Fr. Blei, I. Roland, A. Moissi, Fr. Werfel, Hofmannsthal sowie Arthur Schnitzler, Hugo Sonnenschein, Albert Ehrenstein, Stefan Zweig, Oskar Fried, Richard Beer-Hofmann, A. P. Gütersloh. Toller wird vom 14.-16. 7. 1919 vor dem Standgericht München unter der Anklage des Hochverrats der Prozeß gemacht. Die Staatsanwaltschaft versucht ihn unglaubwürdig zu machen: ein »schwerer Hysteriker . . . mit schweren Degenerationsmerkmalen«, der sich habe interessant machen wollen. Die Verteidiger, unter ihnen Hugo Haase, können dagegen auf Erklärungen hinweisen, die Max Halbe, Björn Björnson, Thomas Mann, Carl Hauptmann, Max Mardersteig und der psychiatrische Gutachter Julian Marcuse abgeben und in denen diese auf die »sittliche Idee« Tollers aufmerksam machen.

In dem Prozeß, der unter großer Anteilnahme der Öffentlichkeit und der überregionalen Presse stattfindet und in dem u. a. auch Max Weber, Ferdinand Sauerbruch und Ernst Niekisch als Zeugen aussagen, wird Toller wegen Hochverrats zu 5 Jahren Festungshaft verurteilt.

Ernst Toller *Schlußwort vor dem Standgericht*

Ich habe alle meine Handlungen aus sachlichen Gründen, mit kühler Überlegung begangen und beanspruche, daß Sie mich für diese meine Handlungen voll und ganz verantwortlich machen.

Ich würde mich nicht Revolutionär nennen, wenn ich sagte, niemals kann es für mich in Frage kommen, bestehende Zustände mit Gewalt zu ändern. Wir Revolutionäre erkennen das Recht zur Revolution dann an, wenn wir einsehen, daß Zustände nach ihren Gesamtbedingungen nicht mehr zu ertragen sind, daß sie erstarrt sind. Dann haben wir das Recht, sie umzustürzen.

Sie werden nicht verlangen von mir, daß ich nach meinen Anschauungen vom Standgericht hier um Gnade bitten werden. Ich frage mich, warum setzt man Standgerichte ein? Glaubt man, dadurch, daß man einige Führer erschießt oder ins Gefängnis schickt, die gewaltige revolutionäre Bewegung der ausgebeuteten werktätigen Bevölkerung der ganzen Erde eindämmen zu können? Das wäre doch eine Unterschätzung dieser elementaren Massenbewegung und eine Überschätzung von uns Führern.

Das werktätige Volk macht nicht eher halt, als bis der Sozialismus verwirklicht ist ...

Diese Revolution wird auch nicht halt machen vor den veralteten Parteischablonen, auch nicht vor den Staaten in ihrer heutigen Form. Anstelle dieser Staaten wird die Weltgemeinschaft aufgerichtet werden, äußerlich gebunden durch ein Minimum von Gewalt, innerlich gebunden durch den Geist der Achtung vor jedem einzelnen, durch den Geist des sozialen Verantwortlichkeitsgefühls und durch den Geist der Liebe.

Man sagt von der Revolution, es handle sich um eine Lohnbewegung des Proletariats und man will damit die Revolution heruntersetzen. Meine Herren Richter! Wenn Sie einmal zu den Arbeitern gehen und dort das Elend dieser vielen gekreuzigten Menschen sehen, dann werden Sie verstehen, warum diese Menschen vor allen Dingen erst ihre materielle Notdurft befriedigen müssen. Aber in diesen Menschen ist auch ein tiefes Sehnen nach Kunst und Kultur, ein tiefes Ringen um geistige Befreiung. Dieser Prozeß hat begonnen und er wird nicht niedergehalten werden durch Bajonette und Standgerichte der vereinigten kapitalistischen Regierungen der ganzen Welt ...

16. 7. 1919. – Toller wird am 24. 9. aus München-Stadelheim nach Eichstätt verlegt, am 3. 2. 1920 nach Niederschönenfeld, wo er seine Strafe gemeinsam mit etwa 70 Häftlingen verbüßt, darunter Erich Mühsam und Ernst Niekisch (der am 23. 6. 1919 zu zwei Jahren Festungshaft verurteilt worden war); ferner Albert Daudistel, in der 2. Räterepublik Leiter des »Zentralkommissariats für politische Flüchtlinge und ausländische Revolutionäre«. Er war am 30. 4. verhaftet und zu 6 Jahren Festungshaft verurteilt worden. Die bayerische Justiz eröffnete als Antwort auf die Räterepublik über 5000 Einzelverfahren.

Gerhart Hauptmann *Offener Brief an den Kongreß der Alliierten in Paris*

Durch die Zeitungen gehen Nachrichten über eine Wiedereinführung der Sklaverei. Es wird gesagt, einer der kriegführenden Staaten sei entschlossen, nach Unterzeichnung des Friedensdokuments und Begründung des Völkerbundes etwa achtmalhunderttausend Kriegsgefangene zurückzubehalten und Sklavendienste verrichten zu lassen ...

Man wird vielleicht einwenden, Gefangene zurückzubehalten, um durch den Krieg verwüstete Städte und Dörfer wieder aufzubauen, sei eine Kriegsmaßnahme, mit Recht würden in einem solchen Fall Söhne eines besiegten Volkes zur Zwangsarbeit gepreßt, und dies sei keine Sklaverei. – Es ist Sklaverei! von dem Augenblick an, wo der Frieden proklamiert worden, der durch den Krieg unterbrochene europäische Kulturzustand wieder maßgebend geworden ist!

Ich glaube nicht, daß irgendein Kongreß der Welt die Sklaverei wieder einführen kann. Ich habe lediglich mit Gerüchten zu tun, die allgemein auftauchen und vor allem natürlich das deutsche Volk beunruhigen. Es wird, wenn diese Gerüchte erfunden sind, ein leichtes sein, die Schrift eines besorgten Weltfriedensfreundes zu den Akten zu legen.

2. 2. 1919. – Offener Brief, veröffentlicht am 2. 2. im »Berliner Tageblatt«. Am 18. 1. 1919 begannen in Paris die Friedensverhandlungen, in denen Clemenceau, Lloyd George und Wilson den Ton angeben. Als Grundlage der Verhandlungen waren zunächst zwischen Deutschland und der Entente die 14 Punkte des amerikanischen Präsidenten Wilson vereinbart worden, die eine dauerhafte Friedensordnung und einen Völkerbund zu dessen Garantie vorsahen. Frankreich, zur führenden europäischen Militärmacht aufgestiegen, kommt es besonders auf Sicherungen vor einer möglichen deutschen Revanche an. Zeitweise wird dabei französischerseits auch erwogen, deutsche Kriegsgefangene zur Beseitigung der durch den Krieg entstandenen Schäden heranzuziehen. – Angesichts der Nachrichten aus Paris – Deutschland ist zu den Verhandlungen nicht zugelassen –, die auf einen ›harten‹ Vertrag hinauslaufen, kommt es zu heftigen Gegenreaktionen.

Thomas Mann *Nieder mit der westlichen Lügendemokratie ...*

... Ablehnung des Friedens durch Deutschland! Aufstand gegen den Rhetor-Bourgeois! Nationale Erhebung, nachdem man sich von den Schwindel-Phrasen dieses Gelichters das Mark hat zermürben lassen, in Form des Kommunismus denn meinetwegen, ein neuer 1. August 1914! Ich bin imstande, auf die Straße zu laufen und zu schreien ›Nieder mit der westlichen Lügendemokratie! Hoch Deutschland und Russland! Hoch der Kommunismus!‹

24. 3. 1919. – Die von Thomas Mann in den »Betrachtungen eines Unpolitischen« als – undeutsch abgelehnte parlamentarische Demokratie ist ihm zunächst noch immer suspekt und angesichts der sich abzeichnenden Versailler Verhandlungsergebnisse »Entente-Feindlichkeit« willkommen; noch mehr freilich ist dem Bürger par excellence die »Proletarierdiktatur« suspekt.

Ernst Toller *Die Friedenskonferenz zu Versailles*

... Mit Recht wird immer wieder darauf hingewiesen, daß die Parteien, die den Frieden von Brest-Litowsk unterzeichnet haben, ... nicht das geringste moralische Recht besitzen, gegen den imperialistischen Frieden moralisch zu zetern. Sie, die so lange das Prinzip der Machtpolitik unterstützten, die für jene Methoden Kriegskredite bewilligten, die darauf ausgingen, die französische Industrie planvoll zu zerstören und der deutschen mehr Profit zuzuführen, sollten diese Argumente doch lassen und lieber konsequent sein ...

Die Erörterung der Schuldfrage wird in Versailles voraussichtlich einen wichtigen Bestandteil der Verhandlungen bilden. So sehr wir von der schweren Schuld der deutschen Regierung am unmittelbaren Ausbruch des Krieges überzeugt sind, dürfen wir nie vergessen, daß die tiefere Schuld des Krieges im Kapitalismus, im Imperialismus, also auch bei den Ententeländern liegt. Eine Bestätigung dafür finden wir in der gegenwärtigen Haltung der Ententeregierungen ...

Zweierlei kann festgestellt werden. Erstens beweisen Clemenceau und Kollegen, daß die von ihnen aufgestellten »Ideale« nicht zwingend genug sind, um sie selbst zur Gefolgschaft zu veranlassen. (Oder aber sie wurden zu Deckmäntelchen herabgedrückt. Und das ist wahrscheinlicher.)

Zweitens die Ideale selbst, als da sind: bürgerlich-kapitalistische Demokratie, Parlamentarismus, haben Fiasko erlitten und bieten sich in schonungsloser Nacktheit als unwahr und Stützen der kapitalistischen Wirtschaftsordnung dar.

Ihnen gegenüber stehen die östlichen Ideale, die Idee der Rätedemokratie, d. h. die Verwaltung durch das werktätige Volk, der ständigen aktiven Teilnahme aller am öffentlichen Leben, die Vereinigung der Legislative und Exekutive in der Hand des werktätigen Volkes, der gegenseitigen Hilfe, der Möglichkeit zur Zertrümmerung der heutigen Staatsgerüste und ihre Aufteilung in zusammenhängende Wirtschaftskomplexe, d. h. also der Befreiung der Völker von den Berufspolitikern und der Berufspolitik. Den westlichen Zivilisationsidealen stehen gegenüber die östlichen Kulturinhalte, die an geistiger und sittlicher Tiefe und Menschlichkeit mit ihrem gläubigen Feuer die westlichen flammend *überstrahlen.* Des Machtkampfes Ausgang ist kaum mehr ungewiß und vielleicht ist es das tragische Schicksal Deutschlands und seine tragische Sühne, daß in diesem Lande der Mitte der Kampf noch einmal entschieden wird.

Der Kampf der Ideale aber ist entschieden. Gesiegt haben die östlichen!

Um den Ententemächten kraftvoller gegenüberzutreten, muß sofort ein Bündnis mit Rußland geschlossen werden.

Es ist ein Verbrechen am deutschen werktätigen Volk, daß die Regierung zu Weimar die Beziehungen zu Rußland, deren politische und ökonomische Notwendigkeit oft genug bewiesen wurde, nicht aufnimmt und statt dessen Armeen gegen Rußland mobilisiert, unter dem Vorwand, Rußland wolle uns überfallen. Warum hat die Weimarer Regierung nicht die *Botschaft Tschitscherins* der Öffentlichkeit mitgeteilt, daß die russische Regierung nicht daran denkt, in Deutschland einzufallen?

Auch Wilsons Völkerbund hat sich als Trugbild und letzter Hort der Bourgeoisie entpuppt. Befreien von dem wirtschaftlichen Elend, von der Unkultur des Kapitalismus wird uns nur die Revolution des Weltproletariats. Und nur durch diese Revolution werden die fundamentalen sittlichen Beziehungen, die zwischen Völkern herrschen müssen, und die die alte Regierung als Fetzen Papier ansah, organisch erwachsen.

Nicht den Bund der Regierungen, als der sich der englische Völkerbundsplan herausstellt, erstreben wir, sondern die sozialistische Gemeinschaft der Menschheit, äußerlich gebunden durch eine Wirtschaftsordnung, die jedem Volk und jedem einzelnen ein Existenzmaximum gibt, innerlich gebunden durch den Geist der Verantwortlichkeit, der Liebe und des gegenseitigen freudigen Sichhelfens.

1. 4. 1919. – Artikel Ernst Tollers in der Münchner »Neuen Zeitung«. Tollers Stellungnahme spiegelt die Haltung der KPD und von Teilen der USPD wider. Im Frieden von Brest-Litowsk vom 3. 3. 1918 hatte Deutschland seine Machtansprüche gegenüber der Sowjetunion durchgesetzt und damit ein Beispiel für den Imperialismus geliefert, der ihm jetzt seitens der Entente selbst widerfährt.

Die deutsche Friedensdelegation unter Außenminister Graf Brockdorff-Rantzau, am 18. April von den Alliierten offiziell zur Entgegennahme der Friedensbedingungen eingeladen, erhält den Vertragstext am 7. Mai in Versailles. Er legt in Artikel 231 die Alleinschuld Deutschlands am Kriegsausbruch fest und erlegt ihm erhebliche Gebietsabtretungen und große Reparationszahlungen auf.

Am 8. Mai sprechen sich daraufhin Reichsregierung und Reichspräsident gegen diesen »Gewaltfrieden« aus. Der Reichspräsident ordnet für eine Woche Landestrauer an; die Theater sollen nur ernste Stücke aufführen. Am 9. Mai erläßt die SPD einen Aufruf: »Proletarier aller Länder! Vereinigt Eure Kraft, um einen Gewaltfrieden zu verhindern, der Europa nicht zur Ruhe kommen lassen würde.« Die Nationalversammlung veranstaltet am 12. Mai in der Aula der Berliner Universität eine Protestkundgebung. Scheidemann: »Welche Hand müßte nicht verdorren, die sich und uns in diese Fessel legt?« Am folgenden Tag appelliert Ebert an die amerikanische Öffentlichkeit, den 14 Punkten Wilsons Geltung zu verschaffen.

Thomas Mann *Zum Versailler Friedensvertrag*

... Daß die Gegner den geistigen und moralischen Fährnissen eines Triumphs ... nicht gewachsen sein würden, stand für jeden zu befürchten, der den zuletzt unter Deutschen vorherrschenden Glauben an die sittliche Überlegenheit dieser Gegner niemals hätte teilen können. Wie wenig sie ihnen gewachsen sind, zeigen die Friedensbedingungen. Enttäuschung und Entsetzen über soviel schamlose Brutalität sind groß in Deutschland und aufrichtig, wie jeder zugestehen muß, der die Deutschen kennt; und selbst deutsche Zivilisationsliteraten überlassen sich, wie ich höre, angesichts dieser Bedingungen bestürzter Gedanken über den Geist, in dem ›die Demokratie‹ ... in diesen Krieg eingetreten ist und in dem sie ihn geführt hat.

Da es untunlich ist und bald allerseits als unmöglich empfunden und anerkannt werden dürfte, einer mitten in Europa wohnhaften und immerhin verdienten Kulturnation von 70 Millionen Menschen das Schicksal Karthagos zu bereiten, so bezweifle auch ich, daß die Bedingungen zu voller und dauernder Auswirkung gelangen werden. Daß sie in der gegenwärtigen Form fixiert und überreicht werden konnten, zeugt von der Gottgeschlagenheit derer, die sich in diesem noch sehr in Schwebe und Fluß befindlichen Weltprozeß heute als Sieger fühlen. Dem deutschen Volk, das sich mit letzter Kraft und einer wahren Landsknechtbiederkeit dem Bolschewismus entgegenstemmt, diesen Frieden zu machen –, das eben nenne ich gottgeschlagen. Hier scheint ein Instinkt am Werke, der nur noch eins will: Das Ende. Es ist zu bemerken, daß der französische Greis, dessen Lebensabend durch diesen Frieden verschönt wird, Schlitzaugen trägt. Vielleicht hat er irgend ein Blutsanrecht darauf, der abendländischen Kultur den Garaus zu machen und der slavischen Mongolei den Weg zu bereiten.

21. 5. 1919. – Brief Thomas Manns an die Presse-Korrespondenz Krafft, abgedruckt am 30. 5. in »Der Tag« und »Berliner Lokal-Anzeiger«. »Der französische Greis«: Georges Clemenceau, die treibende Kraft der Versailler Friedensbedingungen.

Walther Rathenau *Was soll geschehen?*

... Was soll also geschehen? In Versailles muß das Äußerste darangesetzt werden, den Vertrag entscheidend zu verbessern ... Gelingt es nicht ... dann hat der Unterhändler, Graf Brockdorff-Rantzau, das vollzogene Auflösungsdekret der Nationalversammlung, die Demission des Reichspräsidenten und aller Reichsminister den gegen uns vereinten Regierungen zu übergeben und sie aufzufordern, unverzüglich alle Souveränitätsrechte des Deutschen Reiches und die gesamte Regierungsgewalt zu übernehmen. Damit fällt die Verantwortung für den Frieden, für die Verwaltung und für alle Leistungen Deutschlands den Feinden zu; und sie haben vor der Welt, der Geschichte und vor ihren eigenen Völkern die Pflicht, für das Dasein von 60 Millionen zu sorgen. Ein Fall ohnegleichen, unerhörter Sturz eines Staates; doch Wahrung der Ehrlichkeit und des Gewissens. Für das Weitere sorgt das unveräußerliche Recht der Menschheit und der klar vorauszusehende Gang der Ereignisse ...

31. 5. 1919. – Artikel Walther Rathenaus in Maximilian Hardens Zeitschrift »Zukunft«.

Da die Versailler Pläne in Deutschland nur den »Revanchetrompetern der Reaktion« Auftrieb geben könnten, bemüht sich Theodor Wolff, Chefredakteur des »Berliner Tageblatts« und führender Vertreter der liberalen DDP, im Gespräch mit Entente-Politikern um eine Abschwächung der französischen Politik der Stärke, unterstützt dabei von Gerhart Hauptmann und Ludwig Quidde, dem Vorsitzenden der »Deutschen Friedensgesellschaft« (von 1914-1929; Fiedensnobelpreisträger 1927). Auf dem vom 13.-15. 6. in Berlin stattfindenden »8. Deutschen Pazifistenkongreß« – der ersten Generalversammlung der »Deutschen Friedensgesellschaft« nach dem Krieg – erklärt Ludwig Quidde in seiner Eröfinungsrede:

»Es wird sich eine Bewegung in Deutschland geltend machen, die die Bedingungen dieses Friedens mit den alten Mitteln der Macht, den alten Mitteln der Gewalt beseitigen wollen wird. Es werden bei uns die Herolde des Vergeltungskrieges auftreten. Von uns deutschen Pazifisten wird es zum großen Teil abhängen, wie sich das Schicksal in den nächsten Jahren gestaltet.«

Der Kongreß – über dessen Verlauf der Sekretär der Deutschen Friedensgesellschaft, Carl von Ossietzky, im Kongreßprotokoll schreibt: »Ohne den Pazifismus geht es in Deutschland nicht mehr, ohne die tätige Mitwirkung des pazifistischen Geistes ist eine deutsche Neugestaltung nicht denkbar« – verabschiedet die in der Öffentlichkeit viel beachtete Erklärung:

»Die Versammlung protestiert, ohne die schwere Schuld Deutschlands am Kriegsausbruch zu verkennen, gegen die Versailler Friedensbedingungen.«

Die Zustimmung zu dieser Erklärung erfolgt nicht einstimmig. Der stärkste Flügel der Deutschen Friedensgesellschaft (Quidde, Walter Schücking, Paul Freiherr von Schoenaich, Harry Graf Kessler, Otto Nuschke, Hellmut von Gerlach), der gleichzeitig der DDP angehört, sieht sich der schwächeren Opposition von Friedrich W. Foerster, Georg Friedrich Nicolai und Fritz Küster gegenüber, die die Kriegsursache zuallererst im preußisch-deutschen Militarismus erblicken und die Anerkennung des Versailler Vertrages für eine Chance zu deutscher Selbstbesinnung und Pazifizierung halten. Eine kaum ins Gewicht fallende dritte Linie vertritt Kurt Hiller, der den Versailler Vertrag für ein »imperialistisches Diktat« – wie die KPD und die »revolutionären Sozialisten« (Toller, Rilla) – hält, dem nur durch ein deutsch-sowjetisches Bündnis zu begegnen sei.

Dem Gegenentwurf der deutschen Delegation wird in Versailles nur in einigen Nebenpunkten entsprochen. Am 16. 6. erhält sie den definitiven Vertragsentwurf mit der Androhung militärischer Besetzung, falls sie den Vertrag nicht innerhalb von sieben Tagen akzeptiere. Daraufhin tritt Scheidemann zurück. Am 22. 6. nimmt der Reichstag mit 237 (SPD, USPD, Zentrum) gegen 138 (DNVP, DVP, DDP und einige Zentrumsabgeordnete) bei 48 Enthaltungen den Vertrag an, 42 Abgeordnete bleiben der Abstimmung fern. Am 28. 6. unterzeichnet Außenminister Hermann Müller (SPD) im Spiegelsaal von Versailles den Vertrag – unter dem Vorbehalt der Nichtanerkennung des Kriegsschuldparagraphen (§ 231) und der erwogenen Auslieferung von Deutschen an die Alliierten.

Gerhart Hauptmann *... Folterbank von Versailles*

Am 28. Juni ist zu Versailles unsere Niederlage besiegelt und gegen Bedingungen, wie sie grausamer nicht zu denken sind, der Friede geschenkt worden. Ein Dokument, das in seiner vollkommen entmenschten Sachlichkeit für den Tiefstand der europäischen Seele von heut über Jahrhunderte hinaus zeugen soll und wird, damit dieser Tiefstand niemals wieder erreicht werden möge, ist von unsern moralisch mißhandelten, moralisch getretenen und zertretenen Delegierten zu Versailles mit zitternder Hand unterschrieben worden. Sie haben damit die Schonung eines Landes und eines Volkes erkauft, das schon seit länger als einem halben Jahr sich bedingungslos übergeben, seine Waffen beiseite gelegt hatte.

Es ist üblich geworden, die Gefühle der Empörung, des heiligen Zorns, der Scham als unpolitisch zu brandmarken. Allein, wir empfinden nun einmal Empörung, heiligen Zorn und Scham über die entsetzliche Prozedur, der wir, der deutsche Name, das deutsche Volk, auf der Folterbank von Versailles unterzogen worden sind. Und nie darf es das deutsche Volk denen vergessen, dem Grafen Brockdorff-Rantzau und seinen Genossen, die sie am eigenen Leibe erdulden mußten.

Unbegreiflich war es dem ruhig blickenden Mann, wie Staatsmänner mächtiger und edler Völker Formeln für diese Foltern finden konnten, deren Grausamkeit noch durch das unsäglich Läppische, das ihnen anhaftete, überboten wurde. Wie Schulknaben vor den Herrn Direktor, so wurden unsere Friedensgesandten vor die Gestrengen von Versailles geführt, und einem von ihnen wurde eine geringe Anzahl Atemzüge, um daraus Worte zu bilden, erlaubt, bevor er, wie alle seine Genossen, mit einem Knebel im Munde wieder entlassen wurde ...

Ende Juni 1919. – Deutschland verliert ein Siebtel seines Gebietes, Elsaß-Lothringen an Frankreich, Posen und Westpreußen an Polen. Das linke Rheinufer wird von den Franzosen besetzt und in drei Zonen mit den Brückenköpfen Köln, Koblenz und Mainz eingeteilt, zu räumen im Zeitraum von fünf bis fünfzehn Jahren. Die allgemeine Wehrpflicht wird abgeschafft und ein Berufsheer von 100 000 Mann zugelassen, dessen Bewaffnung eine interalliierte Kommission überwacht. Erheblich werden die beiden Säulen der deutschen Wirtschaft getroffen: der Außenhandel – durch die Auslieferung der gesamten Handelsflotte; und die Kohle- und Eisengewinnung sowie die von ihr abhängende Stahl-, Elektro- und chemische Industrie – durch den Verlust des Saargebietes und der oberschlesischen Kohlevorräte. Die Reparationszahlungen werden auf die astronomische Höhe von 269 Milliarden Goldmark festgesetzt, später auf 132 Milliarden ermäßigt.

Franz Blei *Die Menschwerdung*

Der bestialische Streit unter den Chefs der kapitalistischen Weltfirma endet mit dem Untergange der Firma. Jene Chefs, die in dem zerschossenen Hause geblieben sind, machen wohl in Friedensvorschlägen den Versuch, die Hinausgeworfenen für die Neuerrichtung der alten Firma zu gewinnen, und da man die Unterlegenen aber auch als die ruchlosen Anstifter und Urheber des Konflikts anklagt und verurteilt, sollen sie zur Strafe die schwerste Arbeit beim Wiederaufbau bekommen zu Bedingungen, die nichts als anzunehmen wären ... Den Kapitalismus der Welt zu erhalten: das ist die Friedenstätigkeit der Entente, deren alte und insbesondere neue Kapitalisten die Verzinsungen garantiert haben wollen, zu denen sie ohne eine imperialistische Politik nie kommen. Denn auch in den Reservoirs der Ententestaaten wird der nackte Boden sichtbar. Dies also ist die Situation: der ententistische Hochkapitalismus, der sich im Kriege investiert hat, weiß, daß nur ein kapitalistisch wirtschaftender Besiegter sowohl den Krieg bezahlen wie den ententistischen Kapitalismus schützen kann davor, daß sich ihm der proletarische Arm weigert. Aber beide Annahmen, Bezahlung des Krieges wie Schutz vor dem Arbeiter, sind falsch ...

Mit der Etablierung des Kommunismus als einer rationell geordneten Wirtschaftsweise ist ganz sicher nicht das Paradies auf die Erde gesetzt, das man ja auch »demokratisch« damit nicht erreicht, daß man sämtliche Käfige eines zoologischen Gartens öffnet. Es ist nichts weiter mit einer kommunistischen Wirtschaft geschaffen als was mit den Worten gesagt ist: eine rationelle Wirtschaft aller Menschen für alle Menschen. Erst vor einer hundert Jahre lang geübten kommunistischen Wirtschaft bin ich, optimistisch gelaunt, der Meinung, daß sie die kapitalistisch denaturierten Seelen und Hirne der heutigen Menschen, Bourgeois wie Proletarier, so weit gereinigt hat, daß sich eine Ideologie bilden kann, frei von den heutigen Ressentiments, vom Klassenhaß, von schmutziger Gier nach Geld, vom Geiz, vom hypokriten Nächstenliebentum, von lächerlicher Bildungsstreberei und Aufklärerei und Freigeisterei und wie alle diese sittlichen und geistigen Blüten der kapitalistischen Kultur heißen. Diese hundert Jahre kommunistischer Praxis werden sicher kulturell sehr dürftige, geistig sehr unergiebige Jahre sein, denn eines wird sie ganz ausfüllen: die Menschwerdung des Proletariats. Vor allem die körperliche Rückverwandlung des Proleten in einen Menschen. Rücken müssen wieder gerade werden, Krallen wieder zu Händen, Klauen zu Füßen, Schädel zu Köpfen. Hundert Jahre werden einer einfachen Arbeit an den nichts als notwendigsten Gebrauchsgütern des Lebens gehören, denn man wird sehr viel freie Zeit brauchen für Wandern, Schwimmen, Reiten, Sport, In-der-Sonne-liegen, Schauen, Lüften, Staunen, um den Elendsleib wieder ins Menschliche zu bringen, Lungen zum Atmen, Herzen zum Schlagen, Muskeln zu leichtem Spielen. In aller Produktion des sogenannten Geistigen wird man eine hundertjährige Generalpause machen ...

Juni 1919. – Artikel in »Der Friede«.

Erwin Guido Kolbenheyer *Wem bleibt der Sieg?*

... Das Los eines Prometheus wird keinem Beliebigen zugemutet. Die Feinde haben sich durch ihren Vertragsentwurf zu einem Geständnisse hinreißen lassen, das jene Trauerglockenläuter und verzweifelten Bankrottierer beschämen möge. Feindeshaß, der aus Furcht fließt, kann kein Volk entehren. Eine wirtschaftliche Macht, die sich durch Erdrosselung der andern zu behaupten sucht, kann gesunde Volkskraft nicht dauernd lähmen. Wann in der Entwicklung des Lebens wäre dies bis zum kläglichen Ende durchgesetzt worden? Ist es unmöglich, unter der Last der Stunde einen Blick in den notwendigen Lauf der Natur zu tun, die ihren Weg nicht nach Stunden mißt? ...

All unsere Lebensäußerungen sind für ein *Jungvolk* charakteristisch: Die Glaubens- und Vertrauensseligkeit, die wir unseren Führern schenkten – kein Volk ist leichter zu Gutem und Schlechtem zu lenken als ein Jungvolk – die draufgängerische Art, mit der wir unser Lebensrecht durchzusetzen strebten, das Vertrauen in die Unerschöpflichkeit unserer Kraft auch einer Welt von Feinden gegenüber, das leichterregte, kränkende Gefühl der Zurückversetzung, das wir überall empfinden, wo wir uns nicht vollwertig behandelt glauben, die Furcht vor Einengung, die uns immer drohendere Formen aufnehmen ließ, bis wir dem Kreise der Völker gefahrbringend erschienen, dabei unsere unmittelbare Friedensbereitschaft, nur von dem heißen Wunsche bedingt, den eigenen Wert neidlos anerkannt zu wissen, und unser starkmütiges Vertrauen auf das gegebene Wort der Feinde. So konnte nur ein Jungvolk fühlen und handeln. Und nur ein Jungvolk konnte mit solcher Zuversicht und Begeisterung einen Kampf gegen die andern Völker der Erde eingehen und vier Jahre bis zur Erschöpfung aller Hilfsmittel bestehen. Wir müssen und können uns zu unserer eigenen Jugend bekennen.

Weltgeschichte ist wohl Weltgericht, aber Weltgeschichte wird nicht in der Frist *einer* Generation zum Weltgericht. Alle Gewalt übt auf das Leben der Völker nur sekundären Einfluß. Im innersten Leben der Völker, in ihrem plasmatischen Gute, darin liegt Sein und Nichtsein geborgen, dort ruht Weltgeschichte und das Weltgericht begründet, das unaufhaltsam durch die Generationen hindurch und über die lautesten Zeitereignisse hinweg seinen naturnotwendigen Weg nimmt, vor dem den Siegern dieser Tage bangen möge und uns, den besiegten Deutschen, nicht zu bangen braucht.

Nach der Unterzeichnung des Versailler Vertrages; Flugblatt. – »In ihrem plasmatischen Gute«: Kolbenheyers »Bauhüttenphilosophie« zufolge hat sich das »Plasma«, als Ursubstanz des Lebens, im Laufe der Menschheitsentwicklung zu Rassen, Völkern, Stämmen usw. ausdifferenziert; und da die plasmatische Ursubstanz der germanischen Rasse weitaus »jünger« als die der »vergreisten« lateinisch-französischen Zivilisation sie, habe Deutschland »volksbiologisch« noch eine große Zukunft vor sich.

Deutsch-französische Aussöhnung — ein erster Versuch

Hugo von Hofmannsthal *An Henri Barbusse*

... Sei es ausgesprochen: daß eine Reue allein in uns immer lebendig war: die Reue, zur wahren wechselweisen Erkenntnis der Nationen zu wenig beigetragen zu haben. Die Mühe, die wir aufgewandt hatten, die Früchte Eures Geistes zu genießen, die Produkte dreier, glorreicher französischer Jahrhunderte uns zu eigen zu machen, die unlösbare Verkettung der Geistigkeiten zu erfassen, war selbstsüchtig gewesen. Zu wenig hatte sie unseren Völkern gefruchtet. Hier, auf unserem eigensten Gebiet, hatten wir uns als unzulänglich erwiesen.

Diese Einsicht hat alles an sich, um uns zu entmutigen: aber indem Ihr uns aufruft, gebt Ihr uns neuen Mut; indem Ihr uns sagt, daß Ihr unseres Wortes bedürfet, leben wir auf. Wir erkennen, daß Ihr *der* Worte müde seid, welche, furchtbarer noch als die Waffen, fast unmenschliche Gruppen aus uns machten und daß Euch, wie uns, eine neue Sprache zu finden nötig scheint, eine neue Sprache zwischen den Nationen ...

Indem Ihr die Hände gegen uns ausstreckt, habt Ihr uns gestärkt und es hat tragischer Zusammenhänge bedurft, um in eine bloße Berührung so viel Pathos zu legen. Das bloße Wort, daß Ihr »Eile habt, unsere Hände zu ergreifen«, hat unsere Herzen schlagen gemacht. Wo immer wir einander begegnen werden, sei es als Lebende, sei es als geistige Kräfte, wird es keine Begegnung gleichgültiger und eitler Individuen sein. Eine Kameradschaft wird aus unseren Augen sprechen, wie die Welt sie noch nicht gekannt hat: denn wir mußten durch eine furchtbare Prüfung gehen, bevor wir diese Weihe empfangen konnten, einander in diesem neuen Sinne Kameraden zu sein.

Wir sind, als Geistige, in Frage gestellt von einer Welt, die Chaos werden will, weil ihre Ideen erschüttert sind; unser Wert, als Individuen, ist bescheiden und problematisch; das Ungeheure unserer Situation ist ohne Beispiel. Und es ist nur ein Anfang, nur ein Aufbrechen erst. Wir haben einen gefahrvollen Weg: aber wir werden ihn gemeinsam gehen.

Februar 1919. – Artikel Hofmannsthals in »Der Friede«. Antwort auf den Aufruf von Henri Barbusse »An die geistigen Kämpfer aller Länder«, in dem Barbusse die Intellektuellen unter den Kriegsteilnehmern aufgefordert hat, eine Wiederholung des Geschehenen zu verhindern.

Heinrich Mann *An Henri Barbusse und seine Freunde*

Ihr Aufruf erlaubt es auch uns, Sie als Gleichgesinnte anzusprechen. Müssen wir zuerst dem Verdacht zuvorkommen, als sei es nicht aufrichtige Bereitschaft unserer Herzen, sondern nur die Notlage unseres Landes, die uns Ihre hingestreckte Hand ergreifen läßt? Den Verdacht entkräftet unsere besondere Stellung im Kriege, den wir niemals gebilligt haben, unsere schon damals dokumentierte Opposition gegen das kaiserliche System. Vor allem aber werden wir beglaubigt durch die ganze Tätigkeit unseres Verbandes, die einzig darauf gerichtet ist, bei uns zu Hause die Geister zu revolutionieren, die Idee der Gerechtigkeit zur herrschenden zu machen, und zu werben für ehrliche Menschenliebe, die künftige Kriege ausschließt ...

Da es Franzosen sind, die uns zuerst die Hand gereicht haben, dürfen wir unsern Glauben bekennen, daß die endgültige Versöhnung unserer beiden Länder von besonderer Wichtigkeit, die Zusammenarbeit Deutschlands und Frankreichs entscheidend für die Zunahme des Guten in der Welt sei. Wir konnten uns nicht verstehen, so lange die Formen und der Inhalt des nationalen Lebens verschieden bei euch und bei uns waren. In Zukunft werden sie einander näher kommen, denn auch wir sind von jetzt ab eine Demokratie. Wir sind es, man verkenne das nicht, auch wenn vorerst noch manche Reste des alten uns in unser neues Zeitalter hinein begleiten. Wie die französische Republik in den vergangenen Jahrzehnten, wird auch die deutsche kämpfend und sich reinigend ihren Namen sich erst verdienen; und unser gemeinsamer Kampf um mehr Gerechtigkeit und ein höheres Menschentum wird der Kern alles erhofften Glückes der Erde sein.

Wir schlagen vor, daß als Anfang des Bundes der Geistigen aller Völker zunächst die gleichgerichteten Geister Deutschlands und Frankreichs sich verbünden zur Errichtung einer Internationale der Menschlichkeit.

15. 3. 1919. – Antwort Heinrich Manns, am 15. 3. im »Berliner Tageblatt« veröffentlicht. Heinrich Mann knüpft als einer der ersten wieder die Fäden zum französischen Nachbarn. Schon 1916, angesichts der blutigen Grabenkämpfe von Verdun, hatte er die deutsch-französische Aussöhnung und das Aufgehen beider Länder in einem europäischen Staat gefordert. »Tätigkeit unseres Verbandes«: Der Aufruf von Barbusse ist auch gerichtet an Heinrich Mann als Vorsitzenden des Münchner »Politischen Rates der geistigen Arbeiter«.

Unabhängigkeitserklärung des Geistes

Wir – einst Kameraden in der Arbeit, am Geiste – sind seit fünf Jahren hier auf Erden einsam geworden, getrennt durch Armeen, Zensurvorschriften und den Haß der kriegführenden Völker. Aber heute, da die Schranken fallen, und die Grenzen sich langsam wieder öffnen, wenden wir uns an Euch mit dem bittenden Ruf, unsere einstige Genossenschaft wieder herzustellen! – Aber in neuer Form – sicherer und widerstandsfähiger als früher.

Der Krieg hatte Verwirrung in unsere Reihen getragen. Fast alle Intellektuellen haben ihre Wissenschaft, ihre Kunst und ihr ganzes Denken in den Dienst der kriegführenden Obrigkeit gestellt. Wir klagen niemanden an und wollen keinen Vorwurf erheben; zu gut kennen wir die Widerstandslosigkeit des Einzelnen gegenüber der elementaren Kraft von Massenvorstellungen, die um so leichter alles hinwegschwemmten, als da keine Institutionen vorhanden waren, an die man sich hätte klammern können. Für die Zukunft jedoch könnten und sollten wir aus dem Geschehenen lernen.

Dazu aber ist es gut, sich an den Zusammenbruch zu erinnern, den die fast restlose Abdankung der Intelligenz in der ganzen Welt verschuldet hat. Die Denker und Dichter beugten sich knechtisch vor dem Götzen des Tages und fügten dadurch zu den Flammen, die Europa an Leib und Seele verbrannten, unauslöschlichen, giftigen Haß. Aus den Rüstkammern ihres Wissens und ihrer Phantasie suchten sie all die alten und auch viele neue Gründe zum Haß, Gründe der Geschichte und Gründe einer angeblichen Wissenschaft und Kunst. Mit Fleiß zerstörten sie den Zusammenhang und die Liebe unter den Menschen und machten dadurch auch die Welt der Ideen, deren lebendige Verkörperung sie sein sollten, vielleicht ohne es zu wollen, zu einem Werkzeug der Leidenschaft ...

Auf! Befreien wir den Geist von diesen unreinen Kompromissen, von diesen niederziehenden Ketten, von dieser heimlichen Knechtschaft! Der Geist darf Niemandes Diener sein, wir aber müssen dem Geiste dienen und keinen andern Herrn erkennen wir an. Seine Fakkel zu tragen sind wir geboren, um sie wollen wir uns scharen, um sie die irrende Menschheit zu scharen versuchen. Unsere Aufgabe und unsere Pflicht ist es, das unverrückbare Fanal aufzupflanzen und in der stürmischen Nacht auf den ewig ruhenden Polarstern hinzuweisen. Inmitten dieser Orgie von Hochmut und gegenseitiger Verachtung wollen wir nicht wählen noch richten. Frei dienen wir der freien Wahrheit, die in sich grenzenlos auch keine äußeren Grenzen kennt, keine Vorurteile der Völker und keine Sonderrechte einer Klasse.

Gewiß, wir haben Freude an der Menschheit und Liebe zu ihr! Für sie arbeiten wir, aber für sie als *Ganzes.* Wir kennen nicht einzelne Völker. Wir kennen nur das Volk, – einzig und allumfassend, – das Volk, das leidet und kämpft, fällt und sich wieder erhebt und dabei doch immer vorwärtsschreitet auf seinem schweren Wege in Blut und in Schweiß, – dieses Volk aller Menschen, die alle, alle unsere Brüder sind.

Nur bewußt werden müssen sich die Menschen dieser Brüderschaft, deshalb sollten wir Wissenden hoch über den blinden Kämpfern die

Brücke bauen zum Zeichen eines neuen Bundes, im Namen des einen und doch mannigfaltigen, ewigen und freien Geistes.

27. 9. 1919. – Manifest der von Henri Barbusse und Romain Rolland gegründeten »Clarté«, publiziert in zahlreichen Zeitungen und in »Das Forum«, der während des Krieges »wegen Propagierung eines vaterlandslosen Ästhetentums und Europäertums« verbotenen pazifistischen Zeitschrift Wilhelm Herzogs. Herzog, der zunächst die Tageszeitung »Die Republik« gründete, hatte im Dezember 1918 den mit ihm befreundeten Rolland – Herzog ist dessen Übersetzer und Editor – aufgefordert, eine »geistige Internationale« zu gründen. Das Gruppenprogramm haben u. a. unterzeichnet: Henri Barbusse, Benedetto Croce, Anatole France, J. P. Jouve, Ellen Key, Selma Lagerlöf, Bertrand Russell, Romain Rolland, Jules Romains, Upton Sinclair, R. Tagore, H. van de Velde, H. G. Wells. Deutscherseits u. a. die bekannten Pazifisten: Albert Einstein, Graf Arco, Friedrich Wilhelm Foerster, Georg Friedrich Nicolai, Ludwig Quidde, Hellmut von Gerlach, Helene Stöcker, Hans Paasche; unter den ca. 1000 Unterzeichnern ferner: Max Brod, Martin Buber, Bruno Frank, Leonhard Frank, Ivan Goll, Walter Hasenclever, Wilhelm Herzog, Hermann Hesse, Kurt Hiller, Georg Kaiser, Klabund, Annette Kolb, Heinrich Mann, Gustav Meyrink, René Schickele, Kurt Tucholsky, Fritz von Unruh, Jakob Wassermann, Franz Werfel, Stefan Zweig (Mitglied des Pariser Hauptkomitees); die Universitätslehrer: Hans Wehberg, Alfred Weber, Max Lehmann, Hans Driesch, Paul Natorp, Hans Vaihinger; die Politiker Harry Graf Kessler, Walther Rathenau, Hugo Preuss, Gustav Radbruch, Eduard Bernstein, Karl Kautsky; ferner zahlreiche Musiker und Alexander Moissi, Walter Gropius, Lyonel Feininger, Käthe Kollwitz, Julius Meier-Graefe.

Als die »Clarté« – in ihrem im Oktoberheft des »Forum« publizierten »Aufruf zur internationalen Solidarität« – zur Solidarität mit der Sowjetunion auffordert und sich als »Internationale des Gedankens« mit deren Gedanken identifiziert, wird ihr Einfluß in Deutschland erheblich abgeschwächt. (Emil Ludwig, der die neue Linie Rollands mitverfolgt, wird von dem Schriftsteller Arthur Holitscher beschuldigt, die Bolschewiki hätten ihn »gekauft«: mit einem Pelz; eine Verleumdung, die jahrelang Wellen schlägt.)

Richard Dehmel *Offener Brief an die Weltfriedensprediger*

... Wenn irgendein Deutscher seinen Namen unter den Aufruf Rollands setzt, dann bedeutet das etwas wesentlich anderes, als wenn ein Franzose oder Engländer oder Yankee es tut. Wenn die unterschreiben, sieht die siegreiche Mitwelt darin die großmütige Gönnerhand. Unsere Unterschrift dagegen wird wieder bloß – ... als Armsünderbekenntnis ausgelegt, und zwar nicht bloß im persönlich-moralischen, sondern obendrein in einem sachlich-politischen Sinn, der noch beträchtlich falscher ist, denn die Wortführer des deutschen Geistes haben sich gegen den Geist der Menschheit keineswegs mehr versündigt als die ausländischen, sondern ein guter Teil weniger; ich erinnere nur an die wüsten Hetzereien der Annunzio, Maeterlinck, Kipling, Verhaeren, wie sie kein einziger Dichter gleichen Ranges bei uns in die Presse gegeben hat ...

Bei uns beginnt die neue Regierung immerhin Vernunft anzunehmen, keineswegs aber bei den Entente-Nationen. Man hat uns mit zu harter Rute belehrt, daß die paar hundert Literaten, die es in den feindlichen Ländern mit dem Weltfrieden ehrlich meinen, nicht den geringsten Einfluß auf ihre Regierung haben; bei uns zum Unglück beträchtlich mehr. Die einzig richtige Antwort auf Rollands Aufruf hätte von unserer Seite so lauten müssen: Mit deinem Ziel, lieber Mitmensch, sind wir längst einverstanden ... Bitte, sorge mal erst in Frankreich dafür und in den anderen Gewaltfriedensreichen, daß man sich dort mit unserem geistigen Wesen und Schaffen genauso liebevoll vertraut macht wie man bei uns eure Geisteserzeugnisse seit je gewürdigt und eingebürgert hat; dann werden wir über gemeinsames Vorgehen mit größtem Vergnügen reden können ...

Rolland ist ein Lehrer und Prediger in dichterischer Verkappung; ich bin Dichter. Ich glaube deshalb nicht daran, daß man durch äußere Einrichtungen – Friedensgesellschaften, Schiedsgerichte, Völkerbünde und dergleichen – die menschlichen Leidenschaften veredeln kann, sondern nur durch die innere Richtung, die von edlen Vorbildern ausgeht. Gute Lehren und schöne Predigten wirken aber nicht vorbildlich, sondern höchstens der Mensch, der dahinter steht, und der fällt bald der Vergänglichkeit anheim ...

28. 2. 1920. – Dehmels »Offener Brief« erscheint nach seinem Tod im »Tagebuch«. Dehmel litt seit 1919 an einer kriegsbedingten Thrombose, der er am 18. 2. 1920 erliegt. Aus ähnlichen Vorbehalten wie Dehmel verweigerten ihre Unterschrift unter das Clarté-Manifest: u. a. Ulrich von Wilamowitz-Möllendorf, Ernst Robert Curtius, Friedrich Meinecke, Walter von Molo, Ernst Troeltsch, Ricarda Huch, Karl Kraus (da er mit Wilhelm Herzog in Privatfehde lag).

Kasimir Edschmid *Aufruf an die revolutionäre französische geistige Jugend*

Geehrte Herren, meine Kameraden! Die Grenzen fallen, es ist Zeit, sich zu vereinigen. Es gibt gegen den Haß nur einen Kampf, er ist uns gemeinsam. Es gibt nur eine Gesinnung: gerecht zu sein. Es gibt nur eine Taktik: unsere Absicht deutlich zu machen. Wir senden Ihnen den Gruß, wir wissen, er wird nicht ohne Echo sein. In dem Sumpf der Haßwürfe offizieller Institute, Zeitungen, Persönlichkeiten wird unsere Stimme, neben der einiger Pazifisten und Sozialisten, die einzige sein, die, sich vereinigend, hinüber und herüber Kameradschaft und Willen bezeigen wird, uns, die Welt, die Menschen weiterzubringen ...

Wir sind nicht da, um vorzuwerfen, sondern um zu vereinigen: Wir haben den Weg nur gereinigt, die Hecken geschnitten, den Ausblick groß aufgetan. Der Zusammenschluß muß bald, muß fest sein. Es scheidet uns nichts. Idee, Weg, Ziel ist gleich. Machen wir es so deutlich wie wir können, machen wir Konzile, Tribunale, machen wir heftiger und schöner wie jene in Versailles das Band, das Nation gut fesselt an Nation, das aus den Herzen kommt...

Nur die Internationale der Gesinnung, der Imperialismus des Geistes verhindert, daß die Löwen und Tiger, die jetzt die Masken der Heiligen tragen, unsere Gärten wieder verwüsten...

Juni/Juli 1919. – Der in der Zeitschrift »Das Tribunal« erscheinende, von Kasimir Edschmid redigierte Aufruf zur französisch-deutschen Verständigung wird unterzeichnet von: (wobei Unruh Edschmid bittet, an erster Stelle genannt zu werden): Fritz von Unruh, Julius Wolfgang Schülein, Paul Zech, Carlo Mierendorff, Josef Eberz, Andreas Latzko, Carl Sternheim, Hans Schiebelhuth, Herman Keil, Wilhelm Michel, Theodor Däubler, Max Krell, Georg Kaiser, Theodor Haubach, Gustav Adolf von Wangenheim-Winterstein, Ludwig Rubiner, Anton Schnack, Ernst Toller, Rudolf Grossmann, Albert Steinrück, Norbert Einstein, Arthur Kahane, Gustav Meyrink, Hermann Schüller, Rudolf Leonhard, Edwin Scharff, Adam Antes, Walter Küchler, Max Pechstein, Iwan Goll, Ludwig Berger, Walter Rilla, René Schickele, Alfred Wolfenstein, Claire Goll-Studer, Adolf von Hatzfeld.

Die Resonanz dieses Aufrufs in Frankreich ist groß, bleibt aber Episode.

Stefan Zweig *Aufruf zur Geduld*

Zu den 750 Aufrufen und Manifesten des letzten Jahres noch einen (den niemand zu unterschreiben braucht): Aufruf zur Geduld! ... Eine Anzahl Menschen empfinden jetzt plötzlich den Wunsch nach geistiger Einheit Europas. Begreiflicherweise: denn Deutschland befindet sich heute in einer Isolierung des Hasses, wie niemals eine Nation, und der Durst nach Freundschaft, nach Brüderschaft und Anteilnahme brennt in Millionen Herzen ... Ernüchtern wir die eigene Meinung, zwingen wir uns um zu jenem besseren Gefühl, das mit dem unheroischen Namen Resignation genannt wird und doch der wahre Heroismus ist: zur Geduld. Haben wir den Mut, uns zu sagen: Wir sind eine verlorene Generation, wir werden das einige Europa nicht mehr sehen ... die vierhundert oder tausend Menschen, die jetzt die Manifeste mit unterschrieben, nässen nur weißes Papier ... Vor Gott sind tausend Jahre ein Tag, im Leben eines Volkes jede Generation nur eine Stunde: denken wir über unsere verlorene hinaus der nächsten entgegen, die – ich fürchte es gegen meinen Wunsch – wohl schon hinter unseren Tagen ist ... Lassen wir die rasch aufsteigenden Feuerwerke der Manifeste, sie stürzen tatlos aus den Himmeln unserer Hoffnung zurück: gehen wir langsam den dunklen Weg unserer Erde, den Weg der Geduld!

10. 1. 1920. – Aufruf in der ersten Nummer der neugegründeten liberalen Wochenzeitung »Das Tagebuch«. Stefan Zweig, der im Juli 1918 sein »Bekenntnis zum Defaitismus« (»Schreien wir unsere Kriegsfeindschaft mit diesem Wort in die Welt«) publiziert hatte und dessen im Sommer 1918 geschriebene Novelle »Der Zwang« die Geschichte eines Wehrdienstverweigerers erzählt, hatte zunächst gemeinsam mit René Schickele die deutsche Sektion von »Clarté« geleitet; distanziert sich aber, als Barbusse sie als Instrument der Kommunistischen Partei Frankreichs nutzt.

Im Januar 1922 vereinbaren in Paris die französische und die deutsche »Liga für Menschenrechte« einen gemeinsamen Aufruf zur Verständigung.

An die Demokratien Deutschlands und Frankreichs!

Nach der ungeheuren Katastrophe, die der Welt so viele Millionen Menschenleben und so viele unersetzliche Werte gekostet hat, streben die dezimierten und zugrunde gerichteten Völker leidenschaftlich nach Sicherung des Friedens und nach Versöhnung.

Diese Aufgabe wollen die Französische Liga für Menschenrechte und der deutsche Bund Neues Vaterland gemeinsam unternehmen.

Zur Wiederherstellung normaler Beziehungen zwischen Deutschland und Frankreich erachten sie folgendes als erforderlich:

1. *Deutschland* muß sich nicht nur juristisch, sondern auch moralisch verpflichtet fühlen, die Schäden wiedergutzumachen, die Frankreich durch den deutschen Einfall erlitten hat, und Deutschland muß dafür sorgen, daß zu diesem Zweck den begüterten Klassen die notwendigen Opfer auferlegt werden. *Frankreich* seinerseits darf sich der Wiedergutmachung in Sachleistungen nicht widersetzen, die das Wiesbadener Abkommen und die Arbeiterorganisationen beider Länder vorgeschlagen haben.

2. Um das gegenseitige Mißtrauen zwischen beiden Völkern zu beseitigen, muß Deutschland den versteckten Widerstand gegen die Entwaffnung brechen und diese in loyaler Weise durchführen, so daß in Zukunft kein Zweifel mehr über ihre Durchführung bestehen kann. Frankreich aber muß, wenn ihm damit Sicherheit geschaffen, selbst auch abrüsten und damit die Weltabrüstung herbeiführen.

3. Im Interesse der menschlichen Zivilisation müssen die gegenseitigen Beziehungen nicht nur zwischen dem Proletariat, der Industrie und dem Handel der beiden Völker wieder aufleben, sondern auch zwischen den Trägern von Wissenschaft und Kunst.

4. Um die Verantwortlichkeit am Krieg entscheidend festzustellen, müssen sämtliche Regierungen rückhaltlos ihre Archive öffnen; unabhängige und unparteiische Personen müssen damit beauftragt werden, die Dokumente gegeneinander abzuwägen, damit das hierdurch aufgeklärte Weltgewissen das Urteil fälle.

Endlich und vor allem muß das deutsche und französische Volk erkennen, daß die wahrhafte Grundlage für einen dauerhaften Frieden ein Völkerbund ist, der nicht von den Regierungen, sondern aus den Völkern gebildet wird, und Frankreich muß sich damit einverstanden erklären, daß ein demokratisches Deutschland in diesen Völkerbund aufgenommen wird.

Der Aufruf wird deutscherseits (zuerst) u. a. unterschrieben von Eduard Bernstein, Karl Kautsky, Ernst von Aster, Albert Einstein, Kätze Kollwitz, Eugen d'Albert, Paul Lincke, Hellmut von Gerlach, Manfred Georg, Siegfried Jacobsohn, Alexander Moissi, und: Heinrich Dominik, O. M. Fontana, Emil J. Gumbel, Walter Hasenclever, Kurt Hiller, Harry Graf Keßler, Annette Kolb, Heinrich Mann, Gustav Meyrink, Carl von Ossietzky, Alfons Paquet, Kurt Pinthus, René Schickele, Helene Stöcker, Kurt Tucholsky, Paul Westheim, Armin T. Wegner. – Pfingsten 1922 werden Vertreter der französischen »Liga für Menschenrechte« von Vertretern der deutschen »Liga« im Plenarsaal des Reichstags begrüßt.

»Nur, bitte, immer reinspaziert / Das alte Stück wird aufgeführt!«

Otto Flake *Klärung*

... Das erste Jahr der Revolution ist vorüber, was hat sie erreicht? Immerhin einige positive Dinge: den Sturz der Fürsten, eine radikaldemokratische Verfassung, deren Mängel man bei einer allgemeinen Wertung hinter die ungeheuren Vorteile zurückstellen darf. Dazu kommt, was von den Feinden auferlegt wurde, die Schwächung und dauernde Kontrolle des militärischen Instruments, des Heers – in meinen Augen der wertvollste Gedanke des Versailler Friedens.

Fortfahrend in der Bilanz ist als Haben zu buchen: der Aufmarsch nach rechts und links, der eine klare Situation ermöglicht und die Arena des politischen und geistigen Ringens schaffen wird. Schon ist die Demokratie in Gefahr: das Ziel ist erreicht, die Vielheit der Richtungen verdichtete sich zum Dualismus, der Zweiheit der Prinzipien; der Geist des Liberalismus steht gegen den der Rechten, und mit dieser Stellung der Figuren auf dem Schachbrett können wir endlich arbeiten.

Brauche ich zu sagen, daß hier das Wort Liberalismus im alten, allgemeinen Sinn verwendet und darunter jede Geistesverfassung verstanden wird, die ohne Terror der Vermenschlichung der Gesellschaft dient? Es ist besser, es zu betonen; einem deutschen Ohr klingt der Begriff Liberalismus an den des Nationalliberalismus an. Der Feind ist alles, was alldeutsch, monarchisch, konservativ, großkapitalistisch ist, und der Feind ist – die Unfähigkeit der deutschen Liberalen, Demokraten, Sozialisten, die bürgerlichen Massen mit dem Elan der neuen Idee zu durchdringen. Zur Bilanz des Jahrestags gehört die Feststellung, daß wir von einer unsrer Staatsverfassung entsprechenden *Gesinnung* noch weit entfernt sind. Die Deutschen sind zur Demokratie wie das Mädchen zum Kind gekommen, die Umstände brachten es mit sich. Sie ist nahe daran, sich nachträglich vom alten Liebhaber ehelichen zu lassen, der ihren Balg schon erziehn zu können hofft ...

1919. –

»Die erhoffte, vorteilhafte Wendung, die Sturz der Monarchen, die sogenannte deutsche Revolution bringen sollte, ist nicht eingetreten. Aus dem einfachen Grunde nicht, weil die Männer, die regieren und vorgeben, Marxisten zu sein, keine Marxisten sind, wohl aber regieren.« Karl Otten, in: »Der Gegner« (1919).

Die Bilanz, die ein Jahr nach der Revolution gezogen wird, ist zum größten Teil negativ. Ernüchterung, Skepsis und Resignation sind an die Stelle der Begeisterung der ersten Wochen nach dem 9. November getreten. Der »politische Dichter« – der Titel eines Gedichts von Walter Hasenclever, das zum geflügelten Wort geworden ist – läßt wieder ab von der Politik. Aufrufe von Autoren werden selten. Der revolutionäre Impuls der Arbeiterbewegung zeigt sich, so scheint es, als »verkappte sozialkapitalistische Bewegung für hohe Löhne«. Der neue Zug demokratische Republik ist auf alte Schienen gesetzt worden.

Hinter das Wort »Morgenröte« setzt Carl Sternheim ein Fragezeichen und bemerkt: »In Wirklichkeit geht jäh und steil der Versuch der geistigen Reaktion dahin, wohin er logisch nur gehen darf: gegen die Absicht, der Massen Bewußtseinsinhalte, ihre Hirnfüllung zu bereichern.« – »Nur, bitte, immer reinspaziert:«, reimt Klabund, »Das alte Stück wird aufgeführt!« Aus den Fanfarenstößen der ersten Stunde ist das »Lied vom Kompromiß« (Kurt Tucholsky) geworden. Für den Psychiater und Publizisten Otto Gross ist der Kompromiß »die entscheidende Gesundheitsprobe für die Reaktion« (in: »Zum Problem: Parlamentarismus«), mit anderen Worten: Er sieht in der parlamentarischen Demokratie das Kompromißstreben des Bürgertums verwirklicht: Die »Herrschaft der größeren Zahl« ist für ihn gleichbedeutend mit der »Unfähigkeit, Verantwortung auf sich selbst zu nehmen« – dahinter verbirgt sich ein – auch bei Kurt Hiller u. a. zu beobachtender Elitebegriff, der ignoriert, daß die republikanische demokratische Staatsform vom Bürgertum noch keineswegs angenommen ist. – Bereits im Mai 1919 hat Heinrich Mann auf diese Entwicklung in seinem zentralen Essay »Kaiserreich und Republik« reagiert.

Heinrich Mann *Kaiserreich und Republik*

... Arbeit für Menschenalter! Die ärmste aller Demokratien erquält Atemzüge, deren jeder der letzte scheint, und hat doch vor sich ein Tagewerk, anspruchsvoller als jede andere. Sie soll das erste ganz ernst machen mit dem Sinn ihres Namens; ihr Gesetz, das alle gleichstellt, soll auch den Vorsprung des übermäßigen Reichtums keinem lassen. Sie soll gerecht, soll höchstes Menschentum, soll auf Erden Gott sein. Inzwischen aber nehmen die einen ihre Beschützung als Vorwand, um Krieg und gröbsten Militarismus noch hinzufristen, und die andern fluchen, in leerem Grimm, ihrer Schande. Draußen der Feind aber nennt sie Betrug.

Sie ist nicht Betrug, nicht schändlich, ist stärker, als ihre angeblichen Beschützer, und besser, als sogar ihre überzeugten Wortführer glauben. Sie ist das verwickeltste, gefährdetste Unternehmen, in das ein Volk gestellt werden konnte. Wenn nichts weiter daraus würde als ein Ding nach Art der schlechtesten der Republiken, man müßte noch staunen. Aber es wird mehr werden. Eine wahre und reine Demokratie wird heranwachsen trotz unserer tiefen Not, obwohl so wenige erst wahr sein möchten und der Wille noch überall befleckt ist. Das einmal erwachte Gewissen fällt nicht wieder in Schlaf. Was war anders zu erwarten, als daß eine so plötzlich ausgerufene Demokratie zunächst fast nur Demokraten wider Willen enthalten werde und solche, die mit dem Wort ihren Vorteil meinen. Gerade die Not wird sie bald an die Geistesmächte glauben lehren, deren sie bis jetzt sich nur zu bedienen denken. Der Zwang der Dinge, Niederlage, Armut, feindliche Bedrängnis und innerer Zerfall befehlen den Unvorbereiteten: rafft eure besten Kräfte zur Umkehr auf, tiefer geht es nicht mehr in den Abgrund! Sie werden dem Zwang folgen nach Art des menschlichen Durchschnitts, mit viel Wehgeschrei, Wut, Klagen um Verlorenes, Drohungen an das Schicksal, mit manchem Selbstbetrug und heftigen Versuchen sich zu drücken: aber sie werden folgen, man darf ihnen glauben. Sie wollen leben, darum – ihnen bleibt nichts anderes übrig – sind sie Demokraten ...

Denn Deutschland verhält sich selbst am allerwenigsten, als leiteten die Friedensverhandlungen eine neue Zeit ein. Zu Hause findet es weder Worte noch Taten der Erneuerung. Die Lügen des Kaiserreiches werden übernommen samt seinem Personal, und das Kaiserreich gedeckt gegen unfromme Enthüllung: nicht nur, weil die regierenden Sozialdemokraten schon wieder Gefangene des Militärs sind, das sie vor ihren eigenen ungebärdigen Genossen retten muß. Ein fauler Wind der Verdrossenheit am neuen weht. Wo ist überzeugter Protest, wenn Revolutionäre unter Qualen getötet werden, vorgeblich, weil sie radikal, in Wahrheit einzig, weil sie Revolutionäre sind und herhalten müssen statt der gemäßigten, – indessen den schlimmsten Kriegsfurien niemand ein Haar krümmt. Jeder Republikaner, der es in der Tat ist, wird vom Gerücht der Bürgerhäuser als »Bolschewist« verfolgt. Wer irgend mitgewirkt hat zur Revolution, verfällt lebend oder tot, und wäre er rein wie Eisner, dem verleumderischen Haß all der Unbelehrten, deren ganze Zukunft doch einzig steht auf der Revolution ... Suchte aber jemand die geistige Erneuerung bei den Universitäten, der Essenz des Bürgertumes, auch dort stieße er nur auf einen reuelosen Nationalismus und auf das Bemühen, die »Grundlagen der Politik«, die im Auftrag der Republik gelehrt werden, zu ihrem Schaden zu verfälschen ...

Wir sollen unserer Republik es nie vergessen, daß in ihr, wie immer sie heute erscheine, der gute Keim des zu erneuernden Geistes der Deutschen schläft. Warum nicht ihr, der im ernsten Anblick der Notwendigkeit geborenen, einen Teil wenigstens des Gefühls entgegenbringen, das dem triumphal zur Welt gelangten Kaisertum so leichtfertig hingeworfen ward. Das Kaiserreich war alles, was es sein konnte, gleich anfangs, nichts kam hinzu als leicht Vergängliches. Die Republik wird unser Gefühl länger und edler belohnen können, denn sie lohnt am Herzen und Sinn. Die Zweiten nach diesen werden bessere Republikaner sein, durch Erleben. Die Dritten werden es von Geburt sein. Geduld, jeder Volksstaat neigt zur Selbstreinigung, Selbsterhöhung.

Jener Mirabeau verfocht noch das Vetorecht des Königs, und handelte wider Willen doch derart, daß der König fiel. Die Abschaffung des Hohenzollern heißt für Deutschland vor allem, daß die Zeit der hochfahrenden Abenteurer vorbei und die der geduldigen Arbeiter da ist. Demokratie wird durch Arbeit ...

Mai 1919. – Manns umfangreicher Essay erscheint Dezember 1919 in der Sammlung seiner Essays und Reden »Macht und Mensch«. Heinrich Mann sieht in der parlamentarischen Demokratie die einzige Möglichkeit, soziale Gerechtigkeit, Menschlichkeit und Vernunft zugleich zu verwirklichen. Überzeugt, daß sich die Klassengegensätze durch Reformen einebnen werden, setzt er auf gewaltfreie, von gegenseitiger Vernunft bestimmte Konfliktregelung. Demokratie fällt einem an Obrigkeitsdenken gewöhntem Volk nicht in den Schoß, sondern ist »Arbeit für Menschenalter«. Wie kein anderer Schriftsteller nutzt er alle Möglichkeiten der Fürsprache für die Republik: Rede, Zeitungsartikel, Aufruf, Essay.

Walther Rathenau ... *wir sind ein ordentliches Volk*

Es war keine Revolution. Bloß ein Zusammenbruch. Die Türen sprangen auf, die Aufseher liefen davon, das gefangene Volk stand im Hof, geblendet, seiner Glieder nicht mächtig. Wäre es eine Revolution gewesen, dann hätten die Kräfte und Ideen, die sie erzeugte, fortgewirkt. Das Volk wolle nichts als Ruhe ... Das erste Jahr hat ein Maß von Ordnung gebracht. Das war zu erwarten, denn wir sind ein ordentliches Volk ...

9. 11. 1919. – Der kulturkritische Schriftsteller Walther Rathenau – in Musils Roman »Der Mann ohne Eigenschaften« in der Gestalt Arnheims porträtiert – möchte die kapitalistische Wirtschaftsordnung durch eine Kombination von Planwirtschaft und Selbstverwaltung überwinden. Der Satz aus seiner im August 1919 erscheinenden »Kritik der dreifachen Revolution« wird zum geflügelten Wort: »Die Revolution war kein Produkt des Willens, sondern ein Ergebnis des Widerwillens.«

Aufruf an das Proletariat

... Die Verachter der Masse, die Feinde des Proletariats, die Gegner eures Aufstiegs sagen: Die Bewegung des Proletariats ist ungeistig, sie ist nur eine verkappte sozialkapitalistische Bewegung für hohe Löhne, für Schlendrian und allgemeinen Zerfall; der Bauch ist der Gott dieser Bewegung. – An die Geistigen des Proletariats, an die Denkenden, Entflammten, die für die Sache des werktätigen Volkes sorgen, kämpfen und arbeiten, wenden wir uns mit der Frage: Wollt ihr es zulassen, daß diese Worte des Hochmutes recht behalten?

Wir wissen es anders: Ein großes Ziel schwebt vor allen, von dem leider die Mehrheit des Bürgertums von heute nichts ahnt und nichts wissen will, ein Ziel der höchsten Menschlichkeit, des Friedens und der Güte. Wir erkennen das Geistige dieses Kampfes als einen Teil des großen Befreiungskampfes der Menschheit; wir haben – und hatten schon immer – jeder auf seine Weise den Kampf gegen Dummheit und Trägheit aufgenommen; wir erleben die jetzige Revolution in tiefster Seele und erklären: Wir stehen ganz ohne Rückhalt auf eurer Seite.

Nichts von niederen wie höheren Gütern soll unser sein, wenn nicht für jeden im Volk der Weg zu solchen Gütern frei ist. Wir führen diesen Kampf nicht mit den Waffen der Gewalt. Gewalt weckt nur Gegengewalt, zerstört den Grund der Gemeinschaft, ertötet die Freiheit. Ihr kämpft um die Diktatur, weil ihr um euer Recht fürchtet? Was habt ihr zu fürchten, wenn ihr euer Bestes nicht aufgebt, euren sieghaften Glauben an Freiheit und Recht, an das Heil aller?

Einig müssen wir sein! Euer Hunger nach Freiheit muß sich vereinen mit dem Wissen um ihre geistigen Voraussetzungen, mit dem reinen Willen der Wahrheit und des Rechts. Dann kommen wir zur lebendigen, schaffenden Tatgemeinschaft, dann sind wir die Macht! . . .

20. 11. 1919. – Im »Vorwärts« abgedruckter Aufruf, unterzeichnet u. a. von den Schriftstellern Alfons Paquet, Wilhelm Schäfer, Martin Buber, Norbert Einstein, dem Verleger Kurt Wolff, den Professoren Martin Dibelius, Willy Hellbach, Paul Natorp.

Zwei Tage zuvor, am 18. 11., sagt Generalfeldmarschall Paul von Beneckendorf und von Hindenburg vor dem Untersuchungsausschuß der Nationalversammlung aus, daß die im Felde unbesiegte deutsche Armee durch die Revolution im Inneren des Reiches von hinten erdolcht worden sei – die Dolchstoßlegende.

Ernst Bloch *Jugend, Hindenburg und Republik*

Doch die große Zeit stirbt so leicht nicht aus. Nicht nur in Berlin, sondern fast überall im Reich ist Hindenburg seit langem wieder angekommen und bleibt da. Das Volk, sehr große Teile des Volkes lassen nicht von ihm und seinem Ludendorff, dem schamlosen Prediger zum Gedächtnis der durch ihn Gefallenen. Das deutsche Volk steht treu zu diesen beiden, obzwar sie ihm nicht nur das unausdenkliche Elend brachten und erhielten, sondern auch noch einer Nation, die litt, gehorchte, blutete wie keine je zuvor, die Schuld des Zusammenbruchs zuschieben, des Zusammenbruchs ihrer eigenen Entsetzlichkeit und stupiden Hybris. Doch am erstaunlichsten: die Jugend selber drängt sich frisch ans Messer, Schüler und Studenten rotten sich gegenrevolutionär zusammen, dulden, ja fordern die Phraseologie von Rassenhaß und Reaktion. Man erinnert sich, und das Problem ist stark: nicht etwa, daß Hindenburg, der schwer Belastete, sogleich in einen geschlossenen Wagen gebracht werden mußte, mit zwei Berittenen zur Seite, um vor der Wut des betrogenen, gedenkenden Volkes geschützt zu werden. Sondern –; die Revolution dieser Jugend und dieses Volkes ist eine Spirale und neue Methode zum Militarismus. Der Gedenktag der Befreiung steht geistig wieder am 4. August, Deutschland ist wieder reif zum Einzug der Paladine ...

Noch sonderbarer und zunächst fast unbegreiflich erscheint der Anteil der Jugend. Sie stand über vier Jahre lang in der Hand der Schlächter; und nun wählt sich das Leben, das ihr blieb, der endlich freigewordene Überschwang erst recht die alten, geschlagenen, mehr noch: durch sich selbst entzauberten Götter ...

Der Riß der Zeiten geht durch die jetzige deutsche Jugend selbst hindurch, vor allem durch die akademische. Er trennt die revolutionäre und sozialistische Intelligenz vom Gros der übrigen Studenten hart, schneidend, hoffnungslos ab. Hier glaubt eine Jugend in Zukunft zu schreiten, aber das Gesicht steht ihr im Nacken, und der Troß des jungen Durchschnitts folgt, wider alle Natur, einer cum infamia verendeten Tradition.

So stumpf, so brutal, so instinktlos konnte der deutsche Student geraten; Enkel, Urenkel wackerer Ahnen, der Träumer und Revolutionäre des deutschen Wartburgfestes, der unterdrückten Burschenschaft, des Frankfurter Parlaments ...

1919. – Ernst Bloch, regelmäßiger Mitarbeiter der »Frankfurter Zeitung« und der »Vossischen Zeitung«, nimmt »politische Messungen« der Weimarer Republik vor, ein früher Diagnostiker des heraufkommenden Dritten Reiches.

Alfred Döblin *Republik*

... Hat man irgendwo in Deutschland die Fahne der neuen Republik durch die Straße führen sehen, bejubelt von Menschenmassen? Den Jahrestag der Republik, wer hat ihn gefeiert? Aber in einer führenden demokratischen Zeitung stand die höhnische Bemerkung, als eine Gemeindeverwaltung dynastische Straßennamen beseitigen wollte: ob denn das parlamentarische System bei jedem Wechsel dahin führen sollte, die Straßennamen zu ändern. Man hat die zahllose Menge kaiserlicher Bildsäulen in öffentlichen Anlagen nicht als beleidigend empfunden; das neue republikanische Gefühl redet hier von »Äußerlichkeiten« und von »Konzilianz« gegen das frühere Verdiente ...

Die wohlwollende Milde, die man den Monarchisten angedeihen läßt, kommt nicht aus der großen Sicherheit und Selbstverständlichkeit. Kein Glauben ist im herrschenden Bürgertum. Die Milde ist nichts anderes als ein Symptom der Lauheit. So weit geht diese »Demokratie«, daß sie auf Gleichgültigkeit hinausläuft. Im Athen des Perikles gab es ein Gesetz, nach dem jeder Athener schwören mußte: »Ich will, soweit es in meiner Macht steht, mit eigener Hand jeden töten, der nach der Alleinherrschaft strebt oder den Tyrannen beisteht.« ...

Indem die Bürger die Politik verlassen haben, haben sie die Kultur verraten; ja, es ist Verrat der Kultur, die Politik aufzugeben. Wer glaubt, zu Hause Kunst und Wissenschaft zu treiben und Politik von Angestellten besorgen zu lassen, weiß nicht, was Kultur ist, nämlich die Äußerung und Ausstrahlung seelischer Inhalte, Durchdringung des gesamten Lebens mit dem seelischen Gehalt. Jetzt sieht man, woher die Verzweiflung der Künstler kam, die in den letzten Jahrzehnten produzierten und von Haß gegen den Bürger getrieben wurden. Diese Verzweiflung, die bis in den heutigen Tag wirkt und zum Nihilismus treibt ... Freunde der Republik und Freiheit. Herüber nach links. An die Seite der Arbeiterschaft.

Ende 1919. – Artikel Döblins in der linksliberalen »Neuen Rundschau«. Für Döblin sind Parteienprinzip und Wahlvorgang die Achillesferse der Demokratie: »Künstlich wird durch diese rohen und blinden Gebilde der Eigenwuchs des Volkslebens gehindert ... der Mehrzahl aller Wähler sind die Dinge, um die es sich dreht, fremd und viel zu hoch ... Flugzeuge und Automobile beschwert man mit Hetzschriften und stürzt sie über die Menschen. Das Wichtigste zur Erregung und Betäubung sind Schlagworte, affektbeladene, undeutliche, schillernde Worte ...« Die eigentlich demokratische Substanz liegt für Döblin in den Räten: »Räte: das ist die Selbsthilfe der Massen gegen die autokratischen und dazu fremden Behörden.«

Zur Rettung von Georg Lukács

Nicht der Politiker, der Mensch und Denker Georg von Lukács soll verteidigt werden. Einst hatte er die Verlockungen des verwöhnten Lebens, das sein mitgeborenes Teil war, hingegeben für das Amt des verantwortungsvollen, einsamen Denkens. Als er sich der Politik zuwandte, hat er sein Teuerstes, seine Denkerfreiheit geopfert dem Werk des Reformators, das er zu vollbringen meinte. Von Österreich, wo er unter Aufsicht gehalten wird, fordert die ungarische Regierung seine Auslieferung: er soll die Ermordung politischer Gegner veranlaßt haben. Nur verblendeter Haß kann die Beschuldigung glauben. Lukács' Rettung ist keine Parteisache. Pflicht ist es allen, die im persönlichen Verkehr seine menschliche Reinheit erfahren, und den vielen, die die hochgestimmte Geistigkeit seiner philosophisch-ästhetischen Bücher bewundern, gegen die Auslieferung zu protestieren.

November 1919. – Aufruf »Zur Rettung von Georg Lukács«, erschienen im »Berliner Tageblatt« und in »Die Weißen Blätter«, unterzeichnet von: Franz F. Baumgarten, Richard Beer-Hofmann, Richard Dehmel, Paul Ernst, Bruno Frank, Maximilian Harden, Alfred Kerr, Heinrich Mann, Thomas Mann, Emil Preetorius, Karl Scheffler. – Lukács, Volkskommissar für Unterrichtswesen in der ungarischen Räterepublik, war nach dem Sturz der Räte nach Wien geflohen, wo er am 4. 9. verhaftet wird. Nach den von Ernst Bloch, Emil Lederer und Franz Baumgarten organisierten Protesten wird er wieder freigelassen.

»Nie-wieder-Krieg«-Bewegung

Kurt Tucholsky *Rausch, Suff und Katzenjammer*

Eine Woge von Betrunkenheit raste vor sechs Jahren durch dieses Land, durch die Bürostuben, die Kasernenhöfe, die Rinnsteine, durch öffentliche Häuser, Börsensäle, Schulklassen und Redaktionszimmer. Niemand mag heute daran zurückdenken. Wenn man am ersten August dieses Jahres die bürgerliche Presse las, so fühlte man sich genötigt ..., den Herren Redakteuren je ein Eisenkreuzchen aus Blech zum Andenken an die große Zeit zu schenken. Sie haben sie alle vergessen. Man muß aber an sie zurückdenken ... der Mob stand auf, der Sturm brach los, der Wilhelm winkte und alle, alle kamen. Kamen, um zu verdienen, um befördert zu werden, um eine Rolle zu spielen ... und kamen aber auch, im Suff ihres Patriotismus, ... um zu sterben ... Lehre? – Nie wieder Krieg. Mittel? – Den Heeresdienst auch dann zu verweigern, wenn ihn ein Gesetz vorschreibt. Beginn des Kampfes gegen den Kampf? – Heute ...

1. 8. 1920. – Rede Kurt Tucholskys auf der ersten »Nie-wieder-Krieg«-Kundgebung im Berliner Lustgarten. An dieser ersten großen pazifistischen Massenkundgebung, zu der der »Friedensbund der Kriegsteilnehmer«, der »Bund Neues Vaterland«, die »Deutsche Friedensgesellschaft« und andere Antikriegsverbände aufrufen, beteiligen sich zwischen 15 000 und 80 000 Menschen. Als Redner treten vor allem Redakteure der bürgerlich-demokratischen »Berliner Volks-Zeitung« auf (unter ihnen Ossietzky). Auf Initiative Karl Vetters, des Chefredakteurs der BVZ, wird am 2. 10. 1919 unter Beteiligung von Ossietzky, E. J. Gumbel, Georg Friedrich Nicolai, Tucholsky, Otto Lehmann-Rußbüldt, Willy Meyer und Berthold Jacob der »Friedensbund der Kriegsteilnehmer« gegründet, der am 1. 7. 1920 den »Nie-wieder-Krieg«-Aktionsausschuß ins Leben ruft. Der 1. August – als Tag des Kriegsausbruchs – wird zum Friedenstag, an dem sich 1921 bei der Berliner Kundgebung zwischen 100 000 und 200 000 Menschen beteiligen; im gesamten Reich auf etwa 200 bis 300 Kundgebungen insgesamt 500 000 Menschen. Den Kern der Bewegung bildet die USPD. Obwohl SPD und Gewerkschaften (ADGB) Vorbehalte haben, beteiligen sich doch zahlreiche Mitglieder; DDP und KPD (»pazifistisches Geschrei«) lehnen eine Beteiligung ab.

Kurt Tucholsky *Drei Minuten Gehör!*

. . .
Die dritte Minute gehört den Jungen!
Euch haben sie nicht in die Jacken gezwungen!
Ihr wart noch frei! Ihr seid heute frei!
Sorgt dafür, daß es immer so sei!
An euch hängt die Hoffnung. An euch das Vertraun
von Millionen deutschen Männern und Fraun.
Ihr sollt nicht strammstehn. *Ihr* sollt nicht dienen!

Ihr sollt frei sein! Zeigt es ihnen!
Und wenn sie euch kommen und drohn mit Pistolen –:
Geht nicht! Sie sollen euch erst mal holen!
Keine Wehrpflicht! *Keine* Soldaten!
Keine Monokel-Potentaten!
Keine Orden! *Keine* Spaliere
Keine Reserveoffiziere!
. . .

– Nie wieder Krieg – !

29. 7. 1922. – Gedicht Kurt Tucholskys, mit dessen Rezitation die Berliner Massenkundgebung am 30. 7. eröffnet wird. An ihr beteiligen sich 30 000 bis 100 000 Menschen. Paul Oestreich, Harry Graf Kessler, Walther Schücking, Heinrich Strobel u. a. ergreifen das Wort, Albert Einstein nimmt im offenen Wagen teil. 1923, durch die Besetzung des Ruhrgebietes, verliert die »Nie-wieder-Krieg«-Bewegung an Zulauf; die Kundgebungen am 29. 7. 1923 finden angesichts der angespannten politischen Lage in geschlossenen Räumen statt; die SPD untersagt ihren Jugendverbänden die Teilnahme.

In der Folgezeit splittert sich die Friedensbewegung der Zwanziger Jahre auf. Das Reichsbanner Schwarz-Rot-Gold tritt auf den reichsweiten Verfassungsfeiern am 10. 8. 1924 erstmals öffentlich in Erscheinung; die KPD begeht den »Antifaschistentag« und die Gewerkschaften veranstalten »Anti-Kriegstage«. Während die Pazifisten 1924 ihre »Nie-wieder-Krieg«-Kundgebungen, auf denen in Berlin u. a. wiederum Ströbel, Schücking, Gerlach und Ossietzky sprechen, erneut in geschlossenen Räumen abhalten, veranstalten Reichsregierung und Reichswehr am 3. 8. 1924 einen Gedenk- und Trauertag für die deutschen Opfer des Weltkrieges. Ebert fordert in einer Massenveranstaltung vor dem Reichstag dazu auf, das »freie Deutschland« als Denkmal für die Opfer des Krieges zu errichten. Die »Nie-wieder-Krieg«-Bewegung wird nun bedeutungslos gegenüber den 1.-Mai-Feiern der Gewerkschaften und der Parole der Arbeiterbewegung »Krieg dem Kriege«.

Ernst Toller *Genossen! Genossinnen! Revolutionäre Jugend!*

. . . Kameraden! denkt zurück! hört ihr im Drahtverhau schreien den hilflos Sterbenden? Fühlt ihr die klagende Stille gemordeter Wälder? Hört ihr das dumpfe Gebrüll verlassener Tiere? Menschen, Tiere, Wälder – gemordet! gemordet! gemordet! Ihr Millionen Tote des Weltkrieges! Euch rufe ich in dieser Stunde. Feinde? Arme geopferte Menschen! O Umarmung gefreundeter Leiber im Massengrab Europas, Asiens, Afrikas! Ach, Genossen, die Stunde fand eine Generation, die versagte. Ja, alle haben wir versagt. *Das Proletariat der Welt, es hat versagt.* O! daß dieses Wort eure Herzen krallte mit den Millionen Händen der auf allen Schlachtfeldern der Welt sinnlos Geopferten. Wir haben versagt!

Eine Generation versagte, in der der Geist, der Geist der Internationale hätte glühen sollen! Genosse kämpfte wider den Genossen, Genossin verfluchte die Genossin. Und nicht verfinsterte sich der Himmel in uns. Und nicht erlosch der Herzschlag unsres Blutes.

Da stand ein Mann auf, Karl Liebknecht. Da standen auf die namenlosen Rebellen, erschossen, füsiliert an Mauern und Gräben.

Sie blieben allein.

Der Krieg starb. *An sich selbst starb er.* An sich selbst starb er, nicht an dem metallenen Willen der Völker.

Und das, ihr werktätigen Völker der Erde, ward euer zweites Verbrechen wider den Geist der Internationale. Ihr hättet den Krieg sterben lassen können nach dem Rausch der ersten Monate. Ihr tatet es nicht! Ihr ließet ihn leben, fünf Jahre lang, bis er an sich selbst starb.

Nun lasten fünf Jahre des Friedens auf uns. Des Friedens? Gigantisches Drahtverhau, gespannt über die Felder der Welt, ward der Friede. Darin krümmen sich die Völker, darin stöhnen sie, darin ächzen sie, suchend den Traum des Friedens, der einst selig sie durchpulste.

Friede?

Gelächter – woher?

Aus Gefängnissen, Zuchthäusern. Gelächter geketteter Revolutionäre! Friede? Friede?

Führen nicht Herren Tag um Tag Krieg wider die proletarischen Völker? Einen zähen, unendlichen Krieg?

Wacht auf, ihr Völker! Wacht auf!

Es ist ein Weg! Es ist ein Weg!

Werktätige Völker der Erde, bündet euch! Bündet euch! ...

2.-6. 8. 1924. – Rede Ernst Tollers auf der Antikriegskundgebung, die im Rahmen eines Gewerkschaftsfestes in Leipzig stattfindet; sein erster Auftritt in der Öffentlichkeit, nachdem er am 15. 7. aus der Festung Niederschönenfeld entlassen worden war und am 18. 7. vor Abgeordneten des Rechtsausschusses des Reichstages über die diskriminierenden Zustände in Niederschönenfeld berichtet hatte.

»Das dritte Reich«

Moeller van den Bruck *Das dritte Reich*

... Die Revolutionsrepublik wurde eine Abschrift der abgestandenen Ideen des 19. Jahrhunderts, in deren Verfassung ... sich kein deutscher Gedanke findet. Revolution und Republik haben kein Genie hervorgebracht, sondern Kompromißler: Geduldmenschen, nicht Tatmenschen: Gestoßene, nicht Stoßende: Langmut, nicht Wagemut: Gehenlassen, nicht Inangriffnahme – und niemals Schöpfung ...

Der Verstand des Volkes sagte sich, daß es Schwindel war, wenn man ihm versicherte, der einzelne erwerbe durch den Wahlzettel, den er abgab, die Möglichkeit, die Geschichte seines Vaterlandes zu bestimmen. Die Wirklichkeit war, daß er nichts dazu beitrug und daß sich eben doch nichts änderte ... Bedeutete dieser Parlamentarismus nicht die Fesselung der Politik einer Nation? ...

Die Rechte hat immer den Verstand gehabt, die Verheerungen zu durchschauen, die von der Vernunft in den Menschen angerichtet werden. Es liegt an den Menschen, daß sie ›zur Vernunft‹ gebracht werden müssen. Der Verstand übernimmt diese Aufgabe. Die Vernunft bringt sich nicht zu sich selbst. Der Verstand ist eine Kraft des Menschen, während die Vernunft eher eine Schwäche ist ...

Der revolutionäre Mensch geht davon aus, daß der Mensch von Natur ›gut‹ ist und erst durch Geschichte und schließlich durch Wirtschaft ›böse‹ geworden sei. Der konservative Mensch dagegen geht davon aus, daß der Mensch vor allem schwach ist und zu seinen Stärken immer erst gezwungen werden muß ... Die dritte Partei will das dritte Reich. Sie ist die Partei der Kontinuität deutscher Geschichte ...

1923. – Aus »Das dritte Reich«; van den Bruck, der diese Thesen vor allem in der Wochenzeitung »Das Gewissen« vertritt, ist das Haupt des Juniklubs. Aus Protest gegen den Versailler Vertrag gründen im Juni 1919 in Berlin einige Rechtsintellektuelle den Juniklub, der zum organisatorischen und ideologischen Zentrum des »revolutionären« Konservatismus wird. Dieser einflußreichsten Agentur antidemokratischer Ideen gehören u. a. die Schriftsteller und Publizisten Walter Beumelburg, Max Hildebert Boehm, Walther Eucken, Hans Heinz Ewers, Paul Fechter, Heinrich von Gleichen-Rußwurm und Rudolf Pechel an. Vom Juniklub gehen in der »Ring«-Bewegung (genannt nach der Zeitschrift »Der Ring«) zahlreiche Querverbindungen aus, u. a. zum »Verein deutscher Studenten« und zum »Deutschen Schutzbund«, der sich um die zahlreichen Auslandsdeutschen bemüht. (Moeller van den Bruck und Hitler treffen sich auf Vermittlung Rudolf Pechels am 3. 6. 1921 zu einer Diskussion in Berlin.)

Der Juni-Club lehnt die parlamentarische Demokratie als undeutsch ab und stellt Aufklärung, Rationalismus, Intellektualismus und Marxismus (schließlich auch das Judentum) in eine Reihe. Er setzt Seele – die deutsche, versteht sich – über Vernunft und sieht im Volksgedanken, Ständestaat und Führerprinzip die Grundlage für einen neuen Staat: das »dritte Reich«. Im einflußreichen publizistischen Umfeld befindet sich neben Rudolf Pechel, der die von ihm seit 1919 herausgegebene »Deutsche Rundschau« zum führenden Medium der »jung-konservativen Bewegung« macht, auch Wilhelm Stapel, dessen ebenfalls seit 1919 erscheinende Zeitschrift »Deutsches Volkstum« von erheblichem Einfluß auf die nationalistische Studentenschaft der Weimarer Republik ist.

»In den Parlamenten sitzen die Parteigläubigen im Halbkreis um ihr Präsidium geschart. Es ist nur ein halber Kreis, der Bogen ist offen. Er schwingt außerhalb des Parlaments unsichtbar weiter ... Draußen stehn alle die, welche das Heil des Vaterlandes nicht mehr vom Parteigetriebe erwarten.« 1919. – Wilhelm Stapel (in »Linker als links und rechter als rechts«).

»Die Besten, die Saubersten allein sollen regieren. Nur der entfaltet seine Kräfte ganz, der allein der Sache dient ... Unser heutiges System macht eine solche Auslese unmöglich ... Millionen sind innerlich bereit, einem Diktator zu folgen, der mit fester Hand eine sachliche Regierung der Arbeit und Ordnung aufrichten würde ohne jede Parteifärbung. Es geht ... um eine Diktatur der Liebe zu Deutschland.« April 1920. – Rudolf Pechel (in »Und dennoch!«).

Joseph Goebbels *Michael*

... Politische Wunder geschehen nur im Nationalen. Das Internationale ist ja nur eine Lehre des Verstandes, gegen das Blut gerichtet. Das Wunder eines Volkes liegt nie im Hirn, immer im Blut ... Unsere Weltanschauung ist nicht erdacht, sie ist erwachsen und deshalb hält sie auch dem grausamen, harten Leben stand ... Der Intellekt hat unser Volk vergiftet ... Das Blut ist immer noch der beste und haltbarste Kitt ... Während ein ganzes Volk im Sterben liegt, proklamiert seine angefaulte Intelligenz: Film, Monokel, Bubikopf und Garconne ...

Jedes Zeitalter wird, wenn es historischen Rang hat, von Aristokratien gestaltet ... Niemals regieren die Völker sich selbst ... So sind die Parteien der Demokratie: Geschäftsgruppen! Weiter nichts ... Dieses Heldenvolk ist auf den Fettbauch gekommen ... Parteien leben von ungelösten Fragen. Darum haben sie auch kein Interesse an ihrer Lösung. Dieses System ist überreif zum Untergang ... Staat ist formgewordenes Volkstum ...

Frühjahr 1923. – Aus Joseph Goebbels' Roman »Michael«, den Goebbels, der von 1920-1922 in Heidelberg Germanistik studiert und mit der von Gundolf angeregten Dissertation »Wilhelm von Schütz als Dramatiker. Ein Beitrag zur Geschichte des Namens der Romantischen Schule« promoviert hat, im Frühjahr 1923 schreibt. (Goebbels schickte danach etwa 50 Artikel unaufgefordert an das »Berliner Tageblatt« und bewirbt sich um die Stelle eines Redakteurs bei der Presse, die er später als »jüdische Asphaltpresse« bezeichnen wird.) Goebbels betreibt in seinem Weltanschauungsroman, auch als Manifest der völkischen, nationalistischen Ideenküche zu lesen, die Geburt des neuen, nationalistischen Menschen.

Keiner ist in dieser Ideenküche der Alldeutschen, Völkischen und Deutschnationalen so zu nationaler Erneuerung berufen wie der Frontsoldat. Der Kultus des todesmutigen Kriegers – der Frontoffizier Franz Schauwecker macht dazu in seinen 1919 veröffentlichten und viel gelesenen Kriegsaufzeichnungen »Im Todesrachen« folgende martialische Anmerkung: »Was sind alle Kirchhöfe des Friedens gegen diese Gräben des Krieges ... Die bewußte Freiwilligkeit des Opfertodes, die Gemeinsamkeit des Todes und eines Gedankens birgt etwas Überwältigendes. Dem Daheimgebliebenen kann es in seiner Größe und Herbheit ... gar nicht zum Bewußtsein kommen, weil er diesem Tode nie gegenübergestanden hat.«

Und der vierzehnmal verwundete Stoßtruppoffizier, Träger des Pour le mérite, der »in Stahlgewittern« und »Feuer und Blut« erprobte Ernst Jünger, prägt die Formel vom »Kampf als inneres Erlebnis«.

Schriftsteller wie Ernst Jünger und Franz Schauwecker sprechen das Lebensgefühl der Frontkämpfer und der fürs Vaterländische sich verzehrenden akademischen Jugend an. Sie sind publizistische Wortführer und literarische Sprecher vor allem des »Stahlhelm« und des dem deutschen Ritterorden nachgebildeten »Jungdeutschen Ordens« (der Parteien und Parlamentarismus durch ein bündisch organisiertes Volkstum ablösen möchte.)

Otto Flake *Die Ring-Leute*

... Darf man an die Republik und an die Demokratie die große Anfrage richten: erstens, was sie dieser Bewegung entgegenzusetzen gedenkt, und zweitens, woher es kommt, daß der alte Geist alle Energie, der neue keine entfaltet? ... Unter den jungen Menschen sind Tausende, die ... für den neuen Geist gewonnen werden könnten, wenn sie seine Vitalität verspürten. Sie verspüren sie nicht, weil niemand die Kräfte der antinationalistischen Idee organisiert. Sie finden bei den Nationalisten das, was sie brauchen: Temperament, Gefühlserregung, Gemeinschaft ... Republik und Demokratie krepieren, wenn es ihnen nicht gelingt, selber erregende Vorstellungen zu werden ...

11. 5. 1922. – Artikel Otto Flakes in der »Weltbühne«.

Auf die bürgerliche Intelligenz übt die Parlamentarismuskritik des einflußreichen Staatsrechtlers Carl Schmitt den nachhaltigsten Einfluß aus. Für Schmitt ist der Parlamentarismus kein geeignetes Mittel politischer Entscheidungsfindung, da im Zeitalter der Massendemokratie die Volksvertretung Schauplatz von Machtkämpfen sei, in denen die Parteien nicht Meinungen und Argumente verkörperten, sondern ›nur‹ soziale und wirtschaftliche Machtgruppen. Sie »berechnen die beiderseitigen Interessen und Machtmöglichkeiten und schließen auf dieser faktischen Grundlage Kompromisse und Koalitionen. Die Massen werden durch einen Propagandaapparat gewonnen, dessen größte Wirkungen auf einem Appell an nächstliegende Interessen und Leidenschaften beruhen. Das Argument im eigentlichen Sinne, das für die echte Diskussion charakteristisch ist, verschwindet.« Der einzelne Abgeordnete, statt frei und unabhängig seine Argumente zu vertreten, sei der Fraktionsdisziplin unterworfen und dadurch nur Funktionär und Interessenvertreter.

Thomas Murner *Von der deutschen Republik*

... Nun ist in den letzten Jahren ein neues Heidentum entstanden, weit enragierter und aggressiver als das Spinozas oder Haeckels. Das ist der Wotanskult mit dem Symbol des Hakenkreuzes. Es ist nicht erfreulich, über dieses Thema schreiben zu müssen. Es bedeutet eine Gehirnfolterung, sich in die einschlägige Literatur zu versenken. Die »germanische Religion« der »Völkischen« stellt ein greuliches Gemengsel von Abfällen aus Gobineau, Richard Wagner und Guido von List dar, mit etwas mißverstandenem Nietzsche verbrämt, und alles vorgetragen mit dem blechernen Pathos vaterlandsparteilicher Agitationsbroschüren. Gesamteindruck: Tollhaus.

Man ist leicht geneigt, über der Bizarrerie der Formen dieser Bewegung ihre Gemeingefährlichkeit zu übersehen. Wenn ein paar alte Knaben am Sonntag nach Wannsee fahren und um einen Telegraphenpfahl, den sie zur Weltenesche Yggdrasil auserkoren haben, unter Absingung wilder Strophen wider Feindbund und Judentum einen bellikosen Rundtanz aufführen und nachher aus Büffelhörnern duftenden Malzkaffee trinken, so bleibt das ein Akt privater Narrheit. Protest aber muß eingelegt werden, wenn, wie es auf der Mehrzahl der höhern Schulen leider geschieht, von parteipolitisch verblendeten oder bornierten Magistern der heranwachsenden Jugend ein Bild vom deutschen Wesen gegeben wird, das mit Objektivität nichts zu tun hat und naturnotwendig zur Verrohung der Sitten und zur Verschandelung der besten kulturellen Traditionen des deutschen Volkes führen muß. Die Betonung eines, nebenbei bemerkt, herzlich fiktiven Germanentums, bedeutet nicht weniger als die bewußte Erziehung zur Barbarei und kann als die letzte Konsequenz der dezidiert antimenschheitlichen Stimmung der Kriegszeit angesehen werden. Die finstern Blutgötter der Edda werden in Front gestellt gegen den modernen Humanitätsgedanken ...

1. 5. 1922. – ›Thomas Murner‹ war ein Pseudonym von Carl von Ossietzky.

Deutscher Maskenball

... Sich mit dem Staat abfinden, ist so notwendig als: sich mit dem Scheißen abfinden. Aber den Staat lieben ist nicht *so* notwendig.
Bertolt Brecht (»Patriotismus«, 1920)

... Es war auch eine Republik da ... Man wußte nicht, was man damit anfangen sollte, da man sich hier zu Lande nur auf Schuften, Ordnung und Steuern versteht und Republik bei näherer Betrachtung weder eine Drehbank noch eine Bohrmaschine war ... Man dichtete im Überschwang eine neue Fahne: schwarz-rot-gold. Die war sehr schön. Ich bin durch viele Städte Deutschlands gefahren, aus Kunstinteresse für diese neue großartige Farbzusammenstellung. Ich habe sie nicht gesehen ...
Alfred Döblin (1920, unter dem Pseudonym Linke Poot in der »Neuen Rundschau«, Döblins Zeitkommentare erschienen 1921 unter dem Titel »Der deutsche Maskenball«)

Der Fall Nicolai

Georg Friedrich Nicolai, der während des Krieges den Fahneneid verweigert und im Flugzeug aus Berlin nach Dänemark geflohen war, wollte am 12. 1. 1920 seine medizinischen Vorlesungen wieder aufnehmen. Nationalistische Studenten stören die Vorlesung des »Deserteur-Professors« und fordern die Entfernung des »fahnenflüchtigen Landesverräters« aus dem Lehrkörper. Rektor und Senat erkennen Nicolai am 9. 3. die Lehrberechtigung ab; der sozialdemokratische Kulturminister Konrad Haenisch stellt sich zwar zunächst noch vor Nicolai, vermag aber nichts gegen die geschlossene Front der Universität auszurichten. Obwohl Nicolai zwei Jahre prozessiert, ist er zur akademischen Unperson geworden und kann keine Vorlesungen mehr halten. Im März 1922 wandert er nach Argentinien aus.

Der Kapp-Putsch

Als der Versailler Vertrag Anfang 1920 in Kraft tritt, ist die Regierung in Berlin gezwungen, die noch etwa 400 000 Mann starken Truppen und Freiwilligenverbände auf die vorgeschriebene Zahl von 100 000 zu reduzieren. Daraufhin besetzt die Marinebrigade Ehrhard, da sie sich nicht auflösen lassen will, am 13. 3. das Berliner Regierungsviertel und erklärt den alldeutschen Generallandschaftsdirektor Kapp zum Reichskanzler und General von Lüttwitz zum neuen Oberbefehlshaber. Die Reichswehr unter General Seeckt weigert sich, gegen die Putschisten vorzugehen – ein Akt der Befehlsverweigerung, der keine ernsten Konsequenzen nach sich zieht. Über die nach Stuttgart geflohene Regierung Bauer spottet Alfred Döblin: »Als Lüttwitz mit seinen Jünglingen in Berlin erschien und die Jünglinge in zehn Minuten Blumen an den Knopflöchern hatten, riß die Regierung schaudernd aus über solch veraltetes Vorgehen und die mangelnde Furcht vor den hochgebildeten Einrichtungen.«

Und Kapp erklärt: »Vom Osten droht uns Verwüstung und Vergewaltigung durch den kriegerischen Bolschewismus ... Wie entgehen wir dem äußeren und inneren Zusammenbruch? Nur indem wir eine starke Staatsgewalt wieder aufrichten ... Die Regierung wird Streiks ... rücksichtslos unterdrücken.«

Zwei Tage nach dieser Regierungserklärung Kapps schließen sich mehr als zwölf Millionen Arbeiter und Angestellte dem von SPD, USPD und den Gewerkschaften ausgerufenen Generalstreik an. Der Putsch ist damit zusammengebrochen. Kapp flieht ins Ausland, und die Republik ist – fürs erste – gerettet.

Kurt Tucholsky *Kapp-Lüttwitz*

... Es muß einmal allen Politikern, Publizisten und Soldaten gezeigt werden, daß man nicht ungestraft aufs falsche Pferd setzt. Es muß einmal Gesinnung richtig gewertet werden. Bei uns ist das so: der Monarchist plustert sich auf und bekämpft die Republik; der Offizier verteidigt seinen Posten gegen die Zivilisten; der Publizist prophezeit, und dem Publikum genügts, daß einer überhaupt prophezeit – richtig brauchts nicht zu sein. Hier muß ein Ende gemacht werden. Hier muß gezeigt werden, daß es auch praktische Folgen hat, wenn man in einer demokratischen Republik monarchistisch, militaristisch, nationalistisch agitiert. Diese Männer müssen entfernt werden ...

25. 3. 1920. – Tucholsky wirft der Regierung Ebert-Bauer vor, daß sie »sechzehn Monate durchgeschlafen« hat und Reichswehrminister Noske, »diesen Reichsverderber«, hat schalten und walten lassen. Die »Weltbühne« dokumentiert noch einmal ihre zahlreichen Warnungen vor einem Rechtsputsch. Tucholsky unterbreitet – immer wieder – der deutschen Öffentlichkeit Vorschläge für eine wirkliche Demokratisierung: »... Und vor allem, vor allem: Reorganisation der Schule. Da steckt das Unheil, da die zukünftige Generation, da unsre Hoffnung und unsre Furcht. Den Kindern muß demokratische Gesinnung eingepflanzt werden.«

Konsequenzen zieht aus dem Kapp-Putsch freilich nicht die Regierung, sondern die der USPD und in geringerer Zahl der KPD nahestehenden Arbeiter. An der Ruhr und im sächsischen Vogtland greifen sie zu den Waffen. Sie verlangen eine Bestrafung der putschenden Offiziere, den Rücktritt des verhaßten Reichswehrministers Noske und eine sozialistischere Politik, die die Demokratisierung der Verwaltung und die in der Weimarer Verfassung versprochene Mitbestimmung der Arbeiter in Gang bringen soll. Ohne Erfolg.

Das Ergebnis des Kapp-Putsches und des darauffolgenden Arbeiteraufstandes ist u. a. ein tiefer Vertrauensverlust der Mehrheit der in der SPD und den Gewerkschaften organisierten Arbeiter in die Streitkräfte des Staates. Die SPD erhält bei den Reichstagswahlen vom 6. Juni die Quittung für ihre unentschiedene Politik. Sie verliert ein Drittel ihrer Reichstagsmandate, während die USPD ihre Sitze auf 84 Mandate vervierfacht und die Deutschnationalen und die Deutsche Volkspartei auf der Rechten erhebliche Gewinne verbuchen. Die Weimarer Koalition aus SPD, Zentrum und DDP wird durch eine bürgerliche Minderheitsregierung abgelöst. Das Karussell politischer Instabilität, das der Weimarer Republik nicht weniger als 20 Regierungen unter 12 Reichskanzlern beschert, beginnt sich zu drehen.

Gerhart Hauptmann *Deutsche Einheit*

Gedenken wir der abgesprengten Teile unseres Volkstums und insonderheit unserer österreichischen Sprach- und Blutsbrüder, gedenken wir der Leiden, die sie zu erdulden haben, der Sehnsucht, mit dem Ganzen des Reiches vereint zu werden, die sie bewegt, und wir werden den Wert der deutschen Einheit nicht weiter bezweifeln ...

Wir begehen als eine schwer geprüfte, tief bedrückte Nation begreiflicherweise nicht das Andenken eines äußeren Sieges. Wir feiern einen viel größeren, freilich damit verbundenen inneren Sieg, der in der Einigung Deutschlands besteht. Und so schwer wir auch heut von einer äußeren Niederlage betroffen sind, man hat uns die Früchte des damaligen inneren Sieges nicht rauben können ...

Wir sollten dem Begriffe der Einheit, der deutschen Einheit, die höchsten nationalen Ehren erweisen. Wir sollten sie nicht alle fünfzig Jahr, sondern jährlich feiern ...

Die da heraufkommen und das neue Reich, die neue Welt bilden und von unseren heutigen Leiden nichts mehr wissen werden, können freilich auch nur wieder Menschen sein, dem allgemeinen Lose der Menschheit verfallen. Niemand kann Licht ohne Schatten beschert werden. Aber sie werden bei aller Sorge und Plage, wie es Lebenden zukommt, die Kraft und den Mut zum Dasein, die Freude am Dasein nicht einbüßen und im ganzen dankbar dafür sein wie wir. Jene aber, das wollen wir nicht vergessen, die im furchtbaren Blutsturme des Krieges vor uns hingerafft worden sind, haben durch ihren Opfertod die Stärke des deutschen Gedankens auf eine unzweideutige Weise verkündet. Nie dürfen sie von uns vergessen oder gar innerlich verraten werden. Sie mahnen uns keineswegs zum Krieg, aber sie fordern von uns, und zwar in einer ehernen Sprache, die friedliche Treue zum deutschen Gedanken.

18. 1. 1921. – Rede Hauptmanns zur 50. Wiederkehr des Tages der Reichsgründung, gehalten in Hirschberg in Schlesien.

Hauptmann beschwört die Einheit der Nation – in »vaterländischer« Sprache. Am 18. 9. 1920 hat er sich bereits für den Anschluß Österreichs an die Weimarer Republik eingesetzt. (Der Anschlußwunsch war von den österreichischen Sozialdemokraten ausgegangen und in Artikel 61 der Weimarer Verfassung auch vorgesehen, kam aber durch den Einspruch Frankreichs nicht zustande.)

Franz Jung *Für Max Hoelz*

... Derjenige ist ein feiger Lügner, der behauptet, sogenannte ›terroristische Einzelakte‹ schädigen die kommunistische Bewegung. Tatsache ist, daß eine Aktivitätsparole, der Aufruf zum Bürgerkrieg, zum proletarischen Angriff begleitet sein muß von Aktionen, die der Masse des revolutionären Proletariats zeigen müssen, daß es bei dem aufgerufenen Angriff gegen den bürgerlichen Staat und damit auch gegen die bürgerliche Ideologie wirklich ernst ist. Es muß innerhalb jeder Aktion derjenige vorhanden sein, der vorangeht und der wirklich das tut, was die Parole vorschreibt. Niemand, der die Arbeiterbewegung kennt, und das Proletariat soziologisch fühlt und begreift, wird diese Notwendigkeit leugnen können, oder er müßte verzichten, eine proletarische revolutionäre Bewegung gutheißen zu wollen. Dieses Vorgehen, dieses Sichopfern für die revolutionäre Bewegung ist das, was Max Hölz getan hat.

April 1921. – Franz Jung ergreift öffentlich Partei für den der KAP nahestehenden Max Hoelz, einen Führer des mitteldeutschen Aufstandes, der am 16. 4. 1921 in Berlin verhaftet und am 22. 6. zu lebenslänglicher Haft verurteilt wird.

Franz Jung, am 9. 11. 1918 unter den Besetzern des Wolffschen Telegraphenbüros in Berlin, nimmt im Januar 1919 an den Kämpfen im Berliner Zeitungsviertel teil. Er gehört zur linken, syndikalistischen Opposition innerhalb der KPD, die am 4./5. 4. 1920 die KAPD gründet, unter ihnen Franz Pfemfert, Otto Rühle, Adam Scharrer.

Die KPD, die in der Reichstagswahl vom 6. 6. 1920 nur 4 Mandate (560 000 Wähler) gewinnt, erhält in den Landtagswahlen im Winter 1920/21 starken Zulauf. Im mitteldeutschen Bergwerksgebiet wird sie sogar stärkste Partei. Der von KPD und KAP gemeinsam ausgerufene Generalstreik bleibt jedoch auf das mitteldeutsche Industrierevier beschränkt. Den stärksten Widerstand gegen die Truppen der Reichswehr und gegen die preußische Sicherheitspolizei leistet dabei Max Hoelz. Mit der Eroberung des Leunawerkes am 29. 3. 1921 durch Truppen der Reichswehr bricht der Aufstand zusammen.

Franz Jung flieht nach Holland, von wo aus er auf eigenen Wunsch in die Sowjetunion abgeschoben wird. Dort ist er bis 1924 im Rahmen der Internationalen Arbeiterhilfe tätig. (Bis 1928 lebt er unter dem Namen Franz Larsz illegal in Deutschland und England.)

Gerhart Hauptmann *Für ein deutsches Oberschlesien*

... Wir sind ein besiegtes Volk. Es ist die allerbitterste Wahrheit, die allerbitterste Enttäuschung der Menschheit, daß es im Jahre 1921 überhaupt noch Sieger und besiegte Völker geben kann und insonderheit unter den europäischen Völkern ein so wie wir vom Sieger entmündigtes Volk. Ich sage das nicht als Deutscher, sondern als Europäer, als Europäer, dessen Idee Europa ist. Aber wenn jene Männer, welche diesen Zustand geschaffen, die Idee der edlen europäischen Völkergemeinschaft damit noch so sehr verwundet haben, können sie doch nicht so weit gehen, das von ihnen selbst angeordnete Plebiszit und sein unzweideutiges Resultat zu mißachten, sich über die flammend geäußerte Willensmeinung eines großen Volkes leichtfertig hinwegzusetzen. Dermaßen das Vertrauen von siebzig Millionen Menschen, gutgläubiger Menschen, zu verhöhnen würde meiner bescheidenen Ansicht nach einen Gipfel der Frivolität bedeuten und der europäischen Völkermoral den Todesstoß versetzen ...

15. 7. 1921. – Rede Hauptmanns, gehalten in der Berliner Philharmonie. Oberschlesien sollte nach dem Versailler Vertrag ursprünglich an Polen fallen; die deutsche Delegation setzte eine Abstimmung durch, bei der am 20. 3. 1921 60 % für den Verbleib bei Deutschland stimmten. Über das Abstimmungsergebnis des oberschlesischen Plebiszits kommt es zu einem politischen Streit der Siegermächte. Während England und Italien Oberschlesien an Deutschland geben wollen, soll es

nach französischem Willen an Polen fallen. Der tschechoslowakische Ministerpräsident Benesch rät zur Teilung (entsprechend den regionalen Ergebnissen), ein Vorschlag, dem der Völkerbundsrat am 19. 10. 1921 folgt.

Mit dem Beginn der Reparationszahlungen verschlechtert sich die wirtschaftliche Lage zusehends. Als Berlin es ablehnt, die Summe von 226 Milliarden Goldmark zu akzeptieren, besetzen französische Truppen Städte des Ruhrgebiets. Im Mai 1921 einigt man sich auf die neue Zahl von 132 Milliarden. Reichskanzler Joseph Wirth (linkes Zentrum) bemüht sich, den Geldforderungen nachzukommen, in der Hoffnung, Deutschland könne, indem es seinen guten Willen zeigt, die Siegermächte von der Unerfüllbarkeit ihrer Forderungen überzeugen – eine Politik, die als »Erfüllungspolitik« vom nationalen Flügel bekämpft wird.

Alfred Döblin *Staat und Schriftsteller*

... Groß ist die Aufgabe, die der Schriftsteller in diesem sich neu gestaltenden Staat hat, ein Optimum von Wirkensbedingungen ist ihm gegeben ... Es gibt Stimmen, die sagen, es sei aussichtslos für den Geistigen, er könne nichts von Belang leisten im Staat, allmächtig seien die großen Triebkräfte der Industrie, Technik, des Handels. Gegen sie komme keine noch so hohe Idee auf; der Schriftsteller und Dichter werde bald Lakai, Putz, Tafelaufsatz bei den Festen der Parvenüs sein. Seien die Schriftsteller gewarnt vor diesen Stimmen. Sie reden, vielleicht wahr, von der vergangenen Periode, wir aber von der gegenwärtigen und zukünftigen. Industrie, Technik und Handel sind stark, sie sind aber nicht befähigt, den Staat zu bauen oder gar die Menschheit zu erhalten und zu fördern. Ein Staat, der sich führungslos den elementaren Kräften der Industrie und Technik übergibt, rast über kurz oder lang wie ein scheugewordenes Gespann über den Weg und wird an einem Stein zerschmettern ...

Die Leidenschaft des Schriftstellers steht im Dienst und unter der Aufsicht der Erkenntnis. Im Geist aber liegen beschlossen die großen Möglichkeiten des Überblickens, des Vergleichens, des Abwägens, der Gerechtigkeit, und diese Möglichkeiten enthalten Verpflichtungen, die Verpflichtung zum Abwägen, Vergleichen, zur Gerechtigkeit. Dies ist die einzige Verpflichtung, die absolut bindend für den Schriftsteller ist; wieviele Schriftsteller aber in Deutschland wollen sie nicht anerkennen. Welch blindes Losrennen in Deutschland, und nicht nur in Deutschland, wenn vom Nationalen und Übernationalen geredet wird. Da wird das Nationale als örtliche Borniertheit verhöhnt, da verlacht man das Übernationale als Phantasterei ...

7. 5. 1921. – Rede Alfred Döblins, gehalten im ehemaligen Herrenhaus Berlin auf der Tagung des Schutzverbandes deutscher Schriftsteller. – Zum selbstverständlichen Gebrauch der Begriffe national und international fehlen im Nachkriegsdeutschland die Voraussetzungen. Das Nationale ist das Terrain, in dem man die international geschlagenen Wunden lecken kann. Der Nationalismus, so Harry Graf Kessler, ist der »eigentliche Glaube« der Zeit.

Antisemitismus

Es ist mir unerträglich, die Geschicke meines Volkes von Juden geleitet zu sehen ... Es ist das natürliche Recht jedes Volkes, daß es sein Schicksal nach seinen eigenen Instinkten geleitet sehen will.
(Wilhelm Stapel in »Deutsches Volkstum«, 1919)

Das Judentum ist »die Rassentuberkulose der Völker. Ihr gilt der Kampf, da nur die Entfernung des Erregers Genesung bringt«.
(Adolf Hitler in seiner Rede »Warum sind wir Antisemiten?« vom 13. 8. 1920 im Münchener Hofbräuhaus)

Im Parteiprogramm der NSDAP vom 25. 2. 1920 wird festgelegt, daß nur der »Volksgenosse« sein könne, der »deutschen Blutes« ist, und daraus gefolgert: »Kein Jude kann daher Volksgenosse sein.« Der Jude wird zum Sündenbock; er ist schuld am verlorenen Krieg; die von Juden »angezettelte« bolschewistische Revolution bedroht das Vaterland; und auch der im Versailler Vertrag zum Ausdruck kommende Imperialismus ist »jüdisch«. All das, was die ›nationale Befreiung‹ verhindert, ist Resultat einer jüdisch-kapitalistisch-bolschewistischen Verschwörung. Kriegsveteranenvereine schließen Juden aus. Nationale Verbände und die deutschen Burschenschaften führen Ariernachweise ein. In Artur Dinters Erfolgsroman »Die Sünde wider das Blut« (1918) wird die Geschichte einer deutschen Frau erzählt, die durch die Verbindung mit einem reichen Juden »geschändet wird«.

In einem Memorandum an den bayerischen Ministerpräsidenten fordert 1920 ein Regiment zu einem Massaker an Juden auf, falls die Alliierten Deutschland noch einmal mit einer Blockade belegen sollten. In Baden-Baden wird ein jüdischer Student von einem Antisemiten erschossen. In Berlin kommt es zu antisemitischen Tumulten im Kolleg von Albert Einstein.

Siegfried von Vegesack *Schlag sie tot, Patriot!*

... Kann man heute noch Deutscher sein, ohne vor Scham sich in den Wäldern verkriechen zu wollen? Heute, wo wir nichts Besseres zu tun haben, als alles Unrecht, das man uns zugefügt hat, am wehrlosen Dritten – am Juden auszulassen! Gibt es denn für uns Deutsche nur dies eine Mittel, unser seelisches Gleichgewicht zu bewahren: zu treten, wenn man getreten wird? ...

15. 4. 1920

Alfred Döblin *Zion und Europa*

... Es ist nichts mit der Lehre von den Herren- und Dienerrassen. Solche Dinge hat die Natur der deutschen Philosophie reserviert. Man liegt – im Einzelnen und in Gruppen – mal oben und mal unten. Ein Igel ist vom selben Wurf der Natur wie ein Löwe. Die Juden sind ein Herrenvolk, wie aus dem Alten Testament ersichtlich, die deutschen Untertanen, wie die Gegenwart zeigt.

Ein Jude in Frankreich, ein Jude in Polen, ein Jude in England, ein Jude in Deutschland sind so verschieden wie ein Franzose, ein Pole, ein Engländer, ein Deutscher. Ein Jude als Bankier, ein Jude als Gelehrter, ein Jude als Arbeiter, ein Jude als Bauer sind so verschieden wie ein Bankier, ein Gelehrter, ein Arbeiter, ein Bauer ...

1921. –

Jacob Wassermann *Mein Weg als Deutscher und Jude*

... Immer wieder mußte ich lesen oder spürte, ... daß ich, als Jude, nicht fähig sei, ihr geheimes, ihr höheres Leben mitzuerleben, ihre Seele aufzurühren, ihrer Art mich anzuschmiegen. Sie räumten mir die deutsche Farbe, die deutsche Prägung nicht ein, sie ließen das verschwisterte Element nicht zu sich her. Was unbewußt und pflanzenhaft daran war, schien ihnen ein Produkt der Erklügelung, Ergebnis jüdischer Geschicklichkeit, schlauer jüdischer Ein- und Umstellung, gefährlicher jüdischer Täuschungs- und Bestrickungsmacht ...

1921. – Jakob Wassermann beklagte in seinem Essay »Mein Weg als Deutscher und Jude«, daß sich die Juden in Deutschland nicht wirklich integrieren und assimilieren können. Thomas Mann, wie Wassermann erfolgreicher Fischer-Autor, antwortet ihm in einem Brief vom 3. 4. 1921 auf sein Buch: »Ein nationales Leben, von dem man den Juden auszusperren sucht, in Hinsicht auf welches man ihm Mißtrauen bezeigen könnte, gibt es denn das überhaupt? Deutschland zumal, kosmopolitisch wie es ist, alles aufnehmend, alles zu verarbeiten bestrebt, ein Volkstum, in dem Nordheidentum und Südsehnsucht sich ewig streiten, westliche Bürgerlichkeit und östliche Mystik sich vermischen – sollte es ein Boden sein, worin das Pflänzchen Antisemitismus je tief Wurzel fassen könnte?« Wassermanns eigener Erfolg, so Thomas Mann, sei doch das beste Beispiel dafür, daß es keinen nennenswerten Antisemitsimus gebe. Wassermann antwortet Thomas Mann:

»... Was hätten Sie empfunden, wenn man aus Ihrem Lübecker- und Hanseatentum ein Mißtrauensvotum konstruiert hätte? Das Gegenteil war der Fall, geehrt wurden Sie deshalb. Noch heute, trotz allen Gelingens, trotz aller Auflagen, stoße ich auf jene insipiden Vorbehalte, auf jene Wand, erlebe ich jenes geheimnisvolle, fürchterliche Zurückweichen, das den Kern des Wesens in einem beschädigt und verwundet, nicht nur weil man selbst aufs empfindlichste getroffen ist, sondern die ganze Geschlechterreihe, die ganze Geschichte mit ihrer Fülle von Unbill und Ungerechtigkeit ein ganzes Volk ... Ich frage Sie, wie kommen deutsche Studenten seit 6-8 Jahrzehnten dazu, den Juden, den jüdischen Kommilitonen für minderwertig, für ›satisfaktionsunfähig‹ zu erklären? ... mit welchem Schein eines Rechts hat die deutsche Armee den Juden vom Offiziers-Stand, der Staat den Juristen vom Richterstand (mit wenigen Ausnahmen), den Gelehrten vom Katheder (außer es war nicht zu umgehen), ausgeschlossen? Rechnen Sie die dadurch entstehende Bitterkeit für nichts, die Beleidigung des inneren Selbstgefühls für nichts? ...«

Wilhelm Schäfer *Die deutsche Judenfrage*

Nur dieser Teil der deutschjüdischen Staatsbürger, der sich bewußt ins deutsche Volkstum einwachsen will, kann eigentlich als deutsche Judenschaft angesprochen werden; er ist – freilich um die Zahl jener aufs übelste vermehrt, die nur um äußrer Dinge willen ihr Gewand wechseln wollen und ihre Taufe lediglich als Eintrittsgeld betrachten – weitaus der größere Teil, während der Zionisten, die sich im völkischen Konflikt für ihre eigene Herkunft entscheiden, nur wenige sind. Es bleibt aber die beträchtliche Zahl derer, die den dritten der möglichen Wege versuchen, die einer Entscheidung zwischen Volk und Volk ausweichen, indem sie sich übervölkisch, international einstellen ... er ist damit der berufene Pionier einer neuen Lebensauffassung, die das völkische mit all seinen Schranken und Engen überwinden und aus der Erde die Wohnung der Menschheit machen will ...

Die Blüten der Menschheit gedeihen aber nicht im internationalen Treibhaus des Intellekts, sondern auf der Gefühlswiese des Volkstums; da hilft kein Spötteln. Wer es an der Kunst nicht sehen will, möge es an ihrer Schwester, der Religion, begreifen ... Wo Religion Macht wird, ist sie Macht der Seele, nicht des Geistes; der Geist will die Dinge erklären und als Wahrheit nachweisen, die Seele will sie fühlen und glauben; der Geist ist letzten Grundes vom Lebensboden frei, oder er möchte es doch sein, die Seele bleibt ihm unlösbar verbunden; der Geist ist Ungläubigkeit und Internationalismus, die Seele ist Gläubigkeit und Volkstum.

Also auch für die Religion bedeutet Schwächung und Zerstörung des Volkstums Schwächung und Zerstörung ihres Lebensbodens, weshalb denn auch die Aufklärung eine bewußt internationale Angelegenheit ist. Alle guten und großen Menschen haben ihr das Eigenschaftswort flach beigegeben: nicht nur, daß sie untief ist, sie will auch die Fläche, will ausgleichen und glätten. Die geheimnisvollen Tiefen der Kunst im Volkstum und die Abgründe der religiösen Inbrunst sollen mit sauberen Straßen fahrbar gemacht, die Kunst soll aus dem mystischen Helldunkel der steigenden und sinkenden Dämmerung, aus dem erschreckenden Wechsel von Tag und Nacht in das gleichmäßige Licht einer zuverlässigen Kohlenstiftlampe gebracht werden ...

Nehmen wir nun einmal die Übertreibung an, daß der einflußreichste Teil unseres Schrifttums kraft ihrer Beweglichkeit, ihres Eifers, ihrer Voraussetzungslosigkeit, ihres unleugbaren Geschicks, mit einem Wort ihres Geistes von intellektuellen Juden ausgeübt würde; nehmen wir dies an, und wir hätten in unserem geistigen Leben eine gegen unser Volkstum gerichtete Tendenz. Diese Übertreibung ist der Wirklichkeit sehr angenähert; und die Lebensgefahr für unser Volkstum, die sie bedeutet: das ist die deutsche Judenfrage . . .

23. 7. 1923. – Eines der häufigsten Argumentationsmuster gegenüber den jüdischen Mitbürgern.

Die Aggressivität gegen die »jüdische« Republik und das »jüdische Literatentum« wächst im Laufe der Zwanziger Jahre. Die »Protokolle der Weisen von Zion« – eine von der Londoner »Times« als Fälschung entlarvte antisemitische Schmähschrift (sie protokolliert eine angebliche jüdische Geheimversammlung, die einen detaillierten Plan zur Errichtung eines jüdischen Weltreiches entwirft) – erscheint 1921 in deutscher Übersetzung. Die gesamte Propaganda der Nationalsozialisten – allen voran Hitler, Rosenberg, Streicher, Goebbels, berufen sich seither auf diese Protokolle.

In den Augen der Nationalsozialisten ist vor allem die liberale bürgerliche Presse ein Instrument dieser »jüdischen Weltverschwörung«. Alfred Rosenberg im »Völkischen Beobachter«: das »volljüdisch-börsianische und syrische ›Berliner Tageblatt‹«; die »galizische ›Vossische Zeitung‹«; die »jüdisch-hochfinanzielle, hochverräterische, talmudistisch-börsianisch-galizische ›Frankfurter Zeitung‹, das Hauptblatt neudeutscher Niggerkultur«.

In der von Will Vesper seit 1922 herausgegebenen Zeitschrift »Die schöne Literatur« (ab 1931: »Die neue Literatur«) wird die bodenständige germanische Literatur der Paul Ernst, Emil Strauß, Erwin G. Kolbenheyer, Hans Grimm gefördert und die angeblich »jüdische« Literatur von Emil Ludwig, Stefan Zweig, Kurt Tucholsky, Jakob Wassermann, Franz Werfel u. a. als undeutsch bekämpft.

»Deutschland ist eine Ausbeutungskolonie des internationalen jüdischen Finanzkapitals« – mit diesem Einleitungssatz erscheint am 4. 7. 1927 die erste Nummer der von Joseph Goebbels herausgegebenen Zeitung »Der Angriff. Das deutsche Montagsblatt in Berlin.« (Am gleichen Tag hat Hitler eine Unterredung mit dem Industriellen Emil Kirdorf, in deren Verlauf er sein Programm entwickelt und um die finanzielle Unterstützung durch die deutsche Schwerindustrie ersucht.)

Künstlerhilfe für die Hungernden in Rußland

Aufruf von Künstlern für die Rußlandhilfe

Ueber Rußland ist eine entsetzliche Naturkatastrophe hereingebrochen. Im Wolga- und Kamagebiet ist die Ernte durch Dürre vernichtet. Ueber zwanzig Millionen Menschen hungern. Cholera und Typhus wüten und fällen neue Opfer.

Durch mehr als siebenjährigen Krieg erschöpft, stehen in Rußland Millionen am Ende ihrer Kraft. Es geht ohne Hilfe nicht weiter. Es ist unsere Pflicht, dem bedrängten russischen Volke zu Hilfe zu eilen. Rasche Hilfe tut not. Rasche Hilfe ist Sache der Menschlichkeit.

Der Menschlichkeit verpflichtet, erschüttert von dem Elend der hungerbedrohten russischen Bauern und Arbeiter, erschüttert von der Gewalt und Tiefe dieser Katastrophe, greifen wir den Hilferuf aus Rußland auf und rufen allen ehrlichen Menschen zu: *Helft Rußland!* . . .

1921. – Internationaler, von B. Shaw, U. Sinclair, H. Barbusse, A. France, A. Nexö u. a. unterschriebener Aufruf, deutscherseits unterzeichnet von: Käthe Kollwitz, Alexander Moissi, Alfons Paquet, Max Barthel, George Grosz, Arthur Holitscher, Gertrud Eysoldt. Die Unterzeichner bilden ein »Komitee Künstlerhilfe für die Hungernden in Rußland«, dessen Sekretär Erwin Piscator ist. Im Auftrage Lenins übernimmt der KPD-Politiker Willy Münzenberg die Organisation des »Hilfswerks«.

Aufruf des »Auslandskomitees zur Organisierung der Arbeiterhilfe für die Hungernden in Rußland«

. . . Bei der Menge der unter dem Einfluß der zahlreichen, spontanen Solidaritätsaktionen der Arbeiterschaft in allen Ländern entstandenen Hilfskomitees ist es notwendig, festzustellen, daß das unterzeichnete Komitee die offizielle Vertretung des allrussischen Zentralhilfskomitees im Auslande darstellt. Das unterzeichnete Komitee richtet im Interesse einer wirklichen, praktischen und raschen Hilfe für die Hungernden in Rußland an alle bestehenden Arbeiterhilfskomitees, an alle Arbeiterparteien und Organisationen, die Solidaritätsaktionen für die russischen Arbeiter und Bauern einleiteten, die dringende Aufforderung, durch ihre Landeszentralen international nur mit ihm, dem Auslandskomitee, zu verkehren, über ihre Zusammensetzung und Tätigkeit zu berichten und alle gesammelten Gelder bis auf weiteres zu seiner Verfügung zu stellen.

Das unterzeichnete Komitee wird die Arbeiterpresse und Organisationen über seine Tätigkeit, wie über das gesamte proletarische Hilfswerk für die Hungernden in Sowjet-Rußland durch die Herausgabe eines Bulletins dauernd auf dem Laufenden halten ...

12. 8. 1921. – Von Willy Münzenberg unterzeichneter Aufruf, dem sich anschließen u. a.: Klara Zetkin, Kätze Kollwitz, Albert Einstein, Arthur Holitscher, Maximilian Harden, Heinrich Vogeler, Alfons Goldschmidt, Theodor Liebknecht, George Grosz, Max Barthel, Edwin Hoernle, Paul Oestreich, Leonhard Frank. Münzenberg veranstaltet im Herbst und Winter 1921 drei weitere Hungerhilfskongresse in Berlin. Aus dem Hilfswerk für die Hungernden in Sowjet-Rußland entwickelt er in den nächsten Jahren die »Internationale Arbeiterhilfe« (IAH), eine proletarische Hilfsorganisation, und gleichzeitig – als Medienexperte der KPD – aus den ersten Mitteilungen der Hungerhilfe die spätere Massenillustrierte AIZ – Arbeiter-Illustrierte Zeitung –, mit 500 000 Auflage die zweitgrößte Illustrierte in der Weimarer Republik.

Wenn auch die Majorität in Deutschland dem sowjetischen ›Bolschewismus‹ ablehnend gegenübersteht, so betrachten doch viele Schriftsteller das ›sowjetische Experiment‹ mit Sympathie: Zum erstenmal versucht ein Volk, den Kapitalismus, der den 1. Weltkrieg nicht verhindert hat, zu überwinden.

Karl Kraus *Gott erhalte ihn als Drohung ...*

... Der Kommunismus als Realität ist nur das Widerspiel ihrer eigenen lebensschänderischen Ideologie, immerhin von Gnaden eines reineren ideellen Ursprungs, ein vertracktes Gegenmittel zum reineren ideellen Zweck – der Teufel hole seine Praxis, aber Gott erhalte ihn uns als konstante Drohung über den Häuptern jener, so da Güter besitzen und alle andern zu deren Bewahrung und mit dem Trost, daß das Leben der Güter höchstes nicht sei, an die Fronten des Hungers und der vaterländischen Ehre treiben möchten. Gott erhalte ihn uns, damit dieses Gesindel, das schon nicht mehr ein und aus weiß vor Frechheit, nicht noch frecher werde, damit die Gesellschaft der ausschließlich Genußberechtigten, die da glaubt, daß die ihr botmäßige Menschheit genug der Liebe habe, wenn sie von ihr die Syphilis bekommt, wenigstens doch auch mit einem Alpdruck zu Bette gehe! Damit ihnen wenigstens die Lust vergehe, ihren Opfern Moral zu predigen, und der Humor, über sie Witze zu machen! ...

Juli 1920. – Karl Kraus in der »Fackel«. – Nach dem Vertrag von Rapallo (16. 4. 1922: Wiederaufnahme der diplomatischen Beziehungen, gegenseitiger Verzicht auf Kriegsentschädigungen, Meistbegünstigung im Handelsverkehr zwischen Deutschland und der UdSSR) wird am 1. 6. 1923 die »Gesellschaft der Freunde des neuen Rußland« gegründet, getragen u. a. von Albert Einstein, Alfred Döblin und Thomas Mann. Ihr Ziel: Förderung des kulturellen Austausches. Zahlreiche Autoren reisen während der Zwanziger Jahre in die Sowjetunion: Walter Benjamin, Arthur Holitscher, Egon Erwin Kisch, Joseph Roth, Ernst Toller, Emil J. Gumbel u. a. Bereits seit 1920/21 kommt es zu militärischer Zusammenarbeit zwischen Reichswehr und Roter Armee.

Von deutscher Republik

Trotz oder gerade wegen des Scheiterns des Kapp-Putsches wächst die Aggressivität gegen die junge Republik. Eine Symbolfigur für den Haß von rechts ist der Zentrumspolitiker Matthias Erzberger, da er im November 1918 den Waffenstillstand im Wald von Compiègne unterzeichnet hat und für die Annahme des Versailler Vertrages eingetreten ist. Während eines Erholungsaufenthaltes im Schwarzwald wird er im August 1921 ermordet – die Täter, die der Organisation Consul angehören, die sich aus der aufgelösten Brigade Ehrhard gebildet hat, fliehen ins Ausland. Alfred Döblin hofft auf die heilsame Wirkung dieses Schocks: »Die deutsche Republik wird erst wie alles Lebendige leben, wenn sie sich unter Gefahren bewährt hat. Jede Gefahr, die sie übersteht, stärkt ihr Leben.« – Die paramilitärischen Organisationen, die in Bayern nach dem Mord formell aufgelöst werden, tragen ihre Republikfeindschaft in die »Vaterländischen Verbände« – die das politische Leben weitgehend bestimmen – und in die einflußreiche Geheimorganisation des Forstrats Georg Escherich: Orgesch. In diesem bayerischen Sonderklima gründet Hitler, am 29. 7. 1921 zum Vorsitzenden der NSDAP gewählt, einen eigenen Wehrverband, zunächst als Turn- und Sportabteilung bezeichnet, dann in Sturmabteilung (SA) umbenannt. (Gründungsaufruf: »Sie soll Träger des Wehrgedankens eines freien Volkes sein . . . Sie soll aber vor allem in den Herzen unserer jungen Anhänger den unbändigen Willen zur Tat erziehen, ihnen einhämmern und einbrennen, daß nicht die Geschichte Männer macht, sondern Männer die Geschichte. Und daß der Mensch, der wehrlos sich den Sklavenketten fügt, das Sklavenjoch verdient.«)

Immer spürbarer wird, was Hermann Hesse den Geist »ruppiger Pistolenklöpferei« nennt. Das nächste Opfer, von der nationalen Presse schon lange als »Verräter« in die Schußlinie gebracht: Walter Rathenau, obwohl er gerade mit dem Vertrag von Rapallo, der den sowjetischen Verzicht auf Kriegsentschädigung festlegt und gegenseitige wirtschaftliche Zusammenarbeit vorsieht, einen außenpolitischen Erfolg errungen hat. Für die ebenfalls der Organisation Consul nahestehenden Studenten Kern und Fischer besteht kein Zweifel daran, daß nicht Ludendorff und sein Kaiser den Krieg verloren haben, sondern der deutsche Außenminister Rathenau, einer der »300 Weisen von Zion«.

Während Karl Helfferich, Vorsitzender der Deutschnationalen und im Parlament Wortführer der Rechtsoppositionellen gegen die sog. Erfüllungspolitik, Rathenau am 23. Juni im Parlament heftig angreift, betrinken sich am Abend dieses Tages Kern und Fischer. Der 25jährige Seeoffizier Erwin Kern weiß es ganz genau: Rathenau habe mit der Entente ein Geheimabkommen getroffen, um in Deutschland den Handlanger der Alliierten zu spielen. Und dann habe er die Absicht, das Deutsche Reich unter jüdischen Einfluß zu bringen, und ein Anhänger des Bolschewismus sei er auch, schließlich sei seine Schwester mit Radek, dem Beauftragten des Komintern, verheiratet. Am nächsten Tag, auf seiner Fahrt ins Ministerium, töten Kern und Fischer den Außenminister mit Pistolenschüssen und einer Handgranate. Im Turm einer Burgruine werden die Flüchtigen schließlich entdeckt und finden den Tod. Der Freikorpssoldat Ernst von Salomon, ein Vertrauter Kapitän Ehrhardts, wird wegen Beihilfe zum Mord zu fünf Jahren Zuchthaus verurteilt.

Hitler läßt den Attentätern auf dem Friedhof des Dorfes Saaleck einen Gedenkstein errichten, mit dem Spruch Ernst Moritz Arndts: »Tu, was du mußt. Sieg oder stirb und laß Gott die Entscheidung.«

Stefan Zweig *Nicht aus der Nähe*

... Ich kann jetzt auf zwei Meilen weit keine alldeutsche Jungens sehen. Lieber Frankfurter Juden, lieber Norderney als diese Geistigkeit, die einen Rathenau ermordet hat ... Das Traurigste: sie werden alles erreichen; so wie sie den Unterseebootskrieg und die Kriegsverlängerung erreicht haben, werden sie in einen neuen Krieg hineinsausen. Sie werden wieder in den Etappen sitzen (während) die jungen Burschen niedergeknallt werden. In Frankreich steht alles Gewehr bei Fuß. Man verkennt diese Symptome nicht ... Lieber in ein Bad mit 700 000 galizischen Juden!

... Es ist mir unmöglich, dieses Volk aus der Nähe anzusehen, wenn ich die Idee des deutschen Volkes weiter lieben soll. Je mehr man sich ihnen nähert, desto schwieriger wird es einem, seinen Gefühlen der Unvoreingenommenheit treu zu bleiben und das sichtbar existierende Bild des großen Deutschlands des Geistes zu bewahren.

29. 6. 1922. – Aus zwei Briefen Zweigs, der mit Jakob Wassermann, Fritz von Unruh, Gerhart Hauptmann, Thomas Mann, Rainer Maria Rilke u. a. zum großen Freundeskreis Walther Rathenaus gehörte.

Jakob Wassermann *Zu Walter Rathenaus Tod*

... Es war da ein Mann, Würdenträger im besten Sinn, Repräsentant im schönsten und einleuchtendsten, ein von seiner Sache besessener, von seiner Mission beschwingter Geist, edler Überzeugungen voll, reich an Gedanken, feurigen Willens, rein von Sitten, Fanatiker der Arbeit, unbestechlich, geborener Herr. Und dennoch: woher kam es, diese Sache und der Mann stießen an irgendeinem Punkt im Raume hart zusammen...

Diene du nur, wird ihm zugerufen... bahne Wege, grabe Schächte, sprenge Wasser aus den Felsen und entzünde das verfinsterte Firmament, sei Mensch, sei Genius, sei ein Gott; in unserm Meinen zählst du nicht, in unsern Augen bist du nicht, wir nehmen dich nicht an, wir nehmen dich nicht auf, denn du bist von fremdem Blut und folglich Schädling, Feind und Verderber: Jude ... 1922. –

Hermann Hesse *Geist »ruppiger Pistolenklöpferei«*

... Nicht eben sehr überrascht, aber sehr betrübt hat mich Rathenaus Tod! Ich habe vor Jahren, als er begann mit Schriften direkt auf die Zeit zu wirken, einmal Briefe mit ihm gewechselt. Der Geist, vielmehr die Geistlosigkeit und ruppige Pistolenklöpferei, die ihn umgebracht hat, ist dieselbe, die ich schon seit Jahren bekämpfe und an den Pranger stelle, eine Hochburg dieser dummen und gehässigen Geistlosigkeit sind leider die deutschen Universitäten ...

8. 7. 1922 (aus einem Brief). – Der Mord an Rathenau (Arnold Zweig in der »Weltbühne«: »Ein Jude mittlern Formats. Und viel, viel, viel zu schade für diese Nation.«), erzeugt vorübergehend eine prorepublikanische Stimmung. Einige Tage zuvor hatte Tucholsky bereits zum Selbstschutz der Republik aufgefordert.

Kurt Tucholsky *Das Opfer einer Republik*

... Nicht der allein mordet, der die Handgranate wirft. Auch der, der die Atmosphäre schafft, in der so etwas möglich ist. Diese Atmosphäre ist von den Leuten um Karl Helfferich, dem Finanzverderber Deutschlands, bewußt geschaffen worden.

So, wie Karl Helfferich intellektuell an der Ermordung Erzbergers schuld ist, so sind die beiden Rechtsparteien – die Deutschnationale und die Deutsche Volkspartei – schuld an der Verbreitung der faustdicken Lügen und Verdrehungen, die Rathenau das Leben gekostet haben. Die Provinzpresse rast seit Monaten gegen den Republikaner, den Steuererfasser, den Juden Rathenau. Denn das ist hier noch immer so gewesen: was der Junker versaut, muß der Jude ausfressen.

Die Regierung hat geschlafen. Die Beamten der Republik haben fahrlässig gehandelt und haben ihre Pflicht nicht getan. Man hat sie gewarnt, immer wieder gewarnt; jeder, der die Seelenbeschaffenheit dieser Radaupreußen kannte, sagte, daß man mit Nachgiebigkeit gar nichts erreichte – sie haben doch nur vor einem einzigen Furcht: vor der durchgreifenden Macht. Die Wilhelmstraße wußte es aber besser. Sie hat Rathenau nicht geschützt. Sie ist mitschuldig ...

An tausend Stammtischen wird das blutige Ereignis mit einem ›Prost Blume‹ begossen werden. Aber wir andern, wir Hunderttausende und Millionen, werden nicht mehr warten. Und sagen: Wenn uns die Republik nicht hilft, dann müssen wir uns selber helfen! Denn was nun kommen wird, ist ganz klar. Man wird empört von den Mörderparteien ›abrücken‹, von denen es jetzt, wo es zu spät ist, keine gewesen sein will. Die Nekrologe werden steigen – aber kein stramm antirepublikanischer Gendarmerie-Wachtmeister wird wegen seiner Gesinnung entlassen werden, kein Schulrat, kein Landrat, kein Botenmeister ...

26. 6. 1922. – Im Reichstag läßt Reichskanzler Joseph Wirth, an die Adresse Helfferichs gerichtet, keinen Zweifel: »Da steht der Feind, der sein Gift in die

Wunden eines Volkes träufelt. Da steht der Feind – und darüber ist kein Zweifel: Dieser Feind steht rechts!«

Tucholsky stellt in der »Weltbühne« (»Die zufällige Republik«, 13. 7. 1922) einen 9-Punkte-Katalog auf: 1. »Umwandlung der Reichswehr in eine Volksmiliz«, 3. »Reformierung der Justiz«, 4. »Demokratisierung der Verwaltung«, 6. »Völlige Umformung der Lehrkörper auf Schulen und Hochschulen« usw. Seine Hoffnung: »aus Untertanen werden Bürger, aus Hände-an-die-Hosennaht-Maschinen Menschen, aus Kerls Männer«.

Otto Flakes Empfehlung zum Geburtstag der Republik, dem 11. 8.: »Die beste Lehre heißt: Durchgreifen, sich selbst wollen, nicht sentimental sein!«

Um den Gefahren für die Republik begegnen zu können, verabschiedet der Reichstag am 21. 7. das »Gesetz zum Schutz der Republik«, gegen die Stimmen der Deutschnationalen und der Bayerischen Volkspartei. Unter Strafe gestellt wird damit die Vorbereitung von Attentaten, die Billigung von Gewalttaten, die Beschimpfung der republikanischen Staatsform und ihrer Symbole. Verboten werden können verfassungsfeindliche Vereinigungen, Versammlungen, Tageszeitungen und andere Periodika. In einigen Ländern werden die NSDAP und andere nationalistische Verbände als verfassungsfeindliche Vereinigungen verboten. Das Gesetz, erklärt der SPD-Reichsjustizminister Gustav Radbruch ausdrücklich im Plenum des Reichstags, sei vor allem gegen die Gefahr von rechts gerichtet: Die Arbeit des am Leipziger Reichsgericht eingerichteten Staatsgerichtshofes zum Schutz der Republik (Leitung: Senatspräsident Niedner) hat freilich ein ganz anderes Gesicht.

Anlaß zur Identifikation mit der um Selbstvertrauen ringenden Republik bieten besonders die sich über Monate hinziehenden Feiern von Gerhart Hauptmanns 60. Geburtstag. Reichspräsident Friedrich Ebert reist eigens nach Breslau, um dem Jubilar dafür zu danken, daß er der bedrängten Republik »freudig die Hilfe seines gewichtigen Wortes« leiht.

Heinrich Mann bezeichnet den Sechzigjährigen als »Präsidenten des Herzens« der Republik.

Auch Thomas Mann, der seinen Bruder am Krankenbett besuchte und sich mit ihm wieder aussöhnte, ergreift – erstmals – das Wort für die Republik.

Thomas Mann *Von deutscher Republik*

... Mein Vorsatz ist, ich sage es offen heraus, euch, sofern das nötig ist, für die Republik zu gewinnen und für das, was Demokratie genannt wird und was ich Humanität nenne, aus Abneigung gegen die humbughaften Nebengeräusche, die jenem anderen Worte anhaften (eine Abneigung, die ich mit euch teile) – dafür zu werben bei euch im Angesicht dieses Mannes und Dichters hier vor mit, dessen echte Popularität auf der würdigsten Vereinigung volkhafter und menschheitlicher Elemente beruht ...

Der Staat, ob wir wollten oder nicht, – er ist uns zugefallen. In unsere Hände ist er gelegt, in die jedes einzelnen; er ist unsere Sache geworden, die wir gut zu machen haben, und das eben ist die Republik, – etwas anderes ist sie nicht ...

Die ›Mächte‹ sind fort, der Staat ist unser aller Angelegenheit geworden, wir sind der Staat, und dieser Zustand ist wichtigen Teilen der Jugend und des Bürgertums in tiefster Seele verhaßt, sie wollen nichts von ihm wissen, sie leugnen ihn nach Möglichkeit, und zwar hauptsächlich, weil er sich nicht auf dem Wege des Sieges, des freien Willens, der nationalen Erhebung, sondern auf dem der Niederlage und des Kollapses hergestellt hat und mit Ohnmacht, Fremdherrschaft, Schande unlöslich verbunden scheint. »Wir sind nicht die Republik«, sagen mir diese abgewandten Patrioten. »Die Republik ist Fremdherrschaft« ...

›Deutsche Republik‹, – die Wortverbindung ist sehr stark im Beiwort; und sollte jenes Pergament von Weimar nicht völlig das sein, was man eine ideale und vollkommene Verfassung nennt, das heißt die restlos-wirkliche Bestimmung des Staatskörpers, der Staatsseele, des Staatsgeistes, – wo wäre denn auch eine Konstitution das jemals gewesen! Man sollte Geschriebenes nicht allzu wichtig nehmen. Das wirkliche nationale Leben ragt, immer und überall, nach allen Seiten weit darüber hinaus.

Ich bitte nochmals: erwehrt euch der Kopfscheu! Es ist in aller Welt kein Grund, die Republik als eine Angelegenheit scharfer Judenjungen zu empfinden. Überlaßt sie ihnen nicht! Nehmt ihnen, wie die beliebte politische Redensart lautet, ›den Wind aus den Segeln‹ – den republikanischen Wind! Die Wendung ist abgeschmackt, aber sie ist die Formel für ein Verhalten, das, allseitig angewandt, zu den schönsten Ergebnissen führen muß. Denn um was geht der Streit der Parteien? Nun, um das Wohl des Staates. Nicht kommt es darauf an, daß eine Partei gute Fahrt habe, sondern daß der Staat sie habe; und wenn jede Partei klüglich den Wind benutzt, mit dem die andere segelt, so werden sie alle gut segeln, das heißt, die Republik wird gut segeln, – was zu erreichen war. Darum ist anzuraten, daß auch die ›Republikaner‹ bedacht seien, den ›Monarchisten‹ den Wind aus den Segeln zu nehmen: den nationalen nämlich, und sie nicht allein damit segeln lassen, – nicht ihnen allein das Wort lassen sollten sie ...

Diese Männer an der Spitze des Staates – sind es denn Ungleichartige, feindwillige Fremde, mit denen es keine Verständigung über das Erste und Letzte gäbe und die euch von der Republik ausschließen wollten? Ach, sie wären froh genug, wenn ihr kämet, ihnen zu helfen, und es sind deutsche Menschen, webend in der Sphäre unserer Sprache, geborgen, wie ihr, in deutschen Überlieferungen und Denkgesetzen. Einige von ihnen kenne ich; der Vater Ebert zum Beispiel ist mir bekannt. Ein grundangenehmer Mann, bescheiden-würdig, nicht ohne Schalkheit, gelassen und menschlich fest. In seinem schwarzen Röcklein sah ich ihn ein paarmal, das begabte und unwahrscheinlich hoch verschlagene Glückskind, ein Bürger unter Bürgern, bei Festlichkeiten ruhig-freundlich sein hohes Amt darstellen; und da ich auch dem verwichenen Großherrn, einem dekorativen Talent ohne Zweifel, bei solchem Geschäft das ein oder andere Mal hatte zusehen können, so gewann ich die Einsicht, für die ich Teilnehmer werben möchte, daß Demokratie etwas Deutscheres sein kann als imperiale Gala-Oper ...

15. 10. 1922. – Rede, gehalten in Gegenwart Hauptmanns im Beethovensaal in Berlin. In dieser ersten großen Parteinahme für die Weimarer Republik nennt Mann Hauptmann den »König der Republik«, das »geistige Haupt des nachkaiserlichen Reiches«. Es kommt zu Mißfallenskundgebungen seitens der anwesenden akademischen Jugend. – Thomas Manns öffentliches Bekenntnis zu Republik und »Vater Ebert« stempelt ihn auf der völkisch-nationalistischen Seite zum Renegaten.

Hauptmann, der sich am 15. 11. in einer Rede für die deutsche Literatur als »Der Weg zur Humanität« einsetzt und auf dieser Veranstaltung in der Berliner Universität zwischen Ebert und dem Reichstagspräsidenten Paul Löbe sitzt, wird von dem renommierten Germanisten Gustav Roethe brüskiert: Ein »charakterfester Deutscher« bekenne sich nicht zur Republik.

Kurt Tucholsky *Prozeß Harden*

... Das muß man gesehen haben. Da muß man hineingetreten sein. Diese Schmach muß man drei Tage an sich haben vorüberziehen lassen: dieses Land, diese Mörder, diese Justiz.

Der deutsche politische Mord der letzten vier Jahre ist schematisch und straff organisiert. Die Broschüre: ›Wie werde ich in acht Tagen ein perfekter nationaler Mörder?‹ sollte nicht auf sich warten lassen. Alles steht von vornherein fest: Anstiftung durch unbekannte Geldgeber, die Tat (stets von hinten), schludrige Untersuchung, faule Ausreden, ein paar Phrasen, jämmerliches Kneifertum, milde Strafen, Strafaufschub, Vergünstigungen – »Weitermachen!«

Am dritten Juli 1922 wurde Maximilian Harden auf offener Straße von einem früheren Oberleutnant angefallen und mit einem eisernen Gegenstand bearbeitet. Er erhielt *acht Schläge auf den Kopf*. Der Oberleutnant entfloh, sein Komplice, der Schmiere gestanden hatte, wurde verhaftet. Harden schwebte vierzehn Tage in Lebensgefahr. Er ist heute einundsechzig Jahre alt.

Die Voruntersuchung stellte – in fünf Monaten – nur fest, daß ein deutschvölkischer Mann in Oldenburg, der sich Buchhändler nannte, die beiden zum Mord angestiftet hatte. Das bezeugte der Briefwechsel, worin alle Beteiligten dauernd von ›Erledigen‹ und ›Beseitigen‹ sprachen. Briefe, in denen nicht von Geld die Rede ist, existieren nicht.

Eine Welt stinkt auf ...

21. 12. 1922. – Tucholsky schließt seinen Prozeßbericht mit der Bemerkung: »Wir haben keine Justiz mehr.« Harden, der sich durch sein Eintreten für die Revolution in der »Zukunft« den Haß der Rechten zugezogen hatte, stirbt 1927 an den Folgen des Attentats.

Axel Eggebrecht *Das Ende der bolschewistischen Mode*

Im allgemeinen hat die Bourgeoisie, man muß das zugeben, einen recht guten Klasseninstinkt. Ungemein fein ist ihr Gefühl für alles, was ihr wirklich unbequem, störend, gefährlich werden kann. Die bloß anrüchigen Anschauungen freilich (etwa rein künstlerischer oder ethischer Art) werden gern ins Gebiet demokratischer Freigeisterei gewiesen, wo sie sich ohne Einfluß auf die Wirklichkeit auswirken mögen. Darin kann man ein weites Herz bekunden. Unnachsichtig aber geht man gegen alle grundsätzlichen Angriffe vor, knüppelt die aktive Kritik an den Ursachen des Elends und der Unvollkommenheit nieder, deren akademische Diskussion zuzulassen man wohl geneigt ist...

Zum mindesten geht eins klar aus ihnen hervor: Daß die Kommunisten als Gegner nicht vergessen sind, daß man mit ihnen rechnet und sie beobachtet. Wenn die im gemeinsamen Schlaf vereinten Menschewisten das »bedeutungslose« Häuflein der Kommunisten zu übersehen gedenken, so kennen die Führer der eigentlichen Bourgeoisie ihren Feind eben besser. Den Instinkt der anderen Klasse haben die Bourgeoissozialisten denn doch nicht so schnell erwerben können. Das hindert freilich nicht, daß *sie* als erste die Schutzgesetze der demokratischen Republik gegen die revolutionären Arbeiter anwenden. (Zahllose Presse-, Versammlungs- und Demonstrationsverbote.) Die Meinung der gesamten bürgerlichen Öffentlichkeit ist dabei mit ihnen. Klar ist die Scheidelinie gezogen. Man hat sich besonnen und wird es in Kürze vielleicht noch deutlicher tun. Die bolschewistische Mode ist zu Ende.

September 1922. – »Menschewisten«, »Bourgeoissozialisten«: Sozialdemokraten. Die Justiz als Bestandteil der »eigentlichen Bourgeoisie« macht durch einschlägige Urteile gegen Kommunisten auf sich aufmerksam. Das »Ende der bolschewistischen Mode« gibt es noch in einem anderen Sinn: Die KPD hat inzwischen viele Sympathieträger unter den Intellektuellen verloren und wird sie noch (infolge der 1924/25 einsetzenden Stalinisierung) verlieren. Zunächst der KPD verbundene Autoren wie der glänzende Essayist Walter Rilla, der Lyriker Oskar Kanehl, der Herausgeber der literarisch-politischen Zeitschrift »Aktion« Franz Pfemfert, Autoren wie der Marx-Biograph Otto Rühle, der Dramatiker Wilhelm Herzog oder der Dadaist Franz Jung – sie hatten sich entweder links von der KPD in der KAPD engagiert oder sich wie die Arbeiterdichter Max Barthel und Bruno Schönlank oder der mit spitzem Stift zeichnende Bourgeoisiekritiker George Grosz, KPD-Mitglied der ersten Stunde, enttäuscht von der Partei abgewandt. In der Sprache der KPD sind sie entweder »auf bürgerliche Positionen zurückgefallen« oder »Ultralinke« und »Anarchisten«.

Lion Feuchtwanger *Ruhrbesetzung*

... Am 9. Januar stellte die Reparationskommission fest, Deutschland sei seinen Verpflichtungen aus dem Vertrag von Versailles nicht nachgekommen. Es habe sich eine vorsätzliche Verfehlung in der Lieferung von Holz und Kohlen zuschulden kommen lassen. Die Verfehlung betrug eineinhalb Prozent. Daraufhin entsandte der französische Ministerpräsident Poincaré ins Ruhrgebiet eine Ingenieurskommission ..., um diese Verfehlungen in geeigneter Weise wiedergutzumachen. Zum Schutz der Ingenieure wurden Truppen mitgesandt ... Am 11. Januar um neuneinhalb Uhr morgens rückte die Spitze der französischen Truppen in ... Essen ein ... Französische Soldaten okkupierten die preußischen Staatsbergwerke ... Die deutsche Regierung, infolge der Niederlage im Weltkrieg ohne militärische Macht, ordnete an, die Bevölkerung solle passiven Widerstand leisten. Die Behörden des dichtbesiedelten Gebiets, die Verkehrsbeamten versagten den Besatzungstruppen den Gehorsam. Die Regierungsvertreter, Bürgermeister, Leiter der Banken, Bahnen, Großunternehmen wurden verhaftet, ausgewiesen. Die Besatzungstruppen suchten die Eisenbahnlinien selber in Betrieb zu nehmen. Mit schlechtem Erfolg. Militärzüge stießen zusammen ... die gereizten Truppen gingen gegen Demonstranten und Verdächtige scharf vor ...

Alfons Paquet *An Frankreich*

... Ich kann nicht glauben, daß das französische Volk über die innere Weigerung des deutschen, unmögliche Forderungen zu erfüllen, Entrüstung oder auch nur ein ehrliches Erstaunen empfinde. Denn es würde in der gleichen Lage dieselbe dumpfe Verzweiflung tragen. Ich verstehe aber, es ist enttäuscht, daß ihm das Kriegsglück nicht die unermeßlichen Früchte eines süßen und gesicherten Friedens schenken konnte. Das hohe Maß von Lebenswillen, von Stolz und unruhiger Wachsamkeit, das die Folge übergroßer Erwartungen ist, mußte unvermeidlich zu Handlungen führen, wie sie jetzt vollzogen werden, und kein Einzelner wird sich jetzt noch einbilden, solche Handlungen durch bloße Warnungen abwenden oder ihre Folgen mildern zu können.

Dennoch war ein seidener Faden über den Weg gespannt. Dieser Seidenfaden eines unter Wahrung der äußeren Rechtsformen abgeschlossenen Vertrages ist nun zerrissen, scheinbar unter dem Beifall des französischen Volkes. Dadurch ist der mühsam wiederhergestellte Gleichgewichtszustand nicht nur zwischen unseren Völkern, sondern zwischen allen Völkern aufgehoben. Was das deutsche Volk angeht, so wünsche ich, daß es trotz seiner Leiden ohne Haß und Gewalt seine Stärke zeigen möge. Die Armeen der französischen Generäle mögen Deutschland von einem Ende bis zum anderen besetzen, sie werden ein Deutschland finden, in dem sich eine Abkehr von den Grundlagen des Denkens vollzieht, die ihm zum Verhängnis wurden, wie sie das französische Volk in das Verhängnis hineinreißen. Die fremden Bajonette werden den Zusammenschluß der Deutschen diesseits und jenseits der österreichischen Grenzen nicht hindern, sie werden das Herz aller gerecht empfindenden Menschen leidenschaftlicher schlagen lassen, ja sie werden großen Völkern den Ansporn geben, von ihrem Vertrauen auf ein höheres Recht Zeugnis abzulegen und aus den überfüllten Gefängnissen die Menschen freizulassen, die etwa zu Opfern derselben besitzrechtlichen Justiz geworden sind, die jetzt in dem Vorgehen der französischen Regierung triumphiert . . .

11. 1. 1923. – Alfons Paquet, ein Befürworter der europäischen Rheinidee.

Rainer Maria Rilke *Alle diese herrlichen Patrioten*

. . . Wieder, wieder, kann ich nur Deutschland anklagen, daß es nie einen Moment der, selbst würdigsten, ächten – denn es giebt, gerade in der deutschen Anlage, einen würdigen Ausweg dazu – einen Moment würdiger Unterwerfung gehabt hat in all den Jahren, wie es doch schließlich dem Besiegten zukommt, einen kleinsten Moment wirklichen Gutmachenwollens, kurz einen einzigen wahren Moment, einen, wo es nicht zu seinen Gunsten log und ohne Übergang aus der jetzigen Lage Vortheil ziehen wollte, wie aus jeder früheren, daß ihm um seines sofortigen Vortheils willen, jede Lüge erlaubt und jeder Betrug recht war, daß es vom »hohen Roß« auf den Hund gekommen, nun auf der Stelle, einen hohen Hund für seinen Zweck abrichtete . . .: das, glauben Sie mir ist der Grund alles Unheils, das die anderen, Frankreich voran, tant bien que mal zu korrigieren versuchen, plutôt mal, weil zu spät . . . Ihre Besetzung war die schonendste in den ersten Tagen, der natürlichste Impuls der Kohlengruben- und Eisenwerkbesitzer, der eines stillen würdigen Entgegenkommens, mit der einzigen Sorge: Wer wird uns bezahlen? Aber, da mußte dieser verlogene Geist falschen Stolzes eingreifen, und alles auf die brüchigste Spitze treiben. Die Regierung, wo es einzig ihre Aufgabe gewesen wäre, zu beruhigen und ehestens in einen Weg ernstester

Verhandlungen einzugehen, fand sich berechtigt, zum Widerstand zu hetzen: sie wird damit eine Hitze erzeugt haben, die, wie man in Bayern schon sieht, weit entfernt, eine Einigkeit innerhalb des Reiches aufzukochen, alle Ambitionen auf die verschiedensten Siedepunkte treiben wird: dies im Innern. Und draußen das böse Beispiel der Gewalt des französischen Eingriffs, der allen Staaten und kaum geschlossenen oder nicht recht schließbaren Gemeinschaften vorführt, daß Gewalt möglich ist...

Wann aber, wann wird endlich Deutschlands ungeheueres Unrecht erweisbar sein?; – alle innerhalb seiner Grenzen, die es kannten und bekannten, und es mindestens als einen Posten in die übrigen Faktoren seines Bestehens und Ringens einrücken wollten, sind nach und nach beseitigt worden, es bleiben nur die Großthuer, die Profiteure, die Geldmacher, alle diese herrlichen Patrioten, die Wohlfahrt und Gewinn mit dem wahren Wohl verwechseln, an dem ihnen so wenig gelegen ist, daß sie sich, vorläufig, mit allen Greueln der Bolschewisten unbesehen verbünden würden, wenn ihnen das momentan zustatten käme...

16. 1. 1923. – Aus einem Brief Rilkes an Nanny Wunderly-Volkart. Rilke wird zur Zielscheibe der rechten Presse. Als er sich 1925 in Paris aufhält, schreibt der von Friedrich Lienhard herausgegebene »Türmer«: »Am schwersten leiden wir unter Frankreich: und der ›größte Lyriker des heutigen Deutschland‹ flaniert in Paris herum und hat ›nur dort‹ (!) auf den Gesichtern der Menschen ›alle Gefühle von Glück, Unglück und Einsamkeit gefunden‹, nicht in Deutschland. Man muß sich solche ästhetische Duselei merken.«

Gerhart Hauptmann *An den amerikanischen Präsidenten Harding*

... Wir blicken auf Sie, Herr Präsident, weil Sie der Nachfolger Wilsons und der oberste Staatslenker jenes Volkes sind, das uns unterworfen hat. Wir blicken auf Sie, weil die Idee Amerikas, die große Idee der Demokratie, der Schöpfer unsres neuen Staatsgedankens geworden ist. Wir blicken auf Sie, weil wir von dem Gedanken nicht ablassen können, daß Sie und das amerikanische Volk die Pflicht haben, das tiefe Vertrauen des Deutschen zu rechtfertigen, welches durch den Präsidenten Wilson, Ihren Vorgänger, geweckt und so bitter getäuscht worden ist. Wir blicken auf Sie, Herr Präsident, weil das eiserne Pflichtgebot über Ihnen hängt, dem großen Gedanken der Demokratie, des Friedens und der Gerechtigkeit unter den Völkern, um dessentwillen das Blut Ihrer Männer auf europäischem Boden geflossen ist, nun auch wirkliche Geltung im Frieden zu verschaffen. Wir blicken auf Sie, weil nur bei Ihnen sich zur Pflicht die nötige volle Macht gesellt...

Sprechen Sie nur ein Wort, Herr Präsident! Schütteln Sie Ihre Ägis ein wenig, noch besser, senden Sie uns einen Blitz, der die Luft von den Giften der schwarzen Moral reinigt. Zeigen Sie allen Mächten, die den blutigen Fasching verewigen wollen, in einem Aufleuchten ihre Erbärmlichkeit, und bringen Sie diese fiebernden Deliranten zur Besinnung ...

Nach dem 11. 1. 1923. – Nicht abgeschickter Offener Brief Gerhart Hauptmanns. Von Theodor Wolff gebeten, sein »Wort zu dem Ruhrkampf zu sagen«, nimmt er am 1. 4. im »Berliner Tageblatt« Stellung: »Was aber bleibt uns übrig zu tun? Der Mann an der Ruhr hat die Antwort gegeben. Wahr, breit, echt, naturgeboren ist sein Widerstand. Deutsche, fühlt ihr, was an der Ruhr geschieht? Und wie es jeden von euch verpflichtet? Der Arbeitsmann bildet den eisernen Wall, den Wall des Rechts, an dem die Gewalt zerbricht. Aber nicht nur der sogenannte Arbeitsmann, sondern alles, was tätigen, fruchtbaren Geist verkörpert, gestaltet sich zum Widerstand. So ist das Land am Rhein, an der Ruhr ein einziges erschütterndes Märtyrertum.«

1923 wird zum bis dahin krisenreichsten Jahr der Republik. Der Krieg und seine Auswirkungen haben die Währung zerstört. Schon bei Kriegsende auf 40 Prozent ihres Vorkriegswertes gefallen, fällt die Mark im Laufe des Jahres 1923 ins Bodenlose. Beträgt der deutsche Gegenwert des Dollars im Januar 1800 Mark, hat er sich im November erhöht auf 4,2 Billionen Papiermark. Kostete ein Einzelheft der »Weltbühne« im Januar 1922 noch 4 Mark, so ein Jahr später bereits 150 Mark, um schließlich auf den Preis von nicht weniger als 350 Milliarden zu klettern. Otto Flake über seine Einkünfte: »Mein Abschluß für 1922 ergab 464 000 Mark; der für 1923 aber sollte eine sechzehnstellige Zahl bringen: 1 Billiarde, 80 Billionen, 136 Milliarden, 502 Millionen, 787 Tausend.«

Die Inflation verschont auch die Autoren nicht. »Schrifttum in Not« – unter diesem Motto und dem Patronat des Reichspräsidenten wird eine öffentliche Sammlung durchgeführt. Betroffen aber ist vor allem das Volk. Löhne, Gehälter und Renten werden zwei- und dreimal in der Woche ausgezahlt; und kaum ist das Geld in den Händen der Verbraucher, da hat es schon wieder seinen Wert verloren. Erbstücke werden gegen Brot und Butter eingetauscht, und für ein Stück Fleisch steht man eine Nacht lang an. Spekulanten beherrschen die Szene. Der größte Nutznießer der Inflation ist Deutschlands bekanntester Industrieller Hugo Stinnes, der sich in der Inflationszeit den »Siemens-Rhein-Elbe-Schuckert«-Konzern zusammenkauft. Der politische Verlierer aber ist vor allem die Republik, denn die Inflation trifft neben denen, die nichts besitzen, auch die, die etwas besitzen: den Mittelstand – Handwerk und Handel.

Der Mittelstand, der 1919 noch demokratisch gewählt hatte, rückt nach rechts. Vermögensverlust macht ihn aggressiv gegen »undeutsch-jüdisches Großkapital« und empfänglich für »nationale Zuverlässigkeit« und »wahre Volksgemeinschaft« – Parolen, die sich ihm als ideeller Ersatz für materielle Verluste einschreiben.

Während französische und belgische Truppen das Ruhrgebiet besetzt halten, breitet sich zwischen Flensburg und Rottach ein »kriegstoller« Nationalismus aus. Die bürgerliche Regierung des Hapag-Generaldirektors Wilhelm Cuno ruft zum passiven Widerstand auf.

Carl Sternheim *Fest am irdischen Besitz*

... Deutschland rutscht von Tag zu Tag mit seiner Währung tiefer in eine Kloake, die zum Himmel stinkt. Jedes Gefühl des Widerstands, revolutionärer Drang ist aus. Der Arbeiter, der jetzt schon über zwei Paar Stiefel und zwei Anzüge auf Grund großen Papiergeldverdiensts verfügt, ist durch diese irdischen Güter und eine seidene Cravatte nebst einem silbernen Zigarettenetui zu fest an den irdischen Besitz gebunden, als daß er denselben in einer Revolution aufs Spiel setzte. Er raucht Zigaretten »August der Starke« (wörtlich), geht in den Fridericus Rex Film, der hier seit Wochen täglich überrannt wird und sehnt sich nach Uniform und militärischem Kommando ...

23. 5. 1923 (Aus einem Brief). –

Alfred Döblin *Blick auf die Ruhraffäre*

... Mit größter Aufmerksamkeit beobachtet das linksgerichtete Deutschland, besonders die Arbeiterschaft die Entwicklung der Ruhraktion. Eisenbahner und Bergarbeiter sind es, die im Ruhrgebiet die französische Aktion sich totlaufen lassen. Die Konservativen wittern Morgenluft; die Formeln ihres Agitationsschatzes: »Erbfeind« »Einheitsfront« sind stark im Umlauf: es wurde bisher dafür gesorgt, eben durch die Kampfbeteiligung der Arbeiterschaft, daß den Rechten kein Weizen blüht. Der Krieg wird von den anhäufenden und expansiven Wirtschaftsgruppen beider Länder geführt; der ruhig Beobachtende und die Arbeiterschaft weiß das. Die Arbeiterschaft hat in Deutschland sicher richtig gewählt: keinen Enthusiasmus aufzubringen, dem fremden Imperialismus keinen Vorschub zu leisten, dem heimischen Kapitalismus unverändert mißtrauen ...

1923. –

Thomas Mann *Geist und Wesen der Deutschen Republik*

... Der tiefste Widerstand, dem der republikanische Gedanke in Deutschland begegnet, beruht darauf, daß der deutsche Bürger und Mensch das politische Element niemals in seinen Bildungsbegriff aufgenommen hat, daß es tatsächlich bis jetzt darin fehlte; er beruht darauf, daß er die Forderung des Übergangs von der Innerlichkeit zum Objektiven, zur Politik, zu dem, was die Völker Europas ›*die Freiheit*‹ nennen, als eine Aufforderung zur Verfälschung des eigenen Wesens, als entnationalisierend geradezu empfindet ...

Daß aber der Deutsche sein Schicksal einholen wird, ist nicht zu bezweifeln. Laßt ihm Zeit zu der durchdringenden Erkenntnis, daß jene Einheit von Staat und Kultur, die den Grundgedanken der

Republik ausmacht, nicht nur von ihm, sondern von allen Völkern bis zum äußersten Grade des Menschenmöglichen erstrebt und erzielt werden muß, wenn Europa nicht verlieren und verkommen soll; laßt ihm ferner Zeit zu der Einsicht, daß Humanität, allseitige Bildung, menschliche Vollständigkeit ebenfalls nichts anderes ist als die Einheit von Kultur und Staat und daß zwei Dinge, deren Definition dieselbe ist, denn wohl ein und dasselbe Ding sein müssen; kurz, laßt ihm den Gedanken aufglänzen, daß Republik, ideell genommen und von mangelhaften Wirklichkeiten abgesehen, nichts anderes ist als der politische Name der Humanität, – und er wird Republikaner sein.

Er wäre es schon, wenn die *Zeitumstände*, die inneren wie die äußeren, dem Fortschreiten seiner geistigen Arbeit weniger abträglich wären. In der Tat lebt dies Volk unter Bedingungen, die jede intellektuelle Stagnation und jede moralische Schlaffheit entschuldigen würden, – Erscheinungen, von denen trotz dieser widrigen Bedingungen nur in beschränktem Maße die Rede sein kann. Man kennt sie schlecht im Auslande, diese Bedingungen, man empfindet sie wenig mit. Man weiß nicht viel von der erniedrigenden Lebensnot, unter der die große Mehrzahl unseres Volkes seufzt, von dem auf allen Gebieten um sich greifenden Verfall. Man weiß nicht, daß deutsche Mütter genötigt sind, ihre Kinder in Zeitungspapier zu wickeln, da es an Leinwand fehlt, – die den französischen Besatzungstruppen am Rhein zehntausendmeterweise hat geliefert werden müssen. Es heißt seine Forderungen an die geistige Widerstandskraft des menschlichen Durchschnitts überspannen, wenn man verlangt, er solle einer Agitation Widerstand leisten, die darauf hinweist, das alles sei in den alten Tagen ganz anders gewesen, und folglich müßten diese wiederkehren; einer Agitation, die außerdem mit einem starken Schein von Recht behaupten kann, nichts in der Welt habe sich geändert, nach wie vor gehe Macht vor Recht, alles Gerede von Frieden, Gerechtigkeit, Völkerrepublik sei Gefackel und leerer Humbug gewesen, und es sei ein Jammer und eine Schande, daß Deutschland auf diesen Propaganda-Humbug hineingefallen sei und immer tiefer darauf hineinzufallen sich bereden lasse . . .

Juni 1923. – Rede, gehalten auf der Rathenau-Gedächtnisfeier der »Arbeitsgemeinschaft republikanischer Studenten« in München.

Heinrich Mann *Wir feiern die Verfassung*

. . . Wir sollen feiern, und die Stunde ist kritisch. Wir sollen die Verfassung feiern und wissen doch nicht: was ist inzwischen geworden aus der Verfassung? Was wird aus ihr noch werden? Das Jahr 1919 ist lange her.

Suchen wir uns zu vergegenwärtigen, wenn anders wir es heute noch können: was sollte die Verfassung einst sein? Es sind doch Ideale hineingearbeitet worden im Jahre 1919. Die Revolution, ob sie nun ganz freiwillig kam oder nicht, hatte in jedem Fall die Köpfe freier gemacht. Vieles schien auf einmal möglich und naheliegend, was nicht nur die Herrschenden, sondern auch die große Mehrheit niemals sehr dringlich gefunden hatten. So die Vereinheitlichung Deutschlands, ohne übertriebene Rücksichten auf Eigenarten und Sonderrechte. So die Freiheit im Innern, was nur heißen kann: es sollte dauernd im Sinne der meisten regiert werden, nie wieder zum Vorteil und Vorrecht weniger.

Im Sinne der meisten, also friedlich, ohne Kriegsgesinnung. Im Sinne der meisten, also ausgleichend, auch den Besitz. Konsequenter Sozialismus war in Weimar nicht die treibende Kraft, aber soziale Gesinnung hat doch mitgewirkt. Man wollte keine gefährlichen Kapitalanhäufungen. »Freie Bahn dem Tüchtigen«, und nicht auf seinem Wege jene absichtlichen Hindernisse, wie Vorrechte oder der alles aufsaugende Reichtum. Das war der Geist der Weimarer Verfassung. Darum feiern wir sie. Keineswegs war es der Geist einer republikanischen Plutokratie.

Der Geist der Verfassung ist inzwischen verkannt, verleugnet, entstellt, er ist ihr fast ausgetrieben worden. Der kriegstolle Nationalismus treibt es wieder wie je und reicht schon wieder bis an den Sitz der Macht, die jetzt doch dem Volk entstammt und ihm Rechenschaft schuldet. Das Kapital ist erst jetzt wahrhaft überwältigend geworden. Seine Herrschsucht vergreift sich erst jetzt ganz offen an jedem einzelnen von uns, wie am Staate selbst. Wir feiern darum erst recht die Verfassung, die dies alles nicht mehr kennen wollte, die befreien und Menschlichkeit verbreiten wollte. Sie hat es noch nicht gekonnt. Aber sie soll es einst können.

Welche Gründe hat die Reaktion? Sie alle werden als ersten den nennen, den auch ich nennen will: die äußere Bedrängnis durch Nachbarn. Ist ein Reich nicht einmal von fremden Heeren frei, kann es auch innerlich nicht frei sein. Das ist unbedingt wahr, – auch wenn hinter dieser naheliegenden Tatsache etwa noch tiefere Tatsachen lägen.

Dazu kommt als zweiter Hauptgrund die Not. Wie weit soll sie noch gehen? Wenn seine Kinder Hungers sterben, hat ein Volk nicht den Kopf frei, sich gegen das politische Unrecht, das ihm geschieht, zu verteidigen. Das größte Unrecht ist eben, daß seine Kinder sterben. Wenn niemand des nächsten Tages sicher ist, sind die paar Überreichen, Übermächtigen, die alle und jeden in ihre Gewalt bringen wollen, ihrer Sache um so sicherer.

Übrigens wirkt die seelische Erschöpfung nach, die den Krieg begleitet hat. Die ist überall da, in den besiegten Ländern höchstens nackter. »Was frage ich viel nach meinem Seelenheil«, sagt ein Volk, sogar ein nichtbesiegtes, wenn irgendein handfester Kerl ihm Brot verspricht und dafür zunächst einmal ihm seine Freiheit nimmt.

In einem Industrievolk ist es kein politischer Diktator, es sind die größten Industriellen, die sich die allgemeine Erschöpfung zunutze machen und ganz sacht, oder nicht einmal sacht, die gesamte Wirtschaft, den Staat selbst und noch darüber hinaus die Denkgewohnheiten der meisten in ihre Hand bringen ...

1919 schrieben wir in die Verfassung etwas über Vergesellschaftung privater wirtschaftlicher Unternehmungen, über Beteiligung des Reiches an diesen Unternehmungen, und daß allermindestens die Bodenschätze unter die Aufsicht des Staates kommen sollten. Steht das 1923 nicht mehr in der Verfassung?

Ach! ein Artikel der Verfasung verlangt auch, der selbständige Mittelstand sei gegen Überlastung und Aufsaugung zu schützen. Ich merke nichts. Es wäre kein Wunder, wenn alle um ihr verfassungsmäßiges Recht Betrogenen sich endlich zusammenfänden, um es sich zu holen ...

Der französische Einfluß ist auf alle Fälle hart und keineswegs ehrenvoll, trotz seiner für niemand rühmlichen Vorgeschichte. Aber wenn seit dem Ruhreinfall schon wieder der Nationalismus in Deutschland obenauf ist, dann wollen wir uns doch klar machen, wem wir ihn und den Ruhreinfall zu verdanken haben: dem widerrechtlich aufgehäuften Kapital. Echte Vaterlandsliebe, die ebenso gut auch Menschenliebe heißen kann, braucht Besinnung, braucht Rechtlichkeit. Aber im Unrecht, in der Zerrüttung gedeiht Nationalismus ...

11. 8. 1923. – Rede zur Verfassungsfeier, gehalten in der Dresdner Staatsoper.

Zum 11. August 1923

Hiermit zeige ich verhältnismäßig tief bekümmert an, daß mein liebes Kind, Enkel und einziger Nachkomme, unsre teure Republik im Laufe der Zeit sanft entschlafen ist. Wer ihr jekannt, wird mir ermessen. Von Beleidigungskundgebungen bitte ich abzusehen, damit etwaige Gegner nicht gereizt werden. Ich als Vater von das Kind kann nur sprechen:

Es ist besser so – für uns und für sie. Friede ihren Idealen. Indem ich bitte, das meinem Vorgänger dargebrachte Vertrauen auch mir freundlichst bewahren zu wollen, zeichne ich als stiller Dulder ergebenst Fritz Ebert, Verwalter der bayerischen Hoheitsrechte.

9. 8. 1923. – ›Todesanzeige‹ in der »Weltbühne«.

Das neue Kabinett unter dem DVP-Vorsitzenden Gustav Stresemann, ein Kabinett der großen Koalition aus SPD, Zentrum, DDP und DVP, beschließt angesichts der Zerrüttung von Währung und Wirtschaft das Ende des passiven Widerstandes und verhängt den Ausnahmezustand. Heinrich Mann wendet sich in dieser angespannten Lage – in der die Totengräber der Demokratie rund um die Uhr schaufeln – mit einem Offenen Brief an den Reichskanzler:

Heinrich Mann *Diktatur der Vernunft*

Herr Reichskanzler!

Sie – und wir mit Ihnen – sind haarscharf vorbeigelangt an der Diktatur der Gewalt, dem notwendigen Ergebnis einer Regierung der Rechten. Die Gefahr wird wiederkommen. Bei jedem Nachlassen der gesetzlichen Kräfte, bei jeder Ihrer Unaufmerksamkeiten und so oft die Parteien sich verblüffen lassen, kommt sie wieder. Wen aber trifft sie? Das Reich. Es wäre sein Ende, Sie wissen es. Wollen Sie denn nicht vorbeugen? Können Sie den Zustand ertragen? Die Nation erträgt schwerlich, noch lange auf dem Spiel zu stehen. Dann hätten Sie verloren, Sie und das Reich. Beugen Sie doch vor! Statt der drohenden Diktatur der Gewalt die Diktatur des Rechtes...

Denn in diesem Lande ist persönliche Verantwortung bis heute unbekannt. Dieses Volk ist, wie kein anderes, im Sichausreden auf Kollektivitäten befangen. Es faßt den nicht, der selbst urteilt, der ihm Wahrheit bringt. Es sieht den nicht, der handelt, auch wenn er es verdirbt. Es glaubt an unbegreiflich böse Mächte und immer an die falschen. Man kann es ungestraft verderben, spielt man ihm nur Betäubungsmittel in die Hände. Will jemand einschreiten, der stirbt gewaltsam ihm zu Füßen, ohne daß es aufblickt.

Gleichviel! Das einzige wirkliche Daseinsrecht Denkender ist, die Menge der Menschen vor den wenigen, die sie ausbeuten und verderben, zu warnen. Das höchste Ziel eines Politikers kann nur sein, sie vor ihnen zu retten. Handeln Sie, Herr Reichskanzler!

Brechen Sie zugunsten des Rechts und der Vernunft das unerträgliche, nutzlose Gleichgewicht, worin Recht und Gewalt, Vernunft und der Wahnsinn sich hierzulande gegenüberstehen. Revidieren Sie die sogenannte Pressefreiheit! Bringen Sie die vorhandenen Waffen auf ihre Seite! Sie sehen doch, daß, solange der Wahnsinn zu allem fähig scheint, die Vernunft nicht schwanken darf...

Ungezählte neue kleine Besitzer, das sichert Staat und Staatsgesinnung auf mehrere Generationen. Das schafft die freien Familien, in denen die künftigen Intellektuellen erwachsen. Woher sollen sie bei uns noch kommen?...

Wir liegen inmitten und sind bestimmt, Osten und Westen zu verbinden, gegen Natur sperrt man sich nicht. Wir waren früher die halb absolutistische Monarchie, die zwischen Zarentum und französischen Parlamentarismus hineinpaßte. Wir werden künftig die Republik sein, in der Ständevertretung mit Parlamentarismus sich verschränkt. Wir werden sozialisierte Großbetriebe und doch den wirtschaftlich freien Kleinbürger haben. Kapitalismus unter Staatskontrolle, Menschenrechte begrenzt von Klassengarantien: es ist unwahrscheinlich, daß unsere neue Demokratie viel anders aussehen wird, so ist sie schon vorbereitet. Aber wir müssen sie schaffen. Sie, Herr Reichskanzler, müssen sie mitschaffen ...

Was sind denn Nationalsozialisten? Leute, die ihre Geldgeber schonen müssen, sonst wären sie nicht nur gegen jüdische Ausbeutung. Wer sind Kommunisten? Leute, die das Ganze über Bord werfen, im Haß auf eine Gierigstenherrschaft, so gierig, daß sie auch noch den Namen der Demokratie stiehlt ...

Sie sind ein bürgerlicher Kanzler. Ich glaube, daß bürgerlicher Art, deren Sache die Liebe nicht ist, vor der Vernunft der Dinge doch oft das Gewissen schlägt. Ich habe gesehen, wie entwickelte Bürger ihren Kreis durchbrachen und hinwegdachten über ihre Klasse. Ihre eigene Vergangenheit, Herr Reichskanzler, hat Sie nicht darauf vorbereitet, Geschäftemachern in den Weg zu treten, den Besitz unter Staatsnotwendigkeiten zu beugen. Sie waren nicht darauf gefaßt, eine Revolution der Vergiftung durch reiche Verräter entziehen zu müssen, damit der Staat ihr Inbegriff sei. So ist es aber gekommen. Auch ich hätte nie gedacht, ich würde Diktatur fordern. Ich fordere Diktatur der Vernunft ...

Oktober 1923. – Stresemann beendet am 15. 11. die Inflation durch Einführung der Rentenmark (= 1 Billion Papiermark), gedeckt durch eine 4 %ige Grundschuld auf den deutschen Land-, Forst- und Industriebesitz. Vernichtet ist damit der Wohlstand vor allem der mittleren Schichten. Besonders schwer aber ist die Lage der Arbeiter, vor allem in den Industriegebieten. Der deutsche Winter 1923 wird ein Winter der Hungernden und Frierenden. Es gibt weder Kohlen noch Kartoffeln. (Zahlreiche Autoren und »Personen des öffentlichen Lebens« beteiligen sich an Aufrufen und humanitären Hilfsaktionen der »IAH-Künstlerhilfe« [Sekretäre: Erwin Piscator, Otto Nagel].)

Die Politik des passiven Widerstandes hat den Zusammenbruch von Währung und Wirtschaft beschleunigt. Als Stresemann am 26. 9. das Ende des passiven Widerstandes verkündet, widersetzt sich dem die bayerische Landesregierung. Und als der Reichswehrminister den in Bayern stationierten Reichswehrgeneral von Lossow auffordert, das Verbot des NSDAP-Organs »Völkischer Beobachter« durchzusetzen, weigert sich von Lossow und unterstellt sich dem bayerischen Generalstaatskommissar von Kahr. Der von Ebert mit der Niederschlagung dieser Rebellion beauftragte General von Seeckt widersetzt sich wie schon während des Kapp-Putsches dem Befehl, gegen rechts vorzugehen. Brieflich versichert er von Kahr, daß er ebenso wie er denke, aber nur im alleräußersten Notfall die verfassungsmäßige Form der Republik antasten wolle – wobei er, da er sich mit dem Gedanken einer legal zustandekommenden Diktatur trägt, an sich selbst als künftigen ›Führer‹ denkt.

Hitler sieht seine Stunde gekommen. Er stürmt am 8. 11. eine von Kahr einberufene Versammlung im Münchener Bürgerbräukeller. Hitlers entschlossenes Auftreten beeindruckt von Lossow und von Kahr. Sie stellen sich hinter ihn. Als die bayerische Generalität den Putschversuch aber nicht unterstützt, erklären sie plötzlich, von Hitler erpreßt worden zu sein.

Der sich am 9. 11. mittags formierende Demonstrationszug, der aus den Verbänden Oberland und SA besteht und von Ludendorff und Hitler angeführt wird, wird am Odeonsplatz durch die Schüsse eines Polizeikordons gestoppt; Göring wird in der Hüfte getroffen, Hitler verrenkt sich die Schulter.

Joseph Roth *Reisebild*

... Im Berliner Westen sah ich zwei Gymnasiasten. Sie gingen durch eine breite, belebte Straße, hielten sich an den Schultern, wie Betrunkene zu tun pflegen, und sangen: ›Nieder, nieder, nieder mit der Judenrepublik, / Pfui, Judenrepublik! Pfui Judenrepublik!« Und die Erwachsenen wichen den beiden Jungen aus. Und niemand gab ihnen eine Ohrfeige ... Ein japanischer Student in Berlin erzählte mir: Bei der Immatrikulation der Ausländer an der Berliner Universität sprach der Rektor Prof. Roethe folgendes: Wir haben sie aufgenommen, obwohl sie Ausländer sind. Auf ihre Freundschaft sind wir gottseidank nicht angewiesen ...‹ Sieht man den Zusammenhang zwischen jener Hysterie der singenden Gymnasiasten und dieser des redenden Professors? Das sind die Dokumente des deutschen Untergangs ... Es fehlt in Deutschland an einem regulierenden Bewußtsein ...

9. 12. 1923; in der »Frankfurter Zeitung«.

Otto Flake *Der Zug nach Rechts*

... Ich mache mir keine Illusionen; erfahre ich doch täglich, daß man mich für einen Bolschewisten oder Kommunisten hält, warum? Weil ich der Mattheit des Bürgertums, der Feigheit der Demokratie, der Erhitzung der Nationalisten opponiere. Opposition aber, das ist in Deutschland Vaterlandslosigkeit ... Alle Umstände wären gegeben, daß kluge Konservative und kluge Demokraten zusammenfinden, zusammenarbeiten. Die vernünftige Mitte ... – Sie ist die Forderung. Mitte, das sind neben Handwerkern, Geschäftsleuten, Lehrern auch Ärzte und Richter ...

6. 12. 1923; in der »Weltbühne«.

Lion Feuchtwanger *›Abrechnung mit den Novemberlumpen‹*

... Die Zeit, bis man gegen die Franzosen gehe, müsse man ausnützen gegen den inneren Feind. Sei der erst ausgerottet, werde Deutschland automatisch wieder Weltmacht. Vordringlichste Aufgabe sei die Abrechnung mit den Novemberlumpen ... Eine sizilianische Vesper müsse her. In Trümmer mit den Schwatzbuden der Revolution ... Die große vaterländische Erneuerung stehe vor der Tür.

Noch vor der Baumblüte werde ich sie entfalten. – ›Noch vor der Baumblüte‹, riefen die Patrioten und verprügelten, wer irgend als Gegner angesehen wurde. Auf der Landstraße von Schliersee nach Miesbach zogen zwei Handwerksburschen, singend: ›Zwei Rosen, ein zarter Kuß‹. – ›Noch vor der Baumblüte‹, riefen entgegenkommende Patrioten und fielen über sie her. Sie hatten verstanden: Zwei rote Hosen und Spartacus ...

Erwin Guido Kolbenheyer *Volk und Führer*

Der biologischen Jugendlichkeit des deutschen Volkes ist es zuzuschreiben, daß es allezeit mehr als andere Völker nach Führung verlangt. Es strebt die Verantwortung für sich selber auf ein Gewissen zu legen, dem es Kraft und Mächtigkeit zuschreiben kann, seine, des ganzen Volkes, Entwicklung zu schirmen. Unter der Hut des Führergewissens will das Volk den starken inneren Entwicklungstrieben nachleben. So will der Jüngling, der bewußt und unbewußt vor allem seiner Entwicklung lebt, während er eine Hand über sich weiß, die schon zur rechten Zeit fürsorglich hemmend oder fördernd eingreifen wird ...

Es gibt kein gewolltes, kein gesuchtes, kein gewähltes Führertum, nur ein gewachsenes. Jeder Entwicklungszustand eines Volkes schafft sein eigenes Führertum. Wenn sich meiner Zeit des inneren und äußeren Dranges, der inneren und äußeren Not kein Gestalter, der zugleich auch Befreier wäre, offenbart, so gilt es nicht verzweifelt nach *ihm* zu suchen, sondern sich dessen bewußt zu werden, daß es zunächst geboten ist, eine bittere Entwicklungszeit zu bestehen, um dahin zu gelangen, wo ein Befreier wieder werden kann und eher nicht wird. Nicht einen Lebenstag zu spät wird der Führer kommen, aber auch keinen zu früh. Auch er muß in die Zeit reifen, wie die Zeit in ihn.

Frühjahr 1924. –

Fritz von Unruh *Aufruf an die Jugend*

Jugend, im wachsenden Frühling, das »Ja« der Natur gegen die Vergreisung und Dürre! Du, heißer schäumender Mut zum Hinauf an das Licht! Zu welcher Fahne willst du gerufen sein? Gibt es eine andere, als die reine, weiße, in die gewebt ist das leuchtende Antlitz deiner Seele? In welch anderer Gruppe oder Partei hätte dein mächtiger Atem Raum, sich zu gestalten, sich zu erleben – als allein in unseres Herzens heiliger Republik?

Was da Kreis um Kreis in der Stille unserer Brust die Mutter erfühlte, den Vater erkannte. Hören wir es nicht schon von dem Reklamemaul des Schlagwortes, ungefühlt aber frech – unser Heiligtum ausschreien – weil! o, weil es nützlich ist im Augenblick, also zu sprechen: Friede! Menschheit! Liebe! – Fluch über alle, deren Leben das Werdende schändet! Besser wäre es ihnen, ihre Zunge faulte, ehe sie Worte ausplappert, die alles Feuer der Zukunft umfassen! – Holte sich gestern eine eherne Nemesis aus dem prahlenden Lager ungläubiger Volksverführer die Führer! – morgen wird sie die Lippen derer zu Eiter machen, die es wagen als falsche Propheten auf den Märkten zu stehn!

Wo aber in dem sinnbetörenden Lärm der Parteien hören wir den Ruf – unsrer Partei? –

Aufruf zur Reichstagswahl vom 4. 5. 1924. – Der aktive Schutz der Republik angesichts der Ereignisse des Jahres 1923 – Inflation, Ruhrkampf, Fememorde – ist das Ziel der am 6. 2. 1924 gegründeten »Republikanischen Partei«. Carl von Ossietzky und Karl Vetter geben ihre Stellung bei der »Berliner Volks-Zeitung« auf und bereiten den Wahlkampf vor. Finanziert von dem Stuttgarter Industriellen Robert Bosch, redigiert Ossietzky die neugegründete Parteizeitung »Die Republik«. Der Spitzenkandidat der »Republikanischen Partei«, der sich neben Ossietzky und Vetter u. a. auch der Publizist Manfred Georg und Hans Simons zur Verfügung stellen, ist Fritz von Unruh.

Heinrich Mann *An die Wähler zum Reichstag*

... Friede, aus dem allmählich die Vereinigten Staaten Europas werden müssen, sei die erste unserer Forderungen an jede Partei, die wir wählen sollen. Parteien mögen Fehler haben und weder geistig rein noch im Materiellen gerecht sein: aber sie müssen den guten Willen haben, mit international und friedlich gesinnten Parteien des Auslandes zusammenzuwirken. Sie dürfen die nationalistische Gesinnung nicht mehr als die höhere, moralischere fürchten, da es doch eine abgewirtschaftete und vollkommen unsittliche Gesinnung ist. Sie dürfen gutwillige Franzosen, die nach Deutschland kommen, um zum Frieden zu reden, nicht niederschreien lassen. Sie müssen tätig die Niedertracht verhindern und müssen kämpfen für das Gute. Sie müssen von der europäischen Verständigung überzeugt sein wie vom täglichen Brot. Sie müssen Frieden und das Leben wollen. Sie müssen Frieden und die Werke des Friedens wollen.

Sind der unverrückbare Wille und die Tatkraft auch in republikanischen Parteien noch nicht allgemein? Dann schafft sie! Dringt darauf, verlangt öffentliche Erklärungen! Nur Republikaner werden sie abgeben. Nur republikanische Parteien sind eurer vordersten Lebensnotwendigkeit zugänglich. Ihr dürft nur Republikaner wählen ...

Umfrage zur Reichstagswahl

Karl Alexander von Gleichen-Rußwurm:

Ob ich wähle am 4. Mai?
Geehrtes Tagebuch, ich bin so frei.
Warum? Weil es sich so gehört,
Im übrigen nicht weiter stört.
Doch wie? – Du bist zu indiskret.
Wenn so was in der Zeitung steht,
Kann's heutzutage möglich sein,
Daß man mir schmeißt die Fenster ein.

Paul Ernst:

Die beiden Fragen kann ich folgendermaßen beantworten:

1. Ich werde wählen. Zwar halte ich den Parlamentarismus für gänzlich abgewirtschaftet, aber es ist keine andere Form vorhanden; Wahlenthaltung ist nicht ein Nicht-Tun, sondern es ist das so ein Tun wie das Wählen.

2. Ich wähle die Partei, deren Herrschaft, deren Hochkommen mir unter diesen Verhältnissen das geringste Übel zu sein scheint; das sind die vereinigten Völkischen und Nationalsozialisten. Sie werden nicht so mächtig werden, daß sie ihre z. T. sehr törichten Absichten durchsetzen können, wahrscheinlich wird ja überhaupt eine einheitliche Willensbildung im Reichstag nicht möglich sein. Es scheint mir auch fraglich, ob der Korruption zu steuern ist, wahrscheinlich würde die Partei, wenn sie zu unumschränkter Macht käme, gleichfalls von der Korruption ergriffen werden. Vor allem erwarte ich, daß diejenigen Parteien wenigstens zurückgedrängt werden, welche die Revolution auf dem Gewissen haben und dadurch, um ihre früheren Handlungen nicht Lügen zu strafen, zu einer schmählichen auswärtigen Politik gezwungen sind, insbesondere die Schuldlüge nicht angreifen dürfen.

Franz Blei:

Daß eine politische Partei besser sei als die andere, dies ist ein Vorurteil, das nur berufsmäßige Politiker für ein Urteil halten. Erklärt eine Partei eine andere für schlecht und sich für besser, so ist nur der erste Satz richtig, der zweite immer falsch. Ein guter Politiker in der heutigen »Demokratie«? Als ob man sagte: eine tugendhafte Prostituierte. Bestenfalls ist der Parteipolitiker ein notwendiges Übel.

Schlimmstenfalls eine unerträgliche Belästigung. So lange sie nicht allgemein als solche erkannt und auf das bescheidene Maß ihres Daseins gebracht sind, wird jeder anständige Mensch alle Parteipolitiker damit boykottieren, daß er eben nicht wählt. Man kann froh sein, daß es keine Wahlpflicht gibt, die den Nicht-Wähler einsperrt. Ich hielte es für einen bedeutenden sittlichen Sieg des deutschen Volkes, wenn es bei den nächsten Wahlen mit sechzig Prozent Wahlenthaltung übte.

Moritz Heimann:

... So unmoralisch, ja unpolitisch der gesetzliche Wahlzwang sein würde, so nötig ist der vom privaten Pflichtgefühl auferlegte. Es ist die reine Überheblichkeit, sofern es nicht Stumpfheit und Faulheit ist, sich damit zu trösten: es geht ja doch alles schief. Überheblichkeit; denn wenn wir einen solchen Resignierten genau beklopfen und abhorchen, so werden wir seine heimliche Stimme, die er leider nicht »abgibt«, also vernehmen: auf mich hört man ja doch nicht; wenn man auf mich hörte, so würde alles gut gehen; macht euch euern Dreck alleene!

Die zweite Frage: wie ich wählen werde, ist zu einem Teil schon mit der ersten beantwortet – denn Völkische, Deutschnationale und ihre Affiliierten usw. usw. leiden nicht an Wahlmüdigkeit und könnten noch am ehesten auf meine Stimme verzichten; zum andern Teil bleibe das mein Geheimnis. Ein Geheimnis, wie ich gestehe, einstweilen fast für mich selbst. Die kultur-agrarische Partei, für die ich stimmen würde, gibt es nicht; mit jeder andern linken lebe ich in fortwährendem, innerem Hader. Dennoch wähle ich »links«, und zwar dort, wo es nicht wackelt, und aus denselben Gründen, aus denen ich überhaupt wähle.

Ulrich von Wilamowitz-Moellendorf:

Zu wählen ist unbedingt Pflicht. Diese Wahl stellt unser Volk vor die einfache Frage: soll die verächtliche Regiererei weiter gehen, die den Reichskarren immer tiefer in Dreck und Schande gefahren hat, oder nicht. Wer das nicht will, ist gezwungen, für eine Partei zu stimmen. Erfolg kann nur eine starke und mit dem Möglichen rechnende nationale Partei haben. Also muß man alle vielleicht berechtigten Sonderwünsche zurückstellen und deutschnational wählen, wie das Exzellenz Michaelis treffend gesagt hat.

Kurt Hiller:

1. *Ja, ich werde wählen;* trotz Fehlens einer Idealpartei. Warum? Weil Wahlenthaltung eines Republikaners Förderung der Monarchie bedeutet, Wahlenthaltung eines Sozialisten Stärkung des Kapitals, Wahlenthaltung eines Kämpfers gegen den Krieg Kräftigung der Bestie, Wahlenthaltung eines, der sich mit dem Licht verbunden weiß, Begünstigung der Finsternis.

2. *Ich wähle Liste Ledebour.* Gründe? Eine nicht-sozialistische Liste käme ja nicht in Betracht für mich. Die nicht-sozialistischen Parteien sind Manifestationen des Willens zum Beharren bei einem unsittlichen System.

Ich könnte nun SPD wählen. Aber ich bezweifle, daß die Sozialdemokratische Partei eine sozialistische sei; sie firmiert sozialistisch, sie handelt nicht sozialistisch. Sie half indirekte Steuern machen, sie ließ die Armen noch ärmer werden, sie verhinderte die Schröpfung der Schröpfer. Sie »ermächtigte« zu tollen Rückwärtsereien, sie deckte Rechtsbrüche, sie bewilligte der schwarzweißroten Reichswehr die Kredite. Wer sonst eine Persönlichkeit, ein Gehirn, ein Charakter in dieser Partei ist, wird an die Wand gequetscht; er befehligt eine einflußreiche Minderheit oder hat überhaupt nichts zu sagen.

Ich könnte KPD wählen; diese Partei, die ich ethisch schätze, ist mir, alles in allem, doch zu sehr ... Partei mit dem Kopf durch die Wand, zu anti-intelligent. Mit der gewollten Taktiklosigkeit ihrer tumultuarischen Vorprellkünste schadet sie ihrem Ziel (meinem Ziel) mehr, als sie ihm nützt.

Bleibt nur Ledebour. Ich wähle ihn keineswegs bloß in Ermangelung eines besseren. Ich wähle ihn auch aus einem sehr positiven Grunde: dieser geradlinige und feurige, darum erfolgloseste und verlassenste deutsche Sozialist erscheint mir als der klügste und weitestblickende Stratege des deutschen Sozialismus. Er widerrief 1922 die »Einigung« ohne die Kommunisten. Man »einigte« sich dennoch ohne sie. Seitdem raste der Wagen der Revolution vollends bergab.

Ich wähle die Liste Ledebour ... nicht, weil sie die aussichtsloseste Liste ist, aber: obwohl sie es ist. Nur Parteien zu wählen, die Aussichten haben, ist der Standpunkt eines Rennplatz-Idioten. Je geringer die Chancen einer guten Sache sind, desto größer unsere Pflicht, sie zu stärken.

Carl Sternheim:

Sehr geehrte Herren! Sie haben die Liebenswürdigkeit, mich um meine persönliche Stellung bei den bevorstehenden Wahlen zu fragen, in dem Sie mich zu den »repräsentativen Deutschen« zählen, deren Meinung zu solcher Frage wichtig ist.

Bevor ich ein Wort zur Sache sage, muß ich aber erklären, daß ich ganz und gar nicht repräsentativer Deutscher dieser wunderlichen Zeit, sondern durchaus krasser, wollen Sie, ungewöhnlicher Außenseiter bin, der mit allem, was *augenblicklich* als repräsentativ deutsch gilt, keine Gemeinschaft hat, sondern schon eher für andere Epochen deutscher Vergangenheit schwärmt.

Infolgedessen keine mit einem bestehenden oder jetzt kommenden deutschen Reichstag, der aus solchen heutigen repräsentativen deutschen Köpfen zusammengesetzt sein wird; die, welcher »Partei« sie immer angehören, Zustände und Absichten verkörpern, die meiner schlichten, knorrigen, deutschen Natur entgegengesetzt sind ... Ich glaube überhaupt, ein Land könnte nur in goldenen Zeiten einige hundert Geister hervorbringen, die insoweit als repräsentativ bezeichnet werden dürften, als sie mehr als den unverantwortlichen, angebeteten, durchschnittlichen Stumpfsinn des geschulten Untertanen, mitbürgerliche Verworrenheit darzustellen vermögen, die, persönlich von Mund zu Mund genossen, schon unerträglich ist, wie die europäischen parlamentarischen Epochen aber bündig bewiesen haben, in repräsentativem Raum und Rahmen hervorgestottert, völlig auflösend und sogar mörderisch wirken. Aus dargelegten Gründen werde ich am 4. Mai nicht wählen.

Stefan Großmann:

Ich würde, wenn ich wählte, die junge Republikanische Partei, will sagen, ihren bedeutendsten Kopf, Dr. Hans *Simons*, wählen. Das persönlichkeitsfeindlich Wahlgesetz verlangt von uns, daß wir Listen, nicht Köpfe wählen. (Daher die 450 Zubeile im Deutschen Reichstag. Die ehrwürdige Statisterie ließ sich nicht verdrängen.) Hans Simons würde ich wählen, weil ich ihn für das stärkste, frischeste, sachlichste Talent der jungen Generation halte und weil dieses Parlament der 450 Fritz Zubeile nichts nötiger als eine Bluterneuerung hat. Wir sind dieser ersten, zweiten und dritten Garnituren herzlich satt. Die Stimmen der Wels und Gothein, der Müller und Heinze, der Pachnicken und Koenen – sie klingen schon gespenstisch.

Während das aktive Wahlrecht bis auf die zwanzigjährigen Knaben (der Deutsche ist mit 20 Jahren noch knabenhaft) ausgedehnt wurde, blieb das passive Wahlrecht auf die Greise aller Parteien beschränkt. Dieser junge Republikaner Hans Simons, so sachlich wie witzig, so charakterfest wie tolerant, repräsentiert die beste Generation nach 1918. Wären unsere Linksparteien so belehrbar, wie sie unzugänglich sind, sie würden den jungen Republikanern mindestens so viel Toleranz, Wohlwollen und Raum gönnen wie die Deutschnationalen aller Schattierungen sie den Hitlerleuten gewähren.

Aber, Sieg oder Niederlage, die große Arbeit der jungen Menschen um Vetter und Simons beginnt am 5. Mai.

Ich würde wählen. Als geborener Österreicher, der seit 1913 in Deutschland lebt und wirkt, durfte ich nur *ein*mal wählen. Zur Nationalversammlung. Seither hat es die Entente untersagt, und Deutschland, arm an Einfällen, hat sich, wie immer, gefügt, ohne wenigstens für die seit Jahrzehnten ansässigen »Brüder aus Österreich« einen Ausweg zu finden.

3. 5. 1924. – Umfrage des »Tagebuch« bei »repräsentativen« deutschen Intellektuellen, ob und wen sie am 4. 5. wählen werden.

Die Regierungsparteien SPD und Zentrum erleiden in der Wahl vom 4. 5. erhebliche Verluste, die KPD steigert sich von 4 auf 62 Mandate. Der eigentliche Gewinner aber ist die Deutschnationale Volkspartei, die 95 Sitze erringt und mit den Abgeordneten des »Landbundes« und der »Nationalliberalen Vereinigung« sogar stärkste Fraktion wird und den Reichstagspräsidenten stellt. Georg Ledebours Liste, eine Nachfolgeorganisation der USPD, gelangt ebensowenig in den Reichstag wie die Republikanische Partei.

An alle Künstler und geistig Schaffenden!

Liebe Freunde, Kameraden und Kollegen!

Überall in ganz Deutschland stehen die Arbeiter im Kampf für die Erhaltung des Acht-Stundentages. *Acht Stunden* fesseln die Arbeiter freiwillig ihren Körper an die Maschine. *Acht Stunden* spannen sie ihre Nerven freiwillig in den Apparat der Industrie. *Acht Stunden* wollen sie mechanische, geisttötende Tätigkeit üben, *acht Stunden* ihren ausgemergelten Körper schaffen lassen. *Acht Stunden!* All' die Leute, die nicht wissen, was es bedeutet, acht Stunden immer dieselbe Hebelbewegung auszuführen, acht Stunden bis 1800 Meter unter der Erde zu schaffen oder vor den höllischen Feuern der Dampfkessel und Hochöfen zu stehen, diese Leute fallen über den Arbeiter her. Sie wollen – sie fordern, daß der Arbeiter seinen siechen, unterernährten Körper nicht nur acht, sondern zehn, zwölf Stunden schuften läßt. Wohlgemerkt, die wollen ihn zwingen, die für sich das Recht am Gewinn der Arbeit in Anspruch nehmen, die sich anmaßen, Träger der Kultur zu sein. Jede Stunde Arbeit mehr, bedeutet für den Arbeiter Ausschluß an der Teilnahme und an dem Genuß der Kunst.

Das Recht ist auf Seiten der Arbeiter. Wir Künstler stellen das fest. Wir können nicht ruhig mit ansehen, wie das Recht des Menschen auf seinen Körper, auf Kultur, aller Menschlichkeit zum Hohn, mit Füßen getreten wird. Hunderttausende Arbeiter stehen im Kampf, sind von ihren Arbeitgebern ausgesperrt, weil sie nur *acht Stunden* schaffen wollen. Wir müssen ihnen zu Hilfe eilen, müssen uns mit unserer Kunst, unserer Feder für sie einsetzen. Überall in Deutschland, soweit es noch nicht geschehen, müssen sich die Künstler zu Arbeitsausschüssen zusammentun, Veranstaltungen arrangieren, um den für den Acht-Stundentag kämpfenden Arbeitern auch materielle Hilfe zu bringen. Das ist unsere Pflicht.

1924. – Aufruf der KPD-nahen »Künstlerhilfe«, unterschrieben u. a. von: Alfred Birkle, Berta Lask, Max Barthel, George Grosz, Rudolf Schlichter, Paul Eickmeier, Joh. R. Becher, G. G. L. Alexander, Paul Ferdinand Schmidt, Otto Nagel, Bruno W. Reimann, Eric Johansson, Hans Baluschek, Heinrich Zille, Karl Hofer, Friedländer-Mynona, Max Eck-Troll, Alfons Paquet, Willibald Krain, Eugen Hoffmann, Wilhelm Oesterle, Karl Völker, Erich Heckel, Max Dungert, Peri, Otto Freundlich, Erich Mühsam, Ernst Toller, Otto Dix, Sella Hasse, Emil Lindt, Oskar Oehme, Ines Wetzel, Oskar Fischer, Erwin Piscator, Lu Märten, Ernst Friedrich.

Der seit der Revolution gesetzliche 8-Stundentag wird zunehmend unterlaufen.

Angesichts der schlechten Wirtschaftslage wird zu Beginn des Jahres 1924 in der gesamten Industrie die Arbeitszeit verlängert, teilweise bis zu zwölf Stunden. Das bekannte Argument: der 8-Stundentag fördere die Faulheit – die Gegenseite hält angesichts der 1,5 Millionen Arbeitslosen das Festhalten am gesetzlichen 8-Stundentag für ein Mittel, der vor allem auch durch Rationalisierung bedingten Arbeitslosigkeit zu begegnen. Auch der »Schutzverband deutscher Schriftsteller« schließt sich diesem Aufruf an:

»Im Interesse des kulturellen Aufstiegs des deutschen Volkes ist es dringend erforderlich, allen Arbeitenden nach Möglichkeit Zeit zur allgemeinen und speziellen Fortbildung freizugeben, wozu das Lesen von Zeitungen, Zeitschriften und im besonderen von Büchern an erster Stelle gehört. Der SDS erklärt darum, daß die grundsätzliche Aufrechterhaltung des Achtstundentages ein dringendes Bedürfnis für die Durchgeistigung der deutschen Volksgemeinschaft ist.«

Alfred Döblin, seit Januar 1924 Vorsitzender des »Schutzverbandes Deutscher Schriftsteller«, fordert die Autoren einige Monate später (Mai) dazu auf, ihre traditionelle politische Abstinenz aufzugeben:

Alfred Döblin *Schriftsteller und Politik*

... der einzelne Schriftstellermensch ist, ob er es weiß oder nicht, intensiv politisiert, wenn auch nicht im Sinne der zufälligen Parteien. Es gibt keine unpolitischen Schriftsteller ...

Man sieht jetzt allgemein, wie schädlich einem Lande das Abgeben der Politik an einen Haufen Professionals ist. *Der Schriftsteller muß Politik als einen integrierenden Teil des Geistigen, als wesentliche Äußerung des Geistes erfassen.* Er darf, von Kopf bis zu den Füßen Geistiger, sich nicht verstümmeln, indem er sich politisch willenlos macht. Er darf sich nicht abschrecken lassen durch die ironischen Worte der Professionals und der Matten, die auf ihre Professionals stolz sind. Es ist mir nicht unwahrscheinlich, daß eine große Zahl guter deutscher Geistiger und Schriftsteller *durch die lange Abstinenz politisch unfähig geworden ist.*

Das kann nicht hindern, auf die Wichtigkeit des verlorenen Terrains hinzuweisen, besonders die jüngeren und heranwachsenden Schriftsteller darauf hinzuweisen, und sie zu ihrem eigenen Gewinn und zu dem der Gesellschaft, zur *Wiedereroberung des Terrains anzuspornen.*

Carl von Ossietzky *Schutz der Republik – die große Mode*

Es hat sich in diesen letzten Monaten in Deutschland etwas geändert. Es sind Leute sichtbar geworden, die die Republik verteidigen wollen. Sie haben eine Organisation geschaffen, die heute schon das ganze Land umfaßt. Hörsings Gründung, das Reichsbanner Schwarzrotgold, hat überraschend schnell Epoche gemacht. Eine nützliche und notwendige Gründung. Der Staat vermag sich nicht zu schützen, blamiert sich in Kompromissen mit der Reaktion. Es war Pflicht der Bürger einzugreifen. Etwas spät kam die Erkenntnis zwar, aber immerhin ...

Das Reichsbanner hat den Kamelotts der Rechtsparteien die Straße streitig gemacht und die Farben der Republik öffentlich gezeigt, den Deutschen Tagen Republikanische Tage entgegengestellt. Das ist für unsere Verhältnisse allerhand. Aber das Reichsbanner zeigt auch die bedenkliche Tendenz, es dabei bewenden zu lassen. Und hier hat die Kritik einzusetzen. Wer aus der Geschichte von fünf Jahren gelernt hat, weiß es, daß nicht die Völkischen, die Monarchisten die eigentliche Gefahr bilden, sondern die Inhaltlosigkeit und Ideenlosigkeit des Begriffes deutsche Republik und daß es niemandem gelingen will, diesen Begriff lebendig zu machen ...

Unsere Republik ist noch kein Gegenstand des Massenbewußtseins, sondern eine Verfassungsurkunde und ein Amtsbetrieb. Wenn das Volk die Republik sehen will, führt man ihm die Wilhelmstraße vor. Und wundert sich, wenn es ziemlich begossen nach Hause geht. Nichts ist da, was die Herzen schneller schlagen ließe. Um diesen Staat ohne Idee und mit ewig schlechtem Gewissen gruppieren sich ein paar sogenannte Verfassungsparteien, gleichfalls ohne Idee und mit nicht besserem Gewissen, nicht geführt, sondern verwaltet. Verwaltet von einer Bureaukratenkaste, die verantwortlich ist für die innen- und außenpolitische Misere der letzten Jahre und die alles frische Leben mit kalter Hand erstickt. Wenn das Reichsbanner nicht aus sich heraus die Idee findet, die mitreißende Idee, und der Jugend nicht endlich die Tore aufstößt, dann wird es nicht zu einer Avantgarde der Republik, sondern zu einer Knüppelgarde der Bonzokratien ...

13. 9. 1924. – Auf den Verfassungsfeiern vom 11. 8. tritt das im Februar 1924 von dem SPD-Politiker Otto Hörsing gegründete Reichsbanner Schwarz-Rot-Gold öffentlich in Erscheinung. Das Reichsbanner, der größte politische Kampfverband der Weimarer Republik, als Selbstschutzorganisation der Republikaner entstanden, zählt etwa 3 Millionen Mitglieder, die zum größten Teil aus der SPD kommen – in den relativ ruhigen Jahren bis 1929 ist seine Bedeutung gering.

Schutzverein für die geistigen Güter Deutschlands

... Das Arbeitsgebiet des Vereins ist so reich und vielseitig, wie das überlieferte Wesen des deutschen Volkes selbst: deutsche Kunst und Wissenschaft, deutsches Theater, deutscher Film, deutscher Rundfunk, deutsche Kirche und Schule, deutsche Willensbildung. Es gilt, eine Phalanx der vielen Einzelnen herzustellen, die in der Stille ihren Glauben an eine deutsche Zukunft betätigen wollen.

Aufruf des 1924 gegründeten »Schutzvereins für die geistigen Güter Deutschlands«, dessen Vorsitzender Alfred Hugenberg, Führer des rechten Flügels der DNVP und Inhaber des einflußreichen Medien-Konzerns, ist.

Johannes R. Becher *Deutsche Intellektuelle!*

Wieder ist's an der Zeit, Euch zuzurufen: Schließt Euch zusammen, schließt Eure Reihen dicht!

Aber vor dem Zusammenschluß, vor der Einigung: Klarheit! Macht reinen Tisch im eigenen Lager, zeigt Eure Zähne jenem unsere Frontlinie immer und immer wieder unterminierenden Typ von Revolutionsschmarotzern, der, wie jener *konjunkturtüchtige Herr* aus einer der letzten Nummern der »Weltbühne«, dort seine neueste Wahlparole proklamiert, wahrlich ein lesenswertes Dokument intellektueller Charakterlosigkeit und Verlogenheit, in dem er zugleich für die Diktatur der Bourgeoisie, die Republik und für die Diktatur des Proletariats (das zwar »nur« theoretisch) plädiert, augenblinzelt freundlich nach links und unter dem Tisch sozusagen, ganz ohne sich dabei natürlich was zu denken, dem Gegner die Fäuste zum Bund reicht ... Schluß mit diesem »geistig-politischen«, ein rosarotes Mimikry exsudierenden Wanzentum! ...

Kameraden! Deutsche Intellektuelle! Wählt!

Aber Ihr könnt, wollt Ihr nicht Eueren Stimmzettel gegen Euch selbst abgeben, nur die Partei wählen, die im entscheidenden historischen Moment über die organisatorische Stoßkraft und theoretische Zielsicherheit verfügen wird, die unbedingt nötig sind, um der Menschheit den von den vereinigten Mehrwertbestien aller Länder krampfhaft verhinderten Durchbruch in die Zukunft zu erzwingen. Nur die Partei könnt Ihr wählen, die, wie in Rußland, mit eiserner Energie über ihre Feinde zu siegen verstehen wird und die trotz aller offen-militärischer Interventionen und »pazifistischer« Hungerblokkaden den Sieg auch behält.

Wählt kommunistisch und Ihr wählt unter allen Parteien die Partei, die weit mehr als Partei ist, die die Vorhut einer neuen kommenden Weltordnung, die das gestaltgewordene neue Welt-Bewußtsein, die der Stoßtrupp der Zukunft ist ...

9. 11. 1924. – Aufruf Bechers, in der Reichstagswahl vom 7. 12. 1924 KPD zu wählen. »Jener konjunkturtüchtige Herr aus einer der letzten Nummern der ›Weltbühne‹«: Gemeint ist Kurt Hiller und sein Artikel »Wahlparole« in der »Weltbühne« vom 30. 10., in dem Hiller dazu auffordert, in den sauren Apfel zu beißen und SPD zu wählen. Über die KPD schreibt Hiller: »Sie passen ihre Ideologie den veränderten Verhältnissen nicht an ... Sie sind unermüdliche Brüller veralteter Sprüche und rennen putsch-romantisch gegen die Wand.«

Die KPD verliert bei dieser Wahl fast eine Million Stimmen, die Zahl ihrer Mandate sinkt von 62 auf 45. SPD, DNVP, Zentrum, DVP erzielen leichte Gewinne. Es kommt zur Bildung einer Rechtskoalition aus Zentrum, DVP, DNVP.

Aus Enttäuschung über das schlechte Abschneiden der KPD geht J. R. Becher, der kulturpolitisch agilste und einflußreichste Schriftsteller und Sprecher der KPD, hart ins Gericht mit dem »bürgerlichen Sumpf«, in dem sich für ihn u. a. bewegen: Kurt Hiller (»Revolutionsschmarotzertum«), Ernst Toller (»wohlduftendes Revolutionsparfum«), Gerhart Hauptmann und Thomas Mann (sie leiden unter der »üblichen Gesellschaftskrankheit des heraufgekommenen ... Kleinbürger-Intellektuellen: die bornierteste Klassenblindheit«), Fritz von Unruh (er »salutiert«). »Von den Intellektuellen aber im besonderen gilt es: sie kommen und gehen.«

Meinungs- und Lehrfreiheit — Der Fall Gumbel

Arnold Zweig *Gumbel, Heidelberg, Republik*

Es ist heutzutage völlig in Ordnung, daß die Universität Heidelberg dem Doktor E. J. Gumbel ans Leder will. Wir schreiben 1924; hier ist ein Mensch, dem die Wahrheit, die sittlich machende, heilende und sokratische Wahrheit heiliger als sein persönliches Wohl ist; und ein Mensch, der in die Kloake des deutschen Niedergangs mit dem deutsch geschriebenen Worte einzudringen wagt; was hat er, um aller blutigen Leichname willen, auf einer deutschen Hochschule zu schaffen? Weg mit ihm, unentwegt! Aber, meine Lieben, nicht mit so löcherigem Schamkleid. Lieber nackt, meine Braven, als mit so zerfetztem Feigenblatt – so will es der Anstand vor sich selbst. Der Anstand vor sich selbst verlangt von euch dieses Eingeständnis:

nicht einiger weniger Worte wegen, gesprochen in der tiefen Erregung einer großen Kundgebung gegen den Krieg, wollt Ihr den Doktor Gumbel vom Lehramt entfernen,

sondern weil er drei Bücher der deutschen Öffentlichkeit zugeführt hat, die in den Blutkeller der deutschen Reaktion – eurer geheiligten, gehätschelten Mörderreaktion – hineinleuchten ... weil er ein Wächter der Republik, ein Mahner zur Einkehr ist ...

darum hat er an einer deutschen Hochschule nichts mehr zu lehren ...

18. 8. 1924. – Am 26. 7. hat der Privatdozent Emil Julius Gumbel einer u. a. von der »Deutschen Friedensgesellschaft« und dem »Reichsbund der Kriegsgeschädigten« veranstalteten Versammlung in einem Heidelberger Lokal präsidiert. Auf der unter dem Motto »Nie wieder Krieg« stehenden Veranstaltung – einer im Rahmen der reichsweiten »Nie-wieder-Krieg«-Bewegung – bittet er die Anwesenden, sich zur Ehre der Kriegstoten zu erheben und fügt hinzu: »die – ich will nicht sagen auf dem Felde der Unehre gefallen sind«. In Heidelbergs Professoren- und Studentenkreisen bricht daraufhin ein Sturm der Entrüstung los. Die Ortsgruppe der DNVP verlangt vom Rektor der Universität, daß dieser »Schädling von seinem Amt als Lehrer der Jugend« entfernt wird. Er habe, so beschließt eine Studentenversammlung, »durch diese Äußerung ... in ungeheuerlichster Weise das Andenken derer in den Schmutz gezogen, die für uns den Heldentod erlitten ... Herr Dr. Gumbel hat damit bewiesen, daß er außerhalb des deutschen Volkes steht.« Der Universitätsdirektor drängt in einem Brief an den Dekan der Philosophischen Fakultät auf eine schnelle Entscheidung:

»Da diese unerhörte, alle Volkskreise gleichmäßig beleidigende Äußerung sicher gegen die Achtung und das Vertrauen eines akademischen Lehrers in gröblichster, wohl nicht zu überbietender Weise verstößt, sollte die Einleitung des Untersuchungsverfahrens gegen Herrn Gumbel in die Wege geleitet werden ... Ich halte die Würde der Universität für so unerhört verletzt, daß größte Eile notwendig ist.«

Während eine sofort von der Fakultät eingesetzte Untersuchungskommission, der der Strafrechtler Alexander zu Dohna, der Philosoph Karl Jaspers und der Historiker Friedrich Baethgen angehören, »weiteres Material« für erforderlich hält, beantragt die Fakultät ihrerseits den Entzug der venia legendi. Gumbel bedauerte daraufhin gegenüber dem engeren Senat der Universität Heidelberg seine Äußerung, woraufhin das badische Kultusministerium das vorläufige Lehrverbot wieder aufhebt. Senat und Rektor jedoch betreiben den Entzug der Lehrerbefugnis weiter. Der Rektor schreibt an den Oberreichsanwalt – gegen Gumbel schweben wegen seines »Verschwörer«-Buches einige Verfahren wegen Landesverrats (die freilich wieder eingestellt werden) – und an das Auswärtige Amt – Gumbel hatte in einem Redneraustausch zwischen der französischen und deutschen »Liga für Menschenrechte« im Herbst 1924 acht Vorträge in Frankreich gehalten –, um Material gegen Gumbel zu sammeln.

Als die Universität jedoch von dieser Seite kein verwendbares Material erhält und sich auch sonst kein formaler Grund findet, ihn von der Universität zu entfernen, versucht sie ihn moralisch zu diskreditieren. Ihren Beschluß vom 16. 5. 1925, »daß ihr die Zugehörigkeit Dr. Gumbels zu ihr als durchaus unerfreulich erscheint«, läßt sie samt den Voten der drei Gutachter als Broschüre drucken, die sie an alle Heidelberger Dozenten und an alle philosophischen, juristischen und wirtschafts- und sozialwissenschaftlichen Fakultäten des Deutschen Reichs – nicht zuletzt an 123 Zeitungen verschickt.

Das Gutachten Dohna/Baethgen: »ausgesprochene Demagogennatur« ... »soviel ist aber gewiß, daß in seiner politischen Tätigkeit auch nicht der leiseste Einfluß wissenschaftlicher Qualitäten zu spüren ist«. Gutachten Jaspers (das den Wissenschaftler Gumbel nicht bestreitet): »In der Unterhaltung mit ihm muß man stets gewärtig sein, durch eine impertinente, ironische, sophistische Wendung vor den Kopf geschlagen zu werden ... Man sieht in seiner politischen Betätigung das typische Ganze aus Idee, anmaßlichem Selbstbewußtsein, persönlicher Affektivität (Ressentiment, Haß), Sensationslust und Demagogie.« ... »Fasse ich zusammen, so sehe ich in Gumbels Persönlichkeit zwar nichts Gemeines, aber eine Neigung zu ungewöhnlicher Taktlosigkeit, zwar keinen intriganten Hang zur Lüge, aber unbekümmerte, unbesonnene Rücksichtslosigkeit, die in politischem Kampf und im praktischen Leben die Dinge unkritisch verschiebt.«

Am 5. 8. 1932 wird Gumbel die Lehrberechtigung entzogen, weil er in einer Veranstaltung geäußert hatte, daß das Symbol des Krieges eher »eine einzige große Kohlrübe« sei als »eine leichtbekleidete Jungfrau mit einer Siegespalme«.

Paneuropa

Heinrich Mann *VSE – Vereinigte Staaten von Europa*

... Der Gedanke des europäischen Bundes wird bis jetzt praktisch vertreten von der Organisation Pan-Europa, Sitz Wien, Begründer R. N. Coudenhove, – der wahrhaftig nicht träumt, sondern rechnet. Er berechnet, Pan-Europa, der einzige Schutz gegen übermächtige außereuropäische Staatenkonzerne, liege im Interesse vieler starker und sogar entgegengesetzter Faktoren. Die Industrie werde sich überzeugen lassen, ihr Geschäft sei dort. Die Sozialdemokratie werde dafür zu haben sein, die Freimaurer könnten dabei zu gewinnen hoffen, noch mehr die katholische Kirche. Coudenhove wirbt in allen Lagern. Er erstrebt den ersten paneuropäischen Kongreß für das Jahr 1926, genau hundert Jahre nach dem ersten panamerikanischen. Aus dem Kongreß soll ein paneuropäisches Büro hervorgehen, es würde, wie das panamerikanische, Streitfälle zwischen den Ländern schlichten. Schieds- und Garantieverträge ergäben sich; darauf die Bildung einer paneuropäischen Zollunion; und die Krönung der Entwicklung wäre die Konstituierung der Vereinigten Staaten von Europa. Sie sind die Vorbedingung für einen wirksamen Völkerbund. Der heutige ist unwirksam, weil den übrigen Weltreichen kein europäisches entspricht ...

2./3. 1924. – Aus einem zweiteiligen Artikel in der »Vossischen Zeitung«, in dem Heinrich Mann seine Lieblingsidee der Vereinigten Staaten von Europa entwickelt – ihre Achse: Paris – Berlin. Heinrich Mann wird zu einer Art Kulturbotschafter zwischen Deutschland und Frankreich. Er gehört seit 1923 dem um die »Nouvelle Revue Francaise« gebildeten Gesprächskreis an.

Richard Nicolas Coudenhove-Kalergi erhält für sein Konzept eines paneuropäischen Staatenbundes breite Zustimmung. An der Umfrage »Halten Sie die Schaffung / ... das Zustandekommen der Vereinigten Staaten von Europa für notwendig? für möglich?«, die er in der von ihm gegründeten Zeitschrift »Paneuropa« veranstaltet, beteiligen sich u. a. zustimmend: Maximilian Harden, G. Hauptmann, Otto Flake, Albert Einstein, Herbert Eulenberg, Emil Faktor, Georg Bernhard, Kurt Hiller, Hofmannsthal, Alfred Kerr, Harry Graf Kessler, Erich Koch (Vorsitzender der DDP), Paul Löbe, H. Mann, Th. Mann, Leo Matthias, Fritz v. Unruh, Franz Werfel.

Zum 1. Paneuropa-Kongreß, den Coudenhove vom 3.-6. 10. 1926 nach Wien einberuft, wie zu den jährlich folgenden erhält Coudenhove zahlreiche Grußadressen. 1926 treten in Wien deutscherseits als Redner auf: Paul Löbe, Joseph Wirth, Emil Ludwig, Kurt Hiller, Gustav Wyneken. Widerstand wird »Paneuropa« entgegengebracht vor allem von völkischer, ›nationaler‹ Seite; sie befürchtet das Ende der ›nationalen Eigenart‹ des deutschen Volkes; ein Argument, auf das auch Gerhart Hauptmann in seiner Grußadresse zum 1. Paneuropa-Kongreß eingeht.

Wilhelm von Scholz *Paneuropa*

Ich verstehe nicht, wie man aus nationalistischer Leidenschaft Paneuropa widerstreben kann. Die einfachste Überlegung tut dar, daß gerade die wahrhaften Güter jeder Nation: ihre Sprache, ihre Kultur, ihr Volkstum, ihr Land und nicht zuletzt ihre Freiheit in einem friedlichen Paneuropa gesicherter sind, als in einem sich allseits befehdenden Erdteil, in dem Haß, Eroberungs- und Unterdrückungssucht herrschen und für jedes Volk einmal Gefahr werden können. Die bitteren Vergewaltigungen, die noch aus diesem Kriege als ungelöster Rest »zu tragen peinlich« übriggeblieben sind, werden am ehesten in einem friedlichen Paneuropa verschwinden müssen und verschwinden. Die Rolle, die ein Volk da spielt, die Bedeutung, die es erlangt, wird in Paneuropa nur von seiner Lebenskraft, seiner Tüchtigkeit, seinem Geist bestimmt werden.

1930. – Grußadresse von Wilhelm von Scholz. – Coudenhove strebt ein geeintes Europa unter Ausschluß der in blutige innere Machtkämpfe verwickelten Sowjetunion an – Grund für Kurt Hiller, in einem von der »Weltbühne« veröffentlichten (16. 7. 1929) Offenen Brief seinen Austritt aus der »Paneuropäischen Union« zu erklären. Coudenhove antwortet ebenfalls mit einem Offenen Brief in der »Weltbühne« vom 13. 8.: »Für mich kann ein soziales Bekenntnis ebensowenig den Massenmord entschuldigen wie ein religiöses oder nationales. Ein Mord im Namen von Marx ist nicht besser als ein Mord im Namen Christi oder Napoleons.«

René Schickele *Erlebnis der Grenze*

... Auch spreche ich von der Grenze zwischen Deutschland und Frankreich nicht nur, weil diese Grenze mein persönliches Schicksal ist, und ich glaube, meinen Blick an dem Schnittpunkt zweier Völker besonders geschult zu haben. Nein, das Elsaß ist vor allem der Prüfstein für die Aufrichtigkeit des Verhältnisses zwischen Deutschland und Frankreich, und dann bin ich davon durchdrungen, daß dies Verhältnis entscheidend ist für die Zukunft des Kontinents, und zwar nicht in einer mehr oder minder fernen Zeit, sondern heute und morgen. Viele sind mit mir desselben Glaubens, nicht erst seit gestern ...

Überwindung der Grenze bedeutet Überwindung der nationalen Eitelkeiten und Gewaltansprüche. Allen an der Grenze, dem Einheimischen wie dem Fremden, stellt sich dieselbe Aufgabe, ja gerade dem Fremden, der es darin natürlich schwerer hat als der Einheimische, von dem es aber auch hauptsächlich abhängt, ob Friede werden oder der Krieg ewig weitergehen soll. In unserm Fall: nicht nur Krieg oder Friede, sondern Freundschaft oder Abneigung zwischen Deutschland und Frankreich. Nur wer gelitten hat, versteht zu lieben ...

28. 6. 1928. – Rede, gehalten auf der Tagung rheinischer Dichter. Für den Elsässer René Schickele ist das Elsaß »Unterpfand der deutsch-französischen Freundschaft«.

15 Jahre später – eine deutsch-französische Rundfrage

Emil Ludwig:

In Europa kenne ich nicht zwei Nationen von so verschiedener Artung wie die Deutschen und die Franzosen. Da aber Talente und Schwächen, Interessen und Nebensachen, sogar die sogenannten Tugenden und Laster des einen Volkes nahezu genau dem Gegenteil beim andern entsprechen, so wäre, nach dem bekannten französischen Sprichwort, oder auch nach den Gesetzen einer guten Ehe, nichts natürlicher, als daß sie einander ergänzen, anstatt einander zu bekämpfen.

Für das beste Mittel halte ich Reisen in Massen, besonders von Gruppen junger Leute, die sich, wie eben jetzt die Kreuzfahrer, die Hände schütteln, anstatt Vorträge zu halten oder zu hören.

Achtzehnjährige aller Länder: vereinigt Euch!

Bruno Frank:

Mehrere Male habe ich in diesen letzten Jahren in Frankreich gereist, langsam mit dem Automobil, wobei der Kontakt mit Land und Menschen sich leichter herstellt. Ich habe im Volke nichts gefunden als Freundlichkeit, Hilfsbereitschaft, den Willen, Getanes und Erlittenes zu vergessen, freundwilliges Interesse für alles, was jenseits des Stromes geschieht, Glaube an, Hoffnung auf verständigere Zeit. Ich spreche vom Arbeiter und vom Handwerker, der Bauer ist schwer zu beurteilen. Ich habe, selbstverständlich, unter meinen literarischen Kameraden in Frankreich die gleiche Stimmung gefunden, klarer nur, entschiedener nur, wissender. Im Bürgertum leben, genau wie bei uns, starke Reste der alten Abneigung, des alten Mißtrauens, des alten Zorns. Sie nehmen ab, von Jahr zu Jahr, das ist deutlich zu spüren. Die Wunden verharschen, freundliche Stimmen dringen an jedes Ohr. Auch hier ist viel noch zu tun.

Zwei Faktoren sind wichtig. Der eine ist die Kirche. Die Kirche ist in Frankreich – trotz offizieller Scheidung zwischen ihr und dem Staat – vielfach extrem »patriotisch«, ecclesia militans im nationalistischen Sinn. Von der Kanzel aber, die eine so mächtige Stimme hat im Lande, müßten Ströme der Versöhnung und Hoffnung ausgehen.

Der wichtigere Faktor ist die Presse. Frankreich ist ein Land von Zeitungslesern. Hier wird noch immer ungeheuer gesündigt. Ein großer Teil der französischen Presse ist, genau wie bei uns, noch heute hetzerisch, man weiß nicht, ob mehr in kapitalistischem Auftrag oder mehr aus Unfähigkeit, ihre Leser anders zu unterhalten. Es ist die gleiche blinde, taube Torheit wie bei uns. Eine himmelschreiende Unwissenheit über unser Land macht sich breit, genau dasselbe grundalberne Zeug, wie es unsere Hundertprozentigen täglich über Frankreich drucken lassen.

Jakob Wassermann:

Es ist noch nicht so weit, die Menschheit ist noch nicht mündig genug dazu, daß Völker als Gesamtheit einen Willen, eine Erkenntnis und eine Stimme haben. Leider. Sie folgen nur einer Stimmung und gehorchen den aufgeschürten Leidenschaften des Moments. Es können also nur einzelne überlegene Persönlichkeiten für die Vernunft, für den Frieden und das gegenseitige Verständnis wirken. Dabei mitzuhelfen halte ich für meine Pflicht.

Sogenannte Aufklärungsarbeit ist meist fragwürdig. Die Erfahrung hat es ja bewiesen. Es handelt sich um Werke. Um das Werk im höchsten und in jedem Sinn, sei es ein politischer Akt, sei es die künstlerische Gestalt, sei es ein menschliches Opfer. Das Unglück ist, daß der sittliche Opferbegriff in unserer Zivilisation keinen Inhalt mehr hat. Sein unversöhnlichster Feind ist der Nationalismus. Er verstellt ihn durch einen in die Ideologie umgebogenen Egoismus. Die Schuld trifft die Verführer, die Schreier, die Nutznießer, die Ideologen und die Dummköpfe in allen Ländern.

Stefan Zweig:

Der beste Weg zu einer Verständigung und engeren Bindung scheint mir Agitation in allen Ländern für ein einheitliches europäisches Zollgebiet. Denn nicht der geistige Gegensatz, sondern nur der wirtschaftliche Konkurrenzkampf vermauert die Grenzen, die längst niedergerissen oder zumindest praktisch entwertet werden sollten. Jede wahrhafte Verständigungsaktion darf sich darum nicht bloß auf die Beziehung zwischen zwei Nationen beschränken, sondern muß die europäische Einheitsidee zur Grundlage haben. Es ist immer wieder zu betonen, daß wir Europäer ein einziges wirtschaftliches Gebiet, eine einzige Nation, eine einzige Idee darstellen und mit unserer ganzen Seelenkraft darzustellen haben.

Für diese Idee müssen wir vor allem die Jugend gewinnen, denn die alten Leute, die weißhaarigen Staatsmänner und langsamen Politiker denken noch in den alten Ideen des vorigen Jahrhunderts. Es muß der Austausch gefördert werden auf den Schulen, auf den Universitäten, es müßte durchgesetzt werden, daß innerhalb ganz Europas den Studenten ein Semester auf einer ausländischen Universität ebenso angerechnet wird wie ein im Binnenland verbrachtes. Es müßten Ermäßigungen durchgesetzt werden für Schülerreisen nach und von Frankreich.

Ernst Toller:

Die übliche deutsch-französische Verständigungsarbeit ist einen Quark wert. Die dringt nicht mal bis zur Epidermis. »Sich verständigen« und föderativ miteinander leben werden nur die, die gleiche geistige, politische, ökonomische Interessen haben, also nicht mehr Staaten, sondern Volksgruppen, die Werktätigen. Sie haben heute noch nicht die Macht. Aber vielleicht sehen die herrschenden Führer doch ein, daß Kriege (auch Zollkriege) zu den schlechtesten aller Geschäfte zählen, und ihre Zeitungen hören auf zu lügen. Der Vorschlag eines Mannes auf der Reklameausstellung, ein Budget gegen Volksverhetzung einzurichten, ist (obschon nur eine widerspruchsvolle Geste) so übel nicht. Was nützen die schönsten Verständigungsreden, gehalten vor ein paar hundert Menschen, wenn am nächsten Morgen »Matin« oder »Nachtausgabe«, gelesen von vielen Tausenden, Haßgesänge anstimmen?

Max Brod:

Man darf kein *Bessersein* konstruieren, wo bloß ein *Anderssein* vorliegt. Man muß einander besser kennenlernen. Aber dies Kennenlernen genügt nicht. Die Geschichte zeigt, daß gute Kenner der fremden Nation oft ebenso gute Hasser sind. Es kommt darauf an, in welcher *Intention* Erfahrungen gemacht werden. Das System des Rassenstolzes muß erst von innen heraus erschüttert werden, ehe von außen her Kenntnismaterial herangebracht und richtig geordnet werden kann. Daher in den Schulen anfangen! Literatur allein genügt nicht. Reisen, aber reisen unter vernünftiger Anleitung, das ist ein Weg.

November 1929. – Umfrage der »Literarischen Welt«

»Groß in der Sentimentalität aber schwach in der Politik«

Thomas Mann *Zu Friedrich Eberts Tod*

... Die Todesnachricht hat mich tief ergriffen. Hier endet ein Mannesschicksal, das die Zeit ins ursprünglich ganz Unglaubwürdige, Phantastische trieb, das aber keineswegs vermochte, die Persönlichkeit ins Exzentrische zu zerren, sondern mit schlichter Würde, gelassener Vernunft getragen und erfüllt wurde. Meine Sympathie ist grenzenlos. Sie ist, ich will gestehen, viel größer als die mit einem andern Sohn und Opfer der Zeit, Kurt Eisner, dem Literaten-Staatsmann, wiewohl die Tragik seines Falles krasser und malerischer war. Sie war aber auch vermessener und unreifer.

Zweifellos ist auch Ebert ein Opfer seines abenteuerlichen Schicksals. Seine stämmige Natur war gewiß von Haus aus dauerhafter angelegt als auf bloße vierundfünfzig Jahre. Dank der Zeit hat sein Leben an Heftigkeit und Höhe gewonnen auf Kosten seiner Dauer, und wie nüchtern und abgebrüht ihn das Parteileben gemacht haben mag, ist doch glaubhaft, daß die zügellosen Verunglimpfungen von seiten derer, die ihn das Notwendige entgelten ließen, der Krankheit den Boden bereiten konnten ...

6. 3. 1925. – Thomas Mann war bei verschiedenen Gelegenheiten mit »Vater Eberten« zusammengetroffen, der am 28. 2. an den Folgen einer Blinddarmentzündung stirbt. »Zügellose Verunglimpfungen«: Ebert war ein weiteres Mal im Magdeburger Ebert-Rothardt-Prozeß brüskiert worden, in dem im Dezember 1923 über die Beschuldigung eines Journalisten verhandelt wurde, Ebert habe im Januar 1918 durch seine Teilnahme am Munitionsarbeiterstreik Landesverrat begangen. Das Gericht entschied: auch wenn Ebert in die Streikleitung eingetreten sei, um den Streik zu beenden, so liege doch ein Fall von Landesverrat vor – und verurteilte den Journalisten nicht wegen Verleumdung, sondern nur wegen formaler Beleidigung zu drei Monaten Haft. An den zahlreichen Sympathiekundgebungen für Ebert, in denen das Magdeburger Fehlurteil verurteilt wird (das Reichskabinett stellt sich einstimmig hinter Ebert), beteiligen sich u. a. auch: Gerhart Hauptmann, Theodor Heuß, Max Liebermann, Thomas Mann, Friedrich Meinecke, Alfred Weber; ferner die »Liga« und die »Deutsche Friedensgesellschaft«.

Auch nach seinem Tode wird Ebert, so Tucholsky in seinem Beitrag zur Umfrage »Inszenierung der Republik« in der »Vossischen Zeitung« vom 12. 4., brüskiert, da die Universitätsrektoren »keine würdigen Trauerfeiern ansetzen aus Furcht vor einer randalierenden Studentenschaft, die sich als ›Führer der Nation‹ anpreist und nicht einmal wert ist, einem Sportverein vorzustehen«.

– Das Urteil über Ebert ist unter Autoren eher negativ. Maximilian Harden hat ihn in seiner Zeitschrift »Die Zukunft« als mittelmäßigen SPD-Funktionär angegriffen. In Alfred Döblins »November« ist er, durch sein Bündnis mit Hindenburg/

Groener und wilhelminischer Beamtenschaft, der große »Verhinderer«. Albert Ehrenstein schreibt:

»Er lebte und regierte, weil zu wenige daran dachten, dergleichen rechtzeitig zu entfernen ... Man begrub Ebert mit Pomp: panem et circenses (Zehnstundentag und Sechstagebegräbnis). Moses führte sein Volk aus dem Lande der Knechtschaft ... Die Pferde sind gesattelt! Für den neuen Aufbruch des Junkertums. Wie verlassen und verraten ist das Proletariat auf Erden. Selbst ein epidemisches Präsidentensterben könnte ihm nichts nützen. Der Kapitalismus würde doch immer wieder Arbeiterführer finden, denen er vertrauen kann.«

In der Wahl des Ebertnachfolgers am 29. 3. erhält keiner der sieben Kandidaten (darunter Karl Jarres, Otto Braun, Wilhelm Marx, Ernst Thälmann) die erforderliche absolute Mehrheit. Die DNVP nominiert daraufhin Hindenburg. Thomas Manns Kommentar: »Ich wäre stolz auf die politische Zucht und den Zukunftsinstinkt unseres Volkes, wenn es darauf verzichtet, einen Recken der Vorzeit zu seinem Oberhaupt zu wählen.«

Hindenburg wird am 26. 4. mit 14,65 Millionen Stimmen zum neuen Reichspräsidenten gewählt, der Zentrumspolitiker Wilhelm Marx, der gemeinsame Kandidat der Weimarer Koalition, erhält 13,8 und Ernst Thälmann (KPD) 1,93 Millionen Wählerstimmen.

Hermann Hesses Kommentar (in einem Brief vom 28. 4. an Josef Englert): »Ja, der Hindenburg ist Präsident, und man sieht wieder, daß das deutsche Volk groß in der Sentimentalität, aber schwach in der Politik ist.«

Kurt Hiller *Republikanische Krönungsfeier*

Unter der schwarzweißroten Fahne erkoren – auf die schwarzrotgoldne vereidigt; der Gegengötze des Sozialismus – von einem Sozialdemokraten. Komisch; wenn es nicht tragisch wäre. Liebknecht, Rosa Luxemburg, Eisner, Landauer, Hans Paasche, Gareis, Erzberger, Rathenau (ein Auszug nur aus der blutigen Liste) – ihren Mördern ward nun ihr wichtigster Wunsch erfüllt; die Nation hat wieder, was sie, seit Menschengedenken daran gewöhnt, siebenundsiebzig bittere Monate entbehren mußte: den militärischen Vorgesetzten. Keinen Kaiser, nur einen Paladin; aber das Anschauliche des Prinzips ist gerettet. Niemand eignet sich so gut, den zweitgrößten Staat Europas, den sechstgrößten der Erde in diesem differenzierten Jahrhundert zu leiten, wie ein alter General, der nichts als General ist, einige Schlachten gewann und den entsetzlichsten aller Kriege verlor, weil er nichts als General war. Der drei Jahrzehnte nach Beendigung seiner Kadettenzeit stolz gestand, er habe seit seiner Kadettenzeit nie ein Buch in der Hand gehabt, das von andern als militärischen Dingen handelte; der während der fürchterlichsten Menschenschlächtereien gelassen aussprach: »Der Krieg bekommt mir wie eine Badekur«; der etliche Jahre nach Schluß des Schlachtens erklärte: »Kein Volk mit einem Tropfen Mannesmut und Ehre in den Adern wird je sein Dasein und seine nationale Ehre irgendeinem schiedsrichterlichen Verfahren andrer Völker unterwerfen«; der bei Deutschlands Gegnern als das Gleichnis alles dessen, was sie niedergerungen zu haben hofften, als das kolossale Symbol der Revanche gilt. Nicht den Geisthelden, nicht den schöpferischen Genius der Güte – den »Nationalheros«, den grimmbärtigen Kriegsherzog krönt dieses Volk heute zum Führer ...

12. 5. 1925. – Artikel von Kurt Hiller in der »Weltbühne«. Um dem »Hindenbürgerblock« der »rechtsrepublikanischen Koalition« wirksam entgegentreten zu können, schlägt Hiller eine Koalition von SPD und KPD vor (ein Vorschlag, den er und andere immer wieder machen werden): »Es mag noch immer die Quadratur des Zirkels sein – es bleibt unsere Aufgabe«. Dazu erforderlich sei die »Entbürgerlichung, Entgreisung, ... Radikalisierung« der SPD und eine »Enthysterisierung« seitens der KPD.

Hiller sieht in dem Wahlergebnis – er selbst hatte in der »Weltbühne« den Präsidentschaftskandidaten des Deutschen Friedenskartells, den sozial-liberalen Zentrumsabgeordneten Joseph Wirth empfohlen – eine Bestätigung seiner These, daß das majoritäre Prinzip des Wahlverfahrens das Volk überfordere: »Dem Interesse des Volkes ist am besten gedient, wenn nicht die Mehrheit, sondern die Gesellschaft der sittlich und geistig Besten in ihm herrscht –: die demophilste Staatsverfassung ist die aristokratische.«

Gerhart Hauptmann ... *ein Segen für das Reich*

Hindenburg ist Reichspräsident: das ist ein Segen für das Reich. Das Reich war immer das Reich, auch als es Monarchen gab ...

Hindenburg ist Reichspräsident: er steht an der Spitze des Reichsgemeinwesens. – Er hat einen Eid auf die Verfassung dieses Reiches geleistet: leisten auch wir einen Eid darauf. Seien wir Eidgenossen, dem ersten Eidgenossen Hindenburg nacheifernd. Schwören wir.

1. 10. 1925. – Für Theodor Lessing, Professor für Philosophie und Pädagogik an der TH Hannover, hat die Wahl des »Ersatzkaisers« Hindenburg ein Nachspiel. In einem im »Prager Tageblatt« erschienenen Artikel hatte er erklärt, daß Hindenburg für das Amt des Reichspräsidenten ungeeignet sei – woraufhin ihm 1926 von der TH Hannover die Lehrtätigkeit untersagt wird.

Von deutscher Justiz

Adolf Hitler *Rede vor dem Volksgericht*

Ich glaube, daß die Stunde kommen wird, da die Massen, die heute mit unserer Kreuzfahne auf der Straße stehen, sich vereinen werden mit denen, die am 9. November auf uns geschossen haben. Ich glaube daran, daß das Blut nicht ewig uns trennen wird. Die Armee, die wir herangebildet haben, die wächst von Tag zu Tag, von Stunde zu Stunde schneller. Gerade in diesen Tagen habe ich die stolze Hoffnung, daß einmal die Stunde kommt, daß diese wilden Scharen zu Bataillonen, die Bataillone zu Regimentern, die Regimenter zu Divisionen werden, daß die alte Kokarde aus dem Schmutz herausgeholt wird, daß die alten Fahnen wieder voranflattern, daß dann die Versöhnung kommt beim ewigen letzten Gottesgericht, zu dem anzutreten wir willens sind. Dann wird aus unseren Knochen und unseren Gräbern die Stimme des Gerichtshofes sprechen, der allein berufen ist, über uns zu Gericht zu sitzen ...

24. 3. 1924. – Der Prozeß vor dem Volksgericht beim Landgericht München, der Hitler, Ludendorff, Frick und Röhm wegen des Staatsstreiches vom 9. 11. 1923 gemacht wird, gleicht einer völkischen Agitationsversammlung: »Was dort in Szene gesetzt wurde, ist mir immer wie Münchens politischer Karneval erschienen. Ein Gerichtshof, der den ›Herren Angeklagten‹ immer wieder die Gelegenheit gibt, stundenlange Propagandareden ›zum Fenster hinaus‹ zu halten; ein Beisitzer, der nach Hitlers erster Rede – ich habs mit eigenen Ohren gehört – erklärt: ›Doch ein kolossaler Kerl, dieser Hitler!‹, ein Vorsitzender, der duldet, daß von der höchsten Spitze des Reiches als von ›Seiner Hoheit, Herrn Fritz Ebert‹ gesprochen wird und daß man die Reichsregierung eine ›Verbrecherbande‹ nennt.« (Bericht des Journalisten Hans von Hülsen)

Die Urteile, die das Gericht in dem vom 26. 2.-1. 4. dauernden Verfahren fällt: Wegen Hochverrats fünf Jahre Festungshaft für den »Schriftsteller« Hitler (der Ende 1924 bereits wieder amnestiert wird und in der Festung Landsberg am Lech den 1. Band seiner politischen Programm- und Kampfschrift »Mein Kampf« schreibt, die bis 1933 in 2 Millionen Exemplaren verbreitet wird); Strafen von einem Jahr und drei Monaten für Frick und Röhm, Freispruch für Ludendorff. Aus der Urteilsbegründung:

»Hitler ist Deutschösterreicher. Er betrachtet sich als Deutscher. Auf einen Mann, der so deutsch denkt und fühlt wie Hitler, der freiwillig viereinhalb Jahre lang im deutschen Heere Kriegsdienste geleistet, der sich durch hervorragende Tapferkeit vor dem Feinde hohe Kriegsauszeichnungen erworben hat, verwundet und sonst an der Gesundheit beschädigt und vom Militär in die Kontrolle des Bezirkskommandos München I entlassen worden ist, kann nach Auffassung des Gerichts die Vorschrift des § 9 Abs. II des Republikschutzgesetzes ihrem Sinn und ihrer Zweckbestimmung nach keine Anwendung finden.«

Emil Julius Gumbel *Vier Jahre politischer Mord*

... 354 politische Morde von rechts; Gesamtsühne: 90 Jahre, 2 Monate Einsperrung, 730 Mark Geldstrafe und 1 lebenslängliche Haft« und »22 Morde von links: Gesamtsühne: 10 Erschießungen, 248 Jahre, 9 Monate Einsperrung, 3 lebenslängliche Zuchthausstrafen«.

... Wort für Wort bestätigen die Justizminister meine Behauptungen, rückhaltlos werden die Morde zugegeben, straflos laufen die Täter herum.

Um ihren Inhalt noch einmal zu rekapitulieren: es ist amtlich bestätigt, daß in Deutschland seit 1919 mindestens 400 politische Morde vorgekommen sind. Es ist amtlich bestätigt, daß fast alle von rechtsradikaler Seite begangen wurden, und es ist amtlich bestätigt, daß die überwältigende Zahl dieser Morde unbestraft geblieben ist.

Gumbel hatte seine Recherchen auch dem Reichsjustizminister und den Justizministern der Länder überreicht. In seiner aufsehenerregenden Publikation (1921 unter dem Titel »Zwei Jahre Mord«, 1922 in fünfter Auflage als »Vier Jahre politischer Mord« erschienen) hatte er auch die juristische Behandlung des Kapp-Putsches mit der Bayerischen Räterepublik verglichen. Ergebnis: von den Mitgliedern der Kapp-Regierung wurde nur Innenminister von Jagow zu fünf Jahren Festungshaft verurteilt, während die an der Räteregierung Beteiligten 135 Jahre und 2 Monate Gesamtstrafe erhielten und Leviné hingerichtet wurde.

Alfred Kerr *Politisch talentlos*

Der erste, bescheidne Versuch einer deutschen Republik scheint noch nicht ganz mißlungen – doch er droht zu mißlingen.

Diese Republik unterließ es: die Gegenpartei den Herrn spüren zu lassen.

Das erbärmlichste Justizunrecht konnte darum hochkommen: weil in der deutschen Republik auch der Feigste stets gemerkt hat: sie läßt mit sich spielen.

(Es ist eine Republik, deren Nase groß sein muß, weil so viele darauf tanzen.) ...

Die paar Schieber in den eignen Reihen der Republik sind ein winziger Umstand gegen die schweren moralischen Dauerverbrechen, die Justizverbrechen, die seit langer Zeit von ihr geduldet werden.

Die entlarvten schmierigen Schieber bleiben eine lächerliche Bagatelle gegen diese grundsätzliche Unjustiz, Mißjustiz, Antijustiz ...

Der ganze Unrechtszustand war nur möglich bei dem politisch talentlosesten aller Völker – das nicht einmal die Kraft hat, eine einzige, starke Linke zu bilden.

Ein Volk, das sich, statt dessen, lieber die Macht von Todfeinden aus der Hand winden läßt!

Ihr werdet die Macht nur haben, wenn ihr die große, einige Linke schafft.

Wer diese Umgruppierung heut zuwege bringt – das ist der Messias, den die Zeit und Deutschland braucht.

Morgen ist es zu spät.

Also los!

Ludwig Quidde *Die Gefahr der Stunde*

Die deutsche Politik steht vor einer ungeheuren Gefahr ... Deshalb ist es nötig, Alarm zu schlagen. Wohin man auch im Reiche kommt, ... hört man Menschen davon erzählen, wie schon seit Monaten zahlreiche junge Leute militärisch ausgebildet würden. Die einen sprechen davon begeistert, voll Hoffnungen auf die Verwertung der neuen Wehrkraft, die anderen entsetzt, voll Sorgen um die wahnsinnigen Abenteuer, in die man uns hineinführen möchte. Man erzählt von der Ausbildung für wilde gesetzwidrige Formationen durch Reichswehrangehörige, oder gar von Ausbildung innerhalb der Reichswehr, man spricht sogar in amtlichen Schriftstücken, die der Öffentlichkeit übergeben werden, von ›Zeitfreiwilligen‹ oder von ›Beurlaubungen zu Übungen‹ ...

10. 3. 1924. – Artikel in der »Welt am Montag« von Ludwig Quidde, Vorsitzender der »Deutschen Friedensgesellschaft«, aufgrund dessen er am 15. 3. in München verhaftet wird. Vorwurf: Landesverrat. Unter dem Druck weltweiter Proteste und der deutschen liberalen und sozialistischen Presse wird Quidde am 28. 3. freigelassen; ein Jahr später stellt das Reichsgericht das Verfahren ein.

Quiddes Artikel hatte ein Vorspiel: Das »Deutsche Friedenskartell«, zu dem sich 1921 die pazifistischen Verbände zusammenschließen, hatte bereits im Januar 1924 in einer vertraulichen Eingabe an den Reichskanzler auf die sog. Schwarze Reichswehr (die Reichswehr vergrößerte die ihr im Versailler Vertrag zugestandenen Kontingente unter der Hand durch »Zeitfreiwillige« und durch Kooperation mit Freikorps) hingewiesen und Fragen nach den innen- und außenpolitischen Konsequenzen gestellt. In seinem Antwortschreiben wies der Reichskanzler daraufhin, daß er diese Diskussion nicht zu führen wünsche und sich im gegenteiligen Falle gezwungen sehen würde, »gegen die Urheber einer solchen Diskussion, die nach den bisherigen Erfahrungen lediglich unbegründetes Mißtrauen in weiten Kreisen des Auslandes wachrufen würde, mit allen erforderlichen gesetzlichen Mitteln einzuschreiten«.

Die Antwort des Chefs der Heeresleitung, General Hans von Seeckt (vom 9. 1. 1924): »Die Gedankengänge des internationalen Pazifismus sind für ein international derart mißhandeltes Volk wie das deutsche schon an sich schwer begreiflich. Wenn es aber Deutsche gibt, die sich nach den Erfahrungen des Ruhreinfalls und in einer Zeit, in der Frankreich den Vertrag von Versailles täglich mit Füßen tritt, für die Durchführung dieses Vertrages im Interesse der Franzosen einsetzen, so kann ich das nur als den Gipfel nationaler Würdelosigkeit bezeichnen.«

Die Justiz wird aktiv. Wurden zwischen 1882 und 1913 nur 159 Personen wegen Spionage und Landes- und Hochverrats verurteilt, so werden zwischen 1924 und 1927 über 10 000 Anzeigen gerichtlich verfolgt und 1071 Personen verurteilt. Mitteilungen über geheime Waffenlager, über militärische Aktionen und die Bildung von Geheimverbänden werden als Hoch- und Landesverratsdelikte verfolgt und mit hohen Zuchthausstrafen belegt. Besonderes Aufsehen erregt der Fall des Oberverwalters Walter Bullerjahn, der am 11. 12. 1925 vom 4. Strafsenat des Reichsgerichts zu 15 Jahren Zuchthaus verurteilt wird, weil er ein geheimes Waffenlager an die Interalliierte Kontrollkommission verraten habe. Das Urteil stützt sich auf die Aussage eines geheimen Zeugen, der nicht vor Gericht zu erscheinen braucht. (Neue Zeugen belegen schließlich Bullerjahns Unschuld. Im November 1932 wird er nach 6 Jahren und vier Monaten Haft freigesprochen.)

Im Mai 1925 publiziert die »Liga für Menschenrechte« (deren politische Beurteilung mit der der »Weltbühne« im Prinzip übereinstimmt) die Denkschrift »Deutschlands geheime Rüstungen?« Verfasser sind u. a.: Emil J. Gumbel, Berthold Jacob, General a. D. von Schoenaich, Otto Lehmann-Rußbüldt. Die den Mitgliedern des Reichstags, den Reichsbehörden und der Presse zugestellte Denkschrift wird bei der Beratung des Reichswehretats von den Abgeordneten der bürgerlichen Parteien als »landesverräterisch« eingestuft. (Die für geheime Aufrüstungen notwendigen Finanzmittel werden in der Regel bereitgestellt durch: fingiert hohe Rechnungen der Auftragsfirmen der Reichswehr, durch überhöhte Etatpositionen und durch die Verschiebung in die Haushaltsetats anderer Ministerien.)

Den Eintritt Deutschlands in den Völkerbund (am 8. 9. erfolgt die einstimmige Aufnahme) nutzt die »Liga« zu einer Offensive gegen die Mißstände in der Justiz. In einer von Ossietzky und R. Kuczynski unterzeichneten Eingabe bittet sie am 1. 8. 1926 den Reichspräsidenten um eine Überprüfung aller Landesverratsurteile. Sie drängt auf die Republikanisierung der Justiz.

Mitteilung der Liga für Menschenrechte

Auf Einladung der ... Liga für Menschenrechte e. V. fanden sich [am 15. 12. 1926] eine Anzahl von Juristen zu einer gründlichen Aussprache über das Thema ›Vertrauenskrise‹ zusammen ... Die Debatte, in der ein umfangreiches Tatsachenmaterial vorgelegt und erörtert wurde, ergab die einmütige Überzeugung, daß die Beseitigung der gegenwärtigen Justizzustände, die für das neue Staatswesen untragbar seien, mit aller Energie erkämpft werden müsse. Die Versammlung wählte einen Arbeitsausschuß, dessen erste Aufgabe es sein soll, das einschlägige Material ... zu sammeln und sodann für Anfang Februar nächsten Jahres eine Justizkonferenz nach Berlin einzuberufen, in der festumrissene Vorschläge zur Behebung der gerügten Mißstände in breitester Öffentlichkeit beraten werden sollen.

Dezember 1926. – Der Arbeitsausschuß der »Liga«, dem Emil J. Gumbel, Robert Kempner (Leiter der Rechtsstelle der »Liga«), Kurt Grossmann (Geschäftsführer der »Liga«), Bürgermeister a. D. Falck und Ödön von Horvath angehören, übergibt am 11. 6. 1927 die Denkschrift »Acht Jahre politische Justiz« (die gleichzeitig als Buch erscheint unter dem Titel »Das Zuchthaus – Die politische Waffe«) den zuständigen Behörden, Mitgliedern des Reichstags und der Presse.

Paul Levi *... lauter ehrenwerte Männer ...*

... Es gibt in Deutschland eine Reihe von Leuten, die sich mit dem Versailler Vertrag und den Abrüstungsbedingungen noch nicht abgefunden haben. Ich darf nicht sagen – denn das wäre Landesverrat –, diese Leute sitzen in dem Ministerium; ich darf nur sagen, daß diese Leute sich in den sogenannten nachgeordneten Stellen befinden; ich darf nur sagen, daß der Mann im Reichswehrministerium, der Verträge mit Rußland abschließt, um dort Kanonen für Deutschland bauen und Giftgase herstellen zu lassen, ein nachgeordnetes Organ des Reichswehrministeriums gewesen ist und ohne Wissen des Reichswehrministeriums gehandelt hat. Man darf nur sagen, wenn irgendwo in Deutschland eine illegale Organisation, eine Schwarze Reichswehr entsteht und entdeckt wird, daß niemals das Reichswehrministerium etwas davon gewußt hat. Im Reichswehrministerium sitzen lauter ehrenwerte Männer.

Es war ein nachgeordnetes Organ, am Ende gar die Scheuerfrau. Man darf aber auch über nachgeordnete Organe nicht alles sagen. Wenn z. B. ein Minister erklärt hat, diese oder jene Tatsache, die als landesverräterisch in der Presse behauptet worden ist, sei wahr oder sei nicht wahr, mit anderen Worten, wenn ein deutscher Minister irgend etwas in der Presse dementiert, so ist es, obgleich das, was er dementiert, ja bekannt ist – sonst braucht er ja nicht zu dementieren – nicht wahr, und ich darf nie mehr sagen, es ist doch wahr, und zwar deshalb nicht, weil in Deutschland bekanntlich ein Minister weder in einem Dementi noch sonst irgendwann und irgendwo jemals gelogen, sondern immer die reine Wahrheit gesagt hat.

Die Kommunisten haben viele Dummheiten gemacht. Aber deshalb sind sie nicht einen Augenblick für das Deutsche Reich gefährlich gewesen. Niemals sind sie gefährlich in dem Maße, in dem es wenigstens zu drei Malen rechtsstehende Organisationen gewesen sind. Der Kapp-Putsch 1920 war ein reales Attentat auf die deutsche Republik, die Ermordung Rathenaus 1922 eine schwere Erschütterung der deutschen Republik; und 1923, die Roßbach, die Hitler, die Einwohnerwehren, die waren reale Gefahren für die deutsche Republik.

Und wie konnten sie entstehen und bestehen? Entstehung und Bestand waren nur möglich, weil keiner reden durfte. Der Aufmarsch von Hitler war nur möglich in Bayern, weil jeder ins Zuchthaus kam, der von diesen Organisationen sprach. Und wenn auch die bayerischen Gerichte die Zuchthausstrafen verhängt haben, erfunden wurde diese Judikatur in Leipzig.

Wie war es möglich, daß ein Rathenau gekillt werden konnte von einer unbekannten illegalen Organisation? Weil jeder, der auch nur einen Tag vor der Ermordung geredet hätte, vom Reichsgericht ins Zuchthaus geschickt worden wäre, weil er ein vaterländisches Geheimnis preisgegeben habe.

Wir haben die Schande erlebt, daß Dutzende von Menschen von Femegerichten meuchlings ermordet, erschossen, zu Tode gequält worden sind. Auch das war nur möglich, weil es in Deutschland ein Gericht gab, das zwar nicht vor Fememorden, aber die Fememordorganisationen selbst schützte durch den Landesverratsparagraphen: das Gericht, das wir heute an einem leeren Tisch nicht versammelt sehen. Wie kann es recht sein, daß mit der Waffe des Rechtes geschützt werde, was unrecht ist ...

7. 12. 1927. – Paul Levi, Anwalt und Wortführer der linken Opposition in der SPD, ist der Hauptredner auf der am 7. 12. von der »Liga« im Zentraltheater Leipzig veranstalteten Kundgebung – Höhepunkt der politisch-juristischen Kampagne gegen die »Landesverratsprozesse«. »An einem leeren Tisch«: die eingeladenen Vertreter der Justiz waren nicht erschienen. Neben Levi sprechen auf der Kundgebung als »Landesverräter«: Hellmut von Gerlach, Otto Lehmann-Rußbüldt, von Schoenaich, Emil J. Gumbel, Fritz Küster, Gerhart Seger, Carl Misch.

Johannes R. Becher *An Hindenburg*

Heraufgestiegen nun wieder bist du
Aus den Menschenabfallgruben des Weltkriegs,
Du irrlichternd säbelrasselnd Gespenst,
Eidverbunden dem vertriebnen Wilhelm.
Von Leichenmoder umwittert,
Ein wandelnder Grabhaufen,
An dem schon die Würmer kleben –
Schöpfer genial organisierter Hungersnöte –
Blutige Knäuel umkneten dich.
Wie Gerümpel
Zweier Millionen Gerippe.
Präsident von des heiligen Blutgotts Gnaden,
Der Stahlgewitter wachsen ließ ...

Die verwirrten Seelen der Kleinbürger
Haben neues Leben
Künstlich dir eingehaucht.
Und es klopfen sich ihre Schenkel
Vor Triumphheulen
Die Herren der Montankonzerne:
»Der alte Hindenburg,
Das ist's, was wir brauchen.
Das ist ein Mann,
Der über den Parteien steht ...
Retter Deutschlands, Deutschlands Ekkehard.
Wir lassen ein wenig fuchteln ihn
Wie mit einer Zauberrute mit dem Marschallstab –
Das ist Magie,
Das wirkt als Schreck-Hypnose, meine Herrn!
Lebt er nicht als Legende noch fort
In dem Herz all unserer braven Frontkrieger!?

Auf drum
– unter Hindenburgs Schirm und Schutz –
Zu neuen Greuel-Schlachten gegen die Arbeiter!«

O Deutschland!
Land der Blutrichter und Henker!
Ihr schwarz-rot-goldenen Henker der Republik:
Laßt sehen uns bald solch ein Schauspiel:
Wie hündisch-devot ihr wieder strammsteht,
Eckig aus Hüftgelenken heraus
Paradebeine schmeißt,
Rechts schwenkt marsch –
Sechs Jahre lang
Haben ja Ebert und ihr
Die Stufen zum Thron ihm behauen ...
Den patriotischen Zylinder aufgestülpt
Und »Treue um Treue« salbadernd
Leckt dem greisen Großhenker aller Deutschen
Die stahlbadgehärtete Hand! –
»Heil dir im Siegerkranz«
Donnern jetzt Kirchenorgeln.
Die Stahlhelmbrust bläht sich.
Eisenkreuze und Ordenssterne
Klimpern in der Luft ...

Schwarz dreht sich heute die Sonne am Himmel empor
Über Deutschlands Arbeitsstätten,
Ein leuchtender Todeswirbel.
Fabrik-Sirenen alarm-trillert!
Maschinen stürmt!
Blase, Prolet, deine Lunge mit hin
In den roten Aufruhr-Wind,
Der klirrend über die Pflaster pfeift! ...
Rote Herz-Flut steigt.
Das rote Herz-Lied der Völker reift. –

Dies
Dem Neugewählten zum Gruß!

1925. –

Der Staatsgerichtshof, der allein vom 1. 1. 1924 bis zum August 1925 6349 kommunistische Arbeiter zu 4672 Jahren Freiheitsstrafe verurteilt – wegen Mitgliedschaft in einer »staatsfeindlichen Verbindung« nach § 86 StGB und § 7 Ziffer 4 des Republikschutzgesetzes, wird in diesem Zeitraum ebenfalls gegen das publizistische und literarische Umfeld der KPD aktiv. Auch Setzer, Drucker, Verleger und Buchhändler werden vom Staatsgerichtshof belangt.

Um die »Propaganda für den Kommunismus« zu unterbinden, konstruiert der Staatsgerichtshof darüber hinaus den Fall des »literarischen Hochverrats« (»literarische Form der Aufreizung« nach § 85 StGB) und wendet ihn 1925 u. a. an gegen Larissa Reissners »Hamburg auf den Barrikaden«, Karl Raichles »Der rote

Schmied«, Erich Mühsams »Revolution«, Kurt Kläbers »Barrikaden an der Ruhr«, Berta Lasks »Thomas Münzer« und Johannes R. Bechers »Levisite« – ein Rundumschlag auf breiter Front.

Der Fall Kläber: Der Staatsgerichtshof verfügt am 10. 8. 1925 die Beschlagnahme von Kläbers Reportage »Barrikaden an der Ruhr« wegen »hochverräterischen Inhalts«. Trotz Gutachten von Gerhart Hauptmann, Hermann Hesse, Alfred Kerr, Thomas Mann u. a., die Kläbers literarische Reportage als Kunstwerk beurteilen, eröffnet der Oberreichsanwalt ein Verfahren gegen Kläbers Verleger Fritz Schälicke. Schälicke wird im Februar 1927 – nach § 86 StGB und § 7 Ziffer 4 RepSchG. zu einem Jahr Festung verurteilt. Aus der Urteilsbegründung:

»Selbst das künstlerische Genie hat Grenzen für seine Offenbarungen anzuerkennen, denn die Sicherheit des Staates überwiegt das Kulturgut der künstlerischen Produktionsfreiheit. Das Verlegen dieser Literatur ist strafbar, wenn in politisch erregten Zeitläuften eine bestimmte Gemeinschaft Literatur ins Volk wirft, die mit deutlich erkennbarer umstürzlerischer Absicht Gegenwartsdinge oder Geschehnisse aus naher Vergangenheit gestaltet. Erst die Ereignisreihe, die von den Berliner Spartacustagen über die Vorgänge an der Ruhr, den Kampf um Leuna, den Hamburger Aufstand und die Vorspiele zur Reichsexekution gegen Sachsen lief, hat den deutschen Behörden einen vollen Einblick in den wahren Zweck des seit dem Spätherbst 1923 im Gang befindlichen kommunistischen Literaturabsatzes gegeben.«

Gegen eine Gesinnungsjustiz

Der Schutzverband deutscher Schriftsteller *protestiert* durch Beschluß seiner Hauptversammlung vom 20. Februar mit äußerster Entschiedenheit gegen die letzten *Urteile des Reichsgerichts*, die das bisher unbekannte Delikt von *literarischem Hoch- und Landesverrat* konstruieren.

Wenn das Reichsgericht im Gegensatz zu seiner früheren Rechtsprechung für die Feststellung von Hoch- und Landesverrat nicht mehr ein konkretes Unternehmen voraussetzt, wenn es schon die Äußerung einer Gesinnung in publizistischer Form für ausreichend erachtet oder die Verbreitung einer beliebigen Nachricht, die nach Ansicht des Gerichts geeignet scheint, dem Reich oder den Ländern Schaden zuzufügen, so wird die durch die Verfassung verbürgte *Rede- und Denkfreiheit völlig vernichtet.*

Wenn ferner die an der Herstellung und Verbreitung einer Druckschrift beteiligten *Setzer,* Drucker, Buchhändler mit ihren Gehilfen und Lehrlingen für den *Inhalt* der von ihnen gedruckten oder vertriebenen Schriften *verantwortlich* gemacht werden, so wird hierdurch unverantwortlichen Angestellten, die zu einer Prüfung weder berechtigt noch verpflichtet sind, ein Einspruchsrecht oder eine Art *privater Zensur* aufgenötigt, die mit den Grundsätzen unserer Rechts- und Wirtschaftsordnung unvereinbar ist und die unvermeidliche Konflikte und Korruptionserscheinungen herbeiführen muß.

20. 2. 1927. – Protesterklärung des SDS. Die Urteile des Staatsgerichtshofes bedeuten die indirekte Wiedereinführung der in der Weimarer Verfassung abgeschafften Zensur.

Das größte Aufsehen erregt das Hochverratsverfahren gegen Johannes R. Becher (Becher ist auch der spiritus rector der »Arbeitsgemeinschaft kommunistischer Schriftsteller und Journalisten«, zu der sich 1925 eine Reihe von Autoren zusammenschließen). Das Berliner Polizeipräsidium erstattet am 18. 6. 1925 beim Staatsgerichtshof Anzeige wegen des Gedichtbandes »Roter Marsch / Der Leichnam auf dem Thron / Die Bombenflieger«. Am 20. 8. wird Becher in Urach festgenommen. Man wirft ihm, u. a. wegen des Hindenburggedichts »Der Leichnam auf dem Thron«, Vorbereitung zum Hochverrat, Beschimpfung der Republik, Mitgliedschaft in der KPD und Gotteslästerung vor. Da am 17. 8. von Hindenburg eine Amnestie erlassen wird, wird Becher am 25. 8. wieder auf freien Fuß gesetzt.

Für die Freiheit der Kunst

Kunst muß frei sein. Ganz gleich, in welcher Weltanschauung, welcher Gesinnung sie wurzelt. Nur dann wird sie ihre Sendung erfüllen können: Die Menschen zum schöpferischen Miterlebnis großer Gefühle zu führen.

Die Fälle ... mehren sich, in denen »staatsfeindliche« Gesinnung auch im Kunstwerk gerichtlich verfolgt wird.

Beschlagnahmt wurde ein Buch der Bertha *Lask*, das historische Bauerndrama »Thomas Münzer«. Anklage wurde erhoben gegen den Dichter Johannes R. *Becher* wegen verschiedener aus ihrem Zusammenhang gerissener, den Aufruhr verherrlichender Verse in einer Sammlung seiner Gedichte. Gegenüber dem jungen *Klaeber* verfügte ein Gerichtshof Einziehung seiner Skizzensammlung »Barrikaden an der Ruhr«. Dazu tritt als vielleichts ärgstes die vom Staatsgerichtshof in Leipzig erfolgte Verurteilung des Schauspielers Rolf *Gärtner* zu der ungeheuerlichen Strafe von einem Jahr drei Monaten Gefängnis, obgleich dieser Schauspieler nichts anderes beging, als daß er bei einer *erlaubten* kommunistischen Revolutionsfeier in Stuttgart nicht konfiszierte Gedichte revolutionären Inhalts vortrug und eine Sprechchoraufführung leitete, in der mit primitiven künstlerischen Mitteln die Befreiung politischer Gefangener dargestellt wurde. Erschüttert steht man vor der Tatsache dieser fünf Vierteljahre Gefängnis für einen Menschen, der nichts tat, als jene durch Druck allgemein verbreiteten und nicht verbotenen Verse zu sprechen, einen Menschen, dessen ideale Gesinnung das Gericht selbst anerkennt! ...

Wo kann die Grenze für das gezogen werden, was der Kunst in der Gestaltung politischer Gesinnung erlaubt sein soll? Lebt nicht in hundert Werken, und zwar den besten, ein Geist der Auflehnung gegen gesellschaftliche und staatliche Einrichtungen? Wer bürgt uns heute dafür, daß nicht einmal Staatsanwalt und Gerichte auch gegen *Schillers* »Räuber« und »Tell«, gegen *Büchners* »Danton« oder *Hauptmanns* »Weber« vorgehen und gar jene ins Gefängnis werfen, die solchen Werken auf der Bühne Leben gaben?!

Organisationen völlig unpolitischen Charakters, Männer und

Frauen jeglicher politischer Gesinnung, einig aber in der Überzeugung, daß eine Fortentwicklung unserer Kultur unbedingt eines freien künstlerischen Schaffens bedarf, erheben hiermit als Unterzeichner Protest gegen die Verfolgung von Künstlern und Kunstwerken. So darf es nicht weiter gehen! Auch die Würde des Staates ist in Gefahr! Ein Staat, der nicht die Autonomie der Kunst wie die der Religion und die Ausübung beider frei gewährleistet, kann nicht verlangen, als Kulturstaat bewertet zu werden ...

November 1925. – Aufruf, erschienen in der großen bürgerlichen Tagespresse, unterzeichnet von allen wesentlichen künstlerischen Verbänden. Zu den Einzelunterzeichnern gehören u. a.: Hermann Bahr, Oskar Bie, Max Brod, Paul Cassirer, Alfred Döblin, Käte Dorsch, Albert Einstein, Lion Feuchtwanger, S. Fischer, Hellmut von Gerlach, Heinrich George, Walter Hasenclever, Max Halbe, Gerhart Hauptmann, Hermann Hesse, Kurt Hiller, Hugo von Hofmannsthal, Siegfried Jacobsohn, Leopold Jeßner, Georg Kaiser, Klabund, Eugen Kloepfer, Annette Kolb, Georg Kolbe, Käthe Kollwitz, Rudolf Leonhard, Max Liebermann, Oskar Loerke, Heinrich Mann, Thomas Mann, Julius Meier-Graefe, Max Pallenberg, Alfons Paquet, Ernst Rowohlt, Wilhelm Schmidtbonn, Wilhelm v. Scholz, Max Slevogt, Hermann Stehr, Fritz Strich, Ernst Toller, Fritz v. Unruh, Clara Viebig, Armin T. Wegner, Alfred Wolfenstein, Theodor Wolff, Paul Zech, Heinrich Zille, Stefan Zweig; ferner: Paul Löbe, Otto Nuschke, Gustav Radbruch, Hugo Sinzheimer.

Am 4. 2. 1926 wird Bechers gerade erschienener Roman »Levisite« beschlagnahmt und in Bechers Wohnung eine Haussuchung durchgeführt. Der Reichsanwalt sieht den Roman (in dem Becher Arbeiter und KPD als die einzige politische Kraft darstellt, die einen künftigen Gaskrieg verhindern könne) an als literarische Aufforderung zum »Bürgerkrieg«. Beschlagnahmt, obwohl bereits durch die Hindenburg-Amnestie straffrei, werden auch die bereits zuvor belangten Publikationen Bechers.

Protest der »Gruppe 1925«

»Die Behörde hat den Roman Johannes R. *Bechers »Lewisite oder vom einzig gerechten Kriege«* beschlagnahmt. Meist in solchen Fällen sind einzelne dem Empfinden des normalen Nichtlesers aufstößige Stellen vorgeschoben; hier kann der Grund einzig in den zum Ausdruck gebrachten politischen Anschauungen gesehen werden. Ohne uns mit den Becherschen Thesen zu identifizieren und ohne uns, leider!, über die Wirksamkeit unseres Schrittes in Hoffnung zu wiegen, protestieren wir gegen die sittenpolizeiliche Reglementierung ernster literarischer Werke, gegen den Versuch, die Diskussion gegenwartswichtiger Themen von Parteigesichtspunkten aus zu beschneiden.

Wir verlangen, daß man in Deutschland für seine Überzeugung nicht nur sterben, sondern auch leben darf.

23. 3. 1926. – Unterzeichnet »i. A. Rudolf Leonhard«, auf dessen Initiative hin sich die »Gruppe 1925«, eine zwanglose Zusammenkunft linksliberaler Autoren, 1925 bildete. Ihr gehören u. a. an: J. R. Becher, Ernst Blaß, Ernst Bloch, Bert Brecht, Friedrich Burschell, Alfred Döblin, Albert Ehrenstein, Georg Kaiser, Hermann Kasack, E. E. Kisch, Oskar Loerke, Walter Mehring, Ernst Toller, Kurt Tucholsky, Hermann Ungar, Armin T. Wegner, Ernst Weiß, Alfred Wolfenstein.

Erst im Juni 1926 wird die Voruntersuchung gegen Becher abgeschlossen, der Reichsanwalt läßt das Verfahren aber vorübergehend ruhen. Becher erhält auf seine Anfrage den Bescheid: »Die Beurteilung ihrer Schrift ›Der einzige gerechte Krieg‹, von deren Würdigung die weitere Entschließung in der Sache selbst abhängt, bildet bereits den Gegenstand der Untersuchung gegen einen anderen Beschuldigten, der diese Schrift verbreitet hat. Da in dieser anderen Sache bereits die öffentliche Anklage erhoben ist, beabsichtige ich, die Beurteilung, welche die genannte Schrift in der anderen Sache durch das Reichsgericht erfahren wird, zunächst abzuwarten und meine Entschließung in ihrer Sache bis dahin zurückzustellen.«

»Der andere Beschuldigte«, das ist der Buchhändler Fritz Domning und der Prokurist des Verlages »Junge Garde« Rudolf Reimann, die wegen Zugehörigkeit zu einer »staatsfeindlichen Verbindung« (der KPD) und Vorbereitung einer gewaltsamen Verfassungsänderung am 5. 2. 1927 zu je 10 Monaten Festungshaft verurteilt werden. Das Urteil stützt sich u. a. auf den Verkauf von Bechers »Levisite«, Berta Lasks »Thomas Münzer«, Kurt Kläbers »Barrikaden an der Ruhr« und verfügt die »Unbrauchbarmachung« der inkriminierten Bücher und Textstellen. Der Antrag der Verteidigung, Gerhart Hauptmann, Thomas Mann, Hermann Hesse, Arthur Holitscher, Heinrich Zille u. a. als Sachverständige zuzulassen, wird vom Gericht abgelehnt.

Alfred Döblin *Recht der freien Meinungsäußerung*

... Der Staat ist in der wirklichen Demokratie nichts weiter als ein Ausgleichsregulator zwischen den selbständigen Kräften des Volkes. In keiner Weise steht er über dem Bürger, ist ein Verwaltungsapparat für bestimmte praktische Zwecke. Weder eine bestimmte Gesinnung zu pflegen noch gar eine Einförmigkeit im Geistigen zu erzwingen ist seine Aufgabe.

Mit dieser Einstellung, in einer Demokratie selbstverständlichen, sind die letzten Reichsgerichtsurteile zu betrachten. Ich mache ihnen zum Vorwurf, daß sie diktatorisch und nicht demokratisch sind, daß diese Diktatur der Verfassung widerspricht, und daß die Urteile auch in keiner Weise bei ruhigster Überlegung durch den Geist, der hinter ihr steht, gerechtfertigt werden.

Bei Gelegenheit der Diskussion im Reichstag hat der Abgeordnete Kahl erklärt, man dürfe sich nicht wundern, wenn gewisse Urteile erfolgen, der Staat habe eben das Recht der Selbsterhaltung gegen bestimmte staatsfeindliche Bestrebungen. Das ist eine falsche Verteidigung dieser Urteile. Es ist nämlich nicht der Staat, der diese Urteile gefällt hat, sondern ein Einzelgericht, eine machtvoll in den Ämtern sitzende Parteirichtung. Diese ist es, die gegen den Staat die Diktatur mit juristischen Mitteln übt.

Dieses Gericht hat argumentiert: die Verfasser gehören einer revolutionären Partei an; die Partei betreibt aber nach ihrem Programm den bewaffneten Aufstand der Massen.

Es ist durchaus richtig, daß jeder Staat das Recht hat, einen bewaffneten Aufstand und auch seine erkenntliche direkte Vorbereitung zu verhindern.

Ich halte aber zunächst alle Urteile, die auf der Zugehörigkeit der Autoren zur kommunistischen Partei und dem Aufstandsparagraphen fußen, darum für verkehrt, weil das Gericht zunächst über diese Partei die Meinungsäußerung des Staates, ihres Auftragsgebers einzuholen hat. Wird die Partei vom Staat verboten, so erfolgen manche Urteile zu Recht. Ist sie aber nicht verboten, und das Gericht vermag sich leicht darüber zu orientieren, daß sie zur Zeit der Delikte und bis jetzt nicht verboten ist, so ist eine Verurteilung aus dem Grund der Zugehörigkeit zur kommunistischen Partei eine selbständige politische Ansicht des Reichsgerichts, ist unerlaubt, geht über die Kompetenz des Gerichts hinaus und diese Urteile sind unzulässig. Das Reichsgericht ist die höchste juristische Behörde, nicht aber eine politische Behörde noch über der Reichsregierung und es ist hohe Zeit, daß nach diesen Urteilen der Staat seine Hand auf das Gericht legt und das Gericht in seine juristischen Schranken zurückweist ...

27. 2. 1927. – Rede von Alfred Döblin im Lehrervereinshaus Berlin, wo am 27. 2. eine Protestkundgebung gegen die Buchhändlerurteile stattfindet.

Erst am 12. 10. 1927 wird gegen Johannes R. Becher vom Reichsgericht Anklage erhoben; der Prozeßbeginn wird auf den 16. 1. 1928 festgelegt.

Im überfüllten Theater am Nollendorfplatz findet am 8. 1. eine Protestveranstaltung statt, auf der u. a. als Redner auftreten: Georg Ledebour, Franz Höllering, Alfred Apfel (Bechers Rechtsanwalt), Ernst Toller, E. E. Kisch, Arthur Holitscher, Erwin Piscator, Wieland Herzfelde, Erich Mühsam. Grußadressen werden verlesen von Maxim Gorki, Walter von Molo, Carl Zuckmayer, Viktor Barnowsky, Alfred Kerr u. a. Alfred Wolfenstein verliest eine Resolution:

Dichter und Richter

Prozesse und Verfolgungen gelten heute weniger als je einzelnen Menschen. In den Stand der Anklage versetzt – wird immer ein ganzer »Stand«. Wenn Sokrates jetzt den Giftbecher zu trinken hätte, würden bald alle anderen seinesgleichen in einer Serie vor dem Strafsenat erscheinen. Nun gibt es zur Zeit keine Philosophen, noch weniger Religionsstifter, doch man hält sich an die Dichter. In ihnen findet man allerlei vereinigt, was bei den verschiedenen Arten des schöpferischen und führenden Menschen sonst einzeln verurteilt werden müßte. Der Dichter von heute ist seiner Zeit verbunden. Er poetisiert nicht mehr in sich hinein, er politisiert sich, in jenem großen Sinne, daß er durch die Gestalten seines Werks auf die Gestalt der Welt einzuwirken sucht. Dies neue Dichtertum, das schöpferische Kämpfertum will man in Becher treffen. Es ist offenbar, daß hier keine Anklage wie andere vorliegt: sie will den Quell im wesentlichen revolutionären Menschen treffen. Diese Freiheit des Geistes anzutasten, dies zu wagen, bedeutet allerdings für *uns* Gotteslästerung. Wir dulden es nicht, wir gehen an die Abwehr, an die Gegenwehr mit aller Macht. Dichter und Denker gegen Richter und Henker!

8. 1. 1928. – Unterzeichnet von über 50 namhaften Schriftstellern und Künstlern, unter ihnen Alfred Döblin, Arnold Zweig, Erich Mühsam, Alfons Paquet, Erwin Piscator, Erich Engel, George Grosz, Kurt Kersten. – Das Gericht verschiebt den Termin kurz vor Prozeßbeginn auf den 15. 3. Eine neue Welle des Protestes:

Bert Brecht: »Der Fall Becher wäre fast nicht mehr nötig gewesen, um den Fall deutsche Justiz aufzurollen. Es genügt eben Ehrlichkeit und Interesse an öffentlichen Angelegenheiten, um einen Schriftsteller dieses Landes hinter Schloß und Riegel zu bringen. Der feine Unterschied zwischen Richter und einem Polizisten ist kaum mehr sichtbar. Nicht nur die deutsche Justiz ist heute unbestechlich: auf der ganzen Welt können sie mit der größten Geldsumme keinen Richter mehr dazu verführen, Recht zu sprechen.«

Max Brod: »Ein Künstler, der die abgründige Scheußlichkeit der ungerechten Gesellschaftsordnung und des Krieges wahrheitsgetreu, kraß, mit allen Farben seines großen, reichen Könnens darstellt, sollte nicht gerichtlich verfolgt, sondern vor allen anderen ausgezeichnet werden. Johannes R. Becher hat die furchtbare Gefahr gezeigt, der die Menschheit entgegengeht. Daß ehrliche Warner und Wahrheitssucher vor Gericht gestellt werden, dagegen muß man mit allem Eifer protestieren, den Liebe zu Menschheit und Geist verleiht.«

Walter von Molo: »Ein Land, das die Freiheit seiner Künstler bedroht, ist kein Kulturland. Ein Land, das sich von der Freiheit der Künstler nicht weiterführen läßt, sondern sich zum Richter des künstlerischen Schaffens aufwirft, ist ein widerliches und rückschreitendes Land. Ein Land, das diese Binsenweisheit nicht kennt, ist ein ungebildetes Land. Ein Land, das seine Künstler mit Freiheitsstrafen, mit Gefängnis oder sogar Kerker belegt, statt den Künstlern dankbar zu sein, ist ein Land, das seine Schwäche eingesteht, das Brutalität an die Stelle innerer Kraft setzt. Ein solches Land ist heute Deutschland.«

Kurt Pinthus: »Einen Menschen wie Johannes R. Becher, der auf den Wohlstand bürgerlichen Lebens verzichtete, um seiner Idee zu dienen, diesen Johannes R. Becher wegen der Idee und Bücher auf die Anklagebank zu bringen, bedeutet gegen seine Ankläger eine so furchtbare Anklage, daß sie, die Ankläger, gerichtet sind, bevor noch der Prozeß gegen den Angeklagten begann.«

Angesichts der breitgestreuten Proteste wird das Verfahren gegen Becher am 26. 8. 1928 eingestellt, zugleich fällt es unter das am 14. 7. erlassene Amnestiegesetz.

Die Rote Hilfe als »staatsfeindliche Verbindung«

Es ist als einwandfrei festgestellt anzusehen, daß die auf dem Barkenhoff zur Erholung untergebrachten schulpflichtigen Kinder andauernd und nachteilig in der Richtung beeinflußt werden, daß sie zum Haß gegen den gegenwärtigen Staat und die derzeitige Staatsform sowie zu deren Umsturz erzogen werden ... in dieser Erziehung liegt eine Gefahr für die Erhaltung der öffentlichen Ruhe, Sicherheit und Ordnung.

2. 2. 1925. – Begründung, mit der die Behörde den Barkenhoff in Worpswede, ein der »Roten Hilfe« gehörendes Kindererholungsheim, schließt. Heinrich Vogeler unterhielt seit Sommer 1918 ein offenes Haus für Arbeits- und Obdachlose, Kriegsgefangene und Revolutionäre, seit 1919 als Siedlungsgemeinschaft geführt. Nach dem Scheitern seiner Kommune tritt Vogeler 1923 der KPD bei und schenkt den Barkenhoff der Roten Hilfe, einer der KPD nahestehenden Hilfsorganisation für politische Gefangene und ihre Angehörigen, die von den Staatsbehörden als »geheime und staatsfeindliche Verbindung« eingestuft wird.

Aus Protest gegen die Schließung zweier Kinderheime der Roten Hilfe treten namhafte Autoren, Künstler und Intellektuelle einem Kuratorium bei, u. a.: Max Brod, Martin Buber, Albert Einstein, S. Fischer, S. Friedländer, Eduard Fuchs, Manfred Georg, Stefan Grossmann, Gustav Gründgens, E. J. Gumbel, Walter Hasenclever, Kurt Hiller, Magnus Hirschfeld, H. E. Jakob, Georg Kaiser, Gustav Kiepenheuer, E. E. Kisch, Annette Kolb, Georg Kolbe, K. Kollwitz, Paul Kornfeld, Rudolf Leonhard, Heinrich Mann, Thomas Mann, Alfons Paquet, Max Reinhardt, Hans J. Rehfisch, Ernst Toller, Armin T. Wegner, Kurt Tucholsky, Heinrich Zille.

Thomas Mann *Rachsucht und ›genehmere Gesinnung‹*

Der Staat macht politische Gefangene doch nicht aus Grausamkeit und Rachsucht, die sich auch auf die Frauen und Kinder der Eingezogenen erstrecken könnte, sondern in der Überzeugung, sich gegen den Änderungswillen gewisser Angehöriger schützen zu müssen. Er sollte froh sein über das Bestehen einer Organisation, die bereit ist, ihm die Sorge für die unschuldigen Opfer abzunehmen und ihm so das Gewissen zu entlasten. Auch sollte er gerecht sein und es nicht als ruchlos ansehen, wenn die Organisation sogar den Gefangenen selbst ihr Los menschlich zu erleichtern sich bemüht, denn es ist nachgewiesen, daß er ein Auge zuzudrücken wußte, als es galt, gegriffenen Verbrechern aus genehmerer Gesinnung eine seelische Aufrichtung zuteil werden zu lassen, die bis zur Gewährung der Fluchtgelegenheit ging.

1926. – Neben Thomas Mann ergreifen öffentlich Partei für die Rote Hilfe – deren Geldsammler gerichtlich verfolgt werden – u. a. Max Brod, Albert Einstein, Siegfried Jacobsohn, Heinrich Mann, Kurt Tucholsky.

Heinrich Vogeler *Aufruf an die deutschen Künstler*

Der Regierungspräsident Dr. Rose in Stade verlangt:

Entfernung, d. h. *Vernichtung der Wandgemälde von Heinrich Vogeler* in dem Kinderheim »Barkenhoff«, das dort von der Roten Hilfe eingerichtet worden ist.

Die Bilder werden beschuldigt, daß sie staatliche Einrichtungen, wie die Rechtspflege und den Strafvollzug, verächtlich machen und damit auf die Kinder aufreizend und als Propaganda wirken.

Berufskollegen, habt acht!

Die Attacke des Regierungspräsidenten Dr. Rose ist der Auftakt des Kampfes der schwärzesten Reaktion gegen die sogenannten freien Künste!

Wenn Ihr diesen Vorstoß sanktioniert, so ist auch bei Euch Tür und Tor geöffnet für die Schnüffelnase der Bürokratie!

Deutsche Künstler, steht als Einheit zusammen zum öffentlichen Protest gegen den Mißbrauch der behördlichen Machtmittel zur Unterdrückung freier Kunst!

1926/27. – Die von Heinrich Vogeler in Gang gebrachte Protesterklärung unterzeichnen u. a.: Lion Feuchtwanger, S. Friedländer, George Grosz, Hermann Hesse, Kurt Hiller, Alfred Kerr, Gustav Kiepenheuer, Rudolf Leonhard, Heinrich Mann, Friedrich Wolf, Alfred Wolfenstein, Will Grohmann.

Für eine Neujahrsamnestie!

Von den deutschen Bundesstaaten hat anläßlich des Weihnachtsfestes allein der Volksstaat Sachsen von dem Recht Gebrauch gemacht, eine Amnestie zu erlassen. Mit uns sind weite Kreise des deutschen Volkes enttäuscht, daß weitere Amnestierungen nicht erfolgt sind.

Außenpolitisch ist durch das Verdienst der bisherigen Regierung eine Stabilisierung erfolgt, die eine Versöhnung der beiden großen politischen Lager im Innern erforderlich und ratsam macht. Wir halten den bevorstehenden Jahreswechsel für geeignet, eine solche Versöhnung durch Erlaß einer Amnestie herbeizuführen.

Wir erlauben uns als Grundlage dieser Amnestie die Einbeziehung folgender Verurteilter zu empfehlen:

Amnestierung derjenigen,

a) die infolge der wirtschaftlichen Notlage in Nachkriegszeiten Straftaten begangen haben;
b) die infolge des Ruhreinbruchs und des passiven Widerstands mit dem Gesetz in Konflikt gerieten;
c) die in den politischen Wirren der Nachkriegszeit verurteilt worden sind.

Zu c führen wir besonders die Bayerischen Räterepublikaner von 1919 und die wegen Hochverrats verurteilten Kommunisten an.

28. 12. 1926. – Von Kurt Tucholsky, Otto Lehmann-Rußbüldt und Kurt R. Grossmann unterzeichnetes Telegramm der »Liga« an den Reichspräsidenten, den Reichsjustizminister und die Justizminister der Länder (»Außenpolitische Stabilisierung«: die Aufnahme Deutschlands in den Völkerbund).

Angesichts der ungleichen Behandlung rechter und linker Straftäter bei der Hindenburgamnestie vom 17. 8. 1925 und der zahlreichen neuen Landesverratsprozesse regt die »Liga« damit zum drittenmal eine Amnestie an, aber weder Reich noch Länder entsprechen ihrem Wunsch.

Heinrich Mann *Amnestie!*

Vor dem Erlaß der sogenannten Amnestie und in der Voraussicht, daß sie nicht viel Gutes bringen werde, habe ich mir erlaubt, ein Gesetz anzuregen. Das Gesetz, das ich vom Reichstage forderte, sollte künftig jede Amnestie überflüssig machen. Alle politischen Urteile, alle Urteile in politischen Prozessen wären nach einer gewissen Zeitdauer nachzuprüfen. Aufzuheben wären sie, wenn erstens der Verurteilte weder Blut vergossen, noch sich anders als aus Gründen der Gesinnung strafbar gemacht hat, und wenn zweitens Lage und Geisteszustand des Landes derart verändert sind, daß das Fortbestehen der alten Verurteilung sinnlos erscheint.

Ich glaube, daß ein solches Gesetz, falls es schon bestände, doch andere Wirkungen hätte haben müssen, als die kürzlich erlebte sogenannte Amnestie. Vor allem hätte jede Gesinnung eines Gesinnungsverbrechers den Vorteil dieses Gesetzes genossen. Der Straferlaß wäre nicht, wie jetzt, beschränkt geblieben auf eine Gesinnung, mit der die zum Straferlaß Befugten mitfühlen können. Ermessen Sie die ganze Wichtigkeit meiner Forderung, wenn Sie den neuen Entwurf eines Strafgesetzes betrachten. Seine Verfasser verpflichten, wenn auch in schwer erkennbaren, nicht besonders geraden Formen – aber sie verpflichten doch den Richter, nur die wohlangesehene Gesinnung immer freizusprechen.

Was ist tatsächlich geschehen? In der Festung Golnow sind 16 politischen Gefangenen zusammen 27 Monate auf dem Gnadenwege geschenkt worden, einem einzigen dagegen 72 Monate. Die 16 waren natürlich Proletarier, der eine war Major. Aber Golnow ist noch eine Wohltat, Golnow ist noch lieblich gegen das andere.

Im Ruhrgebiet haben 54 politische Gefangene insgesamt 187 Jahre Zuchthaus und 19 Jahre Gefängnis abzubüßen. Begnadigt sind nur 5, darunter einer mit 7 Jahren. Aber in seinem Fall drohte das Wiederaufnahmeverfahren. Durch seine Begnadigung wurde es vermieden.

In Württemberg sind von 19 politischen Gefangenen nur 4 begnadigt worden, dafür wurden aber 8 Arbeiter noch schnell vor der sogenannten Amnestie zum Strafantritt aufgefordert. 8 weniger 4, die Justiz verdient noch immer 4.

Hoelz ist nicht begnadigt worden. Wie konnte man denn? Er hatte sich die Begnadigung verbeten. Man begnadigt niemand gegen seinen Willen, so unmenschlich ist man nicht! Hätte er auch eine allgemeine Amnestie abgelehnt? Die Amnestie, die nicht nur ihn selbst, sondern alle seine Genossen befreit hätte? Nein, die hätte er doch vielleicht nicht abgelehnt. Es wäre daher für die Justizverwaltung gefährlich gewesen, sie ihm anzubieten. Da haben wir schon einen wichtigen Grund, weshalb nur begnadigt, nicht aber amnestiert worden ist. Hölz, den ganz Deutschland für unschuldig hält, muß jetzt gerade und jetzt erst recht im Zuchthaus bleiben. Die Justiz büßt sonst an Ansehen ein, wie sie glaubt. Sie versteht noch immer nicht, daß dies für sie gar nicht mehr so leicht ist.

18. 10. 1927. – Rede, gehalten auf einer Amnestiekundgebung im Theater am Nollendorfplatz. Eine Reihe weiterer Amnestiebegehren, von zahlreichen Autoren unterzeichnet, werden in den nächsten Jahren gestellt.

Für Max Hoelz

Das neutrale Komitee für Max *Hoelz,* zusammengesetzt aus Frauen und Männern der verschiedensten politischen Richtungen, erstrebt die schleunige Nachprüfung des Urteils des außerordentlichen Gerichts vom 22. Juni 1921. Durch dieses Urteil ist Max Hoelz mit lebenslänglichem Zuchthaus und mit dem dauernden Verlust der bürgerlichen Ehrenrechte bestraft worden, insbesondere wegen der angeblichen Tötung des Gutsbesitzers Heß. Seit fast einem halben Jahre ist der Öffentlichkeit und den Behörden bekannt, daß infolge der Selbstbezichtigung des wahren Täters, des Widerrufs des Hauptbelastungszeugen und auf Grund anderer wichtiger Tatsachen die Grundlagen des Urteils im Falle Heß erschüttert worden sind...

Weite Kreise des In- und Auslandes, die den politischen Anschauungen von Max Hoelz völlig ablehnend gegenüberstehen, sind davon überzeugt, daß sein ganzes Tun stets nur von den lautersten Beweggründen geleitet war.

Das Komitee fordert die schleunige Herbeiführung eines neuen Urteils über die Taten und über die Person von Max Hoelz.

Es erhebt gegen die auffallend langsame Bearbeitung des Rechtsfalles den schärfsten Protest und macht die Behörden auf die Erbitterung aufmerksam, die weite Kreise angesichts der ungleichmäßigen Anwendung der Amnesteigesetze ergriffen hat.

Anfang 1927. – Manifest des »Neutralen Komitees für Max Hoelz«, unterzeichnet von zahlreichen Schriftstellern, Malern, Schauspielern, Verlegern und Professoren, u. a.: Alfred Apfel, Hans Baluschek, J. R. Becher, Georg Bernhard, Paul Bildt, Rudolf G. Binding, Bert Brecht, Bernhard v. Brentano, Martin Buber, Otto Dix, Albert Einstein, Erich Engel, Gertrud Eysoldt, Lion Feuchtwanger, S. Fischer, Bruno Frank, Salomo Friedländer, Eduard Fuchs, Manfred Georg, Heinrich George, Hellmut von Gerlach, Alfons Goldschmidt, O. M. Graf, Alexander Granach, George Grosz, Stefan Großmann, E. J. Gumbel, Max Hermann-Neiße, Wilhelm Herzog, Wieland Herzfelde, Kurt Hiller, Max Hodann, Arthur Holitscher, Herbert Ihering, Heinrich Eduard Jacob, Alfred Kerr, Gustav Kiepenheuer, E. E. Kisch, Kurt Kläber, K. Kollwitz, Fritz Kortner, Robert Kuczynski, Leo Lania, Otto Lehmann-Rußbüldt, Rudolf Leonhard, Emil Ludwig, Heinrich Mann, Thomas Mann, Ludwig Marcuse, Otto Nuschke, Paul Oestreich, Rudolf Olden, Alfons Paquet, Max Pechstein, Erwin Piscator, Ludwig Quidde, H. J. Rehfisch, Erich Reiß, Ringelnatz, Ernst Rowohlt, Paul Schlesinger, Rudolf Schlichter, Fr. v. Schoenaich, Leopold Schwarzschild, Hugo Sinzheimer, Paul Steegemann, Helene Stöcker, Ernst Toller, Kurt Tucholsky, Tilly Wedekind, Armin T. Wegner, Erich Weinert, Alfred Wolfenstein, Heinrich Zille, Arnold Zweig.

Einer der krassesten Fälle rechtsbeugender Sühnepraxis seitens der Justiz ist der Fall Hoelz. Hoelz war 1921 wegen Hochverrats und (angeblichen) Mordes an dem Gutsbesitzer Heß zu lebenslänglicher Haft verurteilt worden. Seit Sommer 1926 trägt Egon Erwin Kisch Entlastungsmaterial zusammen, das Hoelz's Unschuld an dem ihm zur Last gelegten Mord beweist. Federführend an der Kampagne für Hoelz beteiligen sich u. a.: Arthur Holitscher, Rudolf Olden, Paul Schlesinger (Pseudonym: Sling), Ernst Toller, Armin T. Wegner. Das »Manifest des neutralen Komitees« macht den Fall zum Politikum. Hoelz's Anwälte Felix Halle und Alfred Apfel stellen am 3. 2. 1928 beim Reichsgericht Leipzig einen Antrag auf Wiederaufnahme des Verfahrens. Aufgrund des von Kisch zusammengetragenen Entlastungsmaterials wird Hoelz am 18. 7. 1928 freigelassen.

Aufruf zur entschädigungslosen Enteignung der Fürsten

Zu einer Zeit, in der breite Schichten des Volkes schlimmer darben als im Kriege, in der die notwendigsten Kulturaufgaben vernachlässigt werden müssen, in der es nicht möglich ist, den Wohnungslosen ein Heim, den Kranken zureichende Nahrung, den Opfern des Krieges und der Inflation die geschuldete Unterstützung zu gewähren, – in einer solchen Zeit des wirtschaftlichen Tiefstandes und der allgemeinen Verarmung wagen es die ehemaligen Fürsten, Vermögensansprüche in Höhe von mindestens drei Milliarden Goldmark an den Staat zu stellen.

Auf diese Herausforderung gibt es nur eine Antwort: entschädigungslose Enteignung. Diese Maßnahme ist notwendig geworden, nachdem die Gerichte sich als willfährig genug erwiesen, für die Fürsten und gegen die notleidenden Volksmassen zu entscheiden. Sie ist ein Akt der Selbstverteidigung und der Notwehr aller derer, die durch Krieg und Inflation um Hab und Gut gebracht, also ebenfalls enteignet worden sind, und die jetzt der Wirtschaftskrise und dem Steuerdruck erneut zu erliegen drohen. Sie ist ein Akt ausgleichender Gerechtigkeit. Wenn der Staat die Opfer des Krieges und der Inflation mit Bettelpfennigen zu entschädigen wagt, dürfen die Fürsten, die an dem Unglück Deutschlands in erster Linie mitschuldig sind, nicht bevorzugt und mit Milliarden abgefunden werden.

Millionen Deutsche aus allen politischen Lagern und allen sozialen Schichten haben die Forderung der entschädigungslosen Enteignung der Fürsten begeistert aufgenommen und verlangen stürmisch eine schnelle und klare Entscheidung. Jetzt gilt es, dem Volksvermögen Milliarden an Geldeswert zu erhalten und sie den durch Krieg und Inflation schwer geschädigten Schichten zuzuführen.

Die Unterzeichneten erklären, daß sie sich in die Massenbewegung einreihen und sich dem Volksentscheid für entschädigungslose Enteignung der Fürsten anschließen.

5. 3. 1926. – Zu den Erstunterzeichnern dieses Aufrufes gehören u. a. Max Barthel, J. R. Becher, Adolf Behne, Hermann Duncker, Eduard Fuchs, Kurt Hiller, Siegfried Jacobsohn, Alfred Kerr, Erwin Piscator, Kurt Tucholsky; die Maler Erich Godal, George Grosz, K. Kollwitz, Conny Neubauer, Max Pechstein, Heinrich Zille; die Professoren Albert Einstein, Paul Oestreich; Reichstagspräsident Paul Löbe.

Bereits im Februar hat sich die »Gruppe 1925« mit einer von Rudolf Leonhard unterzeichneten Resolution gegen die Fürstenabfindung gewandt: »Wir wollen damit zum Ausdruck bringen unsere tiefe Abneigung sowohl gegen die Kräfte, die in der vergangenen Epoche wirksam waren wie gegen ihre verantwortlichen Träger. Man hat den Staat vergötzt, die materielle Macht und die materiellen Güter, und das Leben des Volkes mißachtet ...«

Die Frage der Fürstenabfindung wird zur beherrschenden innenpolitischen Auseinandersetzung des Jahres 1926, begleitet von zahlreichen Massenveranstaltungen und Kundgebungen. Nach der Novemberrevolution beschlagnahmt, versuchten die Fürsten die Verfügungsgewalt über ihre Vermögen wieder zurückzuerlangen. Die Regierungsparteien (DVP, Zentrum, DDP, BVP) schlagen am 2. 2. 1926 im Reichstag eine Entschädigung »nach Billigkeit« vor.

Auf Initiative der »Liga für Menschenrechte« und der KPD war bereits am 6. 1. ein »Reichsausschuß zur Durchführung des Volksentscheids für entschädigungslose Enteignung der Fürsten« gegründet worden – unter Vorsitz von Robert Kuczynski. Zahlreiche republikanische, pazifistische und kommunistische Organisationen unterstützen den Reichsausschuß, u. a. die Arbeitsgemeinschaft entschiedener Republikaner, der pazifistische Studentenbund, die Internationale Frauenliga für Frieden und Freiheit, die Internationale Arbeiterhilfe. Die Kampagne gegen die Fürstenabfindung wird auch unterstützt von SPD, ADGB, Reichsbanner und Teilen der DDP. Die vom 4. bis zum 27. 3. erfolgende Einzeichnung zum Volksbegehren ergibt 12 523 939 Stimmen.

Als der Reichstag die Enteignung mit 236 gegen 142 (SPD und KPD) ablehnt, wird ein Volksentscheid nötig. Die Gegner des Volksbegehrens (unter ihnen Hindenburg) erklären, daß die Linke eine generelle Enteignung, nicht nur die der Fürsten plane. Statt der erforderlichen 20 Millionen stimmen am 20. 6. 1926 nur 14 455 184 Wähler für die entschädigungslose Enteignung. Daraufhin schließen die Länder Vergleiche mit den Fürstenhäusern. Das Land Preußen gewährt im Oktober 1926 dem einstigen preußischen Königshaus eine Abfindung in Höhe von 15 Millionen Reichsmark in bar, einschließlich Bodenbesitz im Wert von 500 Millionen RM.

1926 verdient ein Berliner Maurer in der Stunde 1,26 RM (das ist Spitzenlohn), ein ungelernter Metallarbeiter 44 Pfennige. Durchschnittlicher Stundenlohn in der Weimarer Republik: 87,1 Pfennige. Durchschnittlicher Wochenverdienst der Arbeiter: 41,75 Mark brutto.

Schund- und Schmutzgesetz

Walter von Molo *Schund und Schmutz*

Ich möchte, daß diese Zeilen jedem Verantwortungsvollen vor die Augen kommen. Ich möchte, daß jeder den Inhalt dieser Zeilen genau überlegt.

Seit Jahren spukt in verschiedenen Hirnen der Entwurf eines Gesetzes herum, das sich bieder und hochethisch *»Gesetz zur Bewahrung der Jugend vor Schmutz- und Schundschriften«* nennt. Wir Ernsten haben erst darüber gelacht. Dieses Lachen ist mir allmählich vergangen: der Gesetzentwurf hat die zweite Lesung im Reichstags-Ausschuß hinter sich, es kann sich unter Umständen nur noch um Wochen handeln, daß er zum Gesetz durchgepeitscht wird.

Ich will kurz skizzieren, was der Gesetzentwurf enthält, und ich bitte, zu glauben, daß das die Wahrheit sei. Ich weiß, daß alles unsinnig erscheinen wird, aber dieser Unsinn ist die Ueberzeugung einer großen Mehrheit unserer Reichstagsabgeordneten, dieser Unsinn wird von sehr vielen von ihnen ernst genommen, er wird von ihnen als ein »Anfang zur Wiedergenesung unseres Volkes« angesehen, und er wird, wenn sich nicht endlich ein Sturm dagegen erhebt, *Gesetz werden!*

Die Jugend soll dadurch ethisch gemacht werden, daß man ihr die Schmutz- und Schundschriften entzieht. Dies soll durch die Anlegung eines *Indexes* erreicht werden, eines Indexes, auf den jedes Werk gesetzt wird, das der Jugend schädlich werden kann. Die Verbreitung aller solcher Schriften soll unterbunden und mit Gefängnis bestraft werden. Wie soll dieser Index verfertigt werden? Von *Länder*prüfstellen. Wie sollen diese Länderprüfstellen zusammengesetzt sein? Aus »wählbaren Vertretern der Kunst und der Literatur, des Buch- und Kunsthandels, der Jugendwohlfahrt und der Jugendorganisationen, der Lehrerschaft und Volksbildungsorganisationen, und zwar *unter besonderer Berücksichtigung der Vertreter der kirchlichen Behörden in allen Gruppen«!* Das steht im Entwurf und wird mit Hartnäckigkeit von dessen Verfechtern festgehalten. Wir kennen die politischen Einstellungen der verschiedenen Länder und Ländchen, wir wissen, daß in allen Parteien sogenannte Vertreter der Kunst und Literatur, des Buch- und Kunsthandels, der Jugendwohlfahrt und der Jugendorganisationen, der Lehrerschaft und Volksbildungsorganisationen vorhanden sind. Jedes Land kann also höchst parteiische

Prüfungsausschüsse ernennen, und es wird sie ernennen, und die *Entscheidung jedes solchen parteiischen Ländchenausschusses ist für das ganze Reich bindend!* Ein Beamter des betreffenden Landes wird der Vorsitzende des Prüfungsausschusses sein, die geistige Blutrache ist fertig.

Das dümmste und maßstabloseste oder bösartigste Ländchen soll also über die Kulturhöhe Deutschlands die Entscheidung haben!

Der Dichter in Deutschland soll mundtot gemacht werden, um seiner Gesinnung willen, um seines Werkes willen, denn in irgendeinem Ländchen in Deutschland findet sich sicherlich ein Ausschuß, der ihn und seine Werke, angeblich wegen der Jugend, auf den Index setzt. Der Wertvolle wird gezwungen sein, im Auslande zu veröffentlichen, er wird gezwungen sein, Deutschland zu verlassen, wir werden nur mehr Mist und Rudolf Herzog haben. Und das alles wagt man uns zu bieten! Und dies alles bei den Phrasen der Verfassung über den Wert des Geistes, bei der angeblichen Achtung vor dem Geiste, wie ihn jeder Mann mit Röllchen vor der Tribüne augenverdrehend verkündet...

12. 6. 1926. – Im »Tagebuch« veröffentlichter Aufruf, gegen den geplanten Gesetzentwurf Stellung zu nehmen. Molos Aufsatz eröffnet eine publizistische und außerparlamentarische Offensive gegen den von der DNVP am 12. 8. 1925 eingebrachten Gesetzentwurf. Das »Berliner Tageblatt« sucht Einfluß auf die DDP zu nehmen. Ein »Ausschuß zur Bekämpfung des Gesetzes zur Bewahrung der Jugend vor Schund- und Schmutzschriften« wird gebildet, der in einem Aufruf an Reichstag und Reichsregierung das Gesetz ablehnt, für den Fall der Verabschiedung aber entscheidende Verbesserungen fordert: eine einheitliche Reichsprüfstelle, einstimmige Entscheidung; Auswahl der Sachverständigen nicht durch Behörden, sondern durch Verbände und Beseitigung des Vorrechts kirchlicher Prüfstellenvertreter.

Die Berliner Ortsgruppe des SDS verabschiedet am 27. 9. in einer Protestversammlung eine Resolution, in der der Entwurf als »allergrößte Bedrohung der Geistesfreiheit« – als Wiedereinführung der in der Weimarer Verfassung abgeschafften Zensur bezeichnet wird. In den letzten Wochen vor der geplanten Verabschiedung des Gesetzes verstärkt sich die Kampagne. Die demokratische Presse, Deutscher Verlegerverein, Börsenverein Deutscher Buchhändler, die Section für Dichtkunst, die Schriftstellergruppe 1925 u. a. sprechen sich gegen die Gesetzesvorlage aus.

Gegen das Schundliteratur-Gesetz

Wir rufen auf, die Geistesfreiheit in Deutschland zu schützen. Die Regierung hat in aller Stille ein Gesetz vorbereitet, das vorgibt, die Jugend zu bewahren. *Es maskiert sich als Gesetz gegen Schmutz und Schund.* Hinter dem Gesetz verstecken sich die Feinde von Bildung, Freiheit und Entwicklung. Sie zeigen ihr gefährliches Gesicht in dem Artikel von der Mitwirkung der Kirche bei der Urteilsfindung, von der Allgemeingültigkeit örtlicher Urteile. *Sie schweigen sich verräterisch darüber aus, was Schmutz und Schund ist.* Das Gesetz, ungeeignet, die Jugend zu schützen, stellt die Erwachsenen, Leser und Schreibende, unter die *erniedrigende Vormundschaft unverantwortlicher Winkelinstanzen.* Wir weisen auf die im Geheimen umgehende Gefahr hin. Wir stellen sie der Oeffentlichkeit bloß. Schützt die Freiheit des Gedankens!

12. 10. 1926. – Aufruf, veröffentlicht im »Berliner Börsen-Courier«, unterzeichnet u. a. von: Hans Baluschek, Victor Barnowski, Georg Bernhard, Bert Brecht, Alfred Döblin, Gertrud Eysoldt, Emil Faktor, George Grosz, Maximilian Harden, Wilhelm Herzog, Arthur Holitscher, Herbert Ihering, Alfred Kerr, Georg Kolbe, Heinrich Mann, Thomas Mann, Alfons Paquet, Erwin Piscator, Tucholsky, Heinrich Zille; unterzeichnet ferner von: Kampfgemeinschaft für Geistesfreiheit, Liga für Menschenrechte, Kartell lyrischer Autoren, Vereinigung linksgerichteter Verleger, den Redaktionen der »Literarischen Welt« und des »Sturm«. Dem Aufruf schließen sich u. a. noch an: J. R. Becher, Heinrich Eduard Jacob, Georg Kaiser, E. E. Kisch, A. M. Frey, Berta Lask, Rudolf Leonhard, Carl v. Ossietzky, Gerhart Pol, Herwarth Walden; ferner die Arbeitsgemeinschaft entschiedener Republikaner, Gewerkschaft deutscher Volksschullehrer.

In einer Versammlung im Herrenhaus faßt der »Ausschuß zur Bekämpfung des Schund- und Schmutzgesetzes« am 4. 11. die Entschließung: »Das im Reichstag zur Beratung stehende Gesetz zur Bewahrung der Jugend vor Schund- und Schmutzschriften bedeutet eine ungeheuerliche Bedrohung der durch die Verfassung garantierten Freiheit des geistigen und künstlerischen Schaffens. Es sucht unter dem Vorwande des Schutzes der Jugend auf Umwegen ein Zensurgesetz zu schaffen, das schlimmer ist als die Lex-Heinze vom Jahre 1900, die durch die allgemeine Empörung fortgefegt wurde. Nicht nur alle geistig und künstlerisch Schaffenden, sondern auch große wirtschaftliche Interessentenkreise sind durch dieses Gesetz auf das schwerste bedroht, ohne daß das angebliche Ziel, die Bewahrung der Jugend vor Schund- und Schmutzschriften, durch sein Inkrafttreten erreicht würde. Die Versammlung protestiert deshalb auf das entschiedenste gegen den vorliegenden Gesetzentwurf und verlangt vom Reichstag, daß er im Interesse des Ansehens des deutschen Volkes und der deutschen Kultur das Gesetz ablehnen möge.«

Umfrage zum Schund- und Schmutzgesetz

Erwin Guido Kolbenheyer: ». . . gehört es zu den natürlichsten Reaktionen eines gesunden Volkes, wenn es schützende Maßnahmen gegen alles ergreift, was eine sozialethische Verlotterung der Jugend bewirken kann. Soweit die *Natur* dieser Schutzreaktion betroffen wird, bleibt es gleichgültig, ob der Gefährdungsanlaß künstlerisch einwandfreie Form hat oder nicht.

Unter Schund und Schmutz – es wäre wünschenswert, wenn man die schlagwortmäßige Übertriebenheit des Ausdruckes mäßigte – wird also alles zu verstehen sein, was die triebhafte, überindividuelle Reaktion des Gewissens, der Scham und der Wohlanständigkeit zu tilgen, zu untergraben oder durch Entwöhnung zu schwächen imstande ist.«

Friedrich Lienhard: »Unsere Jugend *muß* geschützt werden, denn sie ist mehr als je unser kostbarstes nationales Gut. Stellung *gegen* das Schundgesetz verrät Ängstlichkeit, daß die sogenannte Freiheit bedroht sei – auch heute, wo auf allen Gassen Frechheit uns umdroht. Ein christlich und idealistisch gestimmter Deutscher, der sich für das Ganze mitverantwortlich weiß, sollte meines Erachtens hier genau wissen, wo er steht.«

Ina Seidel: »Ich muß mich für mein Teil damit begnügen, zu versuchen, keinen

Schund zu schreiben und auf diese Weise meinen Standpunkt dieser Frage gegenüber bekunden.«

Frank Thieß: »Wenn das Gesetz wirklich nur der sittlichen und sinnvollen Tendenz, Jugendliche vor der Berührung mit Schmutzschriften zu hüten, dienen wollte, wäre es anders abgefaßt worden. Wer zwischen den Zeilen lesen kann, vermag unschwer zu erkennen, daß die Männer, welche dieses Gesetz einbrachten, anderes im Sinne hatten, als nur den Schutz Jugendlicher. Die Auslegbarkeit dieses Gesetzes ist fast unbegrenzt. Seine gummiartigen Paragraphen gestatten jedem bigotten Staatsanwalt, einem unliebsamen Kunstwerk an die Kehle zu gehen. Es steht so gut wie ganz auf der Gerechtigkeit und dem Kunstverstand der Zensoren, also auf Flugsand, denn die Geschichte der Zensur ist zu dreiviertel die Geschichte der Unterdrückung des Geistes. Wir sind alle für den Schutz der Jugend, doch nicht für einen Schutz, der sich gleichzeitig in einen Angriff gegen die Kunst verwandeln kann.«

Alfons Paquet: »Leider kann ich mich zu einer positiven Stellungnahme zu dem geplanten sogenannten Schundgesetz nicht entschließen. Ich betrachte die hinter dem Gesetzentwurf stehenden Motive und Möglichkeiten mit dem größten Mißtrauen.«

November 1926. – Umfrage des »Eckart. Blätter für evangelische Geisteskultur« über »Aussichten der Zensur. Zum Gesetzentwurf gegen Schmutz und Schund«.

Trotz der ablehnenden Stellungnahme fast aller wichtigen kulturellen Verbände und Personen nimmt der Reichstag am 3. 12. 1926 das Gesetz in 3. Lesung mit 250 gegen 158 Stimmen an, wobei einige Verbesserungsvorschläge berücksichtigt werden, z. B. die Einführung einer Berufungsinstanz als Reichsoberprüfstelle, eine Definition von »Schmutz und Schund« aber unterbleibt.

Nachtrag: Theodor Heuss, Vorsitzender des SDS, befürwortet – im Reichstag – den Gesetzentwurf (stimmt ihm bei der Verabschiedung auch zu) und tritt daher als SDS-Vorsitzender am 4. 10. zurück. Die Resolution der am 10. 12. tagenden Mitgliederversammlung der Ortsgruppe Berlin, ihn wegen seines Verhaltens aus dem SDS auszuschließen, wird vom Hauptvorstand am 17. 12. abgelehnt.

Um die Auswirkungen des neuen Zensurgesetzes in Grenzen zu halten, arbeitet der SDS an den Prüfungsausschüssen mit (der Prüfstelle München z. B. gehören an: H. Mann, Bruno Frank, A. M. Frey), kann jedoch nicht verhindern, daß die zahlenmäßig in den Prüfungsausschüssen stärker vertretenen Lehrer, Jugendämter und Jugendwohlfahrt Urteile fällen, die einer Wiedereinführung der Zensur gleichkommen.

Unabhängig vom Schund- und Schmutzgesetz üben die als Reichsbehörde etablierten Filmprüfstellen politische Zensur aus, vor allem da, wo Justiz und Reichswehr sich angesprochen fühlen. Einer der bekanntesten Fälle ist das Verbot von Sergej Eisensteins »Panzerkreuzer Potemkin« am 24. 3. 1926. Begründung der Filmprüfstelle Berlin: Der Film verherrliche den »offenen Kampf gegen die Staatsmacht« und »hetze«, so der anwesende Vertreter des Reichswehrministeriums, »weniger kritikfähige Zuschauer . . . gegen die Autoritäten des Militärs auf«. Der Film wird am 12. 7., dank der Plädoyers von Alfred Kerr und Paul Levi, nach entsprechenden Schnittauflagen ›nur noch‹ für Jugendliche verboten. General von Seeckt untersagt den Reichswehrsoldaten den Besuch von Kinos, »in denen der Film ›Panzerkreuzer Potemkin‹ zur Aufführung gelangt«, da eine »Gefährdung der Disziplin« zu befürchten sei.

Für Carl Zuckmayer

In Wahrung der Interessen seiner Mitglieder erhebt der Schutzverband Deutscher Schriftsteller, Gau Bayern, entschieden Einspruch gegen ein Verfahren, wie es soeben im Falle des Verbotes der Aufführung des Lustspiels »Der fröhliche Weinberg« in den Münchener Kammerspielen durch die Münchener Polizeidirektion geübt worden ist. Der Schutzverband Deutscher Schriftsteller, Gau Bayern, hält es für unzulässig, daß ein Stück verboten wird, weil eine Minderzahl von Unruhstiftern während der Vorstellung Skandal macht und die Polizei angeblich außerstande ist, zehn bis zwölf Schreier zur Ruhe zu bringen. Der Schutzverband Deutscher Schriftsteller, Gau Bayern, hält es für selbstverständliche und alleinige Aufgabe der Polizei, den ruhigen Verlauf der Vorstellung zu gewährleisten. Wir verwahren uns deshalb dagegen, weil wir in solchem Vorgehen eine starke ideelle und materielle Schädigung des Schriftstellers erblicken. Die Weiterverfolgung dieser Methode würde dazu führen, die Aufführung eines jeden Stückes unmöglich zu machen, sobald es einigen Radaubrüdern gefällt, in rüpelhafter Weise ihrem Mißbehagen Ausdruck zu geben.

Februar/März 1926. – Protestschreiben des SDS Gau Bayern an das bayerische Innenministerium. Carl Zuckmayers »Der fröhliche Weinberg« wird am 22. 2. von der Münchner Polizei verboten, um weiteren völkischen Ruhestörungen zuvorzukommen. Die später unter Beteiligung völkischer Verbände zustandekommende zensurierte Fassung wird wieder in den Spielplan aufgenommen, eine Art »wilder Zensur« (Arthur Eloesser, Redakteur des »Schriftsteller«), häufig angewendet von Völkischen und Nationalsozialisten.

Eine weitere Spielart der Zensur – die Selbstzensur. 23. 3. 1927: Erwin Piscator aktualisiert Ehm Welks Hanse-Stück »Gewitter über Gotland«, in dem er den Vitalienbruder Störtebecker als »Gefühlsrevolutionär« darstellt, der 1927 Nationalsozialist wäre, und dessen Gegenspieler in der Maske Lenins – als »Verstandesrevolutionär« auftreten läßt. Der Kritiker des rechten »Tag« und Paul Fechter in der »Deutschen Allgemeinen Zeitung«: »kommunistische Propaganda«. Die Volksbühne als Hausherr setzt daraufhin bei Piscator Schnitte in dem während der Aufführung eingeblendeten Kurzfilm durch. Alfred Kerr greift den Volksbühnenvorstand im »Berliner Tageblatt« an: »›Politische Propaganda‹ ... hat, mit unbestreitbarem Recht, im Film die schmerzvoll und langsam fortschreitende Entwicklung vom Knechtsstaat zum Volksstaat gezeigt. Ist das verboten? Hoch lebe die starke, mutige, deutsche Republik!« Auf der Protestkundgebung, die Arthur Holitscher am 30. 3. 1927 im Festsaal des Herrenhauses veranstaltet, erklärt Ernst Toller unter dem Beifall der 2000 Anwesenden: »Drama, das heißt Kampf, radikal oder gar nicht sein.« Und Tucholsky: »Wir können uns Kunst nicht tendenzlos denken.« Die Stellungnahme des Intendanten des Staatstheaters Leopold Jessner für Piscator veranlaßt die DNVP zu der Großen Anfrage im Preußischen Landtag, ob der Kultusminister es dulde, daß das Staatsschauspiel kommunistisch unterwandert würde – mit der Folge, daß der Vertrag zwischen Piscator und Jessner »stillschweigend annulliert« wird.

Kampf gegen die Zensur

Alfred Döblin *Aktionsgemeinschaft für geistige Freiheit*

Diese Kampfgemeinschaft für geistige Freiheit kann heute nur dieselben Ziele haben wie jede solche Kampfgemeinschaft:

Erstens: *nicht* den »Schmutz und Schund« zu *schützen* und einen liebenden Mantel um ihn zu legen. Diejenigen, die es angeht, werden wissen, was ich meine. Es gibt eine Sorte von meist bebilderten Schriften, die, wenn sie amtlich bedrängt werden, selber sehen mögen, wo sie stehen. Wir haben die *geistige Freiheit* zu schützen, auch wo sie vorstößt auf schwieriges, umkämpftes, erotisches und politisches Gebiet. Das ist etwas anderes als den *Verlegerkapitalismus* schützen, wenn er drangeht, ohne die geringste kulturelle Ambition, gewisse sexuelle Bedürfnisse auszubeuten. Dies Geschäft geht uns nichts an. Wir moralisieren nicht darüber, aber wir haben kein Interesse daran. Wir werden in jedem Fall diese Linie »kulturelles geistiges Ziel« und »Geschäftskapitalismus« positiv scharf ziehen.

Zweitens: Wir haben da zu sein, wo Gruppen von besonderer »Weltanschauung«, politischer Haltung, kultureller Haltung sich der Gerichte bemächtigen wollen, um mit den Gerichten eine ihnen feindliche oder unangenehme Weltanschauung, politische Haltung, kulturelle Haltung zu schlagen. Den Bedrückten dieser Art sekundieren wir und haben vor Gericht und Öffentlichkeit auf Seiten der mit Machtmitteln bedrohten Geistesfreiheit zu stehen. Unsere Funktion ist da allemal: die Ankläger in ihrer Ahnungslosigkeit oder Bösartigkeit zu entlarven, die Gesetzmaschinen anzuhalten und das gefährdete Kulturgut zu retten. Eine Riesenaufgabe. Es kann niicht genug Organisationen dafür geben.

1928. – Im Januar 1928 wird aus dem »Aktionsausschuß zur Wahrung der Freiheit in Kunst und Schrifttum« und der »Kampfgemeinschaft für Geistesfreiheit« die »Aktionsgemeinschaft für geistige Freiheit« (AgF) gebildet. Sie versteht sich als »Abwehrorganisation gegen Zensur- und Willkürmaßnahmen«, die die »geistige und wirtschaftliche Freiheit« beschränken und bedrohen, insbesondere gegen die Auswirkungen des Schund- und Schmutzgesetzes.

Den Vorsitz übernehmen Alfred Döblin und Franz de Paula Rost, der »Die Stimme der Freiheit«, das Organ der AgF, herausgibt. Dem beratenden »Arbeitsausschuß« der AgF gehören u. a. an: Willy Haas, Gerhart Pohl, Ernst Toller, Alfred Wolfenstein, Ossietzky, Emil Lind (Genossenschaft deutscher Bühnenangehöriger).

Lion Feuchtwanger und Frank Thieß erklären ihren Austritt aus dem Beirat der Berliner Prüfstelle.

Am 25. 1. 1929 veranstaltet die »Liga für Menschenrechte« eine Protestversammlung, auf der Peter Martin Lampel, Herbert Ihering, Walter Hasenclever, Paul Oestreich u. a. sprechen und auf der Zustimmungserklärungen u. a. eingehen von: Arnold Zweig, Wilhelm von Scholz, H. Mann, Th. Mann, Leopold Jessner, Wieland Herzfelde, Erwin Piscator, Anna Siemsen, Albert Grzsinski (preußischer Innenminister).

Auch die »Aktionsgemeinschaft für geistige Freiheit« schickt der Versammlung eine zustimmende Erklärung: »Die ›Aktionsgemeinschaft für geistige Freiheit‹, Sitz Berlin, hat mit Genugtuung von Ihrer Kundgebung ›Gegen die Zensur – für Geistesfreiheit‹ Kenntnis genommen und erklärt, daß sie jede unzweifelhafte Bewegung gegen das heute wieder mehr denn je überwuchernde Mucker- und Paragraphentum, gegen jede dunklen Verbotsmachinationen mit stärkster Sympathie unterstützen wird. Sie erblickt in den zahlreichen Vorstößen der letzten Zeit gegen weltanschaulich unbequeme Erzeugnisse der Literatur und des Schrifttums eine Begünstigung überlieferter Begriffe zum Zwecke neuerlicher Knebelung und Einschüchterung des Volkes. Nach wie vor wird sie alle derartigen Übergriffe und Angriffe bekämpfen und sowohl in ihrem Organ, der Monatsschrift ›Die Stimme der Freiheit‹, wie in Sonderpublikationen und bei gemeinsamen Aktionen die Rechte der immer aufs neue wieder beleidigten Freiheit wahrzunehmen wissen.«

Unterzeichnet von Alfred Döblin und Franz de Paula Rost. – Döblin ändert in Sachen Zensur allerdings bald seine Meinung.

Alfred Döblin im Gespräch

Ich bin nicht gegen Zensur, ich bin für Zensur ...

Ich stehe in meinen Ansichten der Kommunistischen Partei sehr nahe. [Döblin ist vor etwa 2 Jahren aus der SPD ausgeschieden.]

Die Forderung der Freiheit für die Kunst halte ich für eine Beleidigung der Künstler, die sich dadurch als verantwortungslose Kretins allgemeiner Mißachtung aussetzen.

Die Forderung allgemeiner Meinungsfreiheit ist weiter nichts als eine bürgerliche Phrase, die zu keiner Zeit und in keinem Lande ernst genommen wurde.

Man kann für geistige Freiheit nur in Anlehnung an eine politische Partei kämpfen und zwar nur mit politischer Tendenz und nur zum Schein für die liberalistische Idee allgemeiner Meinungsfreiheit, insofern man sich damit die Hohlheit der Phrasen zum Zwecke der eigenen Tendenz nutzbar macht.

Ich erkenne das Machtprinzip an. Die Achtung vor der persönlichen Meinung hat davor zurückzutreten.

Die »AgF« ist mit ihrer allgemeinen liberalistischen Idee nur eine Grüppchengründung ohne jede Bedeutung.

Januar/Februar 1930. – Bericht von Franz de Paula Rost über ein Gespräch mit Döblin unter der Überschrift »Alfred Döblins Sündenfall« (»Die Stimme der Freiheit«, Februar 1930). Döblin begründet seinen Sinneswandel in dem Aufsatz »Die Kunst ist nicht frei, sondern wirksam – ars militans« und begründet ihn noch einmal in einem Brief an Rost: »Die Kunst ist *nicht* frei, Gott sei Dank und hoffentlich nicht, nur Narren sind frei und dürfen schwatzen – alle andern haben für ihre Dinge einzustehen und sich zu verantworten dafür. Wer Künstler ist und kämpft, hat sich nicht hinter eine nebelhafte Idee, hinter den infamen Schwindel von der ›Freiheit der Kunst‹ zu verstecken, sondern als Mensch und Künstler seine Sache auch tapfer und mit Einsatz seiner Person auszupauken.«

(Willy Haas hält dem entgegen, daß die Kunst keiner »Satisfaktionsfähigkeit« bedürfe, weil sie »keinen Ehrenstandpunkt« vertrete, sondern »die tiefere Wahrheit, die höhere Vernunft«.)

Gemeinsam mit 18 Verbänden (allen bedeutenden Verbänden in Kunst und Literatur – unter ihnen der Reichsverband der bildenden Künstler, der Musiker- und Komponistenverband, die Dachorganisation filmschaffender Künstler) gründet der SDS 1929 den »Kampfausschuß gegen die Zensur«. Da der Kampfausschuß infolge innerer Meinungsunterschiede in seinem »Kampf gegen Kulturreaktion« nicht sehr wirkungsvoll ist, liegt die Hauptlast der Arbeit auf den Schultern der SDS.

Am 11. 3. 1929 findet unter Vorsitz des Reichsinnenministers Karl Severing im Herrenhaus eine Protestkundgebung des »Kampfausschusses gegen Zensur« statt. Anwesend ist u. a. auch Kultusminister Becker und das ganze geistige Berlin. Zu Beginn verliest Severing einen Brief von Gerhart Hauptmann: »... Wir sind keineswegs sicher davor, in den finstersten Teil des freilich nicht durchweg finsteren Mittelalters zurückzufallen. Es gibt einen fernen Osten, wo die Kunst nur noch von einem gewissen Beharrungsvermögen lebt, in Wahrheit jedoch in den letzten Zügen liegt. Auch von anderen Himmelsrichtungen ist sie bedroht, und so die Kultur: denn Kultur ohne Kunst gibt es nicht. Kunst aber ist immer nur freie Kunst. Kunst, durch Gesetze geknebelt, ist keine. Darum kämpfen wir bis zum letzten Hauch für die Freiheit der Kunst, das heißt für die Kunst! getragen von dem Bewußtsein, unsere Kultur damit zu verteidigen«.

Heinrich Mann *Gegen die Zensur*

... Die Geistesfreiheit, oder was von ihr noch übrig ist, muß verteidigt werden. Und um sie zu verteidigen, muß angegriffen werden. *Der Gegner muß gezwungen werden, auch das wieder herauszugeben, was er schon erraffi hat, besonders das Schmutz- und Schundgesetz. Die jetzt endlich geeinigten Verbände müssen dauernd wach bleiben, und Einwände in ihren eigenen Reihen müssen unterdrückt werden. Für jene Presse aber, der Geistesfreiheit etwas bedeutet, muß sie es jeden Tag bedeuten. Geistesfreiheit ist keine vorübergehende Aktualität, und sie wird nicht langweilig, wenn man schon so oder soviel über sie gebracht hat. Geistesfreiheit steht jenseits der wechselnden Ereignisse.* Der Kampf um Geistesfreiheit ist ewig wie der Kampf um das tägliche Brot.

Neben Heinrich Mann sprechen auf der Protestversammlung noch Wolfgang Heine, Fritz von Unruh, Oscar Bie, Emil Lind, Leopold Jeßner und Fritz Kortner. Am Ende verabschiedet die Versammlung folgende Resolution: »Der Kampfausschuß von siebzehn kulturellen Verbänden lehnt jede kulturwidrige Absicht ab, die freie Entwicklung der Kunst, des Schrifttums und der Wissenschaft durch Wiedereinführung eines auch nur verschleierten Zensursystems zu hemmen. Er wird über den heutigen Abend hinaus durch Wachsamkeit und rechtzeitige Aufklärung eine dauernde Schädigung ideeller Interessen zu verhüten wissen. Der Kampfausschuß gegen Zensur bleibt in Permanenz«.

Die dem »Kampfausschuß gegen Zensur« ebenfalls angeschlossene »Section für Dichtkunst« veranstaltet am 6. 3. eine Kundgebung unter dem Motto »Zensur oder nicht Zensur?«, an der sich u. a. Max Liebermann, Walter von Molo, Alfred Kerr und Jakob Wassermann beteiligen.

Alfons Goldschmidt, Berta Lask u. a. sprechen am 22. 3. auf der Veranstaltung »Kunst in Fesseln! Jugend in Not! Pfaffen am Werk!« – nach dem Urteil der »Aktionsgemeinschaft für geistige Freiheit« eine »Parteipropagandaveranstaltung« (»Die geistige Freiheit ist bedroht! ... Wir glauben aber nicht, daß sie gerade bei der KPD in besseren Händen liegt.«).

Für die geistige Freiheit

Die Generalversammlung des S. D. S. erhebt auf das schärfste Einspruch gegen die Versuche, im Widerspruch zur Reichsverfassung die Zensur auf dem Wege der Gesetzgebung oder durch Verwaltungsmaßnahmen wieder einzuführen. Sie beauftragt ferner den Gesamtvorstand des S. D. S., gegen jeden Versuch, offen oder verschleiert die Zensur für Bücher, Zeitschriften, Zeitungen, Theater, Kino oder Rundfunk auszuüben oder neu einzuführen, die gebotenen Maßnahmen zu treffen. Im besonderen soll die entsprechende Gesetzgebung, an erster Stelle der Entwurf eines neuen Strafgesetzbuches, sorgfältig überwacht werden; Verminderungen der geistigen Freiheit sind mit allen erfolgversprechenden Mitteln zu verhüten.

17. 3. 1929. – Resolution des SDS auf der Generalversammlung am 17. 3. – Der Berliner Polizeipräsident Karl Zörgiebel verbietet Peter Martin Lampels Theaterstück »Giftgas über Berlin« im Anschluß an eine von ihm gewünschte Voraufführung, Bedenken des Reichswehrministeriums und des Auswärtigen Amtes folgend. Die liberale Presse, einschließlich des »Vorwärts«, lehnt das Verbot von Lampels – künstlerisch belanglosem – Stück als Vorzensur ab. Albert Einstein, Alfons Goldschmidt, Herbert Ihering, Bert Brecht gründen daraufhin den »Verein zur Förderung junger Theaterkunst«, der sich den »Kampf gegen jede politische oder sonstige außerkünstlerische Einwirkung auf das Theater« zum Ziel setzt.

Für Alfred Döblin

Die Polizeidirektion München hat die weitere Aufführung des Stückes »Die Ehe« von Alfred Döblin verboten, nachdem es unbeanstandet sechsmal gespielt worden ist. Das Verbot gründet sich darauf, daß die Wirkung des Stückes einer kommunistischen Propaganda gleichzustellen sei. Damit wird entgegen dem klaren Wortlaut des Art. 118 der Reichsverfassung ein Stück wegen seiner – angeblichen – Tendenz verboten.

Der Schutzverband Deutscher Schriftsteller, Gau Bayern, e. V., erhebt hiergegen *schärfsten Protest.*

Er wendet sich entschieden gegen einen solchen verfassungswidrigen Versuch, die geistige Freiheit in Deutschland zu unterdrücken.

Ende 1930. – Von Thomas Mann und Dr. Friedrich unterzeichnete Protesterklärung. Alfred Döblins »Die Ehe«, am 29. 11. 1930 uraufgeführt, wird 14 Tage später wegen angeblicher ›kommunistischer Tendenzen‹ verboten.

Gegen die Entartung im deutschen Volksleben

Immer noch ergießen sich über unser Volk Fluten von unbeschreiblichem Schmutz. Alles Heilige, woran bisher die Seelen Halt fanden, wird in diesen Kot gezerrt. Gibt es so wenig Deutsche, die sehen, daß hier eingegriffen werden muß und die auch den Mut haben, einzugreifen? Es muß eine starke deutsche Einheitsfront gegen den Geist der Zuchtlosigkeit erstehen. Ewige Werte müssen allen anderen vorangestellt werden, eine planmäßige Abwehr gegen die planmäßige Entsittlichung unseres Volkes ist heilige Pflicht. Der Deutsche Frauenkampfbund hat seit zwei Jahren gegen die Zersetzung und Verderbung der deutschen Seele angekämpft. Sicherlich wirken auch an vielen anderen deutschen Orten tatkräftige Einzelpersönlichkeiten und Vereine am Schutz und Wiederaufbau der deutschen Familie und der deutschen Kultur. Soll aber aus diesen Strömungen eine große sieghafte Kraft werden, so müssen sich die vielen Tausende vorbildlicher deutscher Frauen und Männer eingehender mit diesem Kampf beschäftigen.

Kino und Theater, Vergnügungsfeste und Bälle, Tagespresse und Literatur, Zeitungsverkaufsstände, Buch- und Papierläden, Flugschriften und Plakate werden von bestimmten Personen aus den Gemeindevereinen oder Kirchenvorständen unter Bildung von Arbeitsausschüssen beobachtet. Gegen jede bemerkte Unsittlichkeit wird schriftlich oder mündlich protestiert, und es werden die zuständigen Behörden um Hilfe dagegen aufgerufen.

1929. – Aufruf des »Deutschen Frauenkampfbundes gegen die Entartung im deutschen Volksleben«. Unterzeichnet u. a. von den Verbänden: Stahlhelm (Bund der Frontsoldaten), Reichsverband der Baltikumkämpfer, Vereinigte Vaterländische Verbände Deutschlands, Volkswartbund, Deutscher Philologinnenverband, Deutschnationaler Lehrerbund, Deutsche Richard-Wagner-Gesellschaft, Deutsche Adelsgenossenschaft.

Am 19. 12. 1928 gründet Alfred Rosenberg in München den »Kampfbund für deutsche Kultur«. Sein Ziel: »Umfassender Zusammenschluß aller Kräfte des schöpferischen Deutschtums, um in letzter Stunde zu retten und zu neuem Leben zu erwecken, was heute zutiefst gefährdet: deutsches Seelentum und sein Ausdruck im Schaffenden Leben, in Kunst und Wissen, Recht und Erziehung, in geistigen und charakterlichen Werten.« Nach § 1 der Satzung ist »das deutsche Volk über die Zusammenhänge zwischen Rasse, Kunst und Wissenschaft, sittlichen und willenhaften Werten aufzuklären«. Als »Schädlinge unserer Tage« werden genannt: Thomas Mann, Jacob Wassermann, Leonhard Frank, Carl Zuckmayer.

Über die Freiheit der kolonialen Völker

Brüsseler Manifest zum Kolonialismus

Wir verfolgen den in der ganzen Welt vor sich gehenden Freiheitskampf der unterdrückten kolonialen Völker mit tiefer Bewunderung und in der Hoffnung auf den Endsieg ihres Kampfes für die Sache der ganzen arbeitenden Menschheit.

Die heute in Deutschland immer mehr wachsende Propaganda für die Wiedererwerbung von Kolonialbesitz halten wir für falsch und gefährlich; eine neue Kolonialpolitik, einerlei in welcher Form, wird das deutsche Volk unweigerlich in die bevorstehenden blutigen imperialistischen Kriegskonflikte hineintreiben. Die Zeit der Kolonialpolitik ist vorüber.

Selbst wenn Deutschland wieder Kolonien erhalten würde, würde damit an der schweren wirtschaftlichen Lage seiner arbeitenden Bevölkerung nicht das mindeste geändert. Die um ihre Befreiung kämpfenden Kolonialvölker sind die Bundesgenossen auch der schaffenden Bevölkerung Deutschlands.

Wir rufen das gesamte arbeitende Volk auf, von seinen wirtschaftlichen und politischen Organisationen eine entscheidende Stellungnahme gegen jede neue Kolonialpolitik zu fordern.

Februar 1927. – Resolution der deutschen Delegierten, die an dem vom 10.-15. 2. in Brüssel stattfindenden »Kongreß gegen koloniale Unterdrückung und Imperialismus« teilnehmen; unterzeichnet u. a. von Ernst Toller, Theodor Lessing, Arthur Holitscher, Helene Stöcker, Otto Lehmann-Rußbüldt, Alfons Goldschmidt, Albert Einstein, Georg Ledebour und den KPD-Vertretern Willi Münzenberg (auf dessen Organisation der Kongreß weitgehend zurückgeht), Wilhelm Koenen, Ernst Putz. Zu Ehrenmitgliedern des Kongresses werden gewählt: Romain Rolland, George Lansbury (Labour Party), Upton Sinclair, Albert Einstein, Henri Barbusse, Mme. Sun Yat-sen, Jahwerlaja Nehru und Maxim Gorki.

In Gegenwart zahreicher Chinesen werden zum ersten Mal die Interessen der kolonialisierten Länder vertreten, ein, so Ernst Toller in seinem Kongreßbericht in der »Weltbühne«, »welthistorisches Ereignis«. Toller, der auch als Redner auf dem Kongreß auftritt, entgegnet dem Vorwurf des »Vorwärts«, er habe sich an einem »halbkommunistischen oder sowjetrussischen Gebilde« beteiligt:

»Der Faschismus ist eine solche Gefahr für die europäische Arbeiterschaft, daß ich glaube, man sollte *jede* Offensive gegen ihn begrüßen . . .«

Auf dem Kongreß wird eine »Weltliga gegen Imperialismus und für nationale Unabhängigkeit« gegründet, die von den Kolonialmächten mißbilligt und bekämpft wird.

China-Resolution

Die Ereignisse in China haben in der letzten Zeit eine Entwicklung genommen, die zur Stellungnahme zwingt. Nicht genug damit, daß die Generäle mit ihren Söldnerheeren das 400-Millionenvolk der chinesischen Arbeiter und Bauern bis zur Vernichtung brandschatzen, gehen sie auch dazu über, jeden Versuch der Massen, sich ihrer Peiniger zu erwehren, in einem Meer von Blut und Tränen zu ersticken ...

Das chinesische Volk lebt in grösster Not und blutet aus unzähligen Wunden. Jeder, der an einen Aufstieg der Menschheit glaubt und eine bessere Welt, eine Welt der Wahrheit und Gerechtigkeit erstrebt, muss hier Stellung nehmen für das chinesische Volk. Tun Sie das in der Ihnen zur Verfügung stehenden Presse und senden Sie uns auch eine Protesterklärung. Helfen Sie mit an der Aufrüttelung aller, die ohne innere Anteilnahme an der barbarischen Unterdrückung und Vernichtung des um seinen Aufstieg kämpfenden chinesischen Volkes vorübergehen! ...

8. 3. 1928. – Erstunterzeichner sind neben chinesischen Politikern: Arthur Holitscher, Theodor Lessing, Freiherr von Schoenaich, Jakob Schlör.

Als im Mai 1925 in Shanghai englische Truppen anläßlich eines Streiks gegen japanische Textilfabriken eingreifen, kommt es zu einem Generalstreik, der auf chinesische Großstädte übergreift. Die Sympathie des Westens gehört zunächst dem jungen Tschiang Kai-schek, der als Schüler des verstorbenen Republikaners Sun Yat-sen und mit sowjetischer Hilfe für ein neues China kämpft. Im gleichen Augenblick bekämpfen England verbundene chinesische Generäle die nationale Erhebung auf grausame Weise. Münzenberg entfacht in Berlin eine Chinakampagne, in deren Verlauf auch zahlreiche deutsche Schriftsteller und Künstler einen Chinaaufruf unterzeichneten. Unter dem Motto »Hände weg von China« veranstaltete Münzenberg am 16. 8. 1925 im Berliner Herrenhaus eine Kundgebung.

Im August/September 1931 organisiert Willi Münzenberg eine Telegrammaktion zugunsten des in Shanghai inhaftierten schweizerischen Gewerkschaftlers Ruegg. Die Telegramme, die an die Witwe Sun Yat-sens gerichtet werden, sind u. a. unterzeichnet von: Alfred Kerr, Ossietzky, Ernst Rowohlt, Bernard von Brentano, Lion Feuchtwanger, Paul Westheim; den Künstlern Paul Klee, Max Pechstein, Karl Hofer, Hans Baluschek, Walter Gropius, Mies van der Rohe, Bruno Taut, Otto Dix, ferner Leopold Jessner, Paul Wegener. Münzenberg gründet am 30. 10. in Berlin das »Zentrale Verteidigungskomitee zur Rettung Rueggs«. (Ruegg erweist sich schließlich als sowjetischer Geheimagent.)

Im November 1931 gründet Willi Münzenberg ein »Internationales China-Hilfskomitee« – Anlaß sind der Einfall Japans in die Mandschurei und die gleichzeitige Proklamation einer Sowjetrepublik durch chinesische Kommunisten.

Die schwindende Zustimmung

Josef Ponten *Worte an die Jugend*

Armselig erschien mir die Beschränkung, die der Verlag Fischer neulich seinem an die deutsche Jugend gerichteten Preisausschreiben, das die Gestaltung von »Erlebnissen« von ihr forderte, beigab: keine Kriegserlebnisse!

Da hat diese Jugend einmal etwas erlebt, etwas Gewaltiges, ob sie »draußen« war oder, als zu jung oder aus anderen Gründen, in der Heimat blieb – nun darf sie es nicht gestalten . . .

Keine Kriegererlebnisse! Ich habe einen jungen Freund, er dichtet, er will sich an dem Fischerschen Preisausschreiben beteiligen. Er ist noch im letzten Kriegsjahre ins Feld gekommen und hat in dieser Zeit so *Furchtbares und Großes* erlebt, daß ich – nach vier Jahren im grauen Rocke auch nicht ohne einige Erlebnisse – ihn um die seinen *beneide!* . . .

28. 1. 1927. – Auf Aufforderung der »Literarischen Welt«.

Heinrich Mann *Der tiefere Sinn der Republik*

Um den tieferen Sinn der Republik uns zu vergegenwärtigen, müssen wir nicht draußen suchen, wir haben ihn in uns. Von jeder ihrer noch nicht ganz sicheren Republik wird gesagt, sie sei eine Republik ohne Republikaner. Das ist nur so zu erklären, daß diese Republikaner es doch erst geworden sein können in anderen Staatsformen. Davon haftet natürlich noch etwas. Aber sie wurden es, wenn auch oftmals ohne Wissen und Willen, schon damals. Sie wurden unter der Monarchie für die Republik schon reif, dadurch daß ihre Gesellschaft sich veränderte, ihre Vorstellung von Pflichten und Rechten des Bürgers sich erweiterte und gewisse moralische Werte steigen, während andere fielen.

Wenn Arbeit anfängt, die notwendige Voraussetzung jedes Daseins zu sein, wird sie bald auch die allgemeine Ehre und die sittliche Grundlage der Gesellschaft bilden. Zugleich sinken im Wert alle Vorzüge, die nicht erarbeitet, persönlicher Leistung nicht verdankt sind. Die Republik ist hiermit vorbereitet; sie beherrscht eigentlich schon die Seelen, noch bevor sie im Lande herrscht.

Auch beginnt ihr Reich im Grunde schon, wenn die Gesellschaft

Pflichten übernimmt gegen jedermann und uns alle für ihre Gläubiger hält. So lange der alte Staat ganz unverfälscht war, gehörte er mit keinem Hauch seinen Untertanen, nur sie ihm. Soziale Gesinnung ist der Beginn der Republik ...

Demokratie und Republik brauchen Güte so sehr wie Erkenntnis. Ihr Beruf wäre, beide in der Welt zu vermehren. Das Gegenteil von Demokratie ist Ideenhaß, die Verfolgung von Gesinnungen. Dem republikanischen Geiste am fremdesten ist die Verweigerung des Rechtes zum Schaden Schwacher, ist der Zusammenschluß aller derer, die schon in Besitz und Macht sind, gegen alle jene, die erst noch hinstreben ...

Menschen sind von Natur nicht gut, und nichts bedarf so langer Lehre und Übung wie Gerechtigkeit. Aber welchen Sinn hätte denn Demokratie, wenn sie uns nicht gerechter machte!

Bei uns selbst brauchen wir geistige Führerschaft. Die Republik empfängt ihre Wesensart nicht erst von äußerer Macht, sie wird groß durch Eroberung und Gewinn im inneren, die Hebung ihrer Menschen. Sie, die nicht nur materielles Gebiet, keineswegs nur die Mitte zwischen streitenden Interessen sein darf, die Republik ist berufen, sich fortwährend weiter auszudehnen und wahre Reiche zu erwerben dadurch, daß sie den geistigen und menschlichen Wert der Gesamtheit erhöht. Die richtig verstandene Demokratie darf nie die Senkung der gemeinsamen Ebene bedeuten, sie muß im Gegenteil das Mittel zur Züchtung der Besseren und Besten sein. Die richtig verstandene Demokratie allein kann den neuen Adel formen – denn seinen Adel braucht jeder Staat. Dieser aber will nicht den ein für allemal verankerten in Geburt und Besitz, er will die immer wieder erneuerte Aristokratie derer, die sich auszeichnen für die Nation ...

Die Republik aber ist, wie das Vaterland, Gedanke, noch ehe sie Wirklichkeit ist. Sie wird das Vaterland vollenden und zur unbeschränkten staatlichen Einheit machen. Auf Arbeit begründet, der Gerechtigkeit bedürftig und mit dem Berufe, Erkenntnisse zu verwirklichen – erst die wahre Republik erfüllt einst den Gedanken eines Vaterlandes ohne Grenzen zwischen seinen Ländern, zwischen seinen Menschen.

April 1927. – Rede, gehalten auf dem Hamburger Parteitag der Deutschen Demokratischen Partei. Die von Heinrich Mann unterstützt, aber von ihm von links aus kritisierte Partei verliert allmählich einen großen Teil ihrer Wähler – Mittelstand und Selbständige – an DVP, DNVP und andere Rechtsparteien. Am 9. 11. 1930 löst sie sich auf.

Gerhart Hauptmann *Mussolini*

Moralische Ordnung und deren Aufbau. Überflüssigmachung Polizeisystems. Autoritäre Demokratie. Habe ich nicht eigentlich tiefe

Sympathie für Mussolini? Beneide ich eigentlich Mussolini um sein Werk? Ja! Und hier liegt Zustimmung, wenn auch nur bedingte. Ich würde seine Methode modifiziert auf Deutschland anwenden. Vor allem die »moralische Ordnung«, d. h. die moralische Einheit würde ich erstreben.

1927. – Der in Rom weilende Gerhart Hauptmann wird im April 1927 von Mussolini empfangen. Hauptmann, der die Winter in Oberitalien verbringt, hat kurz vorher die Italianisierung Südtirols durch Mussolini gutgeheißen. In Mussolini – für die Völkischen und Nationalsozialisten eine Symbolfigur – sieht der unsicher werdende Republikaner Hauptmann den gutmeinenden Diktator, eine Mischung aus vitaler griechischer Jugendlichkeit und moralischer Autorität, ein Mann, der seinen ›Volkssinn‹ beweist durch den Bau von Autostraßen und die Trockenlegung der Pontinischen Sümpfe.

Kurt Tucholsky *Zur Psychologie des Marxismus und der ›radikalen‹ Literaten*

Ich hatte mir vorgenommen, in der nächsten Zeit einmal auf die Brüchigkeit, Neurasthenie und die völlige Lebensuntüchtigkeit mancher Kreise hinzuweisen, die sich ›radikal‹ nennen, und ich weiß, daß es vom Wandervogel bis zu Leuten, deren Namen ich zunächst nicht nennen will, eine böse Entrüstungskampagne geben wird. Das vertragen die Herren nämlich am allerwenigsten, daß ihnen einer sagt: mir ist ein Erzreaktionär als Kapitän eines Passagierdampfers lieber als ein zerfahrener Literat, der unpünktlich, fahrig und unfähig ist, zu disponieren. Natürlich ist gegen Kant kein Einwand, daß er vielleicht ein schlechter Chauffeur gewesen wäre: aber gerade diese Herrschaften, die ständig zur Tat aufrufen, lassen eine Lebenstüchtigkeit vermissen, die der Geistesmensch Lenin bei 28 geschriebenen Bänden auf das Vorzüglichste bewiesen hat. Ich für meinen Teil möchte bei den meisten unsrer Radikalen nicht mitansehen, wie sie auch nur einen Umzug in die Wege leiten oder wegen eines Mietvertrages verhandeln oder den Streit zwischen zwei Angestellten schlichten – und unter gar keinen Umständen möchte ich unter diesen Leuten arbeiten. Ich habe das bisher noch nicht gesagt, aber ich fürchte, es ist sehr an der Zeit, daß man es tut.

Denn, sehen Sie, das, was am Preußentum gut und gesund ist, besitzen diese Leute leider wenig oder gar nicht, sehr zum Schaden unserer Sache, die, wie jede andere, eben nicht ohne ein gewisses Mindestmaß von Pflichterfüllung, Fleiß und vor allem von gesundem Menschenverstand geführt werden kann. Eben dieser gesunde Menschenverstand scheint mir bei so vielen unserer ›Radikalen‹ zu fehlen: die Leute haben kein inneres Maß, kein Gefühl für die Notwendigkeiten des Lebens, mit denen man doch rechnen muß, wenn man etwas erreichen will. Mit Dialektik und Neurasthenie allein ist die Sache eben nicht zu machen ...

7. 5. 1927. – Brief Kurt Tucholskys an Willy Haas.

Alfred Rosenberg *Vorposten des bolschewistischen Niedergangs*

... Man sieht heute dies volkmordende Hinströmen von Land und Provinz zu den Großstädten. Diese schwellen an, entnerven das Volkstum, zerstören die Fäden, welche den Menschen mit der Natur verbinden, locken Abenteurer und Geschäftemacher aller Farben, fördern dadurch das Rassenchaos. Aus der Stadt als Zentrum einer Gesittung ist durch die *Weltstädte* ein System von Vorposten des bolschewistischen Niedergangs geworden. Naturlose, willenlose, feige »Geistigkeit« verbindet sich mit brutaler typenloser Empörungssucht bastardischer Sklaven oder geknechteter, dabei aber noch gutrassiger Volksschichten, welche somit in falscher Front, geführt vom Marxismus, um ihre Freiheit fechten wollen. Spengler prophezeit 20-Millionen-Städte und ein ausgestorbenes Land als unser Ende, Rathenau schildert steinerne Wüsten und »kümmerliche Bewohner« deutscher Städte als Zukunft, die für das starke Ausland Frondienste leisten würden ...

1930; in »Der Mythos des 20. Jahrhunderts«. – Der Verleger Eugen Diederichs im April 1927 in »Die Tat« über Berlin: »Es macht glaubens- und ehrfurchtslos. Der Mensch verliert dort seine metaphysische Weite, sein Leben wird sinnlos.« Die »Weltbühne« antwortet darauf: »Man braucht Berlin nicht zu lieben. Aber dieser verquetschte Ton beleidigter Spießer reicht nicht einmal bis zum Ratskeller herauf.«

Thomas Mann *Kultur und Sozialismus*

... Der deutsche Sozialismus, Erfindung eines in Westeuropa erzogenen jüdischen Gesellschaftstheoretikers, ist von deutscher Kulturfrömmigkeit immer als landfremd und volkswidrig, als Teufelei pur sang empfunden und verflucht worden: mit Fug, denn er bedeutet die Zersetzung der kulturellen und antigesellschaftlichen Volks- und Gemeinschaftsidee durch die der gesellschaftlichen Klasse. Wirklich ist dieser Zersetzungsprozeß so weit fortgeschritten, daß man den kulturellen Ideenkomplex von Volk und Gemeinschaft heute als bloße Romantik anzusprechen hat und das Leben mit allen seinen Gehalten an Gegenwart und Zukunft ohne allen Zweifel auf seiten des Sozialismus ist –, dergestalt, daß kein dem Leben zugewandter Sinn – und sei er es auch nur ethisch-willentlich, nicht seinem vielleicht romantisch-todverbundenen Wesen nach – gezwungen ist, es mit ihm und nicht mit der bürgerlichen Kulturpartei zu halten. Der Grund dafür ist, daß, obgleich das Geistige in Gestalt des individualistischen Idealismus ursprünglich mit dem Kulturgedanken verbunden war, während die gesellschaftliche Klassenidee ihre rein ökonomische Herkunft nie verleugnete, diese dennoch weit freundlichere Beziehungen zum Geist unterhält als die bürgerlich volksromantische Gegenseite, deren Konservativismus die Berührung mit dem lebendigen Geist, die Sympathie mit seinen Lebensforderungen, für jedes Auge sichtbar, fast völlig verloren und verlernt hat.

Es war an anderer Stelle kürzlich die Rede von jenem krankhaften und gefahrdrohenden Spannungsverhältnis, welches in unserer Welt sich hergestellt hat zwischen dem Geist, dem von den Spitzen der Menschheit eigentlich bereits erreichten und innerlich verwirklichten Erkenntnisstande –, und der materiellen Wirklichkeit, dem, was in ihr noch immer für möglich gehalten wird. Diese beschämende und gefährliche Diskrepanz nach Möglichkeit zu tilgen, legt aber die sozialistische Klasse, die Arbeiterschaft, einen unzweifelhaft besseren und lebendigeren Willen an den Tag als ihr kultureller Widerpart, handle es sich nun um die Gesetzgebung, die Rationalisierung des Staatslebens, die internationale Verfassung Europas oder um was immer. Die sozialistische Klasse ist, in geradem Gegensatz zum kulturellen Volkstum, geistfremd nach ihrer ökonomischen Theorie, aber sie ist geistfreundlich in der Praxis –, und das ist, wie heute alles liegt, das Entscheidende ...

... Das deutsche Problem, das eben in der Streitfrage beruht, nach der die Parteien sich ordnen: Ob nämlich das Soziale nach traditioneller und konservativer deutscher Geistigkeit kulturell, oder ob es politisch, das heißt gesellschaftlich-sozialistisch aufzufassen sei. Und die Politisierung der Volksidee, die Hinüberleitung des Gemeinschaftsbegriffes ins Gesellschaftlich-Sozialistische würde die wirkliche, innere und geistige ›Demokratisierung‹ Deutschlands bedeuten. Wer also in Deutschland der ›Demokratie‹ das Wort redet, meint nicht eigentlich Pöbelei, Korruption und Parteienwirtschaft, wie es populärerweise verstanden wird, sondern er empfiehlt damit der Kulturidee weitgehende zeitgemäße Zugeständnisse an die sozialistische Gesellschaftsidee, welche nämlich längst viel zu siegreich ist, als daß es nicht um den deutschen Kulturgedanken überhaupt geschehen sein müßte, falls er sich konservativ gegen sie verstockte ...

Was not täte, was endgültig deutsch sein könnte, wäre ein Bund und Pakt der konservativen Kulturidee mit dem revolutionären Gesellschaftsgedanken, zwischen Griechenland und Moskau, um es pointiert zu sagen – schon einmal habe ich dies auf die Spitze zu stellen versucht. Ich sagte, gut werde es erst stehen um Deutschland, und dieses werde sich selbst gefunden haben, wenn Karl Marx den Friedrich Hölderlin gelesen haben werde –, eine Begegnung, die übrigens im Begriffe sei, sich zu vollziehen. Ich vergaß, hinzuzufügen, daß eine einseitige Kenntnisnahme unfruchtbar bleiben müßte.

April 1928. –

Erich Mühsam *Es lebe die Republik!*

Es ist dringend zu hoffen, daß der Prozeß des Reichsgerichtsrates Jorns sobald wie möglich in vollem Umfange als Buch der allgemeinen Benutzung als Geschichtsquelle für die Ursprünge der Zustände in diesem Lande zugänglich gemacht wird. Was das für Zustände sind, zeigt sich ja am deutlichsten darin, daß es sich nicht um einen Prozeß gegen Herrn Jorns handelt, sondern um die Frage, wie hoch ein Redakteur bestraft werden müsse, der die völlige Vergeblichkeit aller Bemühungen, die Schuld an der Ermordung Karl Liebknechts und Rosa Luxemburgs und an der Flucht des milde wegen Wachtvergehens bestraften Mordgesellen Vogel festzustellen, dem mit der Ermittlung der Mörder und der Verwahrung der Gefangenen verantwortlich beauftragten hohen Gerichtsbeamten beizumessen wagte. Herr Jorns hat vor lauter Bewunderung des kameradschaftlichen Begünstigens und Vorschubleistens der Mörder und ihrer Auftraggeber und Komplizen untereinander nichts herausbekommen in seiner Untersuchung, wenigstens nichts, was der Wahrheit entsprochen hätte; aber seit er diese Untersuchung abgeschlossen hatte, ist immer mehr von der Wahrheit bekannt geworden, nach der er nur hätte zu fragen brauchen, um sie ebenfalls zu erfahren ...

Herr Jorns, heute noch als Ankläger im Namen des Reichs Mitglied des höchsten Gerichts der Republik, die ihre anmutige Physiognomie eben in jenen blutigen Januartagen aufgeschminkt bekam, ist ein typischer Vertreter der Sorte, die bei uns Recht pflegt. Nach Paragraph 10a des Reichsbeamtengesetzes, der mit dem »Gesetz über die Pflichten der Beamten zum Schutz der Republik« erst im Juli 1922 dem Paragraphen 10 angefügt wurde, ist der Reichsbeamte Jorns »verpflichtet, in seiner amtlichen Tätigkeit für die verfassungsmäßige republikanische Staatsgewalt einzutreten« und hat, »alles zu unterlassen, was mit seiner Stellung als Beamter der Republik nicht vereinbar ist« ... Es lebe die Republik.

Mai 1929; Artikel aus Mühsams Zeitschrift »Fanal«. – »Das Tagebuch« veröffentlicht am 24. 3. 1928 unter dem Titel »Kollege Jorns« einen von Berthold Jacob anonym verfaßten Artikel. Jorns, Reichsanwalt und einer der agilsten in Sachen Landes- und Hochverrat, hatte als Kriegsgerichtsrat die Untersuchung gegen die Mörder von Luxemburg und Liebknecht geführt. Der Artikel wirft Jorns schwere Versäumnisse vor und schließt mit dem Satz: »Wie eine solche Erscheinung am obersten deutschen Gericht als Rechtsanwalt fungieren kann, ist unerfindlich.«

Jorns Strafantrag (unterstützt von Oberreichsanwalt Werner) wird zunächst stattgegeben. Am 27. 4. 1929 wird nach einer Verhandlung vor dem Schöffengericht Berlin-Mitte der beklagte ›Tagebuch‹redakteur Josef Bornstein freigesprochen. Das Gericht bestätigt, daß Jorns den Luxemburg-Liebknecht-Mördern Vorschub geleistet hat und deshalb als Reichsanwalt ungeeignet sei. Das Reichsgericht als Revisionsinstanz räumt zwar ein, daß Jorns Vorschub geleistet hat, deckt ihn aber wiederum, in dem es den ›Tagebuch‹redakteur auffordert, den Beweis zu erbringen, daß Jorns dies auch »absichtlich« getan habe.

Die Revision von Bornstein und Jorns verwirft das Reichsgericht am 17. 9. 1931. Jorns freilich bleibt Reichsanwalt, einer der obersten Juristen des Reiches.

Gegen Panzerkreuzer

Für Fortschritt und Kultur! Für Beseitigung sozialer Not und Ungerechtigkeit! Gegen Panzerkreuzer!

... Wir fordern als Staatsbürger und Menschen, daß menschliche Interessen über Partei- und Koalitionsfragen gestellt werden! Hat man – 1928 – nur zehn Jahre nach Kriegsende die Millionen und aber Millionen Opfer fürchterlichster Kriegsmaschinen vergessen, daß man heute schon wieder wagt, neue Kriegsmaschinen zu bauen, ohne befürchten zu müssen, hinweggefegt zu werden? Wir wissen, daß das deutsche Volk in seiner großen Mehrheit die fürchterlichen 4 1/2 Jahre nicht vergessen hat! Wir Künstler und Geistesarbeiter fühlen uns als Kämpfer für die Freiheit der Kultur und des Geistes gezwungen, gegen den Bau von Panzerschiffen, gegen diesen imperialistischen Größenwahnsinn zu protestieren, gegen das sinnlose Hinauswerfen von achtzig und noch vielen weiteren Hunderten Millionen Mark – mit denen unendliches Leid getilgt werden könnte!

Ende September 1928. – Aufruf, unterzeichnet u. a. von Hans Baluschek, Ernst Barlach, Albert Einstein, Gertrud Eysoldt, Oskar Maria Graf, Walter Gropius, Bernhard Kellermann, Alfred Kerr, Käthe Kollwitz, Otto Lehmann-Rußbüldt, Heinrich Mann, Otto Nuschke, Paul Oestreich, Max Pechstein, Ludwig Quidde, Bruno Taut, Aribert Wäscher, Franz Werfel, Heinrich Zille, Arnold Zweig und Hunderten weiterer Namen.

Am 10. 8. beschließt das seit dem 28. 6. amtierende, SPD-geführte Kabinett Hermann Müller den Bau des Panzerschiffes A, obwohl sich die SPD im vorangegangenen Wahlkampf u. a. mit der Parole »Panzerkreuzer oder Kinderspeisung« dagegen – und gegen jede offensive Militärpolitik ausgesprochen hatte. Die Basis der SPD ist gegen den Bau des auf 80 Millionen RM veranschlagten Panzerkreuzers. Partei- und Fraktionsvorstand, Fraktion und Parteiausschuß der SPD verurteilen das Verhalten der sozialdemokratischen Regierungsmitglieder Hermann Müller, Carl Severing, Rudolf Hilferding, Rudolf Wissell, ohne freilich deren Rücktritt zu verlangen. Am 16. 8. beschließt die KPD, ein Volksbegehren für einen Volksentscheid gegen den Bau des Panzerkreuzers einzuleiten.

Die Wellen, die das Für und Wider in Sachen Panzerkreuzer schlägt, sind hoch. Und das vor allem deshalb, weil es, wie Ossietzky in der »Weltbühne« am 11. 9. schreibt, zu zeigen gilt, »daß Deutschland nicht eine Renaissance seiner Militärmacht will, daß es die Wiederkehr einer Gott sei Dank versunkenen Glorie nicht einmal in Miniaturformat wünscht«.

Das in dem einzigen Satz »Der Bau von Panzerschiffen und Kreuzern jeder Art ist verboten« formulierte Volksbegehren wird von den pazifistischen Verbänden – Liga für Menschenrechte, Bund der Kriegsgegner, Deutsche Friedensgesellschaft u. a. – unterstützt; sie arbeiten aber nicht in dem KPD-geführten »Reichsausschuß für Volksentscheid gegen den Panzerkreuzerbau«, dessen Sekretär Karl Schulz (zugleich W. Münzenbergs Sekretär) ist und dem u. a. Georg Ledebour, Otto Nagel und Wilhelm Pieck angehören, mit. Die SPD-Linke hält sich an den Beschluß des Parteiausschusses vom 11. 9., sich nicht an dem Volksbegehren zu beteiligen. In die vom 3.-16. 10. ausliegenden Listen des Volksbegehrens tragen sich statt der erforderlichen 4,1 Millionen Wahlberechtigten nur 1,2 Millionen ein, so daß der Volksentscheid nicht zustande kommt.

Gegen die Todesstrafe

Erich Mühsam *Sacco und Vanzetti*

... Sieben Jahre sitzen die beiden anarchistischen Arbeiter Sacco und Vanzetti jetzt im Gefängnis, wegen Raubmordes zum Tode verurteilt. Sieben Jahre lang warten sie von Tag zu Tag auf die Aufhebung oder die Vollstreckung des Urteils. Sieben Jahre hindurch werden Beweise über Beweise zusammengetragen, die jede Möglichkeit längst zerstört haben, als ob die beiden Streikführer mit dem ihnen zur Last gelegten Raubmord das geringste hätten zu schaffen haben können. Der Mann, der den Mord tatsächlich begangen hat, ist ermittelt und hat die Tat zugegeben. Tut nichts: Herr Thayer hat das Todesurteil in dieses Mal letzter Instanz endgültig bestätigt, und jeder neue Morgen läßt uns zweifeln, ob unsre Genossen Sacco und Vanzetti noch am Leben sind. Im November werden es vierzig Jahre sein, seit man die Genossen Parsons, Spieß, Schwab, Fischer und Lingg auf den Galgen zog; die dieses Urteil gefällt hatten und vollstrecken ließen, wußten genausogut, daß jene anarchistischen Streikführer mit dem Bombenwurf am Chicagoer Haymarket nichts zu tun hatten, wie Herr Thayer heute weiß, daß Sacco und Vanzetti für ein Verbrechen büßen sollen, das sie nicht begangen haben. Macht aber die zuständige Stelle von ihrem Begnadigungsrecht keinen Gebrauch, so wird man es später ebenso machen wie vor vierzig Jahren in Chicago: man wird bedauernd feststellen, daß sich die Unschuld der Hingerichteten leider nachträglich doch noch erwiesen habe und daß das Mittel, Tote wieder zum Leben zu erwecken, leider noch nicht gefunden ist. Aber die Auguren werden grinsen, weil die irrtümlich als Raubmörder erledigten Anarchisten künftig keine Streiks mehr organisieren werden, wie das auch die Opfer von Chicago nach ihrem Tode unterlassen haben. Der Vertreter des Landes der Edlen und Freien in Berlin, der Botschafter Schurmann, hat es abgelehnt, eine Deputation des Friedenskartells, nämlich die Pazifisten Ludwig Quidde, Helmut v. Gerlach und Helene Stöcker, zu empfangen, die ihm vortragen sollten, daß die Hinrichtung von Sacco und Vanzetti von jedem anständigen Menschen als verruchter Justizmord angesehen würde. Herr Schurmann zeigt sich mit Herrn Thayer solidarisch; zeigen wir uns solidarisch mit Sacco und Vanzetti!

Mai 1927. – Die amerikanischen Anarchisten Sacco und Vanzetti wurden, obwohl sie unschuldig waren, am 23. 8. 1927 hingerichtet. Mit Briefen, Telegrammen und Erklärungen protestieren u. a. die »Liga für Menschenrechte«, das »Deutsche Friedenskartell« und die »Kommunistische Fraktion im Reichswirtschaftsverband bildender Künstler Deutschlands« gegen die bevorstehende Hinrichtung. »Thayer«: Nachdem der Oberste Gerichtshof am 5. 4. 1927 die Wiederaufnahme des Verfahrens gegen die schon 1921 zum Tode Verurteilten abgelehnt hat, verkündet Richter Thayer Sacco und Vanzetti den Hinrichtungstermin. »Chicagoer Haymarket«: Nach einer Demonstration auf dem Chicagoer Haymarket, am 4. Mai 1886, explodierte eine Bombe. 5 der 8 Angeklagten wurden hingerichtet, obwohl ihre Unschuld erwiesen war.

Heinrich Mann *Für Josef Jakubowski*

Im Fall Jakubowski kämpfen offensichtlich Privatzwecke gegen den Staatszweck, der ihnen bisher scheint unterliegen zu sollen. Auch in Kämpfen zwischen Wirtschaft und Staat, oder wenn Reichsregierungen gebildet werden, sind wir schon gewohnt, daß die Privatzwecke sich durchsetzen. Nur greift unleugbar die Justiz viel stärker in das Empfinden ein. Ein Justizmord wiegt noch unvergleichlich schwerer als die Verschleuderung öffentlicher Gelder. Er bedroht alle unheimlicher. Dürfen Privatinteressen so weit gehen, daß ein unschuldig Hingerichteter schuldig bleibt für die Justiz? Dann kann auch ein Verurteilter, dessen Unschuld noch rechtzeitig erkannt ist, um derselben Privatinteressen willen dennoch sterben müssen. Von Jakubowski zu Sacco und Vanzetti ist ein Schritt. Erschrecken wir nicht? ... Pflicht einer Gesellschaft, die nicht mehr dahinleben will in Unwissenheit und im Vertrauen auf unwissende Autoritäten, – ihre nächste, dringlichste Pflicht ist, die ungebührliche Waffe der Todesstrafe aus Menschenhänden, solchen Händen, zu winden und sie zu zerschlagen.

Geht es im Fall dieses Jakubowski, der so bald nicht verstummen soll, um die Wiedergutmachung an einem Toten? Ja. Die Wiederaufnahme wird gefordert, und sie muß kommen. Überdies aber geht es um die Wiedergutmachung an allen Lebenden. Wir haben nicht Lust, noch länger unter dem Schwert der Gewissenlosigkeit und der Dummheit zu stehen. Wir wollen nicht, daß Urteile ergehen im grellen Widerspruch zu der gesamten, schweren Erfahrung der mitlebenden Menschenwelt ...

30. 6. 1928; im »Berliner Tageblatt«. –

Kurt R. Grossmann, seit 1926 Generalsekretär der »Liga für Menschenrechte«, ging dem Fall des russischen Kriegsgefangenen Josef Jakubowski nach, der wegen Mordes an seinem Sohn zum Tode verurteilt und trotz ständiger Beteuerung seiner Unschuld am 15. 2. 1926 in Neustrelitz hingerichtet worden war. Der Landarbeiter Jakubowski, der kaum Deutsch verstand und der Verhandlung nicht folgen konnte, war das Opfer eines Justizmordes geworden – für die »Liga für Menschenrechte« Anlaß, in der Diskussion um den neuen Strafgesetzentwurf auf die Unmenschlichkeit der Todesstrafe hinzuweisen.

In dem von der »Liga« durch eine Pressekampagne in Gang gebrachten zweiten Jakubowski-Prozeß, der unter großer öffentlicher Anteilnahme im Juni 1929 stattfindet, wird der geständige Mörder zum Tode verurteilt, Jakubowski aber – entgegen den Tatsachen – für mitschuldig erklärt. Albert Einstein, Heinrich Mann, Harry Graf Keßler, Hellmut von Gerlach, Ossietzky u. a. weisen deshalb im Juli 1929 noch einmal ausdrücklich auf die erwiesene Unschuld Jakubowskis hin. Einen Erfolg hat diese Kampagne insofern, als die Reichsregierung Hermann Müller angesichts dieses Falles die Länder ersucht, zunächst keine weiteren Hinrichtungen zu vollziehen, bis über die schwebende Strafvollzugsreform entschieden ist. 1928 werden von 46 Todesurteilen nur noch zwei, 1929 von 39 keines mehr vollstreckt.

In der von Ernst Moritz Mungenast hg. Publikation »Der Mörder und der Staat. Die Todesstrafe im Urteil hervorragender Zeitgenossen« sprechen sich u. a. gegen die Todesstrafe aus: Gertrud Bäumer, Martin Buber, Otto Flake, Bruno Frank, Egon Friedell, Walter Hasenclever, Th. Th. Heine, Hermann Hesse, Kurt Hiller, Arno Holz, Richard Huelsenbeck, Georg Kaiser, Heinrich Mann, Thomas Mann, Alfred Neumann, Ernst Toller, Jakob Wassermann, Friedrich Wolf, Tucholsky, Stefan Zweig; die Publizisten Manfred Georg, Ernst Feder, Hellmut von Gerlach, Willy Haas, Monty Jacobs, Herbert Ihering, Alfred Kerr, Rudolf Olden, Theodor Wolff; die ehemaligen Reichsjustizminister Otto Landsberg, Gustav Radbruch; die Professoren Paul Oestreich, Anna Siemsen, Joseph Wittig, Leopold Ziegler; ferner Käthe Dorsch, Max Pechstein, Helene Stöcker u. a. –

Die »Liga« ist in ihrem Kampf gegen Todesstrafe und politische Terrorurteile konsequent. Am 31. 5. 1927 und öfter protestiert sie in einer Entschließung an den sowjetischen Botschafter »gegen den Terror in Sowjet-Rußland« – gegen die Hinrichtung von 20 Dissidenten: »Wir bedauern insbesondere, daß diese Handlung geeignet ist, die stets wachsende Sympathie für das neue Rußland zu beeinträchtigen.«

Jahrestag der Revolution

Carl von Ossietzky *Gedenkblatt*

... Wo sind die Bemühungen, den 9. November zu feiern? Verlautet irgend etwas von einer Kundgebung der Regierung? Dieses gegenwärtige Kabinett ist hervorgegangen aus den Parteien, denen der Umsturz den Weg zur Herrschaft frei gemacht, den sie aus eigner Kraft niemals gefunden hätten. Vielleicht würde es doch große Revolutionsfeiern geben, wenn die Sozialdemokratie nicht in der Regierung wäre, sondern noch in der Opposition stünde. Aber heute als Regierung ... pst, pst ... Der 9. November ist der schwarze Tag, von dem man nicht spricht. Unbekannte Matrosen haben der wackelnden Despotie den letzten Tritt gegeben; den Dank der Republik hat der Leutnant Marloh in einem Hof in der Französischen Straße abgestattet.

Deutschland ist jetzt zehn Jahre Republik, und es hat mindestens fünf davon gedauert, ehe sich Republikaner in größerer Anzahl meldeten. Den Wendepunkt bildete der Hitler-Putsch von 1923, bei dem sich zeigte, wie wenig zum gewaltsamen Umsturz bereite Gegner die Republik hatte und was für Narren dabei die Oberhand hatten. Daß die bürgerliche Republik durchgehalten hat, verdankt sie viel weniger der Entschlossenheit ihrer Führer als vielmehr der Deroute auf der andern Seite und bestimmten außenpolitischen Rücksichtnahmen. Im allgemeinen hat man erkannt, daß auch in der neuen Form der Geist der Kaiserei weiter existieren kann. Deutsche Revolution – ein kurzes pathetisches Emporrecken und dann ein Niedersinken in die Alltäglichkeit. Massengräber in Berlin. Massengräber in München, an der Saale, am Rhein, an der Ruhr. Ein tiefes Vergessen liegt über diesen Gräbern, ein trauriges Umsonst. Ein verlorener Krieg kann schnell verwunden werden. Eine verspielte Revolution, das wissen wir, ist die Niederlage eines Jahrhunderts. So brechen wir auf ins zweite nachrevolutionäre Jahrzehnt.

6. 11. 1928; in der »Weltbühne«. –

»Was würden Sie tun, wenn Sie die Macht hätten?«

Georg Bernhard:
Wenn ich die Macht in Deutschland hätte, so würde ich etwas tun, was in Deutschland ganz ungewöhnlich ist: Ich würde sie gebrauchen.

Egon Friedell:
Sofort niederlegen!

Kurt Tucholsky:
Für wen habe ich diese Macht –?
Eine persönliche Diktatur gibt es nicht; sie ist ein Bürgertraum.
Hätte ich die Macht mit den kommunistischen Arbeitern und für sie, so scheinen mir dies die Hauptarbeiten einer solchen Regierung zu sein:
Sozialisierung der Bergwerke;
Sozialisierung der Schwerindustrie;
Aufteilung des Großgrundbesitzes;
Absetzung der Länderbureaukratie;
radikale Personalreform in der Justizverwaltung;
Personalreform auf Schulen und Universitäten;
Abschaffung der Reichswehr;
Schaffung eines sittlichen Strafgesetzes an Stelle jenes in Vorbereitung befindlichen kulturfeindlichen Entwurfs;
Steuerliche Erfassung der Bauern.
Ich glaube, daß im Volk viele Kräfte schlummern, die heute von den Juristen und den uns regierenden Bureauvorstehern abgetötet und in der Entwicklung gehemmt werden – mit diesen unverbrauchten Kräften ist auch dann viel zu erreichen, wenn sie »die Bestimmungen nicht kennen«, was ihre Kraft ausmacht.
Die von mir genannten Ziele, die heute verlacht werden, weil sie die Wahrheiten von morgen sind, lassen sich nicht auf evolutionärem Wege erreichen – nötig wäre dazu die Revolution, deren Terminologie heute kompromittiert sein mag.
Ihre Idee ist unbesiegbar.

Emil Ludwig:
Einjährige Diktatur zur Erziehung einer republikanischen Wählerschaft.
Verordnungen:
Jeder und jede Deutsche sind verpflichtet, die alte Reichsflagge zu hissen.
Jeder und jede Deutsche haben die Straße in Uniform zu betreten.
Jeder und jede Deutsche haben den Adelstitel anzunehmen; der neuen Ausgabe des Gotha wird das Reichsadreßbuch zugrunde gelegt.
Täglich: Einzüge, Enthüllungen, Hochzeiten, Kindtaufen und Beerdigungen in fürstlichen Kreisen.
Täglich abends 6 Uhr: Kanonenschuß zur Einziehung der Flaggen. Helm ab zum Gebet. Juden und andere Geistige dürfen nicht strammstehen; Professoren dürfen. Theater und Bücher haben abwechselnd die alte gute und die große Zeit zu illustrieren; ausgenommen sind nur Bücher über die Gesundheit, die als Technische Nothilfe gelten.
Die Grenzen des Reichs bleiben geschlossen. Wotanstempel, Bierhäuser und Kinderzeugung obligatorisch.
Nach einem Jahre: Neuwahl.

November 1928. – Umfrage der »Literarischen Welt« zum 10. Jahrestag des 9. November 1918, an der sich ebenfalls beteiligen: Friedrich Hussong, Werner Sombart, Moritz J. Bonn.

Ernst von Wolzogen *Aufblick zu Führern*

Solange die Lenker unseres staatlichen Daseins von Mehrheitsbeschlüssen abhängig sind und diese Mehrheit aus der großen Masse der Denkunfähigen besteht, denen man sorgfältig alle entscheidenden Wahrheiten verschweigt, alle bedeutsamen Zusammenhänge und Hintergründe verschleiert, solange ist ein Aufstieg Deutschlands zu innerer Ruhe und Würde oder gar zu äußerer Machtgeltung unmöglich. Unsere trotzige Hoffnung auf eine bessere Zukunft beruht einzig darauf, daß immer noch Helden und Märtyrer, geniale Begabungen und sogar unabhängige Tatmenschen vorhanden sind, zu denen der gesund gebliebene Teil unserer Jugend als zu ihren gegebenen Führern aufblickt. Diese Jugend wird vielleicht einmal die Schmach unseres moralischen Zusammenbruchs zu tilgen vermögen. Wir Alten werden den neuen Tag nicht erleben.

1928; in einer unter dem Titel »Deutschlands Köpfe der Gegenwart über Deutschlands Zukunft« herausgegebenen Umfrage, an der sich auch zahlreiche ›nationale‹ Autoren beteiligen.

Ernst Toller *In Memoriam Kurt Eisner*

... Die deutsche Revolution ist gescheitert am Versagen der überlebenden Führer, an der Unzulänglichkeit von uns Jungen, die den Fanatismus hatten, aber nicht genügende Einsicht und Erfahrung. Heute stehen wir vor einem Schutthaufen der Revolution. Haben wir den Mut zur Wahrheit! Der mittel- und westeuropäische Sozialismus hat sich nicht von seinem Zusammenbruch bei Kriegsbeginn erholt. Da, wo er nicht bei Kriegsbeginn versagte, in Italien, erlebte er die schwerste Schlappe in der Nachkriegszeit. In sieben europäischen Staaten regiert heute der Faschismus. Keiner von uns darf die Anziehungskraft dieses Sieges unterschätzen. Die Reaktion, die 1918 das Vertrauen zu sich verloren hatte, hat dieses Vertrauen dank der leichtsinnigen und geradezu verbrecherischen Fehler der sozialistischen und republikanischen Regierungen wiedergewonnen. Ein fundamentaler gesellschaftlicher Umschwung, hervorgerufen durch bestimmte ökonomische Bedingungen, findet seinen Ausdruck in bestimmter seelischer Haltung der Klassen: jener, die den Umschwung will und jener, die ihn erleidet. Die Erschütterung des Selbstvertrauens der bürgerlichen Mächte ging im Jahre 1918 Hand in Hand mit der Weckung des Selbstvertrauens in der Arbeiterschaft. Heute haben sich die Dinge gründlich geändert. Die Arbeiterschaft, 1918 im Entscheidenden einig, ist zersplittert und trotz zahlenmäßiger Organisationsstärke nicht kraftvoll genug. Die Republik hat alles vergessen und nichts gelernt. Die Reaktion hat nichts vergessen und alles gelernt. Man täusche sich nicht, die Reaktionäre sind heute klüger als ehemals, sind einiger als die Linke. Was ihnen damals fehlte, Selbstvertrauen, Organisation, Wille zur Macht, intellektuelle Kräfte, haben sie gewonnen. Wie sich die Dinge in den nächsten Jahren in Deutschland entwickeln werden, ob in legalen oder illegalen Bahnen, wissen wir nicht. Aber eines wissen wir: wir stehen vor einer Herrschaftsperiode der Reaktion. Glaube keiner, die Periode eines noch so gemäßigten, noch so schlauen Faschismus werde eine sehr kurze Übergangsperiode sein. Was jenes System an revolutionärer, sozialistischer, republikanischer Energie zerstört, ist kaum in Jahren wieder aufzubauen ...

21. 2. 1929. – Rede zum 10. Todestag von Kurt Eisner.

Siegfried Kracauer *Asyl für Obdachlose*

Der Durchschnittsarbeiter, auf den so mancher kleine Angestellte gern herabsieht, ist diesem oft nicht nur materiell, sondern auch existentiell überlegen. Sein Leben als klassenbewußter Proletarier wird von vulgärmarxistischen Begriffen überdacht, die ihm immerhin sagen, was mit ihm gemeint ist. Das Dach ist allerdings heute reichlich durchlöchert.

Die Masse der Angestellten unterscheidet sich vom Arbeiter-Proletariat darin, daß sie geistig obdachlos ist. Zu den Genossen kann sie vorläufig nicht hinfinden, und das Haus der bürgerlichen Begriffe und Gefühle, das sie bewohnt hat, ist eingestürzt, weil ihm durch die wirtschaftliche Entwicklung die Fundamente entzogen worden sind. Sie lebt gegenwärtig ohne eine Lehre, zu der sie aufblicken, ohne ein Ziel, das sie erfragen könnte. Also lebt sie in Furcht davor, aufzublicken und sich bis zum Ende durchzufragen ...

1929. –

Erich Weinert *Große Anfrage*

Herr Polizeipräsident!
Schlafen Sie eigentlich gut?
Vierundzwanzig Opfer, Herr Polizeipräsident!
Ein Hektoliter vergossenes Blut!

Nicht wahr, Sie werden lebhaft bedauern,
Und im staatserhaltenden Abendblatt
Mit den Witwen und Waisen trauern,
Die das harte Schicksal getroffen hat.

Herr Polizeipräsident! Erinnern Sie sich:
Vor zwanzig Jahren,
Als Sie noch roter Gewerkschafter waren,
Wie dachten Sie damals eigentlich?
Bitte, reden Sie jetzt kein Schmalz!
Ich weiß, was Sie stottern.
Gehörten Sie damals nicht ebenfalls
Zu den roten Zusammenrottern?
Haben Sie damals nicht auch,
Wie Sie das heute so nennen, gehetzt?
Herr Polizeipräsident! Und jetzt?
Jetzt haben Sie sich mit einem Ordnungsbauch
Zur Ruhe gesetzt!

Was meinen Sie? Mißgriffe? Nicht zu vermeiden?
Wem sagen Sie das, wem?
Was Sie da in schöne Worte kleiden,
Das war kein Mißgriff, das war System!

Sie haben doch von den Toten
Die Personalien! War das Gesindel?
Und die Sache mit dem Dachschützenschwindel
Erzählt man doch nur Stammtischidioten!
Hoffentlich ist nun das Märchen vorbei
Von Ihrer volksfreundlichen Polizei.

Und wenn Sie, Herr Polizeipräsident,
Noch gradestehn für Ihre Kosaken
Und nicht im Moment
Ihre Sachen packen,
Dann beweisen Sie wenigstens jedem Kind,
Daß Sie niemals Sozialist gewesen sind!

1929. – Der Berliner Polizeipräsident Karl Zörgiebel (SPD) hatte das seit dem 13. 12. 1928 bestehende Demonstrationsverbot auch auf den 1. Mai 1929 ausgedehnt und angeordnet, daß 1.-Mai-Feiern nur in geschlossenen Sälen stattfinden dürfen – eine Maßnahme, die viele Arbeiter als Provokation empfinden. Als es dennoch zu von der KPD organisierten Demonstrationen kommt, macht die Polizei rigoros von der Schußwaffe Gebrauch. Die Auseinandersetzungen – vor allem im Wedding und in Neukölln, dauern bis zum 3. Mai. 31 Demonstranten sterben, mehrere 100 werden verletzt. Die Polizei, die keine Verletzten zu beklagen hatte, schoß auch auf Personen, die aus dem Fenster sahen oder sich auf dem Balkon befanden.

Carl von Ossietzky *Zörgiebel ist schuld*

... Es ist tausend gegen eins zu wetten, daß sich die Kommunisten mit jedem nichtsozialistischen Polizeipräsidenten über die Abwickelung des schwierigen Tags verständigt hätten. Aber es ist mit noch größerer Sicherheit zu wetten, daß auf die Idee, den Maiumzug der Arbeiterschaft zu untersagen, kein wilhelminischer Jagow, ja kein noch so scharfmacherischer Statthalter Hugenbergs gekommen wäre. Einen durch jahrzehntelange Tradition fast sakral gewordenen Aufzug, eine letzte Erinnerung an die alte sozialistische Weltgemeinschaft kurzerhand zu verbieten, das bringt kein Bourgeois fertig, dazu gehört schon einer jener wohlzugeschnittenen Parteisozialisten, deren Energie sich ausschließlich im Abbau der alten sozialistischen Werte und Riten betätigt. Herr Zörgiebel, der sich durch nichts für sein jetziges Amt qualifiziert hat, zählt zu jenen aus dem Geiste der Ochsentour empfangenen Würdenträgern, die sich für ganz verteufelte Realpolitiker halten, wenn sie das, was sie gestern anbeteten, heute mit den Stiefelspitzen traitieren ...

Schuldig ist nicht der einzelne erregte und überanstrengte Polizeiwachtmeister, sondern der Herr Polizeipräsident, der in eine friedliche Stadt die Apparatur des Bürgerkriegs getragen hat. Mehr als zwanzig Menschen mußten sterben, mehr als hundert ihre heilen Knochen einbüßen, nur damit eine Staatsautorität gerettet werden konnte, die durch nichts gefährdet war als durch die Unfähigkeit ihres Inhabers.

7. 5. 1929. – Willy Münzenberg organisiert einen »Ausschuß zur öffentlichen Untersuchung der Maivorgänge«, für den er u. a. gewinnt: H. Mann, E. E. Kisch, H. Walden, A. Döblin, Stefan Großmann und Ossietzky; ferner Alfred Apfel, Alfons Goldschmidt, Ottomar Geschke. Der Ausschuß veranstaltet am 6. Juni ein öffentliches Hearing vor mehr als 4000 Personen im großen Schauspielhaus, auf dem etwa 300 Zeugen erscheinen und ein Film gezeigt wird.

Der Ausschuß und Ossietzky fordern mehrfach den Rücktritt Zörgiebels, der preußische Innenminister Grzsinski aber deckt das Verhalten der Polizei und des Polizeipräsidenten – ebenso Reichsinnenminister Severing, auf dessen Veranlassung hin am 3. Mai ein Verbot des Rotfrontkämpferbundes erlassen wird. Für SPD-Politiker ist die Mai-Demonstration ein Beweis der umstürzlerischen Absichten der KPD. Der »Vorwärts« wirft den Mitgliedern des »Ausschusses« vor, daß sie sich von der KPD als »intellektuelle Strohpuppen« mißbrauchen lassen und an den Maitoten »Leichenschändung« begehen. Auch die linksbürgerliche Presse steht dem Ausschuß kritisch bis ablehnend gegenüber.

Einen weiteren Untersuchungsausschuß ruft die »Liga für Menschenrechte« ins Leben, dem angehören: Der Arzt Max Hodann, der Historiker Veit Valentin, der Polizeioberst a. D. Hans Lange, der Journalist Hans W. Fischer, RA Heinz Kahn als Berichterstatter. Der Bericht, den der Ausschuß im September 1929 der »Liga« erstattet, kommt zu dem Ergebnis, daß die »Aufrechterhaltung des Demonstrationsverbotes zum Schutz der öffentlichen Ordnung nicht notwendig war« und daß die Polizei ihre Machtbefugnisse »in durchaus ungesetzlicher Weise überschritten hat«:

»Aus allen vorliegenden Schilderungen Unbeteiligter [der Ausschuß hatte 40 Zeugen vernommen] über die katastrophalen Ereignisse der ersten Maitage geht hervor, daß die Polizei vor ihrer, vielleicht nicht einfachen, Aufgabe geradezu kläglich versagt hat, daß sie darüber hinaus aber auch die geringfügigen Gesetzwidrigkeiten des Publikums mit Mitteln bekämpft hat, die in einem geradezu grotesken Mißverhältnis zu dem zu erreichenden Zweck standen und somit die rechtlichen Grundlagen der polizeilichen Funktion im Staat völlig verlassen hat und daß sie ... sich Übergriffe erlaubt hat, die den strafrechtlichen Tatbestand des Mißbrauchs der Amtsgewalt und anderer Beamtendelikte erfüllen.«

Die Forderung nach Konsequenzen verhallt ungehört.

Kurt Tucholsky *Heimat*

Nein, Deutschland steht nicht über allem und ist nicht über allem – niemals. Aber mit allen soll es sein, unser Land. Ja, wir lieben dieses Land. Und nun will ich euch mal etwas sagen:

Es ist ja nicht wahr, daß jene, die sich »national« nennen und nichts sind als bürgerlich-militaristisch, dieses Land und seine Sprache für sich gepachtet haben. Weder der Regierungsvertreter im Gehrock noch der Oberstudienrat, noch die Herren und Damen des Stahlhelm allein sind Deutschland.

Wir sind auch noch da.

Wir pfeifen auf die Fahnen – aber wir lieben dieses Land. Und so wie die nationalen Verbände über die Wege trommeln – mit dem gleichen Recht, mit genau dem gleichen Recht nehmen wir, die wir hier geboren sind, die wir besser deutsch schreiben und sprechen als die Mehrzahl der nationalen Esel –, mit genau demselben Recht nehmen wir Fluß und Wald in Beschlag, Strand und Haus, Lichtung und Wiese: es ist unser Land. Wir haben das Recht, Deutschland zu hassen – weil wir es lieben. Deutschland ist ein gespaltenes Land. Ein Teil von ihm sind wir ...

1929. – Schlußabsatz aus Kurt Tucholskys kommentiertem »Bilderbuch« »Deutschland, Deutschland über alles«.

Friedrich Georg Jünger *Der totale Staat*

Dieser Staat hat andere Aufgaben, er hat einen anderen Sinn als der liberalistische Staat. Er ist Sammlung und Verdichtung der Gewalt in einem geschlossenen Absolutismus. Deshalb lehnt er jede Trennung der Gewalten und jede Verwässerung ihres Inhalts durch Körperschaften und gleichgeordnete Mehrheiten ab. Deshalb drängt die nationalistische Bewegung auf Vernichtung aller politischen Formen des Liberalismus.

1926. –

Ernst Jünger *Der Krieg ist unser Vater*

Der Krieg ist unser Vater, er hat uns gezeugt im glühenden Schoße der Kampfgräben als ein neues Geschlecht, und wir erkennen mit Stolz unsere Herkunft an. Daher sollen unsere Wertungen auch heroische, auch Wertungen von Kriegern und nicht solche von Krämern sein, die die Welt mit ihrer Elle messen möchten.

Franz Schauwecker *Die Besten der Nation*

Sie haben das im Instinkt, was andre nicht mal in ihrer Intelligenz besitzen. Sie haben es im Blut. Es ist ja unsre Tragödie heute, daß wir alles Notwendige nur im Blut haben. Das ist das wichtige, daß es noch da ist. Aber es ist nur im Keim da. Und es scheint mir unsre große Aufgabe zu sein, es weiter zu treiben mit allen Mitteln, damit es aus dem Blut in den Geist hinüberschlage, damit es ins Bewußtsein eingehe . . .

1929. –

Ernst Toller *Das dumme Heldenideal*

Es gibt kein dümmeres Ideal als das Ideal des Helden. Je lebensnäher ein Mensch ist, um so näher ist er dem Tode, mit anderen Worten, um so tiefer gefährdet. Jeder wahrhaft tapfere Mensch kennt die Stunden, da ihn Hilflosigkeit jäh überfällt, Angst vor den elementaren Gewalten, die ihn bedrängen mit unheimlicher Magie.

8. 4. 1927. – Ernst Toller im »Berliner Tageblatt«. Der »Völkische Beobachter« vom 20. 4. antwortet darauf:

»... In keinem anderen Lande würde sich irgendeine Zeitung für eine derartige Ausschleimung eines jüdischen Gehirnakrobaten herzugeben wagen. In Deutschland aber ist so etwas an der Tagesordnung. Und so ein Bursche, der mit einer solchen Brutalität dem Millionenheere der deutschen Gefallenen ins Gesicht zu höhnen sich erdreistet ...«

Hermann Hesse *Keine alte Geschichte*

... für mich ist der Krieg mit seinen vier Jahren Mord und Unrecht, mit seinen Millionen Leichen und seinen zerstörten herrlichen Städten keine »alte Geschichte«, die jeder Vernünftige doch Gott sei Dank längst vergessen hat, sondern er ist, weil ich die Bereitschaft zu seiner Wiederholung in tausend Zeichen überall atme, sehe, fühle, rieche, für mich wahrlich eine mehr als ernste Angelegenheit.

1928. –

Ernst Jünger *Selbstanzeige*

... Der Nationalismus fühlt sich weit weniger als der Liberalismus in allen seinen Schattierungen auf den Kampf mit geistigen Waffen beschränkt. Da er sich auf eine natürliche und nicht etwa auf eine geistige Gemeinschaft bezieht, spielt der Intellekt nur die Rolle einer Funktion, nicht aber seiner Substanz ... Der Nationalismus ... strebt den nationalen, sozialen, wehrhaften und autoritativ gegliederten Staat aller Deutschen an ... Es gibt keinen besseren Beweis dafür, daß wir nur einen Zusammenbruch und keine Revolution erlebten als den, daß das Ende vom Liede die parlamentarische Demokratie gewesen ist. Unsere Großväter durften ihre angesäuerten Ideale verwirklichen, aber dieser Rock war zu billig, zu sehr Konfektion, um dauerhaft zu sein. Es besteht in der Jugend die Auffassung, daß die Revolution nachgeholt werden muß ...

Der wahre Wille zum Kampf jedoch, der wirkliche Haß hat Lust an allem, was den Gegner zerstören kann. *Zerstörung ist das Mittel, das dem Nationalismus dem augenblicklichen Zustande gegenüber allein angemessen erscheint.* Der erste Teil seiner Aufgabe ist anarchischer Natur, und wer das erkannt hat, wird auf diesem ersten Teile des Weges alles begrüßen, was zerstören kann. Nicht unsere Aufgabe ist es, auf Maßnahmen zu sinnen, die den außenpolitischen Druck erträglicher erscheinen lassen, die innerpolitischen Spannungen mildern könnten, an Wahlen teilzunehmen, die Konferenzen und Abstimmungen zu beeinflussen, uns mit sogenannten Volksentscheiden zu beschäftigen. Nicht unsere Aufgabe ist es, gegen den allgemeinen Verfall der politischen und sozialen Moral, gegen Abtreibungen, gegen Streiks, gegen Aussperrungen, gegen Verminderungen der Polizei und des Heeres mit langen Tiraden zu Felde zu ziehen. *Wir überlassen die Ansicht, daß es eine Art der Revolution gibt, die zugleich die Ordnung unterstützt, allen Biedermännern.* Was hat denn das Elementare mit dem Moralischen zu tun? Dem Elementaren aber, das uns im Höllenrachen des Krieges seit langen Zeiten zum ersten Male wieder sichtbar wurde, treiben wir zu. Wir werden nirgends stehen, wo nicht die Stichflamme uns Bahn geschlagen, wo nicht der Flammenwerfer die große Säuberung durch das Nichts vollzogen hat. Wer das Ganze leugnet, der kann nicht aus den Teilen Früchte ziehen. *Weil wir die echten, wahren und unerbittlichen Feinde des Bürgers sind, macht uns seine Verwesung Spaß.* Wir aber sind keine Bürger, wir sind Söhne von Kriegen und Bürgerkriegen, und erst wenn dies alles, dieses Schauspiel der im Leeren kreisenden Kreise, hinweggefegt ist, wird sich *das* entfalten können, was noch an Natur, an Elementarem, an echter Wildheit, an Ursprache, an Fähigkeit zu wirklicher Zeugung mit Blut und Samen in uns steckt. Dann erst wird die Möglichkeit neuer Formen gegeben sein . . .

21. 9. 1929. – Leopold Schwarzschild hatte Ernst Jünger – als »unbestrittenen geistigen Führer« des »jungen Nationalismus« – aufgefordert, in der Tagebuch-Rubik »Selbstanzeige« sein Programm vorzustellen. Jünger ist die einflußreichste literarische Stimme des glorifizierten Kriegserlebnisses: »In Stahlgewittern«, 1920, »Der Kampf als inneres Erlebnis«, 1922, »Das Wäldchen 125«, 1925, »Feuer und Blut«, 1925, »Die totale Mobilmachung«, 1931. Bis 1932 schreibt Jünger – vielbeachtet – in den Zeitungen der nationalen Revolution, u. a. in: »Standarte« und »Arminius«. (Neben F. Schauwecker, H. Brauweiler, Ed. Stadler u. a. ist Jünger einer der geistigen Wortführer des »Stahlhelm« und des »Jungdeutschen Ordens« [Jungdo]).

Jünger, der in seiner »Selbstanzeige« zu Felde zieht gegen Weimar als der »langweiligsten Form der kleinbürgerlichrationalistischen Ordnung im Schrebergartenstil«, wird von Leopold Schwarzschild in der folgenden Ausgabe des »Tagebuchs« (vom 28. 9. 1929) unter der Überschrift geantwortet: »Heroismus aus Langeweile«. Jüngers Evangelium »vom Führertum, vom Heroismus, vom Kampf als der höchsten Heroenangelegenheit, von der Unfruchtbarkeit der Humanität, vom Ersatz des Gesetzesrationalismus durch Rassenmagie«, was ist das anderes, fragt Schwarzschild, als »die Steigerung weniger«, erkauft mit »der Erniedrigung vieler«.

Alfred Rosenberg *Sammlung statt Verlumpung*

Das Zeitalter der grenzenlosen Ausweitung (der Expansion) hat mit einem Weltkrieg und mit der Weltherrschaft des Geldes geeendet; heute beginnt das Zeitalter der inneren Sammlung (Konzentration), das ein rassisch organisch gegliedertes Staatensystem zeitigen wird. Diesen Gedanken bewußt zu fassen und an seiner Durchführung zu arbeiten, dazu sind heute alle Philosophen, Historiker, Staatsmänner aller Völker aufgerufen. Der Volksgedanke wird heute durch die internationale Börse verfälscht, indem der Kampf zwischen den Staaten geschürt, jede Maßnahme, ja jeder Gedanke, der hier schlichtend wirken kann, unterdrückt wird.

Auch der gesamte heutige *»Pazifismus«* erweist sich, von diesem Standpunkt aus gesehen, als eine vollkommen verlogene Bewegung. Er beruht nämlich auf der Anerkennung der *Demokratie,* d. h. praktisch *der Herrschaft des Geldes.* Sein Herumdoktern an der »Weltabrüstung« ist weiter nichts als ein Betrug, um die Völker von der eigentlichen Ursache der Eiterbeulen an ihrem Körper abzulenken. *Nicht mit der Abrüstung der Heere und Flotten hat eine »Weltbefriedung« einzusetzen, sondern mit der vollständigen Vernichtung der ehrlosen Demokratie des rasselosen Staatsgedankens des 19. Jahrhunderts, der weltwirtschaftlichen Aushöhlung durch die Finanz,* die heute im Namen der Völker den Untergang aller Staaten herbeiführen wird, wenn nicht die Religion des Blutes erlebt, anerkannt und im Leben verwirklicht wird ...

Über die Grenzen der Dorfgemeinde, der mittleren Stadt hinaus, verliert der Durchschnittsmensch den Maßstab für sein Urteil. Er vermag auch eine Persönlichkeit selbständig nur dann auf ihren Wert einzuschätzen, wenn er in der Lage gewesen ist, ihr Wirken an Ort und Stelle zu verfolgen. Dies ist, wo Parteigruppen in allen Fällen die Wahlen zugunsten meist unbekannter Größen beeinflussen, nicht möglich. Es muß also unbedingt von dem Grundsatz ausgegangen werden, daß keine Listen, sondern Persönlichkeiten bei der Wahl ausschlaggebend sind. Deshalb wird in einem Deutschen Reich unserer Sehnsucht auch eine Parlamentswahl nicht auf der Straße auszutragen sein, sondern durch die Vertreter der großen Körperschaften des Landes: des Heeres, der Bauernverbände, der Beamtenschaft, der Organisationen der freien Berufe, der Handwerkergilden, der Kaufmannschaft, der Hochschulen und anderer Ständegruppen. Je nach Größe und Bedeutung wird den Vorsitzenden dieser Gruppen und Stände die Zahl der Vertreter zugebilligt werden müssen. In erster Linie werden hier die Heeresführer zu berücksichtigen sein. Das Heer muß von jedem parteipolitischen Kampf zwar ferngehalten, aber seine politische Ausschaltung, wie es die Börsen- und Journalistendemokratien anstrebten, muß im kommenden Reich ein für allemal aufhören. Das Heer ist nicht dazu da, sich wortlos aufs Schlachtfeld treiben zu lassen, aber auch nicht dazu geschaffen, damit es von feigen pazifistischen Demokraten im Namen »des Staates« verraten und entwaffnet wird. Die furchtbaren Erfahrungen des Weltkrieges stehen hier als mahnendes Beispiel für alle Zeiten vor uns. Sie dürfen sich nie mehr wiederholen. *Abstimmen* wird aber nicht eine heimliche, namenlose, aufgepeitschte Masse über zwanzig oder dreißig Listen, sondern letzten Endes ein Kreis von *Persönlichkeiten.*

Schon Bismarck hatte das geheime Wahlrecht als ungermanisch bezeichnet. Das ist es auch. Durch diese Namenlosigkeit wird die Feigheit des einzelnen als eine Denkungsart unter anderen anerkannt, es wird bewußt das Gefühl der Verantwortung untergraben. Auf ein ganzes Volk angewandt, bedeutet das Züchtung einer seelischen Verlumpung.

1930; in »Der Mythos des 20. Jahrhunderts«. – Rosenberg hatte bereits 1928 den »Kampfbund für deutsche Kultur« gegründet – seine Zielsetzung: »Kampf gegen die kulturzersetzenden Bestrebungen des Liberalismus«.

Kurt Hiller *Krieg ist organisierter Massenmord*

... Es gibt keine größere Barbarei als die, einen Mitmenschen zu töten; es gibt keine größere Sklaverei, als die, gezwungen zu werden, sich töten zu lassen. Darum ist der Krieg, das heißt jene Form des Kampfes, die die Integrität des Körpers antastet, der blutrünstige Kampf, der mörderische Kampf, der organisierte Massenmord ... die grausigste Barbarei und Sklaverei zugleich. Sie abzuschaffen ist das Ziel des Pazifismus, ist das vornehmste Ziel – wie ich glaube – aller religiösen oder geistigen oder humanitären Bewegung überhaupt ...

30. 1. 1930. – Kurt Hiller in einem Rundfunkgespräch mit Franz Schauwecker. Hiller leitet die »Gruppe revolutionärer Pazifisten«.

Manifest gegen die Wehrpflicht und die militärische Ausbildung der Jugend

Die Regierungen aller Länder haben endlich offiziell das Recht der Völker auf Frieden anerkannt und im Kellogg-Pakt den Krieg als Mittel nationaler Politik verworfen.

Dennoch wird der Krieg weiter vorbereitet. In krassem Gegensatz zu den Friedensbeteuerungen der Regierungen steht vor allem die

Aufrechterhaltung, die Erweiterung der militärischen Ausbildung der Jugend.

Zwei Formen dieser militärischen Ausbildung machen sich geltend: in vielen Ländern besteht sie als gesetzliche Wehrpflicht; in anderen ist sie zwar dem Namen nach freiwillig, wird jedoch der Jugend durch moralischen und wirtschaftlichen Druck aufgenötigt. Außerdem erachten es alle Regierungen als ihr Recht, von den männlichen und weiblichen Staatsbürgern Kriegsdienst zu verlangen.

Wir erklären, daß jeder, der aufrichtig den Frieden will, für die Abschaffung der Militarisierung der Jugend kämpfen und den Regierungen das Recht absprechen muß, den Staatsbürgern die Wehrpflicht aufzuerlegen.

Die Wehrpflicht liefert die Einzelpersönlichkeit dem Militarismus aus. Sie ist eine Form der Knechtschaft. Daß die Völker sie gewohnheitsmäßig dulden, ist nur ein Beweis mehr für ihren abstumpfenden Einfluß.

Militärische Ausbildung ist Schulung von Körper und Geist in der Kunst des Tötens. Militärische Ausbildung ist Erziehung zum Kriege. Sie ist die Verewigung des Kriegsgeistes. Sie verhindert die Entwicklung des Willens zum Frieden. Die ältere Generation begeht ein schweres Verbrechen an der Zukunft, wenn sie die Jugend in Schulen und Universitäten, in staatlichen und privaten Organisationen, oft unter dem Vorwand körperlicher Ertüchtigung, das Kriegshandwerk lehrt.

Die Friedensverträge haben den besiegten Völkern die Aufhebung der militärischen Ausbildung der Jugend und die Abschaffung der Wehrpflicht auferlegt. Mögen die Völker der ganzen Welt endlich durch eigene Initiative mit ihnen aufräumen.

Wenn die Regierungen die tiefe Empörung und Auflehnung gegen den Krieg nicht erkennen wollen, so müssen sie mit dem Widerstand aller derer rechnen, denen die Hingabe an die Menschheit und an die Stimme ihres Gewissens höchstes Gesetz ist.

Völker der Welt, beschließt:
Fort mit der Militarisierung!
Fort mit der Wehrpflicht!
Erzieht die Jugend zur Menschlichkeit und zum Frieden!

Dezember 1930. – Internationales Manifest, deutscherseits u. a. unterzeichnet von: Albert Einstein, Sigmund Freud, Thomas Mann, Ludwig Quidde, Freiherr von Schoenaich, Stefan Zweig; ferner: Selma Lagerlöf, Bertrand Russel, Romain Rolland, Upton Sinclair, Rabindranath Tagore, H. G. Wells u. a.

Von der Rolle des Schriftstellers in dieser Zeit

Gottfried Benn *An Becher und Kisch*

Becher und Kisch gehen davon aus, daß jeder, der heute denkt und schreibt, es im Sinne der Arbeiterbewegung tun müsse, Kommunist sein müsse, dem Aufstieg des Proletariats seine Kräfte leihen. Warum eigentlich? Soziale Bewegungen gab es doch von jeher. Die Armen wollten immer hoch und die Reichen nicht herunter. Schaurige Welt, kapitalistische Welt, seit Ägypten den Weihrauchhandel monopolisierte und babylonische Bankiers die Geldgeschäfte begannen, sie nahmen zwanzig Prozent Debetzinsen. Hochkapitalismus der alten Völker, der in Asien, der am Mittelmeer. Trust der Purpurhändler, Trust der Reedereien, Import – Export, Getreidespekulation, Versicherungskonzerne und Versicherungsbetrug, Fabriken mit Arbeitstaylorismus: der schneidet das Leder, der näht die Röcke, Mietswucher, Wohnungsschiebungen, Kriegslieferanten mit Befreiung der Aktionäre vom Heeresdienst – schaurige Welt, kapitalistische Welt und immer die Gegenbewegungen: mal die Helotenhorden in den kyrenischen Gerbereien, mal die Sklavenkriege in der römischen Zeit, die Armen wollen hoch und die Reichen nicht herunter, schaurige Welt, aber nach drei Jahrtausenden Vorgang darf man sich wohl dem Gedanken nähern, dies sei alles weder gut noch böse, sondern rein phänomenal.

Es fragt sich also, ist es überhaupt vernünftig, ist es heroisch, ist es radikal, dem armen Teil der Menschheit vorzuspiegeln, daß sie es als Ganzes besser haben kann? . . .

Die Geschichte ist ohne Sinn, keine Aufwärtsbewegung, keine Menschheitsdämmerungen; keine Illusionen mehr darüber, kein Bluff. Die Geschichte ist der Schulfall des Fragmentarischen, ein Motiv Orient, eine Mythe Mittelmeer; sie übersteht den Niagara, um in der Badewanne zu ertrinken; die Notwendigkeit ruft und der Zufall antwortet. Ecce historia! Hier ist das Heute, nimm seinen Leib und iß und stirb. Diese Lehre scheint mir weit radikaler, weit erkenntnistiefer und seelisch folgenreicher zu sein als die Glücksverheißungen der politischen Parteien.

. . . Natürlich höre ich die große Frage der Zeit: Ich oder Gemeinschaft, Hingabe an den sozialen Verband oder Selbstgestaltung, Politisierung oder Sublimierung, wie weit ist es erlaubt sich abzusondern, sich zurückzuziehen, seiner Aristokratie zu leben, sich auf die Spitze zu treiben – aber ich habe keine andere Antwort darauf als die, die das Dasein mich lehrte: es ist alles erlaubt, was zum Erlebnis führt. Einziges Kriterium der Wahrheit und des Sinns! Ob es allgemeingültig ist, steht nicht bei mir. Das Leben geht keinen Schritt, ohne andere zu schlagen. Das Leben der andern nicht, ohne mich zu schlagen; mein Leben nicht, ohne andere zu schlagen: vulnerant omnes, ultima necat (alle verwunden, die letzte tötet) ...

1929. – Offener Brief, mit dem Gottfried Benn auf Angriffe antwortet, die Johannes R. Becher und E. E. Kisch in der »Neuen Bücherschau« gegen ihn richteten.

J. R. Becher und E. E. Kisch waren im September 1929 aus Protest gegen eine positive Besprechung von Benns »Gesammelter Prosa« durch Max Hermann-Neiße aus der Redaktion der »Neuen Bücherschau« ausgetreten. Ganz im Sinne Benns hatte sich Max Hermann-Neiße gegen die »literarischen Lieferanten politischen Propaganda-Materials« gewandt; eine Bemerkung, die für Kisch Anlaß zu der Replik ist, daß diese immerhin noch »turmhoch ... über allen Benns und Stefan Georges« stehen. Benn wiederum polemisiert daraufhin gegen Kisch als »den Typ des unfundierten Rumm- und Mitläufers, des wichtigtuerischen Meinungsäußerers, des feuilletonistischen Stoffbesprengers«. Der Grund für Bechers und Kischs Protestschritt liegt allerdings nicht nur in der literarischen und politischen Position Benns, sondern auch in der Tatsache, daß ihnen die bürgerliche Presse nach dem Blutbad des 1. Mai kaum noch Gelegenheit gab, ihre Meinung zu publizieren.

Bertolt Brecht *Ein Mißverständnis*

Jahre hindurch eine schlechte Politik sehend, eine Politik im Interesse der Schlechtigkeit, erklären sie nunmehr Politik für schlecht, jede Politik, auch eine im Interesse der Güte. Das ist, als ob sie, eine schlechte Operation sehend, jedes Operieren für schlecht erklärten.

1930/31. –

Stefan George *Artverschlechterung*

Schon eure Zahl ist Frevel ...

Aber das Schlimmste ist nicht die drohende materielle Not, sondern die mit der Masse sich stetig steigernde Artverschlechterung.

Als einen Herrn der guten alten Art sah George offenbar Hindenburg an, der ihm zum sechzigsten Geburtstag gratuliert hatte. Das Antworttelegramm (Juli 1928) von George:

»Dem all-verehrten Reichspräsidenten vollen dank für seine herzlichen glückwünsche. dank auch, dass Er durch seine freundlichen worte mir vergönnt hat neben den dichterischen nun eine persönliche zeile zu richten an den Mann der aus den ungeheuren weltwirren unsrer zeit als einzige sinnbildliche gestalt hervorragt.«

George betrachtet den Kreis seiner Freunde und bedingungslosen Anhänger als

Keimzelle zur Erneuerung des »geistigen Deutschland« und sich selbst als ›reinen Dichter‹ zur Führerfigur berufen, der die Jugend seines Landes (Georges Einfluß auf die Jugendbewegung ist beträchtlich) retten möchte vor russischen »Barbaren« und vor der »anglo-amerikanischen Normalameise«. Rein, das heißt bei Stefan George auch: Verachtung der Demokratie, des Kapitalismus, der Industrialisierung, der Verstädterung und der Masse.

Hugo von Hofmannsthals am 10. 1. 1927 in der Münchener Universität gehaltene Rede »Das Schrifttum als geistiger Raum der Nation« zielt vor allem auch auf George: Er vertiefe »den unglücklichen Riß in unserem Volk zwischen Gebildeten und Ungebildeten«, da er die soziale Verantwortung des Schriftstellers und Künstlers für das Ganze ignoriere und dem Ichkult verfalle.

Bertolt Brecht am 6. 6. 1928 (in einer Umfrage der »Literarischen Welt«) über George: »Dieser Schriftsteller gehört zu den Erscheinungen, die wegen ihrer Isoliertheit in einer gerade für unrühmlich geltenden Zeit im Gegensatz zu dieser zu stehen scheinen und so für sich als Sympathie genießen, was eigentlich nur dieser Zeit als Antipathie zugedacht war, bis sich herausstellt, daß sie ihrem Wesen nach zu ihr gehört haben . . .«

Aber auch innerhalb der Linken werden die Auseinandersetzungen schärfer. Das sichtbarste Beispiel: Der am 19. 10. 1928 gegründete »Bund proletarisch-revolutionärer Schriftsteller« (Für Brecht ein »Konsumverein« von »Schriftstellereibesitzern«, die »den proletarischen Markt« »monopolisieren« wollen. Und: »Es ist sozusagen nicht die Feuerwolke, die diesem Heereszug vorauszieht, sondern der graue Rauch, der aus den Feldküchen aufsteigt.« – in einem Brief vom Spätherbst 1928 an Bernard von Brentano.). Er grenzt sich nicht nur ab von den sogenannten ›sympathisierenden linksbürgerlichen Autoren‹ – Alfred Döblin, Ernst Toller, Walter Benjamin –, sondern entfesselt heftige Polemiken. So verreißt Klaus Neukrantz in der »Linkskurve« (Dezember 1929) Alfred Döblins Roman »Berlin Alexanderplatz«: Döblin verhöhne darin den klassenbewußten Arbeiter; das Buch sei ein »reaktionärer und konterrevolutionärer Angriff auf die These des organisierten Klassenkampfes«. Johannes R. Becher greift Döblin im nächsten »Linkskurve«-Heft noch einmal ausdrücklich als »bürgerlichen« Literaten an. Döblin revanchiert sich im »Tagebuch« (3. 5. 1930): die Herausgeber der »Linkskurve« – Becher, Andor Gabor, Kurt Kläber, Erich Weinert, Ludwig Renn – könnten weder schreiben noch würden sie sich auf die Wirklichkeit einlassen: »Das ist die zum Lachen armselige literarische Vertretung der deutschen KP: Rote Kinderfähnchen über einer Wirklichkeit, die man nicht kennt, der man mit Schmockphrasen aus dem Weg geht.«

Erdrutsch — Septemberwahl

1929 – ein weltgeschichtliches Jahr? Eine Umfrage

Heinrich Mann:

Es ist nicht mehr nötig zu sagen, daß für Europa das weltgeschichtlich Wichtigste seine Einigung ist. Wie viel dafür in einem bestimmten Jahr geschehen ist, kann nicht leicht ermessen werden. Eine lange Reihe von Jahren wird später dieselbe Kapitelüberschrift tragen müssen.

Hellmut v. Gerlach:

Das Jahr 1929 wird in der Weltgeschichte vermerkt werden als das Jahr der Annahme des Young-Planes, d. h. der Bereinigung der schlimmsten Reste des Weltkrieges durch die Zusammenarbeit von Stresemann und Briand.

Frank Thieß:

Eine scharfe Begrenzung auf das Jahr 1929 ist unmöglich, weil die Weltgeschichte sich nicht nach dem Kalender schreiben läßt. Im Allgemeinen wäre etwa zu sagen:

A. Triumphe der Diktaturen (Rußland, Südslawien, Italien, Spanien). Sieg und Niederlage des Paneuropäismus. B. Krisen der Übergangsstaaten: Amerikanische Wirtschaftskatastrophen. Tod Stresemanns. Beginnender Zerfall des deutschen Parteistaates (Explosionen, Skandale, Konventikel).

Johannes R. Becher:

Das Jahr 1929 wird eingeschrieben sein in der Geschichte als das 2. Jahr des Fünfjahresplanes, des gewaltigen Aufbauwerkes, das die Sowjetunion durchführt. Was weiß die Welt davon?! Wie veraltet und unbrauchbar sind auf einmal alle Rußlandbücher geworden! Immer wieder muß man sich vorsprechen, wenn man aus der Sowjetunion zurückkehrt: nicht Traum, nicht Wunder – Wirklichkeit! Diese Sowjetwirklichkeit lebendig zu machen, sie eindeutig und klar jedem Arbeiter näherzubringen, das ist eine der Hauptaufgaben geworden, die der proletarisch-revolutionären Literatur gestellt sind ... Sozialismus oder Untergang in die Barbarei? Es gibt heute nur mehr die eine Antwort: Sozialismus. Das russische Proletariat und seine Führung, die Kommunistische Partei, haben diese Antwort gegeben. Diese »Antwort« also ist für mich das einzige und bedeutendste Ereignis im welthistorischen Maßstab, das das Jahr 1929 gebracht hat.

Egon Friedell:

Da ich nicht, wie viele gehässige Menschen behaupten, ein historischer Dilettant, sondern ein richtiger Historiker bin, so kümmere ich mich um die Gegenwart überhaupt nicht. Meine Kenntnisse reichen nur bis zum Wiener Kongreß.

Arnold Zweig:

Wenn mich mein historisches Gefühl nicht trügt, ist die Abschiebung Trotzkis aus Rußland und seine türkische Isolierung ein Einschnitt. Er bedeutet das Ende der kriegerischen Revolutionierung für den Westen und die Wiedereinsetzung Rußlands als einer nach Osten gerichteten, dem Westen abgekehrten Macht. Die Weltgeschichte wählt sich in dieser Zeit den Weg über die Mandschurei, China, Indien, Palästina ...

Januar 1930. – Umfrage zum Jahreswechsel 1929/30 in der »Literarischen Welt«.

»Young-Plan«: Der am 7. 6. 1929 ausgehandelte Young-Plan setzt die Reparationszahlungen herab und endgültig fest: in 37 Raten von durchschnittlich 2,05 Mrd. RM und dann in 22 Raten von 900 Mio. RM; mindestens 600 Mio. RM müssen auf jeden Fall jährlich transferiert werden. Der Young-Plan hebt die politischen Kontrollen über Reichsbahn und Reichsbank auf, gleichzeitig sieht er eine vorzeitige Räumung des Rheinlandes vor. Er wird im Reich von NSDAP, DNVP und dem Stahlhelm bekämpft. Der von ihnen erwirkte Volksentscheid – am 22. 12. 1929 – bleibt erfolglos.

»Tod Stresemanns«; Gustav Stresemann stirbt überraschend am 3. Oktober. Seine Politik des Ausgleichs mit Frankreich, des Eintritts in den Völkerbund, des deutsch-russischen Freundschaftsvertrages wird überschattet durch die Weltwirtschaftskrise.

In Deutschland werden die Schlangen vor den Arbeitsämtern immer länger. Bitterste Not macht sich breit. Bewegliches Hab und Gut wird in die Pfandhäuser getragen, in Kirchen Kaffee und Kuchen verteilt. Berlin, die größte deutsche Industriestadt, zeigt zwei Gesichter. Während das Elend in den Arbeitervierteln immer größer wird, paradieren im reichen Westen auf dem Kurfürstendamm luxuriöse Limousinen vor überfüllten Restaurants, vor Kinopalästen und teuren Ausstattungsrevuen, eingehüllt in den Lichterglanz der Leuchtreklame. Deutschland sei »das am besten ausgestattete Armenhaus der Welt« berichtet die amerikanische Journalistin Dorothy Thompson an die »Saturday Evening Post«. Sie sieht ein Land mit modernen Sportpalästen, Schwimmbädern, Hospitälern und kühner Fabrikarchitektur; eine Nation mit einem der besten Flugnetze, dem größten Luftschiff und den schnellsten und verschwenderisch ausgestatteten Überseeschiffen – sie sieht eine lebendige und reichhaltige Theater-, Film- und Musikkultur – und sie sieht überfüllte Armenküchen und das Heer der Arbeitslosen. Von 64 Millionen Deutschen, so stellt die an Einfluß gewinnende konservative Zeitschrift »Die Tat« fest, leben vielleicht 100 000 im Wohlstand.

Das SPD-geführte Kabinett der großen Koalition unter Reichskanzler Hermann Müller tritt am 27. 3. 1930 zurück, weil die SPD aus Rücksicht auf den ADGB einer Erhöhung der Arbeitslosenversicherungsbeiträge um ein halbes Prozent nicht zustimmt. Der von Hindenburg mit der Regierungsbildung beauftragte und ihm – als Weltkriegsoffizier – ergebene Zentrumspolitiker Heinrich Brüning kann sich als neuer Reichskanzler auf keine Mehrheit mehr im Reichstag stützen. Um die Auswirkungen der Wirtschaftskrise – die Zahl der Arbeitslosen steigt im Laufe des Jahres 1930 auf fast 5 Millionen – wenigstens mildern zu können, erhöht er auf der einen Seite die Steuern und kürzt auf der anderen Seite radikal die Staatsausgaben und damit auch die Löhne und Gehälter der Angestellten des öffentlichen Dienstes. Da der Reichstag dieses Programm aber ablehnt, sucht Brüning es durch Notverordnungen, vom Reichspräsidenten erlassen, unter Umgehung des Parlaments durchzusetzen.

Der Beginn des Endes der parlamentarischen Demokratie; am 14. September 1930 sind Neuwahlen zum Reichstag.

Alfred Döblin *Führer für junge Wanderer durchs Labyrinth*

... in der Tat: das Ende des ersten Bandes vom ›Kapital‹ verkündet die »freie Assoziation freier und gleicher Produzenten«. Wie steht es damit? Die Arbeiterbewegung und der Klassenkampf kann die Zertrümmerung der Kapitalistenklasse zur Folge haben, – es steht vollkommen in der leeren Luft, daß er die klassenlose Gesellschaft und den Sozialismus zur Folge hat. Es kann aus keinem Ding etwas hervorgehen, was nicht schon in ihm steckt, – es kann aus dem mörderisch geschärften Klassenkampf Gerechtigkeit, aber kein Sozialismus hervorgehen ... Dessen Leitsätze sind Freiheit, spontaner Zusammenschluß der Menschen, Ablehnung jedes Zwanges, Empörung gegen Unrecht und Zwang, Menschlichkeit, Toleranz, friedliche Gesinnung. Was hat Marx von diesem, dem wirklichen Kommunismus gelehrt? ... Er hat das Wort und die Rüstung für den Klassenkampf geschaffen, der Arbeiterschaft und uns die Augen geöffnet, – und uns *übriggelassen zu überlegen, wie man zur »Gerechtigkeit« auch noch den Menschen findet* ... Sie, Herr Hocke, können Ihr prinzipielles Ja zu dem Kampf nicht exekutieren, indem Sie sich in die proletarische Front einordnen. Sie müssen es bewenden lassen bei der erregten und bitteren Billigung dieses Kampfes, aber Sie wissen auch: tun Sie mehr, so bleibt eine ungeheuer wichtige Position unbesetzt, die Position jenseits der bloßen Gerechtigkeit: die urkommunistische der menschlichen individuellen Freiheit, der spontanen Verbindung der Menschen, des Widerwillens gegen Neid, Haß, Barbarei und Krieg! Das sind Dinge, die keine vorübergehende Kultur in die Menschen hineingelegt hat, aber die die sogenannte Kultur Zug um Zug verschüttet. Diese Position, Herr Hocke, ist es, die als einziges Ihnen, dem geistigen Menschen, zufällt ...

Offen ist die Trennung von Sozialismus und Klassenkampf zu vollziehen, der Sozialismus wieder als »Utopie« herzustellen, als reine Kraft, Element in uns, seine Verwirklichung oder die Annäherung an ihn mit neuen Mitteln zu versuchen. Dies ist die Aufgabe, die Generallinie der Bewegung, zu der ich Ihnen rate.

5. 7. 1930. – Der Bonner Student Gustav René Hocke hat Alfred Döblin im »Tagebuch« in einem Offenen Brief gebeten, ihm im Labyrinth der politischen und ideologischen Zeitkämpfe eine Entscheidungshilfe zu geben. In vier kurz aufeinanderfolgenden »Tagebuch«-Artikeln (die im Februar 1931 unter dem Titel »Wissen und Verändern!« erscheinen) bekennt sich Döblin zum Kampf für soziale Gerechtigkeit und zur Aufhebung der Klassenunterschiede (und lehnt den sowjetischen Staatskapitalismus ab). Er empfiehlt den Intellektuellen, ihre Kapitalismuskritik (Kapitalismus: »Er ist auf Warenproduktion, Gewinn und Anhäufung von Geld, ohne den geringsten allgemein menschlichen Zweck, gerichtet«) nicht innerhalb, sondern neben der Arbeiterbewegung zu führen, um besser für »die alte Menschensache des echten Sozialismus« streiten zu können.

Siegfried Kracauer *Was soll Herr Hocke tun?*

Auf der einen Seite soll Hocke die derzeitigen Machthaber ablehnen, das heißt, sich unter keinen Umständen zur Partei der »Minorität, der Besitzenden, der Unternehmer und Rentner, der Kultivierten, der Privilegierten« schlagen. Auf der anderen Seite ist ihm verwehrt, sich der kämpfenden Arbeiterschaft einzugliedern. Sein Platz ist dazwischen, mit Döblins Worten: *neben* der Arbeiterschaft. An diesem Ort, von dem noch auszumachen bleibt, ob er einer ist, wird Hocke die »alte Menschheitssache des echten Sozialismus« zu vertreten haben.

... ich kann mit dem besten Willen nicht erkennen, wie durch die Maßnahmen, die Döblin vorschlägt, dem Sozialismus auf die Beine zu helfen ist. So sehr ich begreife, daß er dem Studenten abrät, sich einfach und unnachdenklich mit den blankradikalen Intellektuellen zu vermischen (die er an einer Stelle nicht unzutreffend als »rachsüchtige Bürger« bezeichnet), so wenig verstehe ich, daß er den umgeschaffenen Hocke ganz aus der Öffentlichkeit herauslotsen und vor den furchtbaren Schwierigkeiten bewahren möchte, die das problematische Verhältnis zwischen ihm und den Arbeitertheoretikern zweifellos mit sich brächte. Hier zieht sich Döblin entschieden zu weit zurück, hier verlangt er den Abbruch der realen Dialektik, in die doch, gerade von ihm aus gesehen, die Intellektuellen eintreten müßten, um sich an dem ihnen zubestimmten Platz aktiv zu betätigen. Der soll nach ihm »neben der Arbeiterschaft« sein; aber das *undialektische Daneben* ist aller Voraussicht nach gar nicht zu realisieren ... Ja, es ist sogar zu befürchten, daß er, der eigenen Absicht zuwider, durch die Art seiner positiven Zielsetzung der von ihm aufgerufenen Intelligenz eine Ideologie liefert, die sie dazu befähigt, im Namen des Sozialismus sich nicht um den Sozialismus zu kümmern; daß er unfreiwillig mehr die Romantik als die Aufklärung fördert und nicht so sehr die Selbstbesinnung aktiviert als die Besinnlichkeit weckt ... 17. 4. 1931; in der »Frankfurter Zeitung«. –

Thomas Mann *Diese neue ›Rückkehr zur Natur‹ ...*

... Wir machen eine Rechtsschwenkung, auch von dort kommt Feuer, und was für welches! Es ist sogar ärger und tückischer als das von links, wie uns scheinen will. Es gibt da, meine Herren – ich rede aus deutscher Erfahrung, aber ich glaube, es ist ungefähr dasselbe überall – es gibt da eine verdächtige Frömmelei, deren abgeschmackte und reaktionäre Antithese diejenige von Seele und Geist, von Gemüt und Verstand, von Dichtertum und Schriftstellertum ist und die mit diesem Gegensatz die Kunst, die Literatur kritisch zu tyrannisieren bemüht ist. Sie lebt von einer rückschlägigen Bewegung, die in der ganzen Welt, am besten vielleicht aber in Deutschland zu Hause ist und die man eine naturkonservative Bewegung nennen kann: dem Rückschlage gegen den Intellektualismus, den nachtvergessenen Tages- und Verstandeskult abgelaufener Jahrzehnte, gegen das zugleich mechanistische und ideologische Weltbild, gegen den zugleich generösen und seichten Fortschrittsglauben einer versinkenden oder versunkenen Epoche. Ich sage: gegen dies absterbende Weltbild ist überall eine vitalistisch-irrationale, eine lebensgläubige, ja lebensmystische Gegenbewegung an der Tagesordnung: in charakteristischen Abschattungen und Formen spielt diese Richtigstellung der Weltkonzeption und Lebensforschung, diese neue ›Rückkehr zur Natur‹ bei allen Völkern. Aber am radikalsten, doktrinär-rücksichtslosesten gibt wohl der deutsche Gedanke sich ihr hin; man kann sagen, daß er den Gegensatz von Geist und Leben, von Intellekt und Seele, die Apologie des Nächtig-Unbewußten, des Schicksals, der Notwendigkeit und die Verfemung des wollenden Geistes auf eine scholastisch-überwitzige Spitze treibt, die vielleicht zu – geistreich ist, um noch natürlich zu heißen ...

Man lauscht ihnen also mit einer Art von gebändigtem Verständnis. Sie haben recht, in notwendiger Einseitigkeit. Wer aber nicht recht hat, wer einfach Unfug treibt und gegen wen man sich zur Wehr setzen muß, das sind ihre Lehrlinge und journalistischen Affen, ihre tendenziösen Nachbeter und Nachtreter, es sind ihre schlecht und recht reaktionären Nutznießer, die bei der Verkündigung einer geistfeindlichen Philosophie Morgenluft wittern. Sie wollen uns auf die Seele, das ›Dichterische‹, die ›reine Anschauung‹, das Gemüt, die apolitische Einfalt festlegen und heißen uns, wenn wir der Vernunft, dem Frieden, der Einheit Europas zugunsten reden, seichte Intellektualisten. Wir finden das ekelhaft. Wir sehen die Idee der Kunst, des ›Lebens‹, des Triebhaften, der willenlosen Anschauung, auch des heroischen Pessimismus und jener Goethe'schen Religiosität, die im Unendlichen dasselbe sich wiederholend ewig fließen sieht und es zur ewigen Ruh' in Gott zusammenfaßt, – wir sehen das alles heute in den Händen von bösartigen Spießbürgern und Militaristen, die, wenn sie ›Seele‹ sagen, den Gaskrieg meinen und tief verärgert sind, wenn wir ihnen nicht auf den Leim dieser Verwechslung gehen. Wir wollen von dem Unfug dieses philisterhaften Lebenstiefsinnes und dieser falschen Heldenfrömmigkeit nichts wissen. Wir haben uns unserer Haut gewehrt gegen den Andrang eines sozialistischen Aktivismus, im Glauben an die Kunst. Wir sind Sozialisten in dem Augenblick, wo der Ästhetizismus der Dummheit und Schlechtigkeit uns für eine Sache in Anspruch nehmen möchte. Wir sind Dichter, das heißt Menschen des Abenteuers und sinnlichen Traumes – es mag sein. Aber wir schwören zum Geiste, wenn die Seele, in Unehre geraten, der Menschheit

Schande zu machen droht, und wenn die Stunde uns aufruft, setzen wir unser Wort ein für Ziele einer anständigen Rationalität. – . . .

13. 9. 1930. – Rede auf der Regional-Konferenz Europa – Afrika des Rotary-Clubs in Den Haag, am Vorabend der Reichstagswahl.

»Die Intellektuellen haben das Wort«

Die Fragen:

I. *Auf welchem Wege wird die Krise nach Ihrer Ansicht beseitigt werden, die das Wirtschaftsleben fast aller Länder, insbesondere aber das deutsche Wirtschaftsleben erschüttert?*

II. *Halten Sie Severings Republikschutzgesetz, Brauns Beamtenukas, die Novelle vom Vereinsgesetz, die jede öffentliche Versammlung unter die Zensur eines beliebigen Polizeibeamten stellt, die verschärfte Filmzensur, den Zuchthausparagraphen 218 u. a. m. für kulturpolitische Maßnahmen, die geeignet sind, die Entfaltung der kulturellen Kräfte in Deutschland zu fördern? Wie denken Sie über die Festhaltung von 50 kommunistischen Redakteuren in Gefängnissen und Festungen der deutschen Republik und wie stellen Sie sich zu der Ermordung von 35 Arbeitern durch die Polizei des Sozialdemokraten Zörgiebel am 1. Mai 1929?*

III. *Welche Stellung werden Sie einnehmen, wenn die Arbeiter Deutschlands im Falle eines faschistischen Putsches zur Gegenwehr greifen?*

IV. *Wie beurteilen Sie die Aussichten der Verwirklichung des Fünfjahrplanes in der Sowjetunion? Ist Ihnen bekannt, daß die Arbeitslosigkeit dort nahezu liquidiert ist? Wie beurteilen Sie die kulturellen Aufstiegsmöglichkeiten in der Sowjetunion?*

V. *Welche Stellung werden Sie im kommenden Kriege der kapitalistischen Mächte gegen die Sowjetunion einnehmen?*

VI. *Halten Sie die deutsche Sozialdemokratie noch für eine sozialistische Partei?*

E. J. Gumbel:

1. Da die große Zahl der Arbeitslosen bisher keinerlei politische Wirkung ausübte, ist zu vermuten, daß die heutige Krise auf dem üblichen kapitalistischen Weg durch den nächsten wirtschaftlichen Aufstieg überwunden werden wird. Die Periodizität der Krisen, also ihre zeitliche Überwindung, aber auch ihre Wiederkehr in gesteigertem Maß gehört nämlich mit zu den Eigentümlichkeiten der kapitalistischen Wirtschaftsordnung.

2. Die von Ihnen angeführten Gesetze und Verordnungen haben nur zum Teil einen kulturpolitischen Einfluß. Dies gilt für die Filmzensur. Sie ist in hervorragendem Maße geeignet, den breiten Massen Sand in die Augen zu streuen. Der Paragraph 218 ist eine bevölkerungspolitische Bedrohung und ein wesentliches Instrument der Klassenjustiz. Das Republikschutzgesetz, der Beamtenerlaß und das Vereinsgesetz sind kulturpolitisch völlig bedeutungslos und von diesem Standpunkt weder positiv noch negativ zu bewerten. Sie sind jedoch politisch außerordentlich gefährlich, da zu vermuten ist, daß sie reaktionären Regierungen zur Unterdrükkung der sozialistischen, ja sogar der entschieden republikanischen Bewegung dienen werden. Beim Republikschutzgesetz hat sich dies bereits gezeigt.

Die Verurteilung zahlreicher kommunistischer Redakteure ist vor allem deswegen angreifbar, *da genau die gleichen Äußerungen von nationalsozialistischer Seite unbeanstandet bleiben.* Sie beruht auf einer vollständig falschen Auslegung des Hochverratsbegriffs, der richtig verstanden die Vorbereitung einer unmittelbar einsetzenden Aktion voraussetzt.

Die Schießereien am 1. Mai 1929 halte ich für *eine der schlimmsten polizeilichen Ausschreitungen,* die überhaupt bisher in Deutschland vorgekommen sind. Besonders schlimm ist die Tatsache, daß sie unter der Herrschaft eines sozialdemokratischen

Polizeipräsidenten erfolgten. Sie lassen sich auch nicht durch den Umstand rechtfertigen, daß die kommunistische Presse nach dem Blut schrie, das der sozialdemokratische Polizeipräsident am Schluß vergossen hat.

3. Falls ein faschistischer Putsch kommt, werde ich mich selbstverständlich auf die Seite der Arbeiter stellen. Ich fürchte jedoch, daß er auf kaltem Wege kommt, und daß so die Klarheit der politischen Situation, die Sie voraussetzen, nicht vorhanden sein wird.

4. Obwohl ich mir große Mühe gegeben habe, war es mir bisher unmöglich, mich mit den wissenschaftlichen Grundlagen des Fünfjahrplans vertraut zu machen.

Ich kann nicht beurteilen, ob die Arbeitslosigkeit in der UdSSR wirklich beseitigt ist. Auch falls dies zutrifft, braucht es noch keine Sicherheit für die Zukunft zu bedeuten, denn sie kann auch auf dem niedrigen Niveau der russischen Wirtschaft und der geringen Zahl der überhaupt vorhandenen Industriearbeiter beruhen.

5. Es gibt politische Dinge, über die man in aller Öffentlichkeit sprechen kann und andere, die man durchführen muß. Das von Ihnen aufgeworfene Problem eignet sich nicht zur öffentlichen Behandlung. Leider sehe ich in dieser Richtung aber auch keine Taten.

6. Die SPD scheint sich zu einer Arbeiterpartei nach englischem Muster zu entwickeln. In Übereinstimmung mit den von dem früheren Reichskanzler Müller in den Mitteilungen des Sozialdemokratischen Intellektuellenbundes entwickelten Auffassungen glaube ich an die Existenz eines starken *sozialkonservativen Elements* in der Partei.

Alfons Paquet:

Auf Ihre Frage vom 15. ds. antworte ich:

Zu 1. Nach meiner Ansicht kann die wirtschaftliche Weltkrise beseitigt werden durch die Aufstellung und die strengste Durchführung eines Arbeitsplanes, der die wirtschaftlichen Kräfte einer Anzahl europäischer und außereuropäischer Länder aufs engste miteinander verbindet, und zwar bis zu dem Umfang, daß daraus die Schaffung eines sich selbst erhaltenden Organismus möglich ist.

Zu 2. und 3. Die von Ihnen erwähnten Maßnahmen dienten natürlich der Sicherung eines Machtbesitzes, können also niemand wundern, der Gewaltpolitik grundsätzlich bejaht. Daß sie die kulturelle Entfaltung Deutschlands hemmen, ist ebenfalls selbstverständlich, wie auch, daß sie in keiner Weise geeignet sind, die wirtschaftliche Not zu beheben.

Zu 4. Ich werde nicht auf der Seite des faschistischen Putsches sein – also auf der Gegenseite.

Zu 5. Ich kann diese Frage, die von hochgradig wirtschaftlich technischer Bedeutung ist, nicht wie einen politischen Glaubensartikel mit Ja oder Nein beantworten, vor allem, da mir selbst die Antwort auf viele Einzelfragen, die ich selbst stellen müßte, völlig fehlt. Es ist mir bekannt, daß die Durchführung des Fünfjahrplans in der Sowjetunion die dortige Arbeitslosigkeit gegenwärtig nahezu aufgehoben hat. Ich beurteile die kulturellen Aufstiegsmöglichkeiten in der Sowjetunion optimistisch.

Zu 6. Ich habe immer mein Möglichstes getan, um einen Krieg der kapitalistischen Mächte gegen die Sowjetunion zu verhindern und werde es weiter tun.

Zu 7. Ich halte allerdings die deutsche Sozialdemokratie für eine sozialistische Partei, denn die unter ihrem Einfluß zustandegekommenen Erbschafts- und Sozialgesetze führen schon in ihrer bisherigen Form eine weitgehende Enteignung bürgerlicher Schichten mit sich. Die aus ihrer Genesis zu erklärende enge Bindung dieser sozialistischen Partei an den bestehenden Staat, der in seiner Struktur noch der Erbe der zentralistischen, bismarckischen Epoche ist, hat allerdings die in der Sozialdemokratie zur Form gewordene Massenbewegung fast manövrierunfähig gemacht.

Theodor Lessing:

1. Um darauf zu antworten, müßte ich ein dickes Buch schreiben. Es handelt sich ja gar nicht einzig und allein um die Neuordnung der Wirtschaft. Bevölkerungs-

politik und auch Kulturpolitik können von solcher Frage nicht abgetrennt werden. Ich bin auch nicht des Glaubens, daß die Tatbestände, die man zusammenfassen kann unter die Schlagworte »Das Nationale« und »Das Religiöse«, jemals einfach zu übergehen sind zugunsten der wirtschaftlichen Beglückungsideologie.

2. Nein. Die Entrüstung, die hinter der Frage steht, teile ich.

3. Ich werde immer zu den Verunrechteten stehen.

4. Ich würde über Fragen und Möglichkeiten der Sowjetunion nie urteilen ohne Sachkenntnis und genaue Erfahrung. Die habe ich nicht.

5. Ich würde dasselbe tun, was ich 1914 tat: gegen den Krieg wirken.

6. Unter den Begriff »Sozialdemokratie« faßt man viel Heterogenes zusammen. Die zur Regierungspartei gewordene Sozialdemokratie ist zu einem großen Teil eine demokratische Lohn- und Interessenpartei und als solche selbstverständlich bürgerlich geworden. Es ist aber immer festzustellen, daß die Sozialdemokratie von heute der Kommunismus von gestern ist. Bei veränderter Konstellation, z. B. bei einem Siege des Faschismus, wird sich das Wesen der Parteien abermals sehr verändern. Ich glaube (so utopisch das gerade im Augenblick anmuten mag) an eine kommende große Vereinheitlichung der Linksgruppen.

Stefan Großmann:

1. Ich bin nicht kenntnisreich genug, um mit Bestimmtheit sagen zu können, wie die Krise des Wirtschaftslebens der ganzen Welt beseitigt werden könnte, aber ich glaube, daß nur eine planmäßige Produktion und Konsumtion, wie sie der Sozialismus will, die Erschütterungen beseitigen kann, die aus Überproduktion und Unterkonsumtion entstehen.

2. Ich glaube, daß man den wildgewordenen deutschen Beamten nicht durch Argumente zur Vernunft bringen kann, sondern daß man seine Exzesse verbieten muß.

3. Ich glaube, daß nur eine sorgfältige Vorbereitung zur Gegenwehr einen faschistischen Putsch verhindern kann.

4. Mir fehlen alle Unterlagen, um klar urteilen zu können, ob der Fünfjahrplan der Sowjetunion glücklich verwirklicht werden kann.

5. Soviel in meinen kleinen Kräften steht, würde ich alles tun, um einen Krieg gegen die Sowjetunion zu verhindern.

6. Ob die Sozialdemokratie noch eine soziale Partei ist, müßte man eingehend studieren.

Oskar Maria Graf:

1. Die Krise des Wirtschaftslebens aller Länder und insbesondere die in Deutschland wird sich besonders im kommenden Winter in seiner ganzen Schärfe zeigen. Es ist unmöglich, sie durch kapitalistische Methoden abzuschwächen oder zu beheben. Auch der siegende Kommunismus, der meiner Meinung nach in Deutschland nach einer faschistischen Diktatur das Erbe der alten Ordnung antritt, wird anfangs mit derartigen Krisenerscheinungen zu kämpfen haben. Aber er wird – dies erkennen heute selbst weitsichtige Kapitalisten – aus dem entstehenden Chaos in eine wirklich erträgliche Ordnung, in die einzig mögliche, hineinfinden. Beseitigt kann also die gegenwärtige Wirtschaftskrise nur durch den konsequenten Kommunismus werden.

2. Severings Republikschutzgesetz, Brauns Beamtenukas, die Novelle zum Vereinsgesetz, die Filmzensur und der Zuchthausparagraph 218 – all das sind Verzweiflungsmaßnahmen eines zusammengebrochenen Systems ohne jeden kulturellen Inhalt. Dennoch werden gerade diese grundreaktionären Hemmnisse die Kämpfer für eine neue Kultur nur entschiedener machen und ihre Zahl verstärken. Je deutlicher die Reaktion sich zeigt, je mehr Bedrückungen sie schafft, desto eher führt sie die Klärung unter den Revolutionären herbei.

3. Ein Staat wie der heutige mußte die 50 kommunistischen Redakteure einkerkern und auch der Berliner Blutmai anno 1929 des Sozialdemokraten Zörgiebel liegt ganz in seiner Linie. Die Sozialdemokratie, welche dieser Republik das Gesicht

gegeben hat, bewies seit 1914, daß sie bürgerlicher ist als jede bürgerliche Partei. Die Angst, eines Tages hinweggefegt zu werden, zwingt sie zu derartigen Klassenurteilen. Der Zörgiebel-Mai hat ihr wahres Gesicht am besten gezeigt.

4. Im Falle eines faschistischen Putsches gibt es für mich keine andere Entscheidung als die: Auf Seite der sich dagegen wehrenden Arbeitermassen zu stehen.

5. Fünfjahresplan der Sowjetunion? Liquidierung der Arbeitslosigkeit dort, kulturelle Aufstiegsmöglichkeiten in der Sowjetunion? Wie ich das beurteile? Ein Volk, das so von Grund auf mit allem Alten aufgeräumt hat und mit wahrem Heroismus, trotz aller Schwierigkeiten seitens der Feinde Schritt für Schritt die kommunistische Gesellschaftsordnung verwirklicht – wie sollte dort nicht die Zukunft liegen? Nur eine derartig kollektive, wahrhaft nach dem Grundsatz: »Einer für alle« gestaltete Menschengemeinschaft hat Aussichten auf einen kulturellen Aufstieg, der heute noch gar nicht abzusehen ist.

6. Man kann nicht fragen: Halten Sie die *deutsche* Sozialdemokratie noch für eine sozialistische Partei?

Macdonald in England, Vandervelde, Blum und Adler, Noske, Müller und wie sie alle heißen, die Sozialdemokratie der ganzen Welt hat längst durch ihre antisozialistischen, reaktionär-faschistischen Taten, ihre verräterische Haltung im Kriege und während der Revolution bewiesen, daß sie weder sozialistisch, noch proletarisch ist. Sie wird – und das zeigt sich besonders deutlich in der deutschen Sozialdemokratie, immer mehr und immer mehr Zulauf bekommen vom Kleinbürgertum, sie wird – und ist das wohl schon – jenes verschwommene Gemeng werden, was wir alle bis jetzt als »demokratisch« bezeichneten. Sie wird in dem Maße wachsen (an Zahl ihrer Mitglieder), als sie an Einfluß und Kraft abnimmt, weil sie mit entgegengesetzten Parteien paktiert, weil sie für jeden *etwas* und zuguterletzt für – wie man bei uns sagt – »für niemand nichts hat«.

September 1930. – Eine vor der Septemberwahl veranstaltete Umfrage der »Linkskurve«, in der sie um Verbündete wirbt. Das zustimmende Echo ist freilich gering. Herwarth Walden, Lisa Tetzner, Ludwig Renn, Alfons Goldschmidt, K. A. Wittfogel und O. M. Graf schreiben ›im Sinne‹ der KPD. Gumbel (»kleinbürgerlicher Skeptiker«), Alfons Paquet (»verwirrt bürgerliche Auffassungen«), Max Hodann (»bürgerlich formaler Standpunkt«),Theodor Lessing, Stefan Großmann, Kurt Großmann, Jakob Wassermann bewegen sich nicht auf der KPD-Linie und werden z. T. heftig attakiert – wie auch Walter Mehring, der im »Tagebuch« antwortet.

Die abschließende Reaktion der »Linkskurve«: »So chaotisch ist der Zustand der deutschen Intellektuellen zur Zeit der Septemberwahl 1930 . . . Unerbittlich schroff stellen wir die Frage nach der Entscheidung: Für die Arbeiterrevolution oder für den Faschismus? Für die kapitalistische Diktatur oder für die Diktatur des Proletariats?«

Walter Mehring *Antwort auf ein kommunistisches Verhör*

2: Ihre zweite Frage enthält ein Gemisch von Dingen, die nichts miteinander zu tun haben und weder einzeln noch zusammen als kulturfördernd gewertet werden können. Severings Republikschutzgesetz erachte ich als verkehrt; es hat auch nicht das geringste zum Schutz der Republik beigetragen. Brauns Beamtenukas kann man als Einzelfaktor nicht angreifen; erstens, weil man es keiner Regierung verübeln kann, ihr feindliche Elemente aus der Beamtenschaft auszuschließen, zweitens, weil dieses Gesetz, erlassen zu einer Zeit, als sich keine Kommunisten mehr in der Beamtenschaft befanden, als Abwehr gegen die sogenannten National»sozialisten« gedacht war. Ich halte die Novelle zum Vereinsgesetz für sinnlos, die Filmzensur wie jede andere für eine Kinderei und Anmaßung, den § 218 für barbarisch und unsittlich; und die ganze Frage als geeignet für eine Schularbeit in den Unterstufen der Parteiklasse.

3: Sie erwarten als Antwort natürlich: ich gehe auf die Barrikaden. Aber dabei entscheiden noch die Zweckmäßigkeit der gegebenen Umstände und der physische Mut. Und Mut ist eine Nervensache; so mutig kann jeder Esel sein. Ich ziehe vor, ehrlich zu sein, und sage: ich weiß es nicht. Doch wäre ich neugierig, zu wissen, wieviel Antifaschisten sich dann jenseits der Barrikaden aufhalten würden.

4: Über die Aussichten des Fünfjahresplans werde ich Ihnen Genaueres nach meiner für das Jahr 1933 geplanten Reise sagen. Statistiken der russischen Arbeitslosenziffern sind mir nicht bekannt; ich hoffe, daß dieses im Moment wichtigste Problem drüben gelöst ist. Die kulturellen Aufstiegsmöglichkeiten eines Sowjetsystems erachte ich für bedeutend günstiger als die der kapitalistischen Systeme; genau so, wie ich überzeugt bin, daß jene Portion allgemeiner menschlicher Boshaftigkeit, Dummheit und Hypokrisie, die kein System herabmindern kann, die großen Möglichkeiten an der Entfaltung hindern wird, dort wie überall. Doch darf diese Erkenntnis nie hindern, weiter zu kämpfen.

5: Das könnte Ihnen so passen, daß ich sage, ich werde mich als Kriegsberichterstatter freiwillig melden! Aber nein! Ich werde, trotz dem Bewußtsein meiner persönlichen Nichtigkeit, jede Kriegshandlung zu sabotieren suchen. Ich werde, nach Ausbruch, ein Kriegsdienstverweigerer, ein Drückeberger sein. Außerdem: wissen Sie schon Näheres darüber, mit welchen Verbündeten Rußland in das nächste Stahl- und Gasbad ziehen wird? . . . Und deshalb frage ich Sie zurück und fordere Antwort von Ihnen, so klar wie ich sie gebe: welche Stellung würden Sie im kommenden Kriege der roten Armee und der deutschen Reichswehr gegen Polen einnehmen? . . .

6. 9. 1930. –

Das Ergebnis der Reichstagswahlen vom 14. 9. 1930 bedeutet eine politische Sensation. Hitler, der noch 1928 nur über 810 000 Wähler und 12 Reichstagsmandate verfügt hat, erhält 6 409 000 Stimmen und damit 107 Mandate; seine Liste 9 wird die nach den Sozialdemokraten stärkste Partei. Die Betroffenheit bei den republikanischen und linken Intellektuellen über diesen politischen Erdrutsch ist groß.

Ernst Toller *Reichskanzler Hitler*

. . . Die Reaktion, die 1918 das Vertrauen zu sich verloren hatte, hat dieses Vertrauen dank der leichtsinnigen und gradezu verbrecherischen Fehler der sozialistischen und republikanischen Regierung wiedergewonnen ...

Die Erschütterung des Selbstvertrauens der bürgerlichen Mächte ging im Jahre 1918 Hand in Hand mit der Weckung des Selbstvertrauens in der Arbeiterschaft. Heute haben sich die Dinge gründlich geändert. Die Arbeiterschaft, 1918 im Entscheidenden einig, ist zersplittert und trotz zahlenmäßiger Organisationsstärke nicht kraftvoll genug. Die Republik hat alles vergessen und alles gelernt ... Wir stehen vor einer Herrschaftsperiode der Reaktion. Glaube keiner, die Periode eines noch so gemäßigten, noch so schlauen Fascismus werde eine sehr kurze Übergangsperiode sein. Was jenes System an revolutionärer, sozialistischer, republikanischer Energie zerstört, ist kaum in Jahren wieder aufzubauen ...

Es ist an der Zeit, gefährliche Illusionen zu zerstören. Nicht nur Demokraten, auch Sozialisten und Kommunisten neigen zu der Ansicht, man solle Hitler regieren lassen, dann werde er am ehesten »abwirtschaften«. Dabei vergessen sie, daß die Nationalsozialistische Partei gekennzeichnet ist durch ihren Willen zur Macht und zur Machtbehauptung. Sie wird es sich wohl gefallen lassen, auf demokratische Weise zur Macht zu gelangen, aber keinesfalls auf Geheiß der Demokratie sie wieder abgeben ...

Es gibt eine einzige Macht, die noch ernsthaft mit dem Fascismus den Entscheidungskampf aufnehmen ... könnte, die Einheitsfront der freien Gewerkschaften. Aber heute fürchten ihre Führer um den aus Arbeitergroschen ersparten Millionenbesitz. Ist der Fascismus einmal stark genug, wird er auch vor den Gewerkschaften, die er in der ersten Zeit schonen mag, nicht haltmachen. Oder werden die Gewerkschaften wieder den Boden der Tatsachen betreten? Sieben Millionen organisierte Arbeiter haben das Wort ...

Geschieht heute nichts, stehen wir vor einer Periode des europäischen Fascismus, einer Periode des vorläufigen Untergangs sozialer, politischer und geistiger Freiheit, deren Ablösung nur im Gefolge grauenvoller, blutiger Wirren und Kriege zu erwarten ist.

Wir schreiben Silvester 1931. Diesmal wird die Phrase Wahrheit: Die Uhr zeigt eine Minute vor zwölf.

7. 10. 1930; in der »Weltbühne«. –

Heinrich Mann *Nach der Septemberwahl*

... Wir wollen es denen sagen, die das Hinabgleiten in die Diktatur schon als unabwendbares Schicksal angesehen haben, daß sie sich irren und daß es nur ihre eigene Unentschlossenheit, ihre Schwäche oder törichte Angst ist ... Wir wollen die Republik warnen, sich selbst aufzugeben. Was sie versäumt, vor allem in der Frage der Arbeitslosigkeit, täten nach ihrem Sturz in roher Art die Unsaubersten und spielten sich noch als Retter auf ...

Wenn man diese nationalsozialistische Massenpartei bei Licht besieht, bleibt von allen ihren Millionen keine halbe, keine achtel, die sachlich auch nur das Einfältigste aussagen könnte über Zweck und Ziel ... Sie haben nie in ihrem Leben ernsthaft gearbeitet, es sind ausgehaltene, faule und verfettete Existenzen ...

Wir fordern die drakonische Republik. Wer Hochverrat begeht, soll ihn büßen, und keine nationalistische Redensart soll ihn länger decken.

Entwurf eines Aufrufs, mit dem Heinrich und Thomas Mann auf das Wahlergebnis reagieren wollen. Thomas Mann schreibt deshalb am 23. 10. 1930 an Gerhart Hauptmann, aber Hauptmann rät ab:

»Ihr Aufruf hat mich ein bißchen erschreckt. Ich werde ihn keinesfalls unterzeichnen. Aber ich rate auch Ihnen freundschaftlich davon ab. Er wird nichts bessern, sondern die Lage verschlimmern, und Sie selbst ziehen durch eine so gnadenlose Erklärung einen nicht ungefährlichen Haß auf sich. – Übrigens hat der Wortlaut des Aufrufs im ganzen nach allen Seiten bedenkliche Punkte. Er riegelt Zustimmungen förmlich systematisch ab, also nochmals: Ich glaube den besten Rat zu erteilen, wenn ich Ihnen davon abrate.«

Es ist nicht nur die Rivalität zu dem Nobelpreisträger Thomas Mann (1929), die den Nobelpreisträger Gerhart Hauptmann (1912) von der Unterzeichnung dieses Aufrufs abhält (»Thomas Mann. Bürgerlicher Musterknabe, was gehst du mich an? aufgebauscht und davon nicht einmal berauscht«), sondern vor allem auch Hauptmanns Kurswechsel.

Gerhart Hauptmann *Vom »verwegenen Jugendsein«*

... Heut treten diese jungen Männer wieder in Reih und Glied zum verwegenen Jugendsein.

Ihr habt sie aufgerufen kraft der Republik und ihrer Verfassung – nicht gegen sie! Nun sind sie da! – Und sie haben eine Idee: Das dritte Reich!

Es sind fröhlich alles mißverstandene, halbe Dinge, die sie vermischen und daraus sie eine »Weltanschauung« backen, ungenießbar außer für sich selbst. Aber sie werden von dieser Speise gesund, kühn, wild! Sie werden gefährlich, wie die Amokläufer von ihrem Gift.

Ihr macht zuviel in Prosa: das können diese Leute, nämlich diese Art Jugend wie die National-Sozialisten nicht vertragen. Sie wollen Dichtung, Romantik, Schwärmerei, Glauben mehr als Wissen, keine Knauserei des Herzens, nicht Wirtschaft, sondern was Ehre und Deutschsein etc, nicht erschöpft.

Gerhart Hauptmann sieht den Wahlerfolg der Nationalsozialisten als romantischen jugendlichen Protest; auch Stefan Zweig vermutet in dem Wahlergebnis zunächst eine »vielleicht unkluge, aber im Innersten natürliche und durchaus zu bejahende Revolte der Jugend gegen die hohe Politik«.

Klaus Mann *Jugend und Radikalismus*

... Es gibt auch ein Alles-Verstehen-Können, eine Bereitwilligkeit der Jugend gegenüber, die zu weit geht. Nicht alles, was Jugend tut, weist in die Zukunft. Ich spreche das aus, und ich bin selbst jung. Ein großer Teil meiner Altersgenossen oder der noch Jüngeren – hat sich mit dem Elan, der dem ›Vorwärts!‹ vorbehalten sein müßte, für das ›Rückwärts!‹ entschieden. Das dürfen wir unter keinen Umständen gutheißen. Unter gar keinen Umständen. Sie tun es, wenn Sie den grauenerregenden Ausgang der deutschen Reichtstagswahlen »eine vielleicht nicht kluge, aber im Innersten natürliche und durchaus zu bejahende Revolte der Jugend gegen die Langsamkeit und Unentschlossenheit der ›hohen‹ Politik« nennen. Ihre schöne Sympathie für das Jugendliche an sich läßt Sie, fürchte ich, übersehen, worin diese Revolte besteht. Was wollen die Nationalsozialisten? (Denn um sie handelt es sich in dieser Stunde, keineswegs um die Kommunisten.) Nach welcher Richtung radikalisieren sie sich? Darauf schließlich käme es doch an. Radikalismus allein ist noch nichts Positives, und nun gar, wenn er sich so wenig hinreißend, sondern so rowdyhaft und phantasielos manifestiert, wie bei unseren Rittern vom Hakenkreuz. Fensterscheiben einschlagen und mit Rizinusöl drohen kann jeder, dahinter braucht kein geistiges Pathos zu stehen ...

1930. – Offener Brief an Stefan Zweig.

Thomas Mann *Ein Appell an die Vernunft*

... Nun geht eine neue Welle wirtschaftlicher Krisis über uns hin und wühlt die politischen Leidenschaften auf; denn man braucht nicht materialistischer Marxist zu sein, um zu begreifen, daß das politische Fühlen und Denken der Massen weitgehend von ihrem wirtschaftlichen Befinden bestimmt wird, daß sie diese in politische Kritik umsetzen, wie wenn ein kranker Philosoph seine physiologischen Hemmungen ohne ideelle Korrektur in Lebenskritik umsetzte. Es heißt wohl zuviel verlangen, wenn man von einem wirtschaftlich kranken Volk ein gesundes politisches Denken fordert.

Der Ausgang der Reichstagswahlen ist ... eine Warnung, ein Sturmzeichen, eine Mahnung, daß einem Volke, welches zum Selbstgefühl soviel Anlaß hat wie irgendeines, nicht auf beliebige Zeit das zugemutet werden kann, was dem deutschen in der Tat zugemutet worden ist, – ohne aus seinem Seelenzustand eine Weltgefahr zu machen.

... Der Versailler Vertrag war ein Instrument, dessen Absichten dahin gingen, die Lebenskraft eines europäischen Hauptvolkes auf die Dauer der Geschichte niederzuhalten, und dieses Instrument als die Magna Charta Europas zu betrachten, auf der alle historische Zukunft sich aufbauen müsse, war ein Gedanke, der dem Leben und der

Natur zuwiderlief und der schon heute in aller Welt kaum noch zum Schein Anhänger besitzt. Das Leben und die Vernunft selbst haben die Unantastbarkeit dieses Vertrages schon heute widerlegt...

Diese Ungerechtigkeit ist die erste, die man nennen muß, wenn man dem deutschen Gemütszustand gerecht werden will; aber es ist nur zu leicht, fünf, sechs andere aufzuzählen, die sein Gemüt verdüstern, wie die absurden Grenzregelungen im Osten, das niemandem heilsame, auf das vae victis stumpfsinnig aufgebaute Reparationssystem, die völlige Verständnislosigkeit des jakobinischen Staatsgedankens für die deutsche Volksempfindlichkeit in der Minderheitenfrage, das Problem des Saargebietes, das keines sein dürfte, und so fort.

Das sind die außenpolitischen Reizungen und Leiden, von denen der deutsche Gemütszustand bestimmt ist. Es kommen tiefe, wenn auch unbestimmte und ratlose Zweifel innerpolitischer Art hinzu, Zweifel also daran, ob die im westeuropäischen Stil parlamentarische Verfassung, die Deutschland nach dem Zusammenbruch des feudalen Systems als das gewissermaßen historisch Bereitliegende übernahm, seinem Wesen vollständig angemessen ist, ob sie seine politische Sittlichkeit nicht in gewissem Grade und Sinne entstellt und schädigt. Diese Sorgen einer volkspersönlichen, politischen Sittlichkeit sind um so quälender, als im Grunde niemand konkrete Vorschläge zum Richtigeren und Angemesseneren zu machen weiß und vorderhand kein Schluß übrigbleibt als der, daß, solange es dem Deutschtum nicht gelingt, aus seiner eigensten Natur in politicis etwas Neues und Originales zu erfinden, man genötigt sei, aus dem Historisch-Überlieferten das Persönlichste und damit Beste zu machen, zumal kein Kenner des Deutschtums zweifelt, daß die bisher unternommenen Versuche, den demokratischen Parlamentarismus zu überwinden, der ost- und der südeuropäische, die Diktatur einer Klasse also und die des demokratisch erzeugten cäsarischen Abenteurers, der Natur des deutschen Volkes noch viel blutsfremder sind als das, wogegen zu einem Teile seine Geste vom 14. September sich richtete.

Wenn also die radikalistische Ekstase unmöglich die natürliche Haltung des deutschen Bürgertums sein kann, wie soll es sich politisch halten und stellen? Sein katholischer Teil ist auch politisch im Schoß der Kirche geborgen und, nicht ohne Neid darf man es aussprechen, wohl geborgen. Der universalistische und übernationale Geist der Kirche bewährt sich auch heute in strenger Ablehnung eines ethnischen Heidentums und ist durchaus auf Seite der Mächte, die am Werke sind, Europa der Genesung von der krampfigen Krankheit des Nationalismus zuzuleiten, und für den Deutschen, der sich ihren Sohn nennen darf, liegt von vornherein eine Synthese des Gegensatzes, der nie diese Schärfe hätte gewinnen dürfen, von Vaterland und Menschheit bereit. Für uns andere ist es schwerer, unseren politischen Weg zu finden, und ich glaube zu sehen, nein, ich sehe vollkommen deutlich, welches Phantom und begriffliches Schreckgespenst es ist, das dem deutschen Bürgertum die politische Orientierung vor allem erschwert. Es ist ein Begriff, ein Wort, das heute, nüchtern und mit Ruhe gesehen, wirklich kaum mehr ist als ein Wort, mit dem aber, den deutschen Bürger damit zu schrecken, ein schlauer und schädlicher Mißbrauch getrieben wird. Ich meine das Wort *›marxistisch‹* ...

... Wenn ich der Überzeugung bin – einer Überzeugung, für die es mich drängte nicht nur meine Feder, sondern auch meine Person einzusetzen –, daß der politische Platz des deutschen Bürgertums heute an der Seite der Sozialdemokratie ist, so verstehe ich das Wort ›politisch‹ im Sinn dieser inneren und äußeren Einheit. Marxismus hin, Marxismus her, – die geistigen Überlieferungen deutscher Bürgerlichkeit gerade sind es, die ihr diesen Platz anweisen; denn nur der Außenpolitik, die der deutsch-französischen Verständigung gilt, entspricht eine Atmosphäre im Inneren, in der bürgerliche Glücksansprüche wie Freiheit, Geistigkeit, Kultur überhaupt noch Lebensmöglichkeit besitzen ...

17. 10. 1930; »Deutsche Ansprache«, gehalten im Berliner Beethovensaal. – Thomas Mann setzt auf eine Erneuerung der Weimarer Koalition zwischen katholischem Zentrum (das »übernational« denkt) und SPD, was ihm vor allem seitens der SPD Dank einträgt. Thomas Manns Rede wird von Arnolt Bronnen, der mit Ernst Jünger, Friedrich Georg Jünger u. a. im überfüllten Beethovensaal anwesend ist, gestört. Goebbels hatte, um Bronnen zu stützen, 20 SA-Männer in geliehenen Smokings zu der Veranstaltung geschickt. Thomas Mann erreichen anonyme Briefe und Anrufe, in denen man ihm androht, ihn »umzulegen«, wenn er sich weiter der »nationalen Bewegung« in den Weg stelle.

Erich Mühsam *Zwölf Jahre Republik*

... Was aber ist der Augenblick? Was sind die ganzen zwölf Jahre deutsche Republikgeschichte, gemessen mit dem Zeitstabe des Weltgeschehens? Unsre Enkel werden die Jahre 1918 bis 1930 und vielleicht noch einige dazu als den zusammengehörigen Abschnitt völlig wirrer und ungeklärter Verhältnisse in Deutschland empfinden und die Behauptung verlachen, in unsern Tagen sei im ganzen Volk mit wenigen Ausnahmen die Meinung verbreitet gewesen, die Verhältnisse seien die Grundlage bleibender Ordnung. Das Treiben der parlamentarischen Demokratie; das Parteigekreisch um Ämter, Posten und Pfründen; die Kriegserledigung durch Börsenschacher und Tributversklavung zugunsten der assoziierten amerikanisch-englisch-französisch-deutschen Arbeiterknochen-Verwertungsgesellschaft; die Niederhaltung der primitivsten Lebensansprüche der deutschen Proletarier mit Polizeigewehren, brutaler Klassenjustiz, Verbrüderung zwischen Staatspfründnern, Schwerkapitalisten und hochbesoldeten Gewerkschaftsführern; die Unfähigkeit der Besitzwirtschaft, Millionen demütig bereiter Hände Arbeit zu geben; die Ernährung der Erwerbslosen durch Abzüge von den dauernd schlechteren Löhnen der noch beschäftigten Proletarier, die überdies die gesamte Last des sich andauernd verteuernden Staatsbetriebes zu zahlen haben; die Liebesgaben an die Industrie, an den Großgrundbesitz, die im Laufe der Jahre hoch in die Milliarden gegangen sind und weiterhin ständig vermehrt werden; die Ernährung eines ungeheuren bürokratischen Apparates, eines Heeres und einer Flotte, die ein Vielfaches von dem kosten, was für das Bildungs- und Gesundheitswesen zusammen aufgebracht wird; die Besoldung unzähliger ausgedienter Fürstendiener und Kriegsverlierer durch die Republik mit reichsten Dotierungen und die verschwenderische Geldausschüttung über die getürmten und verjagten Fürsten und ihre Familien; die künstliche Verarmung des Lebensmittelmarktes durch abenteuerliche Zölle zur Hochhaltung der Preise für Brot, Fleisch und Gemüse; die Verschiebung hoch in die Milliarden gehender Kapitalien ins Ausland; die Sicherung all dieser Herrlichkeit durch Gesetze, mit denen man die Nutznießer des Systems zu geweihten Volksgötzen macht, unbequeme Ansichten durch das Verbot bekämpft, sich durch gleichgeschnittene Hemden und Hosen als Träger dieser Ansichten kenntlich zu machen, das ganze Gemeinschaftsleben in die muffige, aber dem Kapitalistengeschäft sehr nützliche mittelalterliche Kirchenmoral zwingt, der Kirche selbst Arbeitergeld im Übermaß nachschmeißt, damit sie um so autoritativer die Zensur über die Geister ausüben, den Geschmack verbilden, die freie Regsamkeit der Menschen in den Dingen der Geschlechtlichkeit und Lebensführung unterbinden, die Kinder zur Unfreiheit und zu dem Glauben erziehen könne, die Armseligkeit ihres Elternhauses und die Bevorrechtung des Reichtums seien gottgewollte Angelegenheiten, die sanfte Fügung unter jegliche Vergewaltigung sei wohlgefälliger Wandel, der nach dem Tode herrlich gelohnt würde, Auflehnung aber sei sündige Hoffart, der die Erde das Zuchthaus, der Himmel die ewige Verdammnis gerechterweise entgegensetze; – diese ganze wilde Tollheit eines Gesellschaftsbildes, dessen einzige Trostlichter in einigen papiernen Allerweltsversprechungen der Weimarer Verfassung und dem »Recht« bestehen, alle paar Jahre einmal durch die Ablegung eines anonymen Glaubensbekenntnisses sich einbilden zu dürfen, an der Gestaltung des öffentlichen Geschehens mitzuwirken, diese in zwölf Jahren Republik gewordene Narrenhölle wird uns als eine Stätte des Rechtes, der Ordnung und der Freiheit empfohlen, an der nur noch einige Schönheitsfehler auszubessern seien, um sie den Nachfahren der gegenwärtigen Trockenbewohner für alle Zukunft zur angenehmsten Unterkunft zu machen.

... Zwölf Jahre Republik sollten dem deutschen Proletariat genügen, um endlich den Weg der Gängelung zu verlassen und auf die Kraft der Einigkeit vertrauend, dem Staat und allem, was ihm ähnlich sieht oder staatliche Macht begehrt, den Willen zur gesellschaftlichen, wirtschaftlichen und persönlichen Freiheit entgegenzusetzen.

November 1930; im »Fanal«. –

Erich Mühsam *Das Jahr der Entscheidung*

... Es scheint, als ob die im Grunde gar nicht sonderlich wichtige Angelegenheit des Filmverbots von Remarques »Im Westen nichts Neues« die Gemüter der Harmlosen unter uns erst auf die richtige Fährte geleitet hätte, wo wir zu Neujahr 1931 eigentlich halten. Der Fall, daß die vom Inflationsgroßgewinner Hugenberg, der der wirkliche Führer der faschistischen Bewegung in Deutschland, zugleich Besitzer eines gewaltigen Teils der Provinzpresse und Hauptaktionär der propagandistisch einflußreichsten Filmgesellschaft, der UFA, ist die erfolgreiche Durchkreuzung der Remarque-Aufführungen einer Konkurrenzfirma und das staatliche Verbot des Films bewerkstelligen konnte, schafft keine neuen Verhältnisse in Deutschland, plakatiert nur die von jedem ernsten Beobachter längst erkannten Tatsachen in transparenter Sichtbarkeit ...

Diese Wahlen haben einfach die tatsächliche Macht Hugenbergs und seiner Industrieritterschaft auch zahlenmäßig zur Geltung gebracht. Denn wenn uns die Sozialdemokraten weismachen möchten, daß Hugenberg von Hitler besiegt sei, so ist zu erwidern, daß Hitler auch nicht den Bruchteil seines Erfolges hätte erringen können, wenn nicht die Riesenmacht Hugenbergs hinter ihm gestanden hätte; daß aber diese Macht nur zu seiner Verfügung stand für den Preis der vollständigen Unterordnung der national-»sozialistischen« Politik unter das Diktat des Großkapitals. Hugenberg braucht für seine Partei keine Mandate. Die 107 Hakenkreuzler, die in der Tat er kommandiert, nützen ihm viel mehr als seine eigenen Leute, weil sie einen großen Teil der Arbeiterschaft und den größten Teil des rabiaten Kleinbürgertums mit sozialen Phrasen in die Besoffenheit versetzen, in der ihnen die Hugenbergs das Fell abziehen können ...

Welche Entscheidung das Jahr 1931 bringen wird, das hängt ab von der Entschlossenheit, der Bereitschaft, dem Kampfgeist und der Einigkeit der deutschen Proletarier.

Januar 1931. – Die Filmoberprüfstelle verbietet am 11. 12. die amerikanische Verfilmung von Erich Maria Remarques Roman »Im Westen nichts Neues«, nachdem Joseph Goebbels wenige Tage zuvor die Uraufführung mit weißen Mäusen hatte stören lassen und anschließend tägliche Protestkrawalle organisierte. Der Film, so die Zensur, bedeute eine »Verächtlichmachung der opferbereiten Vaterlandsliebe«, da er »unsere deutsche Jugend verhöhnt und als unmännlich darstellt«. Der »Kampfausschuß gegen Zensur« veranstaltet daraufhin am 15. 12. eine Protestkundgebung. In der »Weltbühne« kommentiert Ossietzky: »Heute hat er [der Nationalsozialismus] einen Film erledigt, morgen wird's etwas anderes sein.« – »Nicht der Film brachte Deutschlands Ehre in Gefahr«, erklärt Heinrich Mann auf einer Protestveranstaltung der »Liga« am 2. 2. 1931, »wohl aber sein Verbot«. Beteiligt an der Goebbelsschen Kampagne sind in besonderem Maße die zahlreichen Blätter des DNVP-Vorsitzenden Alfred Hugenberg, der mit seinem Konzern – Tageszeitungen, Nachrichtenbüros, Anzeigenunternehmen, Ufa – erheblichen Einfluß auf die öffentliche Meinung ausübt.

Oskar Schlemmer am 1. 12. 1930:

»Wird man sich, wenn die Nazis regieren, in die Böhmischen Wälder zurückziehen müssen, oder directement in den nächsten Krieg?«

Aus dem Vereinsleben

Alfred Döblin *Bilanz der Dichterakademie*

... Die Institution muß ganz allgemein und prinzipiell gewillt sein, den Geist dieses Staates bilden zu helfen ... Den Katzen müssen Schellen umgehängt werden und andererseits, nach Nietzsche: zu neuen Dingen muß Musik gemacht werden. Zweifeln wir nicht, daß, wenn Diktaturen kommen, sie hier ganz robust verfahren werden. Der wilhelminische Staat wußte, warum er keine Dichterakademie haben wollte. Der neue Staat ist hier und anderswo halb und ohne Willen. Man kann und muß loyal und offenherzig vorgehen, alles Doktrinäre wäre verkehrt, aber ein Leistungskörper, der auch Bremsen enthalten kann, besteht aus Leistungselementen, die Nutzkraft produzieren. Sieht man nicht in Deutschland, wohin man kommt mit der Furcht vor der Gesinnung! Die anderen haben sie, und eines Tages werden diese anderen den anderen nicht erlauben, noch irgendeine Gesinnung zu haben.

Diese loyal, weitherzig und klug eingerichtete Sektion hat als oberste Aufgabe, nein, als elementarste: *Schutz der Geistesfreiheit*. Sie wehrt jeden Angriff auf die Geistesfreiheit ab und unterstützt nichts, was die Geistesfreiheit einschränken will. Sie läßt sich von keinem Diktaturgelüste mißbrauchen. Sie schützt nichts, was ihr an den Hals will und nennt die Barbarei Barbarei! Sie muß Organ, aber auch – wie im alten China – Zensur des Staates sein.

Die Sektion ist in Sachen der Schule und Erziehung so wichtig, wie die geistlichen Instanzen. Der Beamtenkörper der Lehrerschaft und die politisch ministerielle Instanz sind nicht die allein maßgebenden – neben den kirchlichen – auf dem ungeheuer wichtigen Gebiet von Schule und Erziehung. Die lebende, verantwortliche Geistigkeit wird mit eingeschaltet, als weltliche Instanz neben der kirchlichen.

Es kommen die sozialen Aufgaben, Winke und Hinweise für die Pflege der Geistigkeit, Schutz ihrer materiellen Basis – ideelle Kräftigung des Einflusses eines geistigen Willens im ökonomistisch verödeten Staat.

Solche Sektion, denke ich, hätte einen Sinn.

25. 1. 1931. – Döblins Artikel in der »Vossischen Zeitung« ist die Reaktion auf Vorgänge innerhalb der 1926 von dem preußischen Kultusminister Karl Becker ins Leben gerufenen »Section für Dichtkunst an der Preußischen Akademie der Künste«, die am 5. 1. 1931 zum Austritt Erwin G. Kolbenheyers, Wilhelm Schäfers und Emil

Strauss' führen. Der 1929 ausbrechende Statutenstreit, ob man ein Gremium von reinen Dichtern (Josef Ponten: »Dichtung als ›Naturgeisterzeugnis‹ so eigenförmig, eigengesetzlich wie eine Sache der Natur ... unerörterbar, autonom, nicht voraus-bestimmbar und, so merkwürdig es klingt, unerfindbar«) sein oder auch Schriftsteller, Literaten und Essayisten hinzuzählen wolle, wurde zu einer politisch-ideologischen Auseinandersetzung.

Die völkisch-nationalistische Fraktion plädiert für den Dichter – im Rahmen seiner ›Verwurzelung‹ im Volke. Wilhelm Schäfer: »Indem wir uns aus allen Gebieten der deutschen Sprache zu unserer Akademie bekennen, treten wir ein in die allgemeine Bewegung des deutschen Volkstums, sich über die Vielstaaterei und Absplitterung hinaus das ›Reich der Deutschen‹ zu erringen.«

Dieser Angriff der Völkischen mobilisiert die republikanische Fraktion – Döblin, H. und Th. Mann, Wassermann. Für sie soll die Akademie geistiges Gewissen der Republik sein, Macht und Geist, Politik und Literatur verbindend. Nach dem Ausscheiden der drei völkischen Autoren gibt sich die Akademie im Januar 1931 ein offensives Arbeitsprogramm:

1. Die Überprüfung verbotener oder verfolgter Kunstwerke, einschließlich Filmen auf ihren »geistigen und künstlerischen« Wert durch einen dreiköpfigen Ausschuß (Kommission für den Schutz der Geistesfreiheit).

2. Einflußnahme der Akademie auf die Gestaltung deutscher Lese- und Geschichtsbücher, deren derzeitigen »völkerverhetzenden« Tendenzen die Sektion im Sinne der Weimarer Verfassung entgegentreten muß.

3. Mitspracherecht der Sektion bei der endgültigen Fassung der Urheberrechtsform und des Theatergesetzes.

Paul Ernst *Des Volkes Not und Aufgabe*

... Wir Deutsche haben es von allen Völkern am nötigsten, daß wir diese Aufgabe lösen: eine neue gesellschaftliche, eine neue politische Ordnung zu finden. Durch unsere geographische Lage sind wir stets allen Stürmen der Welt ausgesetzt. Wir haben uns so tief in das kapitalistische Wirtschaftsleben hineinbegeben, daß wir zu einem großen Teil von dem natürlichen Lebensboden des Volkes abgeschnitten sind ... Wir stehen heute waffenlos in einer waffenstarrenden Welt. Nur eine Waffe haben uns unsere Feinde nicht nehmen können: den Geist und die sittliche Kraft, den Glauben an Gott und den Glauben an unsere Aufgaben in der Welt. Gebrauchen wir diese Waffen. Schaffen wir eine neue Ordnung der Gesellschaft, eine neue Ordnung des Staates ... Dann sind wir nicht mehr die Unterdrückten und Ausgebeuteten, sondern die Herren der Welt durch den Geist, dem die anderen sich willig beugen.

15. 2. 1931. – Rede, gehalten auf einer Kundgebung der Volkskonservativen Vereinigung im preußischen Herrenhaus in Berlin. Paul Ernst (einst sozialdemokratischer Redakteur) kritisiert am Kapitalismus wie Kommunismus gleichermaßen, daß sie die vorindustrielle agrarische und handwerkliche Gesellschaftsstruktur, daß sie »Religion, Familie, Eigentum und Autorität« zerstörten. Der Dichter als Seher und Führer, der in seinem Volk ›verankert‹ ist; als Vorbote religiöser Erneuerung, die nationalsozialistische Bewegung als seine Hoffnung.

Friedrich Wolf *Die zwei Patienten*

... Am Abend des 19. Februar, gegen acht Uhr, komme ich durch den unteren Eingang meines Gartens heim. Unser Hausmädchen stellt mir Brot und Tee hin und meint so nebenbei: ›Es waren eben zwei Patienten da.‹ Ich frage: ›Zwei ausgewachsene Männer?‹ – ›Ja, sie warten am oberen Eingang.‹ Ich lasse das Licht im Flur ausdrehen, esse etwas. Dann gehe ich hinaus und sehe, wie die ›zwei Patienten‹ mit entschlossenen Gesichtern vor dem oberen Gartentor patrouillieren. Ob ich nicht doch durch das untere Tor ›türmen‹ und meinen Prozeß vorerst von auswärts führen soll? Es scheint mir falsch. Ich packe Waschzeug und Schreibsachen zusammen, knipse das Außenlicht an.

Sofort treten die zwei Patienten durch das obere Tor. Sie sind etwas verdutzt, wie ich zu ihnen sage: ›Meine Herren, ich bin soweit.‹ Der Ordnung halber erbitte ich Ausweis und Haftbefehl. Schon bei flüchtiger Durchsicht überrascht mich die Tendenz und die Schwere der Anschuldigung. Wir gehen zum Polizeipräsidium; von außen ein altertümlicher Bau, ganz harmlos und romantisch. Innen ein finsteres Loch mit riesigen Gittertüren und alten Zellen ... Zuerst splitternackt ausziehen: Leibesvisitation! Dann ab in die Einzelzelle: Pritsche, Wasserkrug, Brotrinde, hohes Gitterfenster mit Blenden; widerlich bloß der Abortkübel in der Zelle mit seinem penetranten Gestank von Exkrementen und Chlorkalk ...

Früh werde ich mit einigen anderen ›Zugängen‹ in ein Zimmer geführt. Wir bekommen Tusche über sämtliche Fingerspitzen gewalzt; dann werden die Fingerabdrücke für den Erkennungsdienst der Schwerverbrecher abgenommen. Ich protestiere. Der Beamte sagt, das habe nur den Erfolg, daß ich noch länger im Polizeipräsidium bleiben müsse ... Ich protestiere vor dem Untersuchungsrichter vor allem gegen die diffamierende Anschuldigung der ›gewerbsmäßigen Abtreibung‹. Weshalb hatte man aus der Zahl der Ärzte ... gerade mich herausgegriffen? Des Rätsels Lösung war sehr einfach: Seit zwei bis drei Jahren war ich in Stuttgart der einzige Arzt, der in zahlreichen öffentlichen Versammlungen für Geburtenregelung sprach. In allen meinen Kursen früher an der Volkshochschule und jetzt an der Marxistischen Arbeiterschule hatte ich den Mordparagraphen 218 bekämpft; mein Schauspiel ›Cyankali‹ war im Stuttgarter Schauspielhaus durch die ›Gruppe Junger Schauspieler‹ gespielt worden; in meinen Schriften forderte ich die Beseitigung des barbarischen Paragraphen ...

19. 2. 1931. – Friedrich Wolf wird am 19. 2. gemeinsam mit der Stuttgarter Ärztin Kienle-Jakobowitz wegen Vergehens gegen § 218 verhaftet.

Als Beweis sollen von ihnen ausgestellte Atteste für Schwangerschaftsunterbrechungen dienen. Friedrich Wolfs »Cyankali«, das die »Gruppe junger Schauspieler« nach der Uraufführung in Berlin (6. 9. 1929) auf einer Deutschlandtournee spielt, löst Proteste, Schikanen und Verbote aus. DNVP, NSDAP und Zentrum wenden sich gegen diese »Wühl- und Zersetzungsarbeit am deutschen Volk«. Wolfs Verhaftung führt zu einer breiten Protestwelle.

Bertolt Brecht *Für Friedrich Wolf*

So wie der Staat es in seiner Justiz macht – er bestraft den Mord, sichert sich aber das Monopol darauf –, so macht er es eben überhaupt: Er verbietet uns, unsere Nachkommen am Leben zu verhindern – er wünscht dies selber zu tun. Er behält sich vor, selber abzutreiben, und zwar erwachsene, arbeitsfähige Menschen.

28. 2. 1931. – Zuschrift Bertolt Brechts, die – neben weiteren Erklärungen von Ernst Toller, Arnold Zweig, Walter Schücking, Helene Stöcker, Albert Einstein u. a. – von dem Schauspieler Erwin Kalser auf einer Protestversammlung im Wallnertheater verlesen wird. (Brecht hatte diese Erklärung bereits schon im März 1930 abgegeben, anläßlich des von Piscator uraufgeführten Stückes »§ 218« von Paul Credé.) Friedrich Wolf wird am gleichen Tag, gegen Zahlung einer Kaution, aus der Haft entlassen, die mitangeklagte Ärztin Kienle-Jakobowitz am 19. 3. nach einem Hungerstreik.

Die »Bewegung gegen den § 218« habe nun, so kommentiert Carl Ossietzky den »Fall Friedrich Wolf« in der »Weltbühne« (3. 3. 1931), durch einen »übereifrigen Staatsanwalt« eine ungewollte Symbolfigur erhalten. Die Zahl der jährlichen Abtreibungen wird auf dem Ärztetag 1928 auf 500 000 bis 800 000 Fälle geschätzt; Leidtragende sind vor allem kinderreiche Arbeiterfamilien.

Albert Ehrenstein in der »Welt am Abend« (24. 3. 1931): »Wir leben unter zweierlei Recht. Die Frauen der Wohlhabenden oder wenigstens beziehungsreichen Kasten müssen nicht entbinden, das mittellose proletarische Weib hat Vierlinge zu werfen.«

In Berlin bildet sich ein »Komitee für Selbstbezichtigung gegen § 218«, dem u. a. beitreten: Else Lasker-Schüler, Thea von Harbou, Karin Michaelis. Höhepunkt der Protestkampagne gegen § 218 ist eine Massenkundgebung im Berliner Sportpalast am 15. 4. 1931.

Thomas Mann *Die Wiedergeburt der Anständigkeit*

... Ein Volk, dem einmal die kühn-emanzipatorische und willensherrliche Adelsgestalt Schillers vor Augen stand, ein Volk, dem das dialektische Erlebnis des befreundeten Widerspiels seiner Größe zu dem Natur-Adel Goethes zuteil wurde, kann nicht einem einseitigen Kult des Dynamisch-Biologischen verfallen, und nie kann ihm Humanität zur toten Historie werden.

Es weiß auch, daß es den Problemen seines Lebens, seines Staates, seiner Wirtschaft nicht gerecht werden kann ohne den Mut zur Vernunft und zum Willen, ohne den Künstlerglauben an einen formenden, dem Leben nicht nur folgenden und sich ihm ›anpassenden‹, sondern es meisternden Menschengeist, mit einem Wort: ohne Idealismus. Das deutsche Volk hat nie von Literaten regiert sein wollen, – aber die widrigste Erscheinungsform alles Intellektualismus, den Literaten der Anti-Idee, hat es Miene gemacht, sich zum Führer zu küren. Oder was wären die Wortführer des ›Nationalsozialismus‹ anderes als schlechte Literaten?

Die Abwehrbewegung gegen dies lügnerische Unwesen, die endlich, endlich fühlbar geworden ist, nachdem man aus Scheu vor seinem nationalen Aushängeschild es bis an den Rand des Abgrunds, einer nie gesehenen Pöbelherrschaft des Elementarischen, hat kommen lassen, – wird begleitet sein müssen von einer Besinnung auf das Menschenanständige, der Wiedergeburt der Idee. Die junge Republik war nicht darum schwach, weil sie das Geschöpf einer ›abgestorbenen Ideologie‹ war, sondern weil sie selbst vor der totgesagten und verhöhnten Idee allzu mattherzig versagte. Sie wage es doch, sich zu ihr, zur Wahrheit, Freiheit, Gerechtigkeit im Ernst und in der Tat zu bekennen und, indem sie der »reformatorischen Funktion« durch die »radikale Motivierung« Schwungkraft verleiht, sie zu verwirklichen, soweit es dem Menschen gegönnt ist. So wird ihr, zugleich mit dem Geiste, das Leben gehören ...

März 1931. – Die teilweise wütende Reaktion auf Thomas Manns »Deutsche Ansprache« – darunter auch eine Entgegnung von Rudolf Ibel – veranlaßt ihn zu diesem Gegenangriff gegen die »Popularität des Irrationalen«, den »kleinen Finsternishandel« im großen. Die »deutschen Mütterlichkeitsschwätzer und Zivilisationszertrümmerer« treiben mit ihrem »Kult der Unteren« »zu dem schmutzigen Mysterium des Krieges« hin. »In unserem irrational beschwatzten Deutschland glaubt man, ein Dichter vergebe sich etwas, wenn er sein Wort in den Dienst ... aufklärerischer Ziele stellt.« Die, die den »Prozeß der Rebarbarisierung« betreiben durch eine »Orgie von Vernunfthaß« und »bäuchlings hingestreckter Anbetung des Dynamischen«, mißbrauchen den »Volkscharakter« der Deutschen: »Man schmeichelt bei uns dem nationalen Instinkt nicht tiefer und sicherer als durch die Aufstellung einer ›biozentrischen‹ Lehre, in welcher der Geist die Rolle des Verderbers, Zersetzers und Totengräbers spielt. Es fragt sich höchstens, ob der Gedanke der naive und kritiklose Höfling des Volkscharakters sein soll, nichts weiter als ein ›Ausdruck‹, – oder ob er seine Aufgabe nicht edler und tapferer erfaßt, wenn er sie in der Korrektur des natürlich Gegebenen und in der Herstellung des Gleichgewichts, der *Gerechtigkeit* erblickt ...«

Hans Henny Jahnn *Die neue Linke greift an*

... Ich bin mir bewußt, auch für die Literatur, die Kunst ist eine neue Situation da ... Das Vorhandensein eines Paragraphen 218, ... die drohende Gefahr eines Giftgaskrieges, die Scheußlichkeiten der Arbeitslosigkeit ... sind nicht mehr Dinge *neben* der Tätigkeit des Künstlers. Er hat die verdammte Pflicht und Schuldigkeit, sich zu kümmern und sich zu mühen, Wege aus dem Dreck herauszufinden, in den die Masse Mensch hineingeraten ist. Sie würden mich nicht an dieser Stelle sehen, wenn sich für mich diese Erkenntnis nicht klar ergeben hätte. Ich weiß auch, jeder Mensch, der noch einen wenig beeinflußten Gedanken denken kann, hat die gleiche Verpflichtung. ... Täuschen Sie sich bitte nicht, unsere Sicherheit oder Unsicherheit unterscheidet sich von der des Menschen vor 50 oder 100 Jahren. Ein einzelner schon kann heute über einer Stadt in einem Flugzeug aufsteigen, eine Gasbombe unter die Bewohner der Stadt werfen. Eine Gruppe von Menschen kann sich zusammenfinden, sagen wir 50 000 Fanatiker, Militärs, Menschen mit Hilfsquellen, und sie können ein beispiellos mörderisches Unglück gegen ein Land, gegen soziale Schichten entfachen. Die Machtmittel des einzelnen Menschen sind, sofern er privilegiert, angewachsen ...

Vergleichen wir aber einmal den heiligen Reichswehretat mit 755 Millionen mit anderen Zahlen des Haushalts, so die Ausgaben für die Bekämpfung der Säuglingssterblichkeit mit 240 000 Mark, für wissenschaftliche und künstlerische Zwecke 570 000 Mark, Ausgaben für gebärende Mütter sind gestrichen, Ausgaben für Kinderspeisung sind gestrichen, dann fühlen wir, daß unser Angriff gerecht wird. Ein System, das ohne Bedenken sich zu solchen Verhältniszahlen im Etat entschließen kann, ist schlecht. Bedenkt man nun, daß auch die bescheidnen Summen für Kunst und Wissenschaft noch merkwürdige Wege gehen können. Für die Erhaltung des Kaiser-Wilhelm-Denkmals sind 45 000 Reichsmark, allerdings gesondert, eingesetzt, Ausgaben für Film- und Buchzenzur verschlingen immerhin 242 000 Mark ...

Bedenkt man all dieses reichlich, dann wird es einem kalt, und es bleibt keine andere Wahl als leidenschaftslos eine Erklärung abzugeben. Und diese Erklärung heißt: Der Feind steht rechts. Er steht bei den Trusts, bei den Kartellen, bei der kapitalistischen Unordnung ... Für die radikaldemokratische Partei, deren ... Geburt wir erwarten, kann es m. E. im Augenblick keine wesentlich andere Aufgabe geben, als ein Bindeglied zu werden zwischen den linken Parteien, den Kommunisten und den Sozialdemokraten. Denn nur so ... wird es möglich sein, daß die Opfer des nächsten Bürgerkrieges sich vielleicht mit der Ziffer 100 000 ausdrücken lassen, während im Nebel des Hasses aller gegen alle die Opfer zu Millionen und 10 Millionen anwachsen können.

22. 3. 1931. – Rede Hans Henny Jahnns, gehalten im Hamburger Curiohaus. Die am 30. 11. 1930 in Kassel gegründete »Radikaldemokratische Partei« (sie geht hervor aus Ludwig Quiddes »Vereinigung unabhängiger Demokraten«), deren Köpfe in Hamburg Hans Henny Jahnn und Erich Lüth, in Berlin Quidde, Hellmut von Gerlach sind, versucht als Neue Linke zwischen SPD und KPD zu vermitteln und die »Lebensfähigkeit der demokratischen Idee« (Gründungsappell) neu zu beleben. Jahnn wendet sich in seinem Vortrag ferner gegen die Gleichsetzung von NSDAP und KPD durch die SPD, gegen die politische Macht der Kirche (z. B. beim § 218), spricht sich für Abrüstung und ökologisches Gleichgewicht aus.

Die »Radikaldemokratische Partei« bleibt eine Splittergruppe und gelangt nicht in den Reichstag.

Gegen eine Notverordnung zur geistigen Knebelung

Die Hauptversammlung des Schutzverbandes Deutscher Schriftsteller erhebt gegen die neue Notverordnung der Reichsregierung vom 28. 3. 31, die unter Aufhebung der Weimarer Verfassung elementarste Grundrechte des deutschen Volkes wie Versammlungs- und Demonstrationsfreiheit aufhebt und besonders die Freiheit des Schriftstellers völlig unterbindet, schärfsten Protest. Sie erblickt in dieser Notverordnung eine beispiellose Knebelung der geistigen Freiheit und fordert sowohl den Hauptvorstand wie auch alle Mitglieder des Schutzverbandes auf, sich an die Spitze einer breiten Protestbewegung zu stellen und durch Veranstaltung öffentlicher Protestkundgebungen in Verbindung mit allen freiheitlich gerichteten Organisationen und Personen.

29. 3. 1931. – Protesterklärung des SDS, unterzeichnet u. a. von: Johannes Karl Koenig, Anna Seghers, Andor Gábor, Erich Mühsam, Lask, Julian Borchardt, Eleonore Kalkowska, Fr. v. Oppeln-Bronikowski, Alfons Goldschmidt, Hanns Martin Elster, K. A. Wittfogel, Ludwig Renn, Käthe Marcus, David Luschnat, Walter Bloem, Walther von Hollander, Carl Haensel, Otto Grautoff.

Die Notverordnung vom 28. 3. ist die erste »Verordnung des Reichspräsidenten zur Bekämpfung politischer Ausschreitungen« und ermöglicht die Beschlagnahme von Druckschriften und das Verbot von Zeitungen und Zeitschriften bis zu einer Dauer von 8 Monaten – bei »Aufforderung zum Ungehorsam gegen Gesetze oder Verordnungen, Beschimpfung und Verächtlichmachung von Behörden oder leitenden Staatsbeamten, sowie der christlichen Religionsgesellschaften, ihre Einrichtungen, Gebräuche oder Gegenstände ihrer religiösen Verehrung«. Von dieser Notverordnung wird sofort großer Gebrauch gemacht.

Am 17. 7. wird die zweite »Verordnung des Reichspräsidenten zur Bekämpfung politischer Ausschreitungen« (sog. Pressenotverordnung) erlassen. In § 1 wird jeder »verantwortliche Schriftleiter einer periodischen Druckschrift« verpflichtet, »Kundgebungen sowie Entgegnungen« staatlicher Stellen abzudrucken. In § 2 heißt es: »Druckschriften, durch deren Inhalt die öffentliche Sicherheit und Ordnung gefährdet wird, können polizeilich beschlagnahmt und eingezogen werden« (die bekannte Kautschuk-Formulierung). Der SDS reagiert mit einer eher kleinlauten Erklärung.

Kurt Tucholsky *Austrittserklärung*

Der Schutzverband Deutscher Schriftsteller hat zu der Notverordnung über die Presse eine Kundgebung erlassen, in der es heißt:

»Der SDS verkennt nicht, daß in einer Notzeit jede Regierung die Möglichkeit haben muß, falschen und den Bestand des Volkes gefährdenden Nachrichten selbst mit dem Mittel des Publikationszwanges entgegenzutreten.«

Diese Kundgebung gibt die Lage nicht richtig wieder.

Durch die Notverordnung über die Presse werden nicht die Interessen des Volkes wahrgenommen. Es mag sein, daß der Schutzverband Deutscher Schriftsteller nicht in der Lage ist, in die Opposition zu gehen – Opposition gegen Geldgeber gibt es nicht.

Die Kundgebung macht dann lendenlahm und brav die Regierung darauf aufmerksam, daß . . .

Ich bin aus dem Schutzverband Deutscher Schriftsteller ausgetreten.

18. 8. 1931. –

Der Berliner Ortsgruppe des SDS wird von Jakob Schaffner, dem 1. Vorsitzenden der Berliner Ortsgruppe, und von Werner Schendell, dem Geschäftsführer des Gesamt-SDS, untersagt, eine Protestversammlung zu veranstalten; sie bestellen das Versammlungslokal insgeheim ab; Polizei verwehrt den Eintritt. Die als Redner vorgesehenen Autoren Erich Mühsam, Alfons Goldschmidt, Bernard von Brentano, Erich Kästner, Walther Karsch und Johannes K. Koenig gründen daraufhin das »Kampfkomitee für die Freiheit des Schrifttums«.

Aufruf für die Freiheit des Schrifttums

Die Freiheit von Wort und Schrift hat in Deutschland aufgehört zu bestehen!

Der Schriftsteller soll verhindert werden, seine Meinung frei zu äußern und Regierungsmaßnahmen nach seiner Überzeugung zu kritisieren!

Die Regierung handelt dabei nach den Wünschen und Befehlen der großkapitalistischen Interessenten und der kirchlichen Kulturfeinde.

Das sogenannte Republikschutzgesetz hat Hunderte von linksgerichteten Schriftstellern wegen literarischen »Hochverrats« ins Zuchthaus, Gefängnis und auf Festung gebracht. Die Notverordnung vom 28. März 1931 schuf weitere, der verwegensten Auslegung zugängliche Unterdrückungsmöglichkeiten. Die Pressenotverordnung vom Juli endlich läßt die Vorschrift fallen, Verbote durch Tatsachen zu begründen, und bestellt durch Einführung des »Ermessens« die Polizeiwillkür zum obersten Zensor.

Politisch unbequeme Zeitungsverlage sollen materiell ruiniert und die Schriftsteller und Redakteure entweder zu Gesinnungslumpen oder brotlos gemacht werden. Vor allem aber soll jeder Kampf der werktätigen Massen gegen die Diktatur der Notverordnungspolitik gewaltsam unterdrückt werden.

Den Beweis erhielten zahlreiche Schriftsteller Berlins, als sie am 29. Juli in einer Versammlung gegen die Notverordnungen protestieren wollten: Die Polizei verhinderte unter Androhung von Gewalt die Kundgebung.

Wir fühlen uns verpflichtet, zu unerbittlichem Kampf gegen jede Art von Unterdrückung der freien Meinungsäußerung aufzurufen.

Als Journalisten, Schriftsteller, Dichter wenden wir uns an alle Gleichgesinnten im Lande ohne Unterschied der Parteirichtung und fordern sie auf, sich unserem Kampfaufruf in aller Öffentlichkeit anzuschließen.

An die Presse richten wir die Aufforderung, durch Abdruck dieses Aufrufs unseren Kampf zu unterstützen.

29. 7. 1931. – Aufruf des »Kampfkomitees für die Freiheit des Schrifttums«, für dessen »Arbeitsausschuß« u. a. unterschreiben: Carl Baade, Edith Bohne, Julian Borchardt, Bernard von Brentano, Andor Gábor, Alfons Goldschmidt, Kurt Hiller, Erich Kästner, Walther Karsch, Johannes Karl Koenig, Alfred Kurella, Berta Lask, Käthe Marcus, Peter Maslowski, Erich Mühsam, Friedrich Natteroth, Ludwig Renn, Recha Rothschild, Artur Samter, Anna Seghers.

Der Aufruf, als Flugblatt verbreitet und abgedruckt u. a. in »Weltbühne«, »Welt am Abend«, »Rote Fahne«, findet breite Zustimmung. Mit ihm tritt die Berliner Opposition im SDS (OSDS) erstmals geschlossen auf. Mit Erich Mühsam als Versammlungsleiter veranstaltet das »Kampfkomitee« am 14. 8. eine Kundgebung im Schubertsaal, auf der Becher, von Brentano, Johannes K. Koenig, Klaus Neukrantz, Alfred Kurella, Wieland Herzfelde u. a. gegen die Bedrohung schriftstellerischer Freiheit Stellung nehmen.

Noch im August treten Kurt Hiller, Walther Karsch und Erich Kästner wegen Differenzen mit der kommunistischen Mehrheit wieder aus dem »Kampfkomitee« aus. In einem in der »Weltbühne« abgedruckten »Offenen Brief« erklären sie, daß § 1 der Pressenotverordnung »zu billigen ist und keinen Eingriff in das Recht der freien Meinungsäußerung bedeutet, man nur fordern muß, daß die Redaktion auch auf Berichtigungen sofort antworten dürfe und daß der Umfang des unentgeltlich aufzunehmenden Regierungstextes begrenzt werde«.

Aufruf der »Aktionsgemeinschaft für geistige Freiheit«

Die kulturpolitischen Verhältnisse besonders des deutschen Reiches, aber auch fast aller anderen Kulturländer der Erde, sind heute schlimmer als vor 20 und 30 Jahren. Die mühselig errungene geistige Freiheit ist überall nach verschiedenen Richtungen hin immer mehr bedroht. Die kulturelle Entwicklung der letzten Jahre hat sogar eine trostlose Wendung zum Schlechteren genommen.

Auch die deutsche Pressefreiheit ist stark eingeschränkt worden. So bestimmt wir uns gegen jeden Mißbrauch der Pressefreiheit, gegen die geschäftstüchtige Ausbeutung der öffentlichen Meinung wenden, so entschieden müssen wir erklären, daß durch Verbote und Verordnungen das Vertrauen von Volk und Presse nicht gewonnen werden kann. Wohl triumphieren nun die Verbände des Rückschritts, des Aberglaubens und des Zauberwahnes. Die soziale Situation der Völker aber ist schlimmer als je. Auch die geistige Nahrung muß mehr und mehr versiegen.

Wir wollen diesem Geschehen nicht länger schweigend zusehen. Wir rufen alle sich frei fühlenden Persönlichkeiten auf! Wir rufen die Organisationen, die Verbände auf, sich unserem Protest anzuschließen und mit uns über Mittel und Wege zu beraten, die der unheilvollen Entwicklung ein Ziel setzen!! Wirtschaftlich sind wir geschlagen genug. Geistig wollen und müssen wir unbedingt uneingeschränkt frei sein!!!

Juli/August 1931. – Dieser Aufruf wird von den maßgeblichen Verbänden (der Goethe-Bund verweigert seine Zustimmung) unterzeichnet; für den »Arbeitsausschuß« unterzeichnen u. a.: Willy Haas, Emil Lind, Gerhart Pohl, Samuel Friedländer, Theodor Lessing, Ludwig Quidde, Freiherr von Schoenaich, Armin T. Wegner.

Die passive Haltung des SDS in dieser Frage ist für den OSDS Anlaß zu einer Programmerklärung (31. 8. 1931), die die Handschrift der im »Bund proletarisch-revolutionärer Schriftsteller« organisierten Autoren trägt:

»... Wenn die Schriftsteller erkannt haben, daß das System der Notverordnungen, das System der Unterdrückung des freien Wortes, das System des Belagerungszustandes gegen die Arbeiterbewegung *ein einheitlicher Feldzug zur Ausplünderung aller Schaffenden ist*, und wenn sie nicht als erste materielle und moralische Opfer dieses Feldzuges fallen wollen, so müssen sie fordern:

Den Kampf um die Aufhebung der Pressenotverordnung, den Kampf gegen alle Notverordnungen und die ganze Notverordnungspolitik;

den Kampf gegen Faschismus und Kulturreaktion auch in ihrer demokratischen Tarnung, in Preußen und im Reich; den Kampf der vereinigten Schriftsteller gegen die Ausbeutung, in gemeinsamer Front mit allen Unterdrückten und Ausgebeuteten.

Alle Schriftsteller, die sich dem Kapitalismus nicht verkauft haben noch verkaufen wollen, müssen verstehen, daß die zwölfte Stunde geschlagen hat! Der Weg zur Rettung, der ihnen noch frei steht, ist der Weg zu den Werktätigen, um mit ihnen gemeinsam gegen Ausbeutung und Faschismus zu kämpfen. Diesen Weg müssen die Schriftsteller unverzüglich betreten!«

Die Absicht der von Johannes R. Becher geführten »Fraktion der kommunistischen Schriftsteller«, in der die KPD-Mitglieder des »Bundes« und des SDS organisiert sind, ist, so Becher in einem »vertraulichen Rundschreiben«: »ein ›Linkskartell‹ aller fortschrittlichen Organisationen, um im Reichsmaßstab eine je mächtigere Bewegung der sich radikalisierenden bürgerlichen Intelligenz gegen das Notverordnungssystem, gegen die Faschisierung des Geisteslebens auszulösen«.

Daraufhin eröffnet der Hauptvorstand des SDS Ausschlußverfahren »wegen verbandsschädlichen Verhaltens« u. a. gegen Brecht, von Brentano, W. Karsch, A. Seghers, E. Mühsam, Becher, Weinert, Neukrantz, Lask, Grünberg, Kurella, Kläber, Gabor. Der OSDS organisiert seinerseits daraufhin im Oktober 1931 eine Solidaritätserklärung für die Auszuschließenden:

»Die Unterzeichneten verurteilen die Absicht des SDS-Hauptvorstandes, die Opposition im Verband durch Massenausschluß zu beseitigen. Sie sind der Überzeugung, daß diese Opposition mit ihrer Kritik und Aktivität den SDS neu zu beleben versuchte und daß ihre Ziele geeignet sind, die geistige und wirtschaftliche Stellung der Schriftsteller zu heben. In dieser Überzeugung erklären sich die Unterzeichneten mit den vom Ausschluß bedrohten Kollegen solidarisch.«

Dieser Solidaritätserklärung schließen sich zahlreiche bekannte Autoren an, u. a.: Leonhard Frank, Erich Kästner, George Grosz, Alfred Polgar, Hermann Kesser, Hermann Kesten, Manfred Georg, Anna Seghers, Alfons Paquet, Gerhart Pohl, Richard Huelsenbeck, Georg Lukács, Kurt Hiller, Otto Lehmann-Rußbüldt, Bruno Frei, Rudolf Leonhard, Friedrich Wolf, Werner Türk, E. E. Kisch, Eduard Fuchs, Kurt Kersten, Bernard v. Brentano, S. Friedländer, Erich Weinert, Armin T. Wegner, Tucholsky, Alfred Kerr, Ernst Toller, Ludwig Marcuse, Ernst Glaeser, Stefan Großmann, Ernst Wiechert, Heinrich Vogeler, Sylvia v. Harden, Hans Fallada, Ossietzky, Herbert Ihering, Robert Musil, Bruno Frank, Rudolf Arnheim, Theodor Plivier, Axel Eggebrecht, Friedrich Burschell, Ernst Ottwalt, K. A. Wittfogel, Kurt Pinthus, Béla Balázs, Lisa Tetzner, Max Hodann, Heinz Pol, Arthur Holitscher, Emil J. Gumbel, Ernst Blass, F. C. Weiskopf, Walter Mehring, O. M. Graf, Walther Karsch, Erich Franzen, Edlef Köppen, Hermynia zur Mühlen, Walter Zadek, Hermann Duncker, Lu Märten.

Trotz der breiten Solidarisierung, unterstützt auch vom »Berliner Tageblatt« und der »Weltbühne«, schließt der Hauptvorstand des SDS 18 Autoren aus dem Verband aus. Auf der Delegiertenkonferenz des SDS im Januar 1932 werden die Ausschlüsse (bzw. Streichungen aus der Mitgliederliste wegen rückständiger Beitragszahlungen) wieder zurückgenommen. Am 14. 9. 1932 schließlich wird die Berliner Ortsgruppe vom Hauptvorstand des SDS für aufgelöst erklärt – trotz erneuter zahlreicher Proteste, u. a. von Thomas Mann, Lion Feuchtwanger, Arnold Zweig, Alfred Kerr.

Hermann Hesse *Dieser haltlose und geistlose Staat*

... der letzte Grund meines Unvermögens zur Einordnung in eine offizielle deutsche Korporation ist mein tiefes Mißtrauen gegen die deutsche Republik. Dieser haltlose und geistlose Staat ist entstanden aus dem Vakuum, aus der Erschöpfung nach dem Kriege. Die paar guten Geister der »Revolution«, welche keine war, sind totgeschlagen, unter Billigung von 99 Prozent des Volkes. Die Gerichte sind ungerecht, die Beamten gleichgültig, das Volk vollkommen infantil. Ich habe Anno 1918 die Revolution mit aller Sympathie begrüßt, meine Hoffnungen auf eine ernst zu nehmende deutsche Republik sind seither längst zerstört. Deutschland hat es versäumt, seine eigene Revolution zu machen und seine eigene Form zu finden. Seine Zukunft ist die Bolschewisierung, mir an sich gar nicht widerwärtig, aber sie bedeutet eben doch einen großen Verlust an einmaligen nationalen Möglichkeiten. Und leider wird ihr ohne Zweifel eine blutige Welle weißen Terrors vorangehen. So sehe ich die Dinge seit langem, und so sympathisch mir die kleine Minderheit der gutgewillten Republikaner ist, ich halte sie für vollkommen machtlos und zukunftslos, für ebenso zukunftslos, wie es einst die sympathische Gesinnung Uhlands und seiner Freunde in der Frankfurter Paulskirche war. Von 1000 Deutschen sind es auch heute noch 999, welche nichts von einer Kriegsschuld wissen, welche den Krieg weder gemacht noch verloren noch den Vertrag von Versailles unterzeichnet haben, den sie wie einen perfiden Blitz aus heiterem Himmel empfinden.

Kurz, ich finde mich von der Mentalität, welche Deutschland beherrscht, genauso weit entfernt wie in den Jahren 1914-1918. Ich sehe Vorgängen zu, die ich als sinnlos empfinde, und bin seit 1914 und 1918 statt des winzigen Schrittes nach links, den die Gesinnung des Volkes getan hat, um viele Meilen nach links getrieben worden. Ich vermag auch keine einzige deutsche Zeitung mehr zu lesen ...

Dezember 1931. – Brief Hermann Hesses an Thomas Mann. Hesse, im Oktober 1926 in die »Section für Dichtkunst« gewählt, war am 10. 11. 1930 wieder ausgetreten. Den Grund hatte er Thomas Mann am 20. 2. 1931 brieflich mitgeteilt:

»Ich bin nicht mißtrauisch gegen den jetzigen Staat, weil er neu und republikanisch, sondern weil er mir beides zu wenig ist. Ich kann nie ganz vergessen, daß der preußische Staat und sein Kultusministerium, die Schirmherren der Akademie, zugleich die verantwortliche Instanz für die Universitäten und ihren fatalen Ungeist sind, und ich sehe in dem Versuch, die ›freien‹ Geister in einer Akademie zu vereinen, ein wenig auch den Versuch, diese oft unbequemen Kritiker des Offiziellen leichter im Zaume zu halten.«

Trotz mehrer Bitten von Thomas Mann, sich wieder in die »Section« wählen zu lassen, lehnt Hesse ab.

Die deutsche Entscheidung

Gerhart Hauptmann *Sehnsucht nach der Monarchie*

Was ich nicht billigen kann an dieser Regierung:
Daß sie keine Ehrfurcht vor dem Volke hat.
Daß sie einen dumpfen, unpersönlichen Zwang auszuüben versucht.
Daß sie im Dienste der Auslandsschulden steht und doch, durch Zerdrückung des deutschen Handels- und Erwerbsgeistes, eine Befreiung von diesen Schulden unmöglich macht.
Daß sie weltfremd ist und Notverordnungen auf Notverordnungen in die Welt setzt . . .
Und die Gefahr dieser unpersönlich diktatorischen Pfuscherei ist unbegrenzt, nicht wie die persönliche, verantwortliche etwa eines Mussolini. Der nie so weit gegangen ist als unsere unpersönliche Regierung . . .
Es ist republikanische Selbstvernichtung. Es wuchert aus einem Paragraphen die Republik zu Tode, übt Verrat an ihr!
Man sehnt sich nach einer konstitutionellen, liberalen Monarchie.

Nach dem 8. 12. 1931. –

Heinrich Mann *Die deutsche Entscheidung*

. . . In Deutschland ist jetzt Abend, wenn nicht schon Mitternacht. Das gibt Herrn Hitler seine große Chance, wie er wohl weiß. Könnten die Deutschen ihre Lage mit ausgeruhtem Kopf betrachten, sie würden ihm nicht zufallen . . .

Der Grund ist, daß sie den Krieg nicht überwunden haben; er beherrscht sie weiter, und für ihr Gefühl hat er niemals aufgehört. Sie sagen »im Frieden war es anders« – und vergessen ganz, wann sie leben. Sie haben sich redlich bemüht, in einen neuen Frieden hineinzufinden, aber es war stärker als sie, ihnen schien nun einmal der Krieg das Bleibende und das Erste. Fast alle wünschten Frieden, viele wurden Pazifisten; trotzdem waren sie versucht, dem mehr Aussicht zuzutrauen, der kriegerisch auftrat. Er hatte für sich den Augenschein, die harte Welt, in der man offenbar gefangen ist, die fast hoffnungslose Lebenslage der meisten, die Unsicherheit, die des

Eigentums wie auch die persönliche. Die Mehrheit wäre demokratisch und friedlich, sie ist es sogar noch jetzt und wird es bleiben. Nur findet sie in sich nicht genug Widerstand gegen jemand, der mit den Methoden des Krieges arbeitet, – ganz davon abgesehen, daß die Regierung der Republik überhaupt nie ernstlich widerstanden hat.

Der Zustand Deutschlands ist vor allem eine seelische Tatsache. Alles Äußere tritt dagegen zurück. Der Zusammenbruch der Wirtschaft wäre nichts Ungewöhnliches. Die Wirtschaft bricht jetzt überall mehr oder weniger zusammen, aber nur in Deutschland erreicht der Vorgang seine Höchstwirkung auf die Gemüter. Man erinnere sich, daß auch die Währungen aller Länder schon bedroht waren; die deutsche allein ist restlos verfallen, die Deutschen selbst haben sie verfallen lassen, ohne äußere Notwendigkeit, aus Gründen des Gemütes, aus innerer Widerstandslosigkeit. So könnte es sein, daß sie jetzt den Nationalsozialismus zur Herrschaft gelangen lassen, weil sie in sich wieder einmal den Ruf des Abgrunds hören. Die Deutschen hören ihn reichlich oft. Die Frage ist, ob sie dem Ruf des Abgrunds auch diesmal wirklich folgen ...

Für den Sieg des Nationalsozialismus spricht vor allem, daß in diesem Lande die Demokratie niemals blutig erkämpft worden ist. In einem geschichtlichen Augenblick, nach dem verlorenen Kriege, erschien sie, verglichen mit der unheilvollen Monarchie und dem gefürchteten Bolschewismus, als der gegebene Ausweg – nur Ausweg, nicht Ziel, viel weniger leidenschaftliches Erlebnis. Wenn sie 1918 gewußt hätten, was sie unternehmen, würden die Deutschen damals die notwendigen Maßnahmen getroffen haben, um ihre Demokratie zu sichern. Alle, die seither Zeit gehabt haben, die Republik zu unterhöhlen, wären gleich damals ein für allemal verhindert worden, zu schaden. Statt dessen hat die deutsche Demokratie sich einfach eingerichtet, als gäbe es im ganzen Land niemand mehr, der nicht den Stimmzettel anerkannte. Sie sah die fremden Demokratien auf Mehrheiten sicher ruhen und hielt diese Abmachung für unverbrüchlich. Sie ahnte gar nicht, was für eine solche Abmachung bezahlt werden muß, und welche Lehren die Gegner jeder dauerhaften Demokratie bekommen haben, bevor sie sich auf eine Verständigung einließen. Die deutsche Demokratie war sogar noch stolz auf ihre Gewaltlosigkeit. Bis heute hat sie die Anwendung von Gewalt ihren Feinden überlassen, die von der gütigen Erlaubnis bestens Gebrauch machen ...

Gesetzt aber, sie siegen und errichten ihre dumme Gewaltherrschaft: für wen herrschten sie dann eigentlich? Für ihre Gläubiger, eine gewisse Anzahl Personen, die sich »die Wirtschaft« nennen, und die schon zweimal den Staat zugrunde gerichtet haben, dessen Geschäfte sie beeinflußten. Sie haben das Erste Reich in den Krieg, das Zweite in den Nationalsozialismus gehetzt. Sollte ihnen plötzlich alles Talent ausgehen, so daß sie das Dritte Reich in nichts mehr hetzen können? Das Dritte Reich wird scheitern an seiner Unfähigkeit und an seiner Abhängigkeit. Dann aber käme ein ungemein blutiger Abschnitt der deutschen Geschichte. Das Reich der falschen Deutschen und falschen Sozialisten wird gewiß unter Blutvergießen errichtet werden, aber das ist noch nichts gegen das Blut, das fließen wird bei seinem Sturz. Dann holt die Demokratie alles einst Versäumte nach, dann hat sie gekämpft, dann ist sie erlebt, – und übrigens wird es dann nicht mehr die unvollständige Demokratie des abgeschlossenen Zeitalters sein, sondern die wahre, die das Volk meint.

13. 12. 1931; veröffentlicht in der »Luxemburger Zeitung«. –

Erich Mühsam *Aktive Abwehr*

Die einzige Kraft, die imstande wäre, Hitlers Machtergreifung zu verhindern, ist der verbundene Wille der vom Nationalismus nicht verwirrten deutschen Arbeiterschaft. Darüber sind sich alle Arbeiter, die sich überhaupt Gedanken machen, einig. Sie wissen auch, daß das Mittel, über das sie verfügen, der Generalstreik ist. Die Abwehr des Kapp-Putsches durch Anwendung dieses Mittels ist nirgends vergessen.

Fragt einen Arbeiter, gleichviel welcher politischen Partei er angehört, sei er gewerkschaftlich organisiert bei den Zentralverbänden, bei den Christen, bei den Hirschen, bei der RGO, bei den Syndikalisten oder gar nicht, ihr werdet immer dieselbe Antwort bekommen: ja, wenn die Einigkeit zu erreichen wäre! Und das Ende solcher Unterhaltungen ist immer das, daß die Sozialdemokraten auf die kommunistische Führerschaft, die Kommunisten auf die sozialdemokratische Führerschaft schimpfen und ihnen die Schuld geben, daß das Proletariat nicht zu gemeinsamen Entschlüssen zu bringen ist.

Wahr ist, daß die Einigkeit der Arbeiterschaft »unter Führung« dieser oder jener Partei, Gewerkschaft, Programmverpflichtung überhaupt nicht erreicht werden kann. Wahr ist leider auch, daß keine Führerorganisation den Willen hat, eine Einigung anders herbeizuführen als unter Knebelung jeder Meinung, die nicht dem eignen Ladenvorteil untergeordnet ist. Wahr ist endlich, und das ist das Traurigste, daß die deutsche Arbeiterschaft so sehr auf »Vertrauen zu den bewährten Führern« und auf »proletarische Disziplin« in der Bedeutung von Drill und Gehorsam erzogen ist, daß jede selbständige Initiative von unten herauf gelähmt ist.

Die Frage, was denn eigentlich geschehen soll, wenn der Tanz des Dritten Reiches losgeht, wenn die Auflösung aller Arbeiterkoalitionen von irgendeinem Hitler, Frick oder anderm Best verhängt wird, wenn die standrechtlichen Erschießungen, die Pogrome, Plünderungen, Massenverhaftungen das Recht in Deutschland darstellen, wird nirgends erörtert, es sei denn in den Klüngelverhandlungen unbeaufsichtiger Funktionäre. Die Arbeiter trösten sich damit, daß sie schon zur rechten Zeit zum Handeln aufgerufen werden.

Sie werden nicht. Schlagen die Faschisten zu, dann ist das erste, daß nach längst fertigen Listen alle organisatorisch und rednerisch tätigen Kräfte, alle der Führerschaft verdächtigen Personen verhaftet oder noch wirksamer beiseite geschafft werden. Dann steht das Proletariat da, angewiesen auf eigne Entschlüsse, aber vollends verhindert, sich noch zur Abwehr zu verständigen ...

An dem Tage, an dem die Hakenkreuzfahne über den öffentlichen Gebäuden erscheint, läßt sich nicht das geringste mehr organisieren oder anordnen. Jeder Arbeiter muß vorher wissen, was er dann zu tun und zu unterlassen hat. Sollten aber wirklich die Parteien und Gewerkschaften ihren Anhängern vorher Weisungen zugehen lassen, so werden sie einander widersprechen und dadurch die einheitliche Abwehr der Gefahr erst recht durchkreuzen. Nur der rechtzeitig gefaßte und bis ins Kleinste vorbereitete Entschluß, dem Verfassungsbruch und Staatsstreich die Lahmlegung der gesamten Versorgung mit Wasser, Gas, Elektrizität, die Drosselung des Marktes und des Verkehrs entgegenzustellen, kann den Massenmord und die vollständige Versklavung der deutschen Arbeiterschaft verhindern.

Die Arbeiter haben jetzt andres zu tun als sich gegenseitig zu beschimpfen und zu verprügeln oder schöne Reden anzuhören und wohlklingende Resolutionen zu fassen. Es ist Zeit, höchste Zeit zu handeln!

15. 12. 1931. – Artikel von Erich Mühsam in der »Weltbühne«. Mühsams Vorschlag, um der drohenden nationalsozialistischen Machtergreifung zuvorzukommen: die Bildung von »Aktionsausschüssen« der Arbeiter in den Betrieben, die den politischen Streit zwischen SPD und KPD unterlaufen und einen Generalstreik vorbereiten.

Alfred Kerr *Mein stärkstes Erlebnis 1931*

Mein stärkstes Erlebnis dieses Jahres war die Untätigkeit der deutschen Republik gegen die lebensgefährliche Kitschbewegung des Hitlertums.

31. 12. 1931; auf eine Umfrage der »Welt am Abend«.

Carl von Ossietzky *Der Weltbühnen-Prozeß*

Der Vierte Strafsenat des Reichsgerichts hat am 23. November den Schriftsteller Walter Kreiser und mich als verantwortlichen Leiter der »Weltbühne« zu einer Gefängnisstrafe von anderthalb Jahren verurteilt wegen Verbrechens gegen § 1 Absatz 2 des Gesetzes über den Verrat militärischer Geheimnisse. Gegenstand der Anklage war der Artikel Kreisers vom 12. März 1929 »Windiges aus der deutschen Luftfahrt« ...

Ich weiß mich in bester Übereinstimmung mit Kreiser, wenn ich hier erkläre, daß Anklage und Urteil an unsern Absichten glatt vorbeitreffen, daß wir noch heute zu ihnen stehen und nichts zu widerrufen haben. Der Artikel Kreisers befaßte sich mit Bedenklichem aus dem Luftfahrtetat, er behandelte Tariffragen der Piloten und Facharbeiter auf den Flugplätzen, er geißelte die Vergeudung von Steuergeldern in einem schlecht kontrollierten Subventionswesen, er streifte zum Schluß ganz episodisch eine militärische Spielerei, die bereits durch eine Reichstagsdrucksache den politisch Interessierten zugänglich war. Kreiser, damals stellvertretender Abteilungsleiter im Deutschen Verkehrsbund, ist in diesen Fragen sehr sachverständig. Den Spion möchte ich sehen, der seinen Auftraggebern eine Information zu bringen wagt, die bereits seit einem Jahr im Druck vorliegt.

Wenn die Prüfung eines dunklen Etatpostens als zuchthauswürdiges Verbrechen bewertet werden kann, dann ist die akute Gefahr vorhanden, daß jede kritische Äußerung und daß schließlich auch das gesamte Nachrichtenwesen unter die Tyrannei des Spionageparagraphen gerät. Diese sehr gefährliche Möglichkeit hat unser Prozeß deutlich aufgezeigt.

Er bietet aber auch einen hellern Aspekt. Seit Jahren hat sich die Judikatur des Vierten Strafsenats auf die Parteigänger des Linksradikalismus beschränkt, gelegentlich wurden zur Belebung des gleichförmigen Bildes auch ein paar Pazifisten hinzugezogen. Die Protestbewegung arbeitete ausschließlich links von der Sozialdemokratie, von einigen Außenseitern abgesehen. Der Protest ist ebenso Parteisache geworden, wie es die Pflicht jedes Kommunisten ist, mutig in sein Schicksal zu gehen. Der Weltbühnen-Prozeß deutet auf eine hoffnungsvolle Erweiterung der Arbeitssphäre des Reichsgerichts hin. Die Öffentlichkeit ist aufgescheucht, die Blicke richten sich wieder nach Leipzig. Es wächst die Erkenntnis für das vom Reichsgericht in langen Jahren angestellte Unglück. Ich spreche den heißen Wunsch aus, daß die Empörung, die unser Prozeß verursacht hat, auch den frühern Opfern der Leipziger reichsgerichtlichen Justiz zugute kommen möge, daß sie sich vor allem den proletarischen Opfern zuwenden möge, die unbeachtet in den Gefängnissen verschwunden sind, daß eine Volksbewegung daraus wachse, die dieser politisierten Justiz, die mit Politik noch weniger zu tun hat als mit Justiz, endlich den Abschied gebe. So schön und ehrenvoll die Sympathiekundgebungen für Kreiser und mich sind, sie dürfen nicht in der individuellen Sphäre bleiben. Die Protestaktionen müssen in den Bereich des politischen Kampfes gegen die machtvoll organisierte Konterrevolution getragen werden ...

Noch ist die Möglichkeit der Zusammenfassung aller antifaschistischen Kräfte vorhanden. Noch! Republikaner, Sozialisten und Kommunisten, in den großen Parteien Organisierte und Versprengte – lange werdet ihr nicht mehr die Chance haben, eure Entschlüsse in Freiheit zu fassen und nicht vor der Spitze der Bajonette! Die Zeit der isolierten Aktionen geht zu Ende, der Bürgerkrieg der Sozialisten wird seinen eifrigsten Kombattanten plötzlich fragwürdig ...

1. 12. 1931. – Walter Kreiser (Pseudonym: Herbert Jäger) hatte im Zusammenhang mit der Verwendung von Etatmitteln des Verkehrsministeriums für die Luftfahrt auf die Kooperation der Reichswehr mit der Roten Armee und damit auf Verstöße gegen den Versailler Vertrag hingewiesen. Seit Tucholskys militärkritischen und pazifistischen Aufsätzen zu Beginn der Republik ist die »Weltbühne« den Militärs und dem Reichswehrministerium ein Dorn im Auge.

Der unter Ausschluß der Öffentlichkeit tagende Vierte Strafsenat des Reichsgerichts folgt den Sachverständigen und Zeugen des Reichswehrministeriums und verurteilt Ossietzky als verantwortlichen Redakteur zu anderthalb Jahren Gefängnis. Nur das Urteil dringt an die Öffentlichkeit, über den Inhalt des Prozesses wird den Beteiligten Schweigen auferlegt. Ossietzky gibt noch am Tag der Urteilsverkündung dem Berliner »8-Uhr-Abend-Blatt« ein Interview, in dem er u. a. erklärt:

»Noch leben wir im Zustand verbürgter Meinungsfreiheit, noch immer in einem Staat, in dem das Militär den zivilen Behörden unterworfen ist. Deshalb werde ich weiter dafür einstehen, daß der Geist der deutschen Republik nicht durch eine mißverstandene Staatsräson verfälscht wird.«

Das Urteil wird in der Weltpresse, die darin den Beweis heimlicher deutscher Aufrüstung sieht, heftig kritisiert und zieht in der bürgerlich-liberalen und linken Presse des Reichs einen Sturm der Entrüstung nach sich. Ossietzky, der auf einer am 27. 11. von der »Liga für Menschenrechte« veranstalteten Protestkundgebung aufgrund der Intervention des Polizeipräsidenten Albert Grzsinski nicht das Wort ergreifen darf, bedankt sich in der »Weltbühne« für die zahlreichen Sympathieerklärungen. Die SPD-Fraktion im Reichstag macht das Urteil zum Gegenstand einer Anfrage. Ossietzkys Anwalt Alfred Apfel richtet ein Gnadengesuch an den Reichspräsidenten, dem er Erklärungen beilegt u. a. von: Arthur Eloesser, M. Hobohm, Veit Valentin und Thomas Mann.

Thomas Mann *Für Carl von Ossietzky*

... Der Fall Ossietzky ist auch mir sehr nahegegangen, und ich habe geradezu auf eine schickliche Gelegenheit gewartet, dem tief unheimlichen Gefühl Ausdruck zu geben, das das Urteil des Vierten Strafsenats des Reichsgerichts in mir erweckt hat ... Es ist eine furchtbare und demütigende Vorstellung, in einem Lande zu leben, wo über Erscheinungen der Unordnung gewaltsam mit Hilfe der Justiz Stillschweigen gebreitet werden soll, und ich meine, man sollte die Mundtotmachung der öffentlichen Kritik der faschistischen Diktatur vorbehalten, unter der dann, was in einem freien Volke offen ausgesprochen wird, heimlich und feige von Mund zu Mund geht.

10. 1. 1932. – Brief von Thomas Mann an Alfred Apfel. – Das Gnadengesuch wird am 21. 4. abgelehnt. Gemeinsam mit dem PEN organisiert die »Liga« unter ihrem Generalsekretär Kurt Grossmann eine Unterschriftenaktion mit der Bitte, die Gefängnisstrafe abzukürzen oder wenigstens in die leichtere Festungshaft um-

zuwandeln. 43 624 Unterschriften kommen innerhalb von acht Wochen zusammen, der Appell bleibt freilich ohne Erfolg. Auf seinem Weg zum Strafantritt in Berlin-Tegel wird Ossietzky am 10. 5. von einer langen Autokolonne begleitet; vor dem Gefängnis verabschieden ihn mehr als 100 Personen, darunter: Arnold Zweig, Leonhard Frank, Erich Mühsam, Axel Eggebrecht, Ernst Glaeser, Lion Feuchtwanger, Hermann Kesten, Alfons Goldschmidt, Hellmut von Gerlach, Werner Hegemann. Ernst Toller und Mühsam halten kurze Ansprachen.

Carl von Ossietzky *Rechenschaft. Ich muß sitzen!*

... ich gehe nicht aus Gründen der Loyalität ins Gefängnis, sondern weil ich als Eingesperrter am unbequemsten bin. Ich beuge mich nicht der in roten Sammet gehüllten Majestät des Reichsgerichts, sondern bleibe als Insasse einer preußischen Strafanstalt eine lebendige Demonstration gegen ein höchstinstanzliches Urteil, das in der Sache politisch tendenziös erscheint und als juristische Arbeit reichlich windschief ...

10. 5. 1932. – Artikel von Ossietzky in der »Weltbühne«, am Tag des Haftantritts, in dem er die fehlende »freiheitliche Tradition«, den mangelnden »Stolz des Zivilisten gegenüber der Uniform« als den eigentlichen Hintergrund seiner Verurteilung bezeichnet.

Ossietzky steht am 1. 7. 1932 ein weiteres Mal vor Gericht. Tucholsky hatte in einer Glosse in der »Weltbühne« vom 4. 8. 1931 den Satz geschrieben: »Soldaten sind Mörder« – in den Augen des Reichswehrministers eine bewußte Diffamierung des Soldatenstandes. Als für den Artikel verantwortlicher Redakteur weist Ossietzky vor dem Schöffengericht Berlin-Charlottenburg darauf hin, daß Tucholsky sich nicht gegen das Militär, sondern gegen den Krieg gerichtet habe und daß es Pflicht eines jeden sei, daran zu erinnern, »daß der Krieg nichts Heroisches bedeutet, sondern daß er nur Schrecken und Verzweiflung über die Menschheit bringt«. Das Gericht spricht Ossietzky mit der Begründung frei, es sei nicht erkennbar, daß in der Glosse Soldaten der Reichswehr gemeint seien. Ossietzky wird am 22. 12. 1932 nach 226 Tagen Haft wieder aus Tegel entlassen, er fällt unter das nach den Novemberwahlen erlassene Amnestiegesetz.

»Die Ausscheidung der Juden aus dem deutschen Leben«

Alfred Rosenberg *Die Lüge als jüdische Lebensform*

... die beständige Lüge ist die »organische« Wahrheit der jüdischen Gegenrasse. Die Tatsache, daß ihr der wirkliche Gehalt des Ehrbegriffes fern liegt, zieht den religionsgesetzlich oft sogar befohlenen Betrug nach sich, wie das im Talmud und im Schulchan-Aruch in geradezu monumentaler Art niedergelegt ist. »Große Meister im Lügen« nannte sie der brutale Wahrheitssucher Schopenhauer. »eine Nation von Kaufleuten und Betrügern«, betonte Kant. Weil dem so ist, kann der Jude in einem Staat nicht zur Herrschaft gelangen, der von gesteigerten Ehrbegriffen getragen wird; genau aus demselben Grund wird aber auch der Deutsche innerhalb des demokratischen Systems nicht wirklich leben, nicht fruchtbar sein können. Denn dieses System ist auf Massenbetrug und Ausbeutung im großen und kleinen aufgebaut. Entweder er überwindet es nach der giftigen Erkrankung ideell und materiell, oder er geht an der Sünde gegen seine organische Wahrheit rettungslos zugrunde ...

Ehen zwischen Deutschen und Juden sind zu verbieten, solange überhaupt noch Juden auf deutschem Boden leben dürfen. (Daß die Juden die Staatsbürgerrechte verlieren und unter ein ihnen gebührendes neues Recht gestellt werden, versteht sich von selbst.) Geschlechtlicher Verkehr, Notzucht usw. zwischen Deutschen und Juden ist je nach der Schwere des Falles mit Vermögensbeschlagnahme, Ausweisung, Zuchthaus und Tod zu bestrafen ...

1930; in »Der Mythos des 20. Jahrhunderts«.

Gegen die ›Kulturschande des Antisemitismus‹

Die schwierige wirtschaftliche Lage wird von unverantwortlichen Elementen dazu benützt, eine schamlose antisemitische Hetze zu entfalten, die sich in letzter Zeit so gesteigert hat, daß offene Pogrome angedroht werden. Das Bestreben, eine besondere Schicht des deutschen Volkes für die wirtschaftliche Depression verantwortlich zu machen, muß von jedem anständigen Menschen auf das allerschärfste zurückgewiesen werden ...

Deutschland ist heute das einzige große Land, wo diese Art von Antisemitismus überhaupt noch Boden hat. Sowohl im bolschewistischen Rußland wie im faschistischen Italien, ganz abgesehen von Frankreich, England oder Amerika, wird jede Gewalttätigkeit gegen Juden auf das entschiedenste abgelehnt. Erst kürzlich hat der italienische Ministerpräsident Mussolini erklärt, daß er den Antisemitismus innerhalb der faschistischen Bewegung weit von sich weise und sich keinesfalls mit der nationalsozialistischen Bewegung in Deutschland identifiziere. Eine mit den schlimmsten Terrormethoden arbeitende Minderheit darf nicht das deutsche Volk unter das Niveau der anderen großen Völker herabdrücken. Darum rufen die unterzeichneten Männer und Frauen, welche der jüdischen Religionsgemeinschaft nicht angehören, gegen diese Kulturschande des Antisemitismus auf.

September 1930. – Aufruf, mit dem sich die »Liga für Menschenrechte« gegen die antisemitische Propaganda der NSDAP im Wahlkampf wendet. Unterzeichnet u. a. von Thomas Mann, Gerhart Hauptmann; Politikern wie Georg Gothein, Gertrud Bäumer, Max Brauer, Arthur Crispien, Adolf Grimme, Carl Severing; Professoren wie Martin Dibelius, Levin und Walter Schücking, von Schulze-Gaevernitz, Veit Valentin, Konrad Ziegler; weiter von zahlreichen Theologen und Juristen.

Heinrich Mann *Der Antisemitismus und seine Heilung*

Man hält die jüdische Selbstironie für den Rest einer gedrückten Daseinsform. Auch der deutsche Antisemit hat in seinem Blut noch immer die einstige Benachteiligung des historischen Deutschlands. Er ist unter den deutschen Typen der mit dem hartnäckigsten nationalen Gedächtnis. Sein Gedächtnis bildet in ihm einen »Minderwertigkeitskomplex«. Er kann die Zeiten der nationalen Unterlegenheit nicht vergessen. Er braucht daher die Überbetonung des nationalen Wertes, mögen andere ihn längst als selbstverständlich empfinden. Unentbehrlich ist ihm der Haß, und unentbehrlich die Nähe des Gehaßten, ein sichtbarer, täglich erreichbarer Gefährte, an dem er sich ausläßt, mit dem er um die Palme streitet. Denn Antisemitismus ist nicht nur die Ablenkung eigener innerer Nöte. Er ist auch der schwierige Vollzug einer Angleichung oder der bittere Verzicht auf sie.

In der Vorstellung der Antisemiten ist der Jude der schlaueste und härteste der Lebenskämpfer. Jeden, der Erfolg hat, ist er zuerst geneigt, als Juden anzusprechen. Man frage nicht lange, was der Antisemit am liebsten auch seinerseits wäre und in gelungenen Fällen wirklich wird. Er wird genau das, was er jüdisch nennt. Ihm entgeht freilich zumeist der Anteil des Juden an der gerade vorhandenen Geistigkeit, – und eben dies ist ein wichtiges Geheimnis der jüdischen Erfolge. Der Antisemit wäre konkurrenzfähiger, wenn er weniger Geringschätzung hätte für Werte, die nicht sogleich Geld ergeben. Er täte gut, seine Begier nach Macht auf die Ideen auszudehnen. Sie sind große Mächte.

Wenn der Antisemit denken lernte, würde er erstens Zusammenhänge entdecken, die ihm noch fehlen, so die hier genannten. Wie erst, wenn er besser denken lernte als die Juden, die darin heute auch nicht Meister sind! Er würde sich selbst samt seinen Juden über die Landesgrenzen hinweg in eine umfassende, bei weitem wichtigere kulturelle Gesamtheit einreihen. Der Gedanke an seine Nation wäre ihm kein Grund zur Gereiztheit mehr, keine Qual mehr. Er würde, zugleich bescheidener und stärker . . ., mit dem Juden sich nicht mehr messen wollen. Er würde, um leben zu können, des Hasses nicht mehr bedürfen. Er wäre glücklicher. Er wäre daher kein Antisemit mehr.

1928. –

Paul Fechter *Kunstbetrieb und Judenfrage*

. . . Wenn es heute für uns zuweilen nicht ganz leicht ist, in den Kreisen bewußt nationaler Menschen Verständnis für die Notwendigkeit der Eingliederung der national bewußten Kräfte des Judentums zu finden, so liegt die Schuld daran an diesen ständigen Pöbeleien, die durchaus mit Unrecht, aber verständlicherweise der Gesamtheit unserer jüdischen Mitbürger in die Schuhe geschoben werden . . .

Die groben Fälle reichen von dem berühmten Satz aus der Weltbühne im Jahrgang 1918, da ein Mitarbeiter dort feststellen durfte, daß ihm beim Anblick der ersten französischen Uniform auf dem Potsdamer Platz »traumhaft wohl« wurde, bis zu dem Buch von Tucholsky »Deutschland, Deutschland über alles«, in dem z. B. ein Blatt mit deutschen Offiziersköpfen die Unterschrift erhalten hat: »Tiere sehen dich an«. Sie umfassen Dinge wie jene Szene in Mehrings Kaufmann von Berlin, in der ein toter Soldat mit den Worten: »Dreck – weg damit« auf den Kehrichthaufen geworfen wurde . . .

Ein sehr großer Teil der Zentralen des Literatur- und Kunstbetriebes befindet sich in jüdischen Händen. Die Theater, die großen Verlage, die großen Kunsthandlungen stehen zu einem Prozentsatz unter jüdischer Führung, der weit über das Verhältnis zwischen der Anzahl deutscher Staatsbürger jüdischen Glaubens zu den andern hinausgeht. In dieser Feststellung soll keinerlei Vorwurf liegen, vielmehr eine halb neidvolle Anerkennung; auf jüdischer Seite ist die Wichtigkeit dieser Unternehmungen für die Beherrschung der Propaganda viel schneller erkannt, eine viel größere Aktivität entfaltet worden als auf unserer Seite. Es kommt hinzu, daß Theater, Literatur, Kunst Gebiete sind, die früher dem Judentum zum Teil als Ersatz für politische Betätigung dienten, die ihnen bis zum Kriege vor allem, wofern sie positiv gerichtet waren, wie offen zugegeben sei, zuweilen nicht ganz leicht gemacht wurde. Es ist kein Wunder, daß sich aus dieser Tatsache ergibt, daß Werke, Arbeiten, Leistungen, die dem jüdischen Gefühl und der jüdischen Weltbetrachtung, dem jüdischen Verhältnis zur Zeit entsprechen und nahestehen, viel eher Aussicht und Möglichkeit haben, auf den deutschen Bühnen, dem deutschen Buchmarkt, den deutschen Kunsthandlungen einen Platz zu finden und ihren Weg zu machen als die Arbeiten, Leistungen, Werke, die womöglich betont und bewußt dem deutschen Gefühl, der deutschen Weltbetrachtung, dem deutschen Verhältnis zur Zeit entsprechen ...

Januar 1931. – Aus einem Vortrag, den Paul Fechter bereits im Frühjahr 1930 in Berlin vor dem »Verband nationaldeutscher Juden« gehalten hatte und in dem er ein gentlemans agreement vorschlägt: beide Seiten sollten auf negative Kritik am anderen verzichten; wobei Fechter freilich keinen Zweifel daran läßt, daß das nur dadurch geschehen könne, »daß die Judenfrage ein für allemal aus dem deutschen Kunstbetrieb ausgeschaltet wird.

Fechters Aufsatz löst in der »Deutschen Rundschau« einen »Briefwechsel zur Judenfrage« aus, an dem sich u. a. Jakob Wassermann, Rudolf Pechel, Paul Fechter und Hans Friedrich Blunck beteiligen.

Jakob Wassermann *Antwort an Fechter*

... Ich lese weiter und muß erfahren, daß Kurt Tucholsky, den ich als einen tapferen Mann von gerechter Denkart kenne, unter ein Blatt mit Offiziersköpfen die Worte gesetzt hat: Tiere sehen dich an. Eine grobe Ungehörigkeit, will mich bedünken, wenn mir dabei nur nicht eine Geschichte einfiele. Ein ehemaliger deutscher Offizier, sympathisch, beliebt und angesehen auch bei der Mannschaft, hat sie selbst erzählt. Als er in der Ukraine lag, kam eines Tages eine Abordnung verzweifelter jüdischer Männer zu ihm. Sie wußten, daß in der gleichen Nacht ein Pogrom über sie herfallen sollte, sie waren waffenlos, sie flehten den Offizier um ihre eigne Rettung und die ihrer Frauen und Kinder an. An dieser Stelle seiner Erzählung äffte der Offizier den Jargon der Juden nach. Geantwortet hat er ihnen: erstens sympathisiere er mit dem Vorgehen der Ukrainer – ich wiederhole, daß dies seine eigenen Worte sind – und zweitens wolle er jetzt schlafen ...

Ich lese staunend, daß Juden sich über das Nibelungenlied abfällig geäußert haben. In Gedanken darüber versunken, steigt plötzlich ein anderes Bild vor mir auf: Ich sitze mit meiner Frau in einem Eisenbahnabteil zwischen München und Starnberg. Irgendwo steigt ein starker Trupp von jungen Burschen ein, durchaus keine Rowdys. Sie durchtraben den Zug mit lautem Gesang, und was singen sie? Daß man den Judenbankerten Arme und Beine abhacken soll. Niemand im Zug protestiert.

Ich lese weiter in Herrn Fechters Aufsatz.

Der Blutzeuge Walter Rathenau steht vor mit auf. Es steht vor mir auf ein Jahrtausend voll Marter, Schändung, Raub, Qual, Hohn, Schmähung, Entsetzen, Blut und Feuer. Gewiß, gewiß, man soll den Schuldbrief eines Jahrtausends nicht immer wieder heraufholen. Ein einziges Jahrhundert der Emanzipation liegt auf der andern Waagschale. Ich will es gern gelten lassen, wie es Herr Fechter stillschweigend von uns fordert. Obgleich er immer wieder die ungeheure Anzahl nichtjüdischer Deutscher ins Treffen führt, verlangt er von der kleinen jüdischen Minorität die feinsten Tugenden einer kraftbewußten Überzahl ...

Ist es denn nicht möglich, selbst so wohlmeinenden Männern wie Ihnen die Augen zu öffnen für das Gebirge von Leid und Unrecht, das auf die Schultern schon jedes neugeborenen deutschen Kindes jüdischer Art gehäuft liegt? Was bedeutet dagegen das Zeitungsgeschrei einiger »Emanzipierter«? Erträgt die große deutsche Nation von allen Nationen allein keine Kritik? Was haben Engländer über England sagen dürfen, vor und nach Lord Byron? Helfen Wohlverhaltungsmaßregeln gegen »Juda verrecke«?

Im Grunde ist es erschütternd, daß Sie vor die an Leib und Leben, an Geist und Herz bedrohten Juden hintreten und sagen, sie mögen ein Einsehen haben ...

Januar 1931. – In einer Anmerkung zu Wassermanns Beitrag betont Fechter noch einmal, es komme ihm darauf an, »vernünftigen jüdischen Kreisen zu zeigen«, welche »wenig angenehmen Wirkungen dieses Geschrei einiger Emanzipierter auf unserer Seite hervorruft«; im übrigen müsse doch vor allem den »wohlwollenden und ordentlichen jüdischen Leuten« an der Beilegung dieses Konflikts liegen, da die deutsche Seite sich sowieso in der Überzahl befinde.

Hans Friedrich Blunck *Anti-Germanismus*

... Blättert man die Zeitungen und Zeitschriften der Hauptstadt durch, so findet der Niederdeutsche, der aus seiner Überlieferung her die alte Gemeinfreiheit, die germanische Demokratie betonte, unablässig seine Tradition als verächtlich angegriffen. Er liest Phrasen von einem »blutdürstigen« Ahnenkult, der gar wiederhergestellt werden solle, er liest von dem alle Kulturen zerstörenden Barbarismus seiner Vorfahren, während er, der über die neuen Forschungen und über die Vorgeschichte des Nordens mehr weiß als der Schmock der Tagespresse, sich bewußt ist, daß er auf seine Vorzeit, auf ihre religiöse Dichtung und Musik und auf den staatspolitischen Blick seiner Vorfahren stolz sein darf ...

Man hat, voll Glauben an die Zukunft von Land und Welt, eine gesunde Bewunderung für das Heldhafte, weil auf den Schiffen die Freiwilligen, die Opferfreudigen führen, weil an der Küste die Mutigsten für die anderen den Spaten ins Neuland stecken. Man weiß, bis auf den letzten Mann durch dies Jahrzehnt belehrt, daß auch der vergangene Krieg für unser Volkstum ein Verteidigungskrieg war, und hat deshalb keinen Sinn und Verstand für sinnlose Selbsterschütterungen, die nur die Lage des westlichen Kapitalismus erleichtern, noch für die Verächtlichmachung der alten Führer bis zu jenem furchtbaren Bild des »Tiere sehen dich an!« ...

Nur ein Volk, das eine tiefe Begeisterung für seine Aufgaben und Ziele mitbringt, vermag Großes für sich, für die Welt zu leisten. Und gerade hier vermag eine kleine Minderheit, die unablässig seinen Willen zu sich selbst in Zweifel zieht, niederdrückend und gefährlich auf seine Leistungen einzuwirken, welche schließlich ohne Sinn nur noch Produkte eines dürftigen Berufsethos oder kapitalistischer Ratio werden. Kritik an Lärm und Selbstbewunderung ist gut; führt sie zur Demütigung jeden Selbstbewußtseins – und die Gefahr lag im letzten Jahrzehnt sehr nahe –, kann sie ein Volk aufspalten und zerstören ... Februar 1931; ebenfalls in der »Deutschen Rundschau«.

Walter Mehring *Rede gegen den Antisemitismus*

... Seine [= Goebbels Partei] nährt sich aus Geldern der Schwerindustrie: der Thyssen, Siemens, Borsig – auch aus den Geldern reicher Semiten. Dafür hat man eine ebenso charmante wie simple Wirtschaftsformel gefunden: vom raffenden und schaffenden Kapital; das erste ist das jüdische, das zweite das deutschblütige. Aber nicht nur mit politischen und ökonomischen Dingen befaßt sich das Hitlertum; man verfolgt auch – ja, das ist das Wort – man verfolgt auch künstlerische Ziele. Impressionismus, Expressionismus, Wolkenkratzer, und die gesamten Erzeugnisse der modernen Literatur sind Erfindungen des jüdischen Geistes, geschaffen um die einzig wahre Kunst: die nordisch-griechische zu vernichten ...

»Juda verrecke!« so tönts bei jeder Gelegenheit, ob es sich um die Aufführung des Remarquefilms handelt, oder um ein Meeting mit persönlichem Auftreten Hitlers ... Der Antisemitismus greift zur Reklame! Gehen Sie in Berlin spazieren, so finden Sie neben der Hakenkreuzfahne die Hakenkreuzzigarette und das nationalsozialistische Zahnpulver! Aber schlimmer als diese merkantile Propaganda ist die – sagen wir: geistige, die mit Gummiknüppeln und Revolvern geführt wird und täglich neue Opfer unter Proletariern, jüdisch aussehenden Wesen und andern Unzufriedenen fordert. Schärfster Boykott jüdischer Geschäftsinhaber in der Provinz, deren Familien dort seit Jahrhunderten ansässig sind – Schändung jüdischer Friedhöfe – Ausschreitungen gegen sozialistische und pazifistische Studentenorganisationen – fortwährende Bedrohungen der jüdischen wie der nichtjüdischen Intellektuellen. Herrn Fricks Campagne gegen das Piscatortheater, gegen moderne Malerei, gegen alle Kulturfilme: die Gesamtheit dieser noch nicht offiziellen, aber sehr wirksamen Diktatur ...

Der arme Arbeitslose ..., um nicht Hungers zu sterben, tritt er den Hitlerwehren bei, wird Antisemit, wird Militarist ... Entweder alle Kräfte einigen sich, um die Arbeitslosigkeit, die Wirtschaftskrise zu bekämpfen – oder Europa wird sich morgen vor einer der blutigsten Katastrophen finden, die es je gekannt hat ...

3. 2. 1931. – In der »Weltbühne abgedruckte Rede, die Walter Mehring vor der französischen »Liga gegen den Antisemitismus« in Paris hält. »Herrn Fricks Campagne«: Wilhelm Frick (NSDAP), vom Januar 1930 bis zum April 1931 Innenminister in Thüringen, verbietet der Piscatorbühne die Aufführung des Abtreibungsstückes »Frauen in Not. § 218«. Im Weimarer Museum ordnet er »Säuberungsmaßnahmen« gegen ›undeutsche‹ Kunst an und verbietet den Film »Dreigroschenoper« für Thüringen.

Mit dem immer deutlicher werdenden Ende der Republik verstärkt sich auch der Ruf der NSDAP und ihrer Zuarbeiter nach der »Lösung der Judenfrage«. Charakteristisch dafür ist das »Diskussionsbuch über die Judenfrage«, das 1932 unter dem Titel »Der Jud ist schuld ...?« erscheint und in dem zahlreiche Autoren ›für und wider‹ Stellung nehmen. Ernst von Wolzogen, Gottfried Feder, Artur Dinter, Hans Blüher, Hans Hauptmann, Wilhelm Stapel, Richard von Schaukal u. a. erklären, was der Schriftsteller und NS-Politiker Ernst Graf zu Reventlow so zusammenfaßt:

»Eine Lösung der Judenfrage in Deutschland kann ... nur in Trennung bestehen ... Bei der Ausscheidung der Juden aus dem deutschen Leben können keine Ausnahmen gemacht werden, kann nicht zwischen ›anständigen‹ und ›unanständigen‹, ... artigen und unartigen Juden unterschieden werden.«

Vor dem »kommenden Mittelalter«, das mit dieser »Lösung« und »dem ›Dritten Reich‹ hereinzubrechen droht« (Oskar Maria Graf), warnt – neben Heinrich Mann, Richard Coudenhove-Kalergi, Max Naumann, O. M. Graf, Arthur Holitscher, Heinz Liepmann, Lion Feuchtwanger, Max Brod, Felix Salten – auch Theodor Lessing.

Theodor Lessing *Ein Kollektiv-Verbrechen*

In der deutschen Republik, einem Volksstaate, welcher jedem Bürger die Freiheit des Gewissens und den Schutz seiner Ehre verbürgt, geschieht ein Kollektiv-Verbrechen, desgleichen niemals ähnlich dagewesen ist. Denn niemals war es erlaubt, daß die Majorität im Staate die wehrlose Minderheit in Wort und Schrift als hassenswert und parasitär dem Masseninstinkte preisgeben durfte. Damit geschieht nicht nur Unrecht an der Seele der jüdisch geborenen Kinder, man verbildet und vergiftet die Gesamtheit; ein ganzer Staat wird zu Neid, Haß, Selbstgerechtigkeit und Rohheit erzogen. Hunderte Zeitungen und Druckschriften erscheinen in Deutschland – ohne daß Kultusminister, Justizminister, Gerichte je gegen diese Schmach einschritten –, um Tag für Tag, Stunde für Stunde alle Not einer verfahrenen Zeit auf diesen einen Sündenbock zu bürden. An jeder Plakatsäule prangt beleidigend das Wort: ›Juden sind ausgeschlossen‹, wo es in Wahrheit heißen sollte: ›Die menschliche Vernunft ist ausgeschlossen; das deutsche Herz.‹ ... Wir stehn allein auf verlorenem Posten. Viele werden die Heimat verlieren ... 1932.–

Dämmerung

Ernst Bloch *Tag und Dunkel*

Ganz Übles zieht sich zusammen. Die Kälber wählen jetzt nicht nur ihre Metzger selber, sie treiben ihnen bald ihresgleichen zu. Und die roten Führer treffen den Ton nicht, der aufhorchen ließe.

Dafür haben die Metzger den Ton desto stärker. Und er kommt nicht aus den kraftlos gewordenen Schlagworten der linken Redner bei uns zu Hause. Im Gegenteil, in diesen Schlagworten schlägt überhaupt nichts. Sie schlagen weder ein, noch schlagen sie den Feind, noch schlagen sie die Stunde an, die für das Kapital geschlagen hat, vielmehr geschlagen hätte, wenn die Arbeiter geeint und auch die roten Losungen nicht so klischeehaft wären. Und eines ist besonders traurig: die Nazis erlangen Volksgeruch, während die Marxisten, unglaublicherweise, ihn verlieren. Und der Muff des hintersten Biertisches gibt sich als fortgeschrittenes Bewußtsein, während Marx, phantastischerweise, als von vorgestern ausgegeben und so von den Dummköpfen angesehen wird. Man hat ein völlig verwildertes Volk mit gefährlichen Narren um sich, dirigierenden Metzgern über sich. Trotzdem: die Metzger merken das kommende Ende, und wenn dies Ende ihrer Wirtschaft nicht wäre, wären sie nicht Metzger. Wenn es im Osten nicht hell würde, wäre dem Westen das Herz nicht so schwer im Leib. Beides muß stets zusammengesehen werden, damit man über einige Jahre und über unseren verdüsterten Schauplatz hinaussehe. Es ist zwar schwer zu sagen, was in dieser Zeit stärker ist, ob die herankommende braune Bestie oder das, was sie fällen wird. Aber daß sie am Ende gefällt werden wird, spürt sie selbst; Hitler und was mit ihm zusammenhängt, ist der letzte Bravo des Kapitals. Eben deshalb ist er der schrecklichste, ebendeshalb stehen die Füße derer, die ihn hinaustragen werden, vor der Tür. Die Zeit wäre nicht dunkel, wenn nicht gleichzeitig das Licht in ihr wäre, gegen das die Nacht sich sammelt.

1932. –

Hanns Johst *Kunst unter dem Nationalsozialismus*

Das künstlerische Gewissen ist der reine Dialog von persönlicher Verantwortung und sachlichem Schicksal innerhalb eines Volkes. Kunst braucht als Voraussetzung für ihre Existenz Klarheit ohne Rationalismus, Gemeinschaft ohne Konstruktion; sie braucht die Metaphysik einer Zuversicht.

Im Faschismus beruht der Antrieb allen Geschehens im fanatischen Glauben an die Tat.

Die Tat nicht als logische Folge erklügelter Situation, sondern als Auseinandersetzung eines Herzens mit der Dynamik materialistischer Umstände. Der Akzent ist auf die Auseinandersetzung des Herzens verlegt, im Gegensatz zu liberalistischen Glücksbegriffen, die aus angeblich lenkbaren und intellektuell beherrschbaren Umständen destilliert wurden.

Faustisch gedeutet heißt diese Auffassung Kampfansage der ringenden Seele mit mephistophelischen Mächten.

Für Bürokratie, Interessen und Majoritäten, wie sie sich in der Maske der Republik etablieren, hat Kunst und Kultur keinen Sinn ...

1932. –

Walter Karsch *Flucht aus der Drecklinie*

Merkt ihr, wies bröckelt? Wie sich hier und da langsam einer oder der andere dem Kreise Derer entzieht, die zu der intellektuellen Linken im weitesten Sinne gehören? ... man wendet sich ab von der Sphäre der Politik, man steigt auf eine angeblich ›höhere Warte‹; in Wahrheit begibt man sich in eine absolut ungefährliche und unverbindliche Isolation, die dann mit allerlei Mystizismen umkleidet wird. Da tauchen denn all die verwaschenen, substanzlos-verquollenen, unexakten, zu nichts verpflichtenden Irrationalismen auf, die wir längst überwunden glaubten ... Was wollt ihr? Mich geht eure Politik gar nichts an, das ist mir zu oberflächlich, ich habe es nur mit dem ›Innern‹, dem ›Wesen‹ des Menschen zu tun ... Flucht in das Reich der ›Innerlichkeit‹ ...

31. 5. 1932. – Walther Karsch war Redakteur der »Weltbühne«.

Fritz von Unruh *Die Front des Reiches*

Kameraden! Endlich zusammengeströmt – nun helft, daß in dieser Stunde aus einem Sportpalast werde: der Herzpalast. Die Kammer des allzulang geschändeten Geistes! ...

Ihr Botschafter neuer Lebensworte aus dem Brennenden Dornbusch der Front! – Soldaten des Friedens – für uns ist die deutsche Republik keine politische Phrase – sondern eine sittliche Forderung! Kein Geschwätz in Plenarsälen, sondern ein Gelöbnis! Kein »Du sollst« vom Allerhöchsten Kriegsherrn – sondern ein »Ich soll« vom Höchsten Friedensherrn, dem wir gehorchen –: von unserem Gewissen! ...

Wehe der Hand, die versucht, das Rad der Geschichte rückwärts zu drehen! Wehe allen weißhaarigen Kadetten und Prinzen, die wieder von Gewehrfeuer träumen – von Hurra und Pour le mérite!

Ihr Jünglinge und Mädchen! die ihr in Windeln lagt, als wir mit der Standarte der Lützower Jäger – mit der »Wilden, verwegenen Jagd« über Mosel ritten und Rhein, vor an die Marne – und wir kennen die wilde, verwegene Jagd! Uns blies niemand ein Halali! Wir schlossen die Ohren, wenn das Gestöhn der Sterbenden anhub rings in den Weizenfeldern – Wir hetzten von Gefecht zu Gefecht – bis es uns einholte unter dem blutigen Mond – *und der inwendige Mensch* zu uns sprach: »Was verfolgst Du mich?«

Vor fünfzig Jahren erkämpften unsere Väter die Einheit! Wir Söhne wollen heut die Freiheit! »Liebe des freien Mannes«, das ist unser Glück, das wir bringen – ein Glück, vorausgestaltet im Lied und Wort unserer Genien. – Und dafür endlich den Staat zu schaffen – das wäre kein Glück? Ihr Geistigen, die ihr abseits steht – in Weltreisen und Schöngeisterei – hier ist ein Gebäude, das aller Hände braucht! Oder wie sollte sie je Wirklichkeit werden – die große Republik des Geistes – solange der Geist nicht baut die Republik! ...

18. 1. 1932. – Aus einer Rede im überfüllten Sportpalast; am selben Tag spricht Hitler in der Hasenheide. Auf den Zusammenschluß der Nationalsozialisten, Deutschnationalen und des Stahlhelm am 11. 10. 1931 in Bad Harzburg zur »Harzburger Front« reagieren SPD, Gewerkschaften und Reichsbanner mit der Gründung der »Eisernen Front« am 16. 12. 1931. Ihr Ziel: »Überwindung der faschistischen Gefahr«.

Kurt Hiller *Der Präsident*

Takt und eine Notverordnung verbieten, des breitern darzulegen, warum der Generalfeldmarschall, welcher »die deutschen Waffen siegreich in ferne Länder trug« ..., unsereinem nicht geeignet scheint, die Nation zu führen ...

Während die Republikaner von 1925 dem Marschall immerhin einen untauglichen Kandidaten entgegenstellen ..., stellen ihm die von 1932 überhaupt keinen entgegen – eine wahre Orgie der Selbstentmannung! Die Unterlassung geschieht aus Furcht, durch eine Gegenkandidatur dem Ultrarechten zum Siege zu verhelfen ...

Natürlich ist keinem Sozialdemokraten ein abgestempelter Kommunist zuzumuten, natürlich keinem Kommunisten ein abgestempelter Sozialdemokrat. Gibt es unabgestempelte Mitglieder dieser Parteien, die obendrein Qualität haben oder wenigstens Ansehen genießen? Ich weiß es nicht und glaub es nicht ...

Aber Deutschland hat Heinrich Mann.

Ich weiß, was ich sage, wenn ich diesen Namen nenne; und daß bei unsern Abderiten ein Gelächter ausbricht, wenn jemand wagt, für ein hohes nationales Amt einen Großherrn des Geistes vorzuschlagen. Sie unterscheiden nicht zwischen Dichtern in Wolken und jenen schaffenden Geistern, die von Anfang an unter die Pflicht getreten sind, dem Gesamtbestand des sozialen Seins und der Forderung, die ihm entsprüht, in ihrem Werke Gestalt zu geben. Heinrich Mann weiß vom Wesen der Politik und von der Aufgabe eines republikanischen Staatsmanns und sogar von den ökonomischen Hintergründen und vom Sozialismus mehr, als jeder verstockte, in Quisquilien verhockte und verbockte Parteisekretär.

Man frage einen Bürger der Tschechoslowakei, ob ihm das Faktum Grund zum Lachen gebe, daß ein Professor der Philosophie an der Spitze seines Staates steht. Und in Deutschland soll ein Schriftsteller als Oberhaupt unmöglich sein? Ein Schriftsteller in Deutschland prinzipiell weniger tauglich zum Führer als ein Sattler, als ein General?

Für Ernst Thälmann wird jene Minderheit stimmen, die dem Zentralkomitee der Kommunistischen Partei gehorsam folgt; selbst durch die Wüsteneien der Dummheit. Gewonnen ist damit nichts; Schwarzweißrot geht als Sieger durchs Ziel. Für Heinrich Mann, falls sich die Parteibureaus einigen, würde die Gesamtlinke stimmen, alle Fraktionen des Marxismus samt der radikal-freiheitlichen Schicht des Bürgertums. Selbst die Niederlage wäre hier fast ein Sieg; aber der Sieg wäre so gut wie verbürgt. Und er würde wahrhaftig in Paris einen guten Eindruck machen und keinen schlechten in Moskau. Zum ersten Male in Deutschland ein Repräsentant des »andern« Deutschlands an der Spitze ...

9. 2. 1932. – Kurt Hillers Vorschlag in der »Weltbühne«, sich auf Heinrich Mann als Präsidentschaftskandidaten der Linken zu einigen, erfolgt ohne Absprache mit Heinrich Mann. Angesichts der Alternativen Hindenburg, Hitler oder Thälmann bei der bevorstehenden Reichspräsidentenwahl entscheiden sich die Parteien der Weimarer Koalition und die Eiserne Front für Hindenburg.

Walter Mehring *Frühlingsheil: 1932*

...

Es stäubt der Pollen – und die Hirsche röhrn –
Was Mensch und Vieh in tiefster Brust beseligt –
Was girrt und seufzt – was sich da kreuzt und ehelicht:
Mal strammjestann! Euch werdn wir schon betörn!

Der Geist ist schwach – doch Rasse stark
Die deutsche Ähre reift autark.
Zur Paarung kehrt! Im gleichen Tritt!
 Daß von der Erde schwindet
 was völkisch nicht empfindet –
Macht endlich Schluß damit!

Pflanzt jedes Rosenbeet im Hakenkreuz!
Wenn es der Osaf fordert, daß es lenze,
Laßt keine Sonne über Deutschlands Grenze!
Vernichtung rings! Zum Heil der Mannen Teuts!
 Das Erdreich düngt mit fremdem Blut!
 Wächst auch kein Halm – wächst doch der Mut!
 Durch Brache auf gen Ost zum Ritt!
 Gott schenkt nicht Frühlingsgaben,
 Daß sich Marxisten laben!
 Macht endlich Schluß damit!
 Fragt nicht, wer diesen Kampf gewann!
 Wenn längst verhaucht das Heilgekeuch,
 Rauscht Wald noch auf. Ihr geht voran.
 Baum, welsch und deutsch, setzt Früchte an
 Auch ohne euch! Auch ohne euch!
 Häuft für die Zukunft Stein auf Stein
 Für Deutschlands Zuchthausmauern!
 Saat senkt ins dritte Reich sich ein
 Und wird es überdauern!

1932. – Hindenburg wird im 2. Wahlgang am 10. 4. mit 19,4 Millionen Stimmen wiedergewählt; Hitler erhält 13,4 und Thälmann 3,7 Millionen.

Aufruf des Scheringer-Komitees

Der frühere Reichswehroffizier Richard Scheringer wurde am 4. Oktober 1930 wegen nationalsozialistischer Propaganda in der Reichswehr zu einer Festungsstrafe von einem Jahre sechs Monaten und zur Dienstentlassung verurteilt. Während seiner Festungshaft trat er nach einer innern Entwicklung aus Gründen der Überzeugung zum Kommunismus über. Scheringer setzte sich energisch für seine Gesinnung ein – in einer Broschüre, in Zeitungsaufsätzen und in Privatbriefen. Der Oberreichsanwalt sah darin eine ›Vorbereitung zum Hochverrat‹. Am 19. September 1931 wurde Scheringer aus der Festung nach Berlin-Moabit überführt. In den sechs Monaten der Voruntersuchung war er einer Behandlung ausgesetzt, die aus der ›Untersuchungshaft‹ eine vorausgenommene Zuchthausstrafe machte. Scheringer steht wieder vor dem Reichsgericht in Leipzig. Wiederum droht eine lange Freiheitsstrafe. Hier wird ein Mann verfolgt und hinter Gefängnismauern gehalten, weil er ehrlich für seine Überzeugung eingetreten ist. Die Unterzeichneten protestieren – unabhängig von ihrem politischen Standort – gegen die Verfolgung eines von seiner Überzeugung getragenen Volksgenossen. Wir verlangen die Freilassung Scheringers.

12. 4. 1932. – Aufruf des Scheringer-Komitees, u. a. unterzeichnet von: Alfons Paquet, Ernst Toller, Paul Oestreich, Herwarth Walden, Helene Stoecker, Gerhart Pohl, Herbert Ihering, August Siemsen, Otto Corbach, Max Hodann, Kurt Hiller, Veit Valentin, A. M. Frey, Erich Weinert, Balder Olden, Berta Lask, Georg Ledebour, Otto Straßer, Kurt Kläber, H. Martin Elster, Alfred Wolfenstein, Odön Horvath.

Scheringer, wie Otto Straßer Anhänger des antikapitalistischen Flügels in der NSDAP, hatte nach einem Besuch, den ihm Hitler und Goebbels auf der Festung Gollnow abstatteten, mit der NSDAP gebrochen.

Max Hermann-Neiße *Wo ich leben möchte*

Das Land, in dem ich gern leben möchte, müßte ein friedliches sein, das jedem seiner Bewohner ein auskömmliches Dasein verbürgt und mit jeder andern Nation gut Freund ist. Es hat kein Militär, keine bewaffnete Macht, keine Zuchthäusler, übt keinen Arbeits- und Gebärzwang aus, kennt keine Todesstrafe, gewährt unbedingte Rede- und Schreibfreiheit, stellt das Sexuelle nicht unter moralische Gesetze. Da darf jeder nach Belieben tun und lassen, soweit er nicht seinen Mitmenschen dadurch schädigt, da herrscht niemand und wird niemand beherrscht, gibt es keine Hast, keine Rekordjagd, keine Raffgier, keinen Puritanismus, keinen Rassen- und Grenzpfahlwahn, keine Nivellierung zur nach rechts oder links ausgerichteten Kasernenhofherde, keine Mechanisierung, keinen Kulturabbau, da gilt die Kunst noch etwas, die Humanität, der Geist, die Persönlichkeit, das Herz, die Seele, der Mensch an sich. Es schwebt mir etwas vor wie ein Paris, das in Schlesien gelegen wäre, mit Wesenszügen von München, von Hamburg, von Prag, von holländischer Gepflegtheit, mit Meeres- und Gebirgsnähe, mit dem hohen Niveau der Bühnenleistung, wie es heut wohl nur Deutschland aufweist, mit reizvollen Frauen jeder Art und Kulör ...

April/Mai 1932. – Antwort auf eine Umfrage der »Literarischen Welt« bei namhaften Schriftstellern, »Wann, wo, wie möchtet Ihr lieber leben als jetzt, hier, und so wie Ihr lebt«. Es beteiligen sich u. a. Gottfried Benn, Alfred Döblin, Rudolf Alexander Schröder, Albrecht Schaeffer, Franz Blei, Annette Kolb, Heinrich Mann, Karl Wolfkehl, Herbert Eulenberg. Die Aufforderung der Redaktion im Vorspann der Umfrage – »Umziehen? Nein, dageblieben! In Europa, in Deutschland!« – ist auch eine Antwort auf die sich ausbreitende Resignation. Carl Einstein (1928 nach Paris), Tucholsky (1929 nach Schweden), Erich Maria Remarque (1931 nach Ascona) hatten Deutschland wegen der politisch restaurativen Entwicklung schon verlassen. Autoren erhalten Drohbriefe und anonyme Anrufe. Die Aufführung von Theaterstücken und Filmen wird durch die Nationalsozialisten gestört oder verhindert. Terror gegen republikanische, demokratische und linke Schriftsteller breitet sich aus. Die das Republikschutzgesetz übergreifenden Notverordnungen werden als Zensur gegen ›revolutionäre‹ Autoren eingesetzt.

Walter Benjamin (in einem Brief vom 20. 7. 1931 an Gerhard Scholem): »... Könnte ich Deutschland verlassen, so wäre es, meiner Meinung nach, höchste Zeit. Ich halte es nach allem was ich erfahre ... für überaus fraglich, ob der Beginn des Bürgerkrieges länger als bis zum Herbst auf sich warten läßt ...«

Lion Feuchtwanger *Motive, die nicht zu ergründen sind*

Ein besonders krasses Symptom dafür, mit welcher Verständnislosigkeit die Polizeibehörden dichterischen Werken gegenüberstehen, scheint mir die Beschlagnahme und das Verbot des Gedichtbandes »Rote Signale«, der im Neuen Deutschen Verlag erschienen ist. Unter den Autoren dieser Sammlung sind die besten deutschen politischen Lyriker unserer Zeit, unter den Gedichten einige, die in einer Sammlung der besten deutschen politischen Lyrik unseres Jahrhunderts nicht fehlen dürften. Die Polizei hat die Gedichte verboten, weil sie geeignet seien, »die Leser der Druckschrift aufzuhetzen und für einen politischen Umsturz reif zu machen«.

Diese Begründung scheint mir etwas vag. Denn wenn alles, was geeignet ist, »Die Leser einer Druckschrift für einen politischen Umsturz reif zu machen«, verboten werden sollte, dann müßte die Polizei folgerichtig nicht nur Luther und Heinrich Heine, sondern auch Aristophanes und die Bibel verbieten. Schaut man sich gar die einzelnen Gedichte näher an, auf die der Zensor zur Begründung seines Verbots hinweist, dann bleiben seine Motive doppelt unbegreiflich. Da bezieht er sich etwa auf ein Gedicht (Seite 32), das sich mit den Studenten befaßt, die Mensuren schlagen. Es ist unerfindlich, warum die Polizei sich schützend vor solche Studenten stellt, die sie doch dem Gesetz gemäß ebenso verfolgen müßte wie den Autor des Gedichts. Da sind weiter (Seite 66) Verse, die jene Proletarier verhöhnen, die lediglich mit der Schnauze Sozialisten sind, nicht mit dem Herzen. Warum der Zensor in der Verhöhnung solcher Sozialisten eine Gefährdung der öffentlichen Ordnung erblickt, bleibt sein Geheimnis.

Jedenfalls zeugt dieses Verbot und mehr noch seine Begründung von einer Nervosität, die alle Maßstäbe verloren hat.

28. 2. 1932; in »Die Brücke«, Beilage des »Berliner Tageblatts«.

Alfred Kurella berichtet in der gleichen Nummer vom Verbot einer vom Sozialistischen Schülerbund geplanten Matinee, auf der am 7. 2. u. a. aus ihren Werken vorlesen sollten: Bernard von Brentano, Ernst Glaeser, Anna Seghers, Adam Scharrer. Begründung der Polizei: da »nach den Umständen zu besorgen ist, daß zum Ungehorsam gegen Gesetze oder rechtsgültige Verordnungen ... aufgefordert oder angereizt wird«.

Protest des Hauptvorstandes des SDS gegen Zensur

Der Schutzverband Deutscher Schriftsteller protestiert gegen die Verbote von Büchern, die mit Berufung auf die Notverordnung ohne gerichtliches Urteil auf dem örtlichen Verwaltungswege stattgefunden haben. Die Polizeibehörden mehrerer deutscher Länder haben sich in allen Fällen ohne zureichende Sachkenntnis, in mehreren ohne jede Begründung angemaßt, die materielle und moralische Vernichtung von geistiger Arbeit zu verantworten, der die Reichsverfassung außer grundsätzlicher Zensurfreiheit und der Freiheit des Schrifttums ihren besonderen Schutz zugesagt hat. Der Schutzverband Deutscher Schriftsteller verwirft grundsätzlich jede Zensur. Durch die gegenwärtige Unterdrückung ist das literarische Leben in Deutschland auf den schimpflichen Zustand der vormärzlichen Rechtlosigkeit vor hundert Jahren zurückgeworfen worden.

30. 3. 1932. – Beschlagnahmt von der Polizei werden u. a. Hans Marchwitza, »Sturm auf Essen«; Klaus Neukrantz, »Barrikaden am Wedding«; Walter Schönstedt, »Kämpfende Jugend«. Walther Karsch kommentiert diese »Verfolgung der Literatur in der Deutschen Republik« in der »Weltbühne« (29. 3. 1932): »Verbote, Verbote, Verbote . . . Immer nur nach links.«

Carl von Ossietzky *Ein runder Tisch wartet*

Am Tage nach der Wahl erließ die KPD gemeinsam mit der RGO einen Aufruf, in dem es heißt:

Wir sind bereit, mit jeder Organisation, in der Arbeiter vereinigt sind, und die wirklich den Kampf gegen Lohn- und Unterstützungsabbau führen will, gemeinsam zu kämpfen! Wir Kommunisten schlagen euch vor: Sofort in jedem Betrieb und in jedem Schacht, auf allen Stempelstellen und Arbeitsnachweisen, in allen Gewerkschaften Massenversammlungen der Arbeiter einzuberufen, die drohende Lage zu überprüfen, die gemeinsamen Forderungen aufzustellen, Kampfausschüsse und Streikleitungen der kommunistischen, sozialdemokratischen, christlichen und parteilosen Arbeiter zu wählen und entschlossen den Massenkampf und den Streik gegen jeden Lohn- und Unterstützungsabbau vorzubereiten und durchzuführen.

Zugleich versicherten die kommunistischen Blätter feierlich, die Partei denke nicht daran, Preußen an das Hakenkreuz auszuliefern. Und der ›Vorwärts‹ antwortete darauf gedämpfter als sonst und verlangte nur Garantien gegen kommunistische Parteigeschäfte unter der Etikette »Einheitsfront«. Niemals war die Gelegenheit zu einer Annäherung der beiden großen sozialistischen Parteien günstiger, niemals aber auch sprach die Notwendigkeit diktatorischer . . .

Eines allerdings muß vorweg von beiden anerkannt werden: Reformismus und Radikalismus sind zwei natürliche, legale Zweige der Arbeiterbewegung. Der eine ragt in die Zukunft, der andre bedeutet die Gegenwart. Beider Funktionen sind lebenswichtig. Und beide laufen heute unmittelbar Gefahr, Gegenwart und Zukunft zu verlieren und historische Kategorien zu werden. Denn in dieser Epoche, das muß mit aller Schärfe gesagt werden, liegt die Initiative nicht mehr bei der Arbeiterbewegung, weder bei ihrem reformistischen noch bei ihrem revolutionären Flügel. Die Sozialdemokratie ist mit ihren opportunistischen Kniffen ebenso mit ihrem Latein zu Ende wie die KPD mit ihrem Treiben in die Weltrevolution. Primgeiger ist der Faschismus. Die revolutionäre Gärung in Deutschland rührt nicht von einer um Aufstieg kämpfenden Arbeiterschaft her, sondern von einem Bürgertum, das sich gegen sein Versinken krampfhaft zur Wehr setzt ...

Ich frage euch, Sozialdemokraten und Kommunisten: – werdet ihr morgen überhaupt noch Gelegenheit zur Aussprache haben? Wird man euch das morgen noch erlauben?

Wenn eure Parteien sich nicht zu dem allein dem Augenblick entsprechenden rettenden Schritt entschließen können, wenn Vergangenheit noch einmal die dürren Hände reckt, um die Gegenwart zu würgen, dann muß es gute Mittler geben, Parteilose, über jeden Zweifel erhaben, im Trüben fischen zu wollen, nichts für sich wünschend, für den Sozialismus alles. Sie müssen das erste Zusammentreffen in die Wege leiten.

In diesen Tagen steht das Schicksal aller deutschen Sozialisten und Kommunisten zur Entscheidung. Wenn man ihre Zeitungen sieht, spürt man davon nicht viel. Der alte Krieg geht weiter. Und dennoch sind Worte gesagt worden, die nicht leicht verhallen können, und dennoch steht irgendwo ein runder Tisch und wartet.

3. 5. 1932. – »Am Tage nach der Wahl«: Bei den Landtagswahlen vom 24. 4. wird die NSDAP in Preußen stärkste Partei. »RGO«: Revolutionäre Gewerkschaftsopposition. Angesichts der »vierzehnjährigen Todfeindschaft« zwischen SPD und KPD gibt Leopold Schwarzschild im »Tagebuch« (14. 5.) allerdings nur einer »neuen bürgerlichen Antihitlerbewegung« eine Chance, Hitler wieder in den Hintergrund zu drängen.

Kuno Graf Westarp: »Mehrheiten können beschließen, aber nicht handeln; auch Auswahl, Ernennung und Entlassung der Minister und Beamten erfordert Handeln und nicht Beschließen. Parteien sind, das sagt schon ihr Name, Teile, sie können und sollen Interessen und Auffassungen eines Teiles zu gerechter Geltung und Wirkung bringen; die Staatsgewalt, die das ganze zusammenfaßt, muß unabhängig von ihnen ihre Vertretung finden.« (Westarp, seit 1920 MdR, von 1926-28 Parteivorsitzender der DNVP, in seinem vielbeachteten Buch: »Am Grabe der Parteiherrschaft. Bilanz des deutschen Parlamentarismus von 1918-1932«.)

Paul Fechter *Die Stimme des deutschen Ostens*

... Es ist, als ob in dieser östlichen Erde, unter diesem Boden des Ostens, auf dem seit Jahrtausenden mit kurzen Unterbrechungen deutsche Menschen gesessen, ihn mit ihrem Blut, mit ihren Leibern bearbeitend und düngend, eine geheimnisvolle Energie schläft, eine

Erdkraft, die Land und Menschen viel fester zusammenzieht als anderswo ... Diese Stimme des Ostens ... ist in unserer heutigen Situation vielleicht die wichtigste, ist der größte Wert, die wesentlichste Gabe, die in dem neuen Aufbruch zur Nation, zum Volk, in dem sich das Reich heute befindet, der deutsche Osten dem Ganzen zu geben hat. Wir können ein Ganzes, ein Volk mit einem wirklichen Zuhause nur werden, wenn wir das Land, die Erde, auf der wir daheim sind, in einem viel stärkeren Maße erwerben, als das bisher der Fall war ... Heute in der Not und unter dem Druck der Zeit gibt der Osten dem Reich wiederum etwas, was Zeit und Zukunft nötiger denn je brauchen: den Führerruf zum Erwerben des Reichs als eines Ganzen ...

14. 5. 1932. – Vortrag auf einer Jugendfeier des Verbandes der Auslandsdeutschen in Elbing. Fechter ist seit 1918 Feuilletonleiter und Theaterkritiker der konservativen »Deutschen Allgemeinen Zeitung«.

Arnold Zweig *Der Krieg und seine Folgen*

... Zwölf Jahre ist es den Parteien der Weimarer Koalition gelungen, die unmittelbare Anschauung der moralischen Folgen des verlorenen Krieges von Deutschland wegzuhalten. Was vier Jahre ununterbrochener Zerstörung angerichtet hatten, wußten nur die wenigen Geistigen, die Erfahrung, Phantasie und das gestaltende Wort trugen; jetzt wissen es alle. Das Wachstum der Gesittung ist an den Frieden gebunden; es besteht in einer Umzüchtung der Triebe des Menschen durch die erhellende Macht des Bewußtseins und der Bewußtmachung ...

28. 6. 1932. – Rede auf der Kundgebung der Berliner Ortsgruppe des SDS in den Kammersälen anläßlich des Jahrestages der Ermordung Franz Ferdinands in Sarajewo, des Anlasses des Ersten Weltkrieges. Zweig erklärt in seiner Rede, der Krieg habe keine wirtschaftlichen Ursachen, sondern liege in der Natur des Menschen.

Dieser Einschätzung wird auf der unter dem Motto »Der Schriftsteller und der Krieg« stehenden Veranstaltung widersprochen. Karl A. Wittfogel, neben Georg Lukács einer der Theoretiker des »Bundes proletarisch-revolutionärer Schriftsteller«:

»Es verdienen nicht alle am Kriege, sondern nur eine kleine Schicht. Aber diese kleine kapitalistische Schicht beherrscht die Regierungen und beherrscht die öffentliche Meinung. Bevor man sie nicht vernichtet hat, kann in der Welt nicht jene Vernunft regieren, die von den Pazifisten so glühend ersehnt wird.«

Die Versammlung, auf der Hellmut von Gerlach, der Ossietzky in der »Weltbühne« vertritt, Erich Mühsam und andere das Wort ergreifen und auf der Briefe von Stefan Zweig und Frank Thieß verlesen werden, beschließt die Resolution:

Für Freiheit und Frieden!

Kriegshetzer bedrohen in allen kapitalistischen Ländern Kultur und Frieden. In Verbindung damit überschwemmt eine Welle schwärzester Reaktion die Welt. Jedwede Opposition soll mit blutigen faschistischen Mitteln niedergehalten werden. Den Schriftstellern, die sich Freiheitsgefühl und kämpferischen Mut bewahrt haben, obliegt unter den gegenwärtigen Zuständen die heilige Pflicht: Kampf mit allen ihnen zur Verfügung stehenden Mitteln gegen die Kulturkatastrophe eines neuen Weltkrieges. Zusammenschluß mit allen Schichten der Bevölkerung, die wahrhaft gegen den Krieg und gegen die Bedrohung des Aufbaus in der Sowjetunion zu kämpfen bereit sind. Für Freiheit und Frieden! Gegen Krieg und Faschismus!

28. 6. 1932. – Für die KPD, die 1931 ihre Politik des »Bündnisses mit der fortschrittlichen deutschen Intelligenz« wieder neu belebt, hatte Willy Münzenberg im Dezember 1930 das »Internationale Verteidigungskomitee für die Sowjetunion – gegen die imperialistischen Kriegstreiber« gegründet, dessen Gründungsruf u. a. unterzeichnet wurde von: Alfred Kerr, Kurt Hiller und Kurt Tucholsky. Andererseits kritisieren diese Autoren und die »Liga für Menschenrechte« – deren Haltung im Prinzip der der »Weltbühne« entspricht – wiederum die Politik der KPD und der KPdSU, vor allem die blutige Ausschaltung von Oppositionellen in der Sowjetunion.

Als Franz von Papens Kabinett der »nationalen Konzentration« im Juni 1932 das von Brüning erlassene SA-Verbot aufhebt, wird die Republik von einer Welle des Terrors erschüttert. Harry Graf Kessler: »Es ist eine Tag für Tag und Sonntag für Sonntag fortlaufende Bartholomäusnacht.« Vor Ossietzkys Berliner Haus patrouillieren ununterbrochen Nazitrupps; Fritz von Unruhs Frankfurter Wohnung wird geplündert, so daß er anschließend nach Italien übersiedelt.

Harry Graf Kessler: »... Mittags kam durch den Rundfunk die ... Mitteilung, daß über Berlin und Brandenburg der militärische Ausnahmezustand verhängt, die vollziehende Gewalt an einen General von Rundstedt übergegangen sei und daß der neue Reichskommissar Papen den preußischen Ministerpräsidenten Braun sowie Severing und Grzesinski abgesetzt habe. Severing hat daraufhin erklärt, daß er seine Absetzung nicht annehme und nur der Gewalt weichen werde. Hier nebenan, vor dem Reichswehrministerium, stehen Doppelposten mit Karabinern vor dem Eingang. Im Innern sollen Maschinengewehre aufgefahren sein ...«

Oskar Loerke: »Ab und zu Radio gehört, um von den neusten Ereignissen rascher zu erfahren. Jetzt steht der Rundfunk unter Nazibestimmung. Mit vielen anderen ist auch unser Minister Grimme [preußischer Kultusminister] abgesetzt. Der Regierungsverstand liegt wieder einmal in den Kanonen ...«

Hindenburg setzt am 20. 7. die preußische Regierung ab, Reichskanzler Papen wird zum Reichskommissar für Preußen ernannt. Goebbels kommentiert in seinem Tagebuch: »Alles rollt wie am Schnürchen ab ... Die Roten haben ihre große Stunde verpaßt. Die kommt nie wieder.«

Hans Henny Jahnn *Humanismus und Nationalsozialismus*

... Ich gehöre zu denen, die persönlich mitgenommen und angegriffen werden, wenn eine Idee, die sie für die richtige halten, Niederlagen erleidet. So halte ich die nationalsozialistische Bewegung für eine schädliche. Das heißt nicht, daß ich aus jedem Mitglied der NSDAP einen Esel, oder Halunken, oder einen Narren mache. Im Gegenteil, ich stehe vor dem beträchtlichen Rätsel, daß Leute mit gesundem Menschenverstand sich dieser Bewegung anschließen, weil sie an die magischen Hintergründe dieser Bewegung glauben und die ökonomischen Auseinandersetzungen für unwichtiger halten. In einem allerdings glaube ich unbarmherzig zu meinem Obenhinausspruch stehen zu müssen, wenn ich annehme, daß ein Dutzend Millionen Kleinbürger von gar keiner Idee besessen sind, sondern nur ihre Unzufriedenheit abreagieren. Ich bin vollständig mit Ihnen einig, ein Fettwarenhändler bleibt der gleiche, ob er links oder rechts steht . . .

Sie sagen, man könne in diesen Tagen erkennen aus der politischen Entwicklung, wie schwach das Lager der eisernen Front sei. Sie heben hervor, nur große Worte und die Taten bei Herrn Papen. Ich bin verwundert, daß Sie das besonders feststellen. Diese Lage besteht genau seit dem Augenblick, seitdem die Reichswehr nicht republikanisch ist, also etwa seit dem Jahre 1919. Halten Sie es für möglich, daß hundert Millionen entschlossener Menschen gegen 10 000 Mann, ausgerüstet mit Flugzeugen, Bomben, Giftgasen und Kanonen marschieren können, wenn sie nicht mehr besitzen als jeder nur einen Revolver?

Es ist leider die Lage so, daß ein Bürgerkrieg solange vollkommen aussichtslos ist, solange die bewaffnete Macht selbst nicht an Meutern denkt. Auch ich habe für einen Tag Herzbeklemmungen gehabt, als ich sah, daß nach der Verhaftung des Preußenkabinetts so gut wie nichts geschah. Auch ich hätte es gewissermaßen freundlicher betrachtet, wenn irgendwo eine kleine Lawine ins Rollen gekommen wäre. Aber wenige Minuten Überlegen genügen, um deutlich zu machen, daß Tote und Verwundete die bestehende Niederlage nur vergrößert hätten. Durch ein sinnloses Zusammenschießen im Bürgerkrieg denke ich mir die Bevölkerungsfrage in Deutschland nicht gelöst.

Weil nun die nationalsozialistische Bewegung dank der Machtmittel der Reaktion auf der ganzen Linie siegreich ist, weil ihr gegenüber eine Mehrheit steht, die sich gegen sie nicht wehren kann, weil sie humanistische Grundsätze mit Füßen tritt, weil sie bis jetzt mehr auf der Seite des Kitsches als der Kunst steht, weil sie die eine Tugend besitzt, die aber auch in andern geistigen Lagern zu finden ist, daß sie gegen den Rationalismus auch das magische Denken ausspielt, soll ich die Bewegung als eine geistige Großmacht anerkennen. Und das eben tue ich nicht. Was an der Entwicklung der letzten dreißig Jahre fragwürdig ist, ist mir selbst bekannt. Aber leider, und ich glaube, auch darin haben Sie recht, finden sich die hauptsächlichsten Förderer der dreißigjährigen Unfruchtbarkeit auf Seiten der Nationalsozialisten, z. B. alle Bildungsinstitute von der Schule bis zu den Universitäten. Ich glaube mich zu erinnern, daß Leute Herrn Einstein bekämpft haben, die auch noch nicht einen blassen Schimmer von dem erfahren hatten, um was es sich eigentlich bei der Relativitätstheorie handelt...

Der Erfolg allerdings sagt nichts über eine geistige Bewegung. Um ganz klar zu stellen: Ich unterschätze die Macht des Nationalsozialismus in keiner Weise, denn der liebe Gott ist bekanntlich immer auf Seiten der Kanonen. Ich habe sogar eine entsetzliche Angst, eine Angst persönlicher Art.

28. 7. 1932. – Brief von Hans Henny Jahnn an Johannsen.

Am 31. 7. 1932 ist Reichstagswahl. Generalstabsmäßig und mit dem Flugzeug führt Hitler den Wahlkampf, in Eberswalde erklärt er am 27. 7. auf seiner Wahlrede: »... wir sind intolerant. Ich habe mir ein Ziel gestellt, nämlich diese dreißig Parteien aus Deutschland hinauszufegen!« Am gleichen Tag spricht er vor 120 000 Menschen in Berlin-Grunewald.

Dringender Appell!

Die Vernichtung aller persönlichen und politischen Freiheit
in Deutschland steht unmittelbar bevor, wenn es nicht in letzter Minute gelingt, unbeschadet von Prinzipiengegensätzen alle Kräfte zusammenzufassen, die in der Ablehnung des Faschismus einig sind. Die nächste Gelegenheit dazu ist der 31. Juli. Es gilt, diese Gelegenheit zu nutzen und endlich einen Schritt zu tun zum

Aufbau einer einheitlichen Arbeiterfront,
die nicht nur für die parlamentarische, sondern auch für die weitere Abwehr notwendig sein wird. Wir richten an jeden, der diese Überzeugung mit uns teilt, den dringenden Appell, zu helfen, daß

ein Zusammengehen der SPD und KPD für diesen Wahlkampf
zustande kommt, am besten in der Form gemeinsamer Kandidatenlisten, mindestens jedoch in der Form von Listenverbindung. Insbesondere in den großen Arbeiterorganisationen, nicht nur in den Parteien, kommt es darauf an, hierzu allen erdenklichen Einfluß aufzubieten. Sorgen wir dafür, daß nicht Trägheit der Natur und Feigheit des Herzens uns in die Barbarei versinken lassen!

Juli 1932. – Appell des »Internationalen Sozialistischen Kampfbundes«, als Plakat verbreitet; unterzeichnet u. a. von: Willi Eichler, Albert Einstein, Kurt Grossmann, Emil J. Gumbel, Kurt Hiller, Hanns-Erich Kaminski, Erich Kästner, Käthe Kollwitz, Arthur Kronfeld, Otto Lehmann-Rußbüldt, Heinrich Mann, Pietro Nenni, Paul Oestreich, Franz Oppenheimer, Theodor Plivier, Freiherr von Schoenaich, August Siemsen, Helene Stöcker, Ernst Toller, Graf Emil Wedel, Erich Zeigner, Arnold Zweig.

Die NSDAP wird mit 37 % der Wählerstimmen und 230 Reichstagssitzen stärkste Fraktion. Die SPD erhält 133, KPD 89, Zentrum 75 und DNVP 40 Mandate. – In Königsberg werfen SA-Trupps am Wahltag Bomben und veranstalten eine »Nacht der langen Messer«.

Thomas Mann *Was wir verlangen müssen*

Werden die blutigen Schandtaten von Königsberg den Bewunderern der seelenvollen »Bewegung«, die sich Nationalsozialismus nennt, sogar den Pastoren, Professoren, Studienräten und Literaten, die ihr schwatzend nachlaufen, endlich die Augen öffnen über die wahre Natur dieser Volkskrankheit, dieses Mischmasches aus Hysterie und vermuffter Romantik, dessen Megaphon-Deutschtum die Karikatur und Verpöbelung alles Deutschen ist? Wird eine Regierung, die das Unwesen sieht und sich von ihm »tolerieren« läßt, ihre Fiktion von den »aufbauenden Kräften«, die hier wider den drohenden Kulturbolschewismus zu heben und zu pflegen seien, nicht endlich angesichts dieser Geschehnisse opfern müssen?

Was kann, wenn man es schon so nennen will, »bolschewistischer«, was kann unchristlicher und undeutscher sein, als die Feigheit all dieser in der ostpreußischen Hauptstadt und an vielen anderen Orten verübten Taten, als dies Abschießen aus dem Hinterhalt, dieses Eindringen in Menschenheime, diese Bubenstreiche, ausgeführt von Anhängern einer Partei, die damit prahlt, die deutschen Sitten reinigen zu wollen, jedesmal in ein Gezeter ausbricht, wenn einer der Ihren bei provozierten Schlägereien zu Schaden kommt, und die Seiten ihrer Presse mit selbstgerechtem Geschrei gegen die »roten Mordbestien« füllt, – dieser Partei, die heute die Stirn hat, ihre Söldner in die regulären Formationen der Polizei zu schieben, die doch in so vielen Fällen berufen wäre, gegen sie vorzugehen! . . .

Das Deutschland, das diesen Namen verdient, hat es satt, endgültig satt, sich tagaus, tagein durch Prahlereien und Drohungen der nationalsozialistischen Presse und durch das halbnärrische Geifern sogenannter Führer, die nach Köpfen, Hängen, Krähenfraß und Nächten der langen Messer schreien und all das, mit Recht, wenn es nach ihnen ginge, als unmittelbar bevorstehend verkünden, die Lebensluft im Vaterland vergiften zu lassen. Daß unreife und zwischen Illusion und Enttäuschung hin- und hergehetzte junge Menschen bei dieser »Erziehung« zu Verbrechern werden, ist gewiß kein Wunder. Auch zweifelt niemand, daß zu den dreizehneinhalb Millionen, die der falsche Messias an sich gezogen hat, viele Gutgläubige zählen, die nichts zu schaffen haben mit diesem Treiben und sich seiner schämen. Aber gerade, wenn die Reichsregierung den Plan verfolgt, den verirrten Idealismus, der im Nationalsozialismus lebt, ihren konstruktiven Absichten dienstbar zu machen und zur Volksgemeinschaft zu erziehen, sollte sie alle Macht, die sie sich nimmt und die man ihr nur dazu gewährt, daran setzen, diese barbarischen Entartungen des inneren deutschen Lebens auszurotten . . .

8. 8. 1932; im »Berliner Tageblatt«.

Die Reichsregierung von Papen sieht im Wahlausgang ein Votum für die Bildung eines überparteilichen Präsidialkabinetts, unter Einschluß der NSDAP. Hindenburg bietet Hitler an, Vizekanzler zu werden, aber Hitler will die ganze Macht.

Jura Soyfer *Bericht von der deutschen Verfassungsfeier*

Die deutsche Verfassung, die feierte man
Diesmal mit großem Pomp:
Die ganze SA trat in Festkleidung an
Und schmiß pro Mann eine Bomb',
Im Panzerauto mit Platten von acht
Bis zwölf Millimeter Stärk'
Machten die Nazi in sternklarer Nacht
Ein Maschinengewehrfeuerwerk.
»Hoch! Dreimal hoch!« rief mit flammendem Blick
Herr Goebbels, erregungsbleich.
(Er meint zwar nicht die Republik,
Doch die Galgen im Dritten Reich.)
Tischredner war Hitler. Er äußerte sich:
»Der Staat hat Geburtstag. Ich denk',
Als neuer Reichskanzler bilde ich
Das schönste Geburtstagsgeschenk!«
Die Reichsregierung bescherte laut Not-
Verordnungsparagraph
Dem deutschen Volk statt Arbeit und Brot
Verschärfte Todesstraf'.
Die Stimmung war glänzend. Nur abseits stand stumm
Die deutsche Demokratie;
In welcher Verfassung? Fast fiel sie um.
Ihr war – sie wußte nicht wie . . .

21. 8. 1932. – »Verfassungsfeier«: 12. 8.; »verschärfte Todesstraf'«: Als Reaktion auf den verstärkten Terror hat die Reichsregierung am 9. 8. 1932 die Notverordnung gegen den politischen Terror erlassen. In seiner Festrede zur Verfassungsfeier erklärt Reichsinnenminister Freiherr von Gayl (DNVP), daß eine Verfassungsreform notwendig sei, die eine »von den Fesseln formaler Verantwortung mehr als bisher befreite, aber persönlich um so stärker verantwortliche Regierung« möglich mache.

Kurt Hiller *Selbstkritik links! oder Über die Ursachen des nationalsozialistischen Erfolges*

... In einer Zeit, die, ihren objektiven Merkmalen nach, im Sinne des Sozialismus revolutionierender auf die Massen wirken müßte als jede andre vor ihr, optieren Millionen Proletarier gegen ihre Klasse, für die Reaktion. Es kann also doch wohl nicht die ökonomische Lage der Menschen der Faktor sein, der ihre geistige Haltung ausschließlich bedingt. Es kann also doch wohl nicht der Produktionsprozeß die

Geschichte machen. Wachsende Ausbeutung, Not, Verelendung scheinen doch wohl nicht mit Notwendigkeit Klassenkämpfer, Sozialisten, Kommunisten zu erzeugen. Neben dem Materiellen müssen doch wohl noch andre Momente willensbestimmende Kraft besitzen; und offenbar ist im angeblichen »Überbau« manches Unterbau! . . .

Wunder wirkte zweifellos der geschickt gewählte Name der Partei. Als Friedrich Naumann zuerst das »Nationale« mit dem »Sozialen« firmamäßig koppelte, eilte er seiner Zeit voraus. »Nationalsozial« – das konnte unter Wilhelm noch nicht ziehen. Daß im Nachkriegsdeutschland das Nationale als Stimmung und als ein in die politische Rationalität intensiv hineinstrahlendes Gefühl sich stark verbreitete und auch unter den Armen bewußter und lebendiger wurde denn je, ist fraglos dem rachehaften Inhalt des Versailler Friedens zuzuschreiben, der poincaristischen Shylockpolitik, der Zähigkeit, mit der selbst die bürgerliche Linke Frankreichs sich, bis in die letzte Zeit hinein, gegen die Revision der Verträge, gegen die Herstellung internationaler Gerechtigkeit und gegen die Abrüstung gesträubt hat. Der deutsche Nationalismus ist, in seinem Ausmaß, eine Folge des französischen und eben deshalb nicht ohne berechtigten Kern. Die deutsche Demokratie, vor allem die Sozialdemokratie, fing mit ihrer (zwar Panzerkreuzer bauenden) Erfüllungspolitik die antifranzösischen Sentiments, auch grade soweit sie verständlich und in Ordnung waren, nicht auf; die Kommunistische Partei reihte das nationale Saxophon zu spät und zu absichtsvoll in das Orchester ihrer Tendenzen ein. Der Marxismus kennt nur Verpflichtungen gegen die Klasse, keine gegen die Nation; in Zeiten nationaler Unterdrückung werden diese aber stark empfunden, und nicht nur von Besitzenden. Man will national sein; man will jedoch auch sozialistisch sein . . . ohne Zweifel, das Faszinierende des Namens dieser Partei schuf den Erfolg mit. Dieser Name bedeutet eine synthetische Parole, die in der Luft lag.

Hinzu kam die durch jahrtausendealten Militarismus im Volk gezüchtete Liebe zur Uniform, zur Straffheit, zum »Ruck-Zuck«, zum Befehlen und Gehorchen, zum Töten und Sichopfern . . . All dies Dumpfe im Menschen, zumal im jungen, hat der Nationalsozialismus benutzt. Ich glaube, nicht einmal mit vollem Bewußtsein; sondern mehr instinktiv appellierte er an die Instinkte . . .

Dem feineren, geistigeren Typ unter den Anhängern des Hakenkreuzes (und ohne den Rohlings- und Blutsäufertyp unter ihnen etwa zu übersehn, wollen wir doch nicht leugnen, daß es auch jenen gibt) fällt das seelische Vakuum auf, das der Marxismus hinterläßt, sobald seine Zielsetzung: klassenlose Gesellschaft, erreicht ist; ja, sobald sie als erreicht gedacht wird.

Eine ökonomische Doktrin kann richtig sein, und die des Marxischen Sozialismus ist jedenfalls in ihrer Zielsetzung richtig; aber sie ist ausschließlich ökonomisch und kann deshalb tiefere Menschen niemals befriedigen. Da im Menschen etwas lebt, was über den Verstand hinausreicht und an das er in seinen erhabenen Augenblicken sich magisch gebunden fühlt, so kann großen und dauernden Erfolg eine politische Bewegung nur dann haben, wenn sie dies Etwas in ihren Hintergründen aufleuchten läßt.

Wir wollen, daß die Vernunft herrsche. Sozialismus ist nichts als angewandte Vernunft. Aber wir wollen nicht das Irrationale im Menschen leugnen, weder das Sein des Irrationalen noch die Macht des Irrationalen noch auch den Wert des Irrationalen. Der Marxismus erfaßt es nicht; und er packt daher von denen, die er, ihrer wirtschaftlichen Situation nach, packen könnte und packen müßte, einen sehr erheblichen Teil nicht. Er stößt ab, statt zu gewinnen; statt aus den kosmischen Nebeln ihrer Gefühle und Ideen jene Werte herauszusondern, die gesunde Substanz sind, verspottet er Gefühl und Idee, Adel und Gefolgschaft und den Wert jeder Bindung, außer der an die Klasse; pocht er auf seine erbärmliche Enge ...

Wie ein Staat nach einem verlorenen Kriege, so muß die Linke jetzt endlich beginnen, die Schuld hier bei sich selber zu suchen, und muß Folgerungen ziehn; der Erkennende hegt keinen Zweifel, daß nur ein gereinigter Pazifismus, daß nur ein auf erneuerte ideologische Grundlage gestellter und geeinigter Sozialismus den »Nationalsozialismus« zur Strecke bringen wird.

23. 8. 1932; in der »Weltbühne«, kurz danach als Flugschrift unter dem Titel »Selbstkritik links!«

Erich Fromm *Arbeiter und Angestellte am Vorabend des Dritten Reiches*

... der Triumpf des Nationalsozialismus enthüllte einen erschrekkenden Mangel an Widerstandskraft in den deutschen Arbeiterparteien, der in scharfem Gegensatz zu deren numerischer Stärke stand ...

Von etwa 3300 befragten Arbeitern und Angestellten sind 15 % antiautoritär und antifaschistisch eingestellt, 10 % gehören dem autoritären Persönlichkeitstypus an und sind Hitler bedingungslos ergeben. Die verbleibenden 75 % sind dem ›ambivalenten Persönlichkeitstypus‹ zuzurechnen:

Diese Menschen waren von Haß und Ärger gegen alle erfüllt, die Geld besaßen und das Leben zu genießen schienen. Diejenigen Teile der sozialistischen Plattform, die auf den Umsturz der besitzenden Klassen zielten, sprachen sie sehr stark an. Auf der anderen Seite übten Programmpunkte wie Freiheit und Gleichheit nicht die geringste Anziehungskraft auf sie aus, denn sie gehorchten bereitwillig jeder mächtigen Autorität, die sie bewunderten, und sie liebten es, andere zu beherrschen, sofern sie selbst die Macht dazu hatten. Ihre Unzuverlässigkeit trat schließlich in dem Moment offen zutage, als ihnen ein Programm wie das der Nationalsozialisten angeboten wurde.

Dieses Programm sprach nämlich bei ihnen nicht nur die Gefühle an, die das sozialistische Programm attraktiv erscheinen ließen, sondern auch jene Seite ihrer Natur, die der Sozialismus unbefriedigt gelassen oder der er unbewußt widersprochen hatte. In diesen Fällen wandelten sie sich von unzuverlässigen Linken in überzeugte Nationalsozialisten.

In »Arbeiter und Angestellte am Vorabend des Dritten Reiches. Eine sozialpsychologische Untersuchung«; eine Studie des Instituts für Sozialforschung.

Heinrich Mann *Der Schriftsteller und der Krieg*

Der Krieg bedroht abermals die Welt – und dies nach allem, was wir versucht haben, um ihn zu verhindern ... Die Masse ... verändert sich schnell, weil sie sich verjüngt. Das neue Geschlecht kommt und bringt mit: erstens Unwissenheit; dann Widerspenstigkeit; dann Mut und Lust auf Abenteuer; und dann die gewohnten schlechten Instinkte, auf die von den Anstiftern des Krieges auch 1914 mit Erfolg gerechnet werden konnte.

Immerhin wird es den Anstiftern und Interessenten das nächstemal schwerer gemacht sein; wir haben ihnen zum voraus entgegengearbeitet. Sie werden auf neue Mittel verfallen müssen, um die Völker zu überlisten und ihnen den Verstand zu rauben.

Soviel wird schon jetzt sichtbar:

Die Verschwörung gegen den Frieden nennt sich zuerst Autarkie. Mit dem Zollkrieg fängt es an. Die verschleppte Wirtschaftskrise, diese Ausgeburt von Unfähigkeit und Selbstsucht, das ist schon der Vorkrieg, und der geht, vielleicht unmerklich, über in Krieg.

Die Arbeitslosigkeit, der kaum mehr abzuhelfen versucht wird, das Heer der Erwerbslosen, das man mit dreister Hand seiner sozialen Versicherungen beraubt, das sind unmittelbare Kriegsursachen, es sind lauter Anfänge des Krieges. Die letzte Arbeit der Arbeitslosen bleibt der Krieg, sie haben nicht die Wahl. Ihre letzte Zuflucht eröffnet ihnen die nationalistische Kriegspartei, sonst gibt es keinen Ausweg ...

Wer für den Frieden arbeitet, hält sich heute nicht mehr bei Ermahnungen auf, sondern fängt selbst an, ihn zu organisieren. Wir werden helfen, die Zollunion durchzusetzen in ganz Europa, zuerst die deutsch-französische. Wir werden mit unseren Kräften einstehen für einen internationalen Wirtschaftsplan, denn einen anderen kann es nicht geben. Kein Land ist für sich allein lebensfähig, Europa wird fortdauern nur als Einheit, oder es hört auf, zu zählen in der Welt ...

27./29. 8. 1932. – Erklärung, die auf dem vom 27.-29. 8. in Amsterdam stattfindenden »Internationalen Kongreß gegen den imperialistischen Krieg« verlesen wird, Mann selbst war nicht nach Amsterdam gereist. Der auf Initiative von Henri Barbusse und Romain Rolland zustande gekommene Kongreß ist der erste Versuch einer übernationalen Organisierung der Kriegsgegner. In das in Amsterdam gebildete »Weltkomitee gegen den imperialistischen Krieg« werden deutscherseits u. a. gewählt: Albert Einstein, Heinrich Mann, Helene Stöcker, Clara Zetkin.

Heinrich Mann, dessen Amsterdamer Erklärung vom »Berliner Tageblatt« am 11. 9. verbreitet wird, hatte darin auch ausgeführt, daß den Autoren aus der neuen Kriegsbegeisterung kein Vorwurf gemacht werden könne, denn es gebe »kein erfolgreiches und erst recht kein wertvolles Kriegsbuch in Europa, das den Krieg beschönigt«. Es handelt sich dabei offenbar um eine Fehleinschätzung, da die Kriegsbücher von Beumelburg, Schauwecker, Dwinger und Ernst Jünger einen erheblichen ›nationalen‹ Leserkreis haben und offen bleibt, ob ihr Einfluß letztlich nicht größer gewesen ist als der der Antikriegsbücher von Barbusse, Rolland, Remarque, Arnold Zweig, Ludwig Renn, Richard Aldington, Leonhard Frank, Karl Kraus oder Andreas Latzko.

Walter Bloem *Offener Brief an Heinrich Mann*

... Das, Herr Heinrich Mann, scheint Ihnen bisher entgangen zu sein: daß Michel erwacht ist und sich anschickt, in seinem Hause Großreinemachen zu veranstalten. Auch das scheint Ihnen entgangen zu sein, daß in Deutschland eine stattliche Reihe von ebenso wertvollen wie erfolgreichen Kriegsbüchern entstanden ist, welche den Krieg nicht »entlarven und entblößen«, sondern, wie Sie es zu nennen wagen, »beschönigen« ...

Es ist nicht wahr, was Sie behaupten, die Barbusse und Remarque hätten »im Namen Aller, aus der Erinnerung Aller und ganz und gar aus der Masse heraus« gesprochen. Die Millionen der heute noch überlebenden deutschen Kriegsteilnehmer, die beispielsweise im »Kyffhäuserbund«, im »Stahlhelm« und in Hitlers Gefolgschaft zusammengeschlossen sind, verbitten sich auf das entschiedenste Ihre Behauptung, die Schriftsteller, welche den Krieg »entlarvt«, seine »verachtungswürdigen Gründe aufgedeckt« haben, hätten *in ihrem Namen* gesprochen. Wir alle sind weit entfernt, ich wiederhole es, den Krieg zu »beschönigen«. Dazu kennen wir ihn zu genau. Aber wer es künftig wagt, unsere heiligsten und gewaltigsten Erinnerungen, den stolzen und unerschütterlichen Glauben des »Militaristen« und des »Nationalisten« zu bespötteln und zu beschimpfen, der bekommt es mit uns zu tun.

Heute sind wir Gläubigen des Heroismus, wir Vorkämpfer des Vaterlandsgedankens nicht mehr ein verlorener Haufen inmitten einer »Geistigkeit«, die unsere Ideale in den Schmutz treten. Um uns schart sich ein erwachtes Volk. Es begreift, daß die Umwelt uns nicht leben lassen wird, wenn wir uns nicht mit letztem Beharrungstrotz zur Selbstbehauptung zusammenschließen – als Nation, als Volk in Waffen. Neben uns wächst eine Jugend heran, die auf uns hört, auf uns und nicht auf euch »Europäer«, die ihr unsere freudige und mannenstolze Unterordnung, unsere eiserne Zucht und Selbstzucht als Untertanengesinnung verhöhnt.

Der deutsche Schriftsteller verbittet sich Ihre Vertretung. Gehen Sie nach Europa, wenn Sie wissen sollten, wo es liegt, aber wagen Sie es nicht länger, sich auf internationalen Kongressen als Träger deutscher Geistigkeit zu brüsten, von der Sie keine Ahnung haben. Schreiben Sie unsretwegen für »die Welt«, aber bilden Sie sich nicht länger ein, für Deutschland zu schreiben.

27. 9. 1932. – Offener Brief in der »Deutschen Allgemeinen Zeitung«. Bloem war Anfang des Jahres 1932 für einige Monate Vorsitzender des SDS.

Der »Völkische Beobachter« publiziert im August 1932 eine Schwarze Liste, in der er als Autoren der »dekadenten Niedergangsperiode« namentlich aufführt: Brecht, Feuchtwanger, L. Frank, Hofmannsthal, Hasenclever, Klaus Mann, Plivier, Sternheim, Toller, von Unruh, Wedekind, Werfel, Fr. Wolf, Zuckmayer, St. Zweig.

Protest gegen die beabsichtigte Wiedereinführung der allgemeinen Wehrpflicht

Gleichheit der Rüstung ist ein Anspruch, den ein großer, besiegter, teilweise abgerüsteter Staat verständlicherweise gegen Siegerstaaten erhebt, die voll gerüstet blieben. Der Anspruch, selbst ohne Verträge, auf die er sich stützen kann, leitet sich aus der Gerechtigkeit her. Die Forderung der gegenwärtigen deutschen Regierung nach Abrüstung der Andern bis zum Maße der erzwungenen deutschen Abrüstung ist gerecht, und wir unterschreiben sie.

Aufs entschiedenste aber treten wir dieser Regierung entgegen, wenn sie, für den Fall der Ablehnung ihrer gerechten Forderung, mit Maßnahmen droht, die, trotz allen spitzfindigen Ableugnungen, nichts andres bedeuten als Aufrüstung. Rüstungen sichern nicht den Frieden, sondern gefährden ihn: weil sie den Gegner herausfordern. Eine moralische Waffe, schlagkräftiger als die stärkste Armee, ist der unbeirrbare Friedenswille eines abgerüsteten Volkes. Wir verwerfen den Krieg als das grauenvollste und sinnloseste aller Verbrechen; also auch die Vorbereitungen zum Kriege; den nächsten, der droht, zu verhindern, erkennen wir als Pflicht gegen Nation und Menschheit; diese Pflicht nach Kräften zu erfüllen, ist unser leidenschaftlicher Wille. Der Prozeß allmählicher Weltbefriedung verläuft, durch die Schuld der Imperien, viel zu langsam; er darf durch eine deutsche Aufrüstung nicht rückläufig werden. Wir wollen keine leere nationale Prestigepolitik, sondern Menschenschutzpolitik.

Mit äußerster Schärfe wenden wir uns vor allem gegen die verkündete Absicht, in Form einer »Miliz« die allgemeine Wehrpflicht in Deutschland wieder einzuführen, die Schmach jener Staatssklaverei, durch die der Mensch amtlich gezwungen wird, für fremde Interessen und gemißbilligte Ideen Unschuldige zu töten und sich selber töten zu lassen. Wir, die wir die Abschaffung des Wehrzwangs auch in den Ländern der Sieger fordern, erklären die Rückkehr zu diesem System, die man in Deutschland plant, für ein fluchwürdiges Attentat auf die Freiheit der Person und auf den Gedanken des Völkerfriedens. Schon heute sprechen wir aus, was wir von den jungen deutschen Kriegsgegnern erwarten, die man in die barbarischste aller Knechtschaften zu pressen versuchen sollte: daß sie, Helden ihrer Überzeugung, sich wie ein Mann weigern werden, dem Einberufungsbefehl zu folgen. Man kann den Krieg nicht anders ächten als durch die Tat.

15. 11. 1932. – Von der »Weltbühne« verbreitete Protesterklärung der von Kurt Hiller geleiteten »Gruppe Revolutionärer Pazifisten«, unterzeichnet u. a. von: Kurt Hiller, Rudolf Leonhard, Walter Mehring, Kurt Tucholsky. Diesem Protest schließen sich an: Hans Bauer, Gertrud Eysoldt, A. M. Frey, Walter Karsch, Erich Kästner, Harry Graf Kessler, Otto Lehmann-Rußbüldt, Theodor Lessing, Klaus Mann, Magnus Schwantje, Walther Victor. – In einer Denkschrift vom 6. 9. hatte die Reichsregierung die auf der Genfer Abrüstungskonferenz tagenden Länder aufgefordert, ihre Rüstungen auf den Deutschland im Versailler Vertrag zugestandenen Stand zu vermindern.

Heinrich Mann *Das Bekenntnis zum Übernationalen – Unfall einer Republik*

Die deutsche Republik von 1918 ist in die dichte Mitte eines irrationalen Zeitalters hineingestellt worden. Von Anfang an hatte sie es schwer, zu atmen und zu leben. Eine Aufgabe der höchsten Vernunft, aber eine Atmosphäre keuchender Leidenschaften, die vom Krieg nur ermüdet, nicht gesättigt sind: das war die Lage der entstehenden Republik und ist ihre Entschuldigung, wenn sie unterlegen ist.

Das Geringste wäre gewesen, wenn sie soziale Fortschritte verwirklichte. Ganze Parteien des Landes hatten Jahrzehnte damit verbracht, solche Fortschritte zu fordern und sie vorzubereiten. Als es soweit war, geschah freilich nichts – schlimmer als nichts. Der fideikommissarisch gebundene Großgrundbesitz, dieser Rest einer überlebten Wirtschaftsepoche, ist mit Hunderten von Millionen unterstützt worden von Regierungen der Republik, die Verrat begingen an ihrer Sendung.

Diese Republik erfüllte nicht einmal im Sozialen ihre selbstverständliche Pflicht, um so weniger handelte sie zeitgemäß im Internationalen – und doch war ihr als eigenste Sendung mitgegeben: Völkerversöhnung ...

In der Wirklichkeit ist nur zu verwundern, wie die paar Buchstaben von der Völkerversöhnung in die Weimarer Verfassung überhaupt hineingekommen sind. Es muß die kurze Selbstbesinnung des Besiegten gewesen sein. Mancher ahnt nach einer der Katastrophen seines Lebens, daß er zu einer Wandlung berufen wäre; aber niemand erlaubt sie ihm, die anderen sehen ihn als das an, was er immer war, und auch er selbst glaubt nicht im Ernst an seinen neuen Menschen. So die Republik von Weimar. Ihre guten Vorsätze rührten aus unzusammenhängenden Antrieben, der Geist der Zeit verband sie untereinander nicht; sie blieben vereinzelt, unwirksam und wurden vergessen, kaum daß sie aufgeschrieben waren.

Übrigens war soeben der Friede von Versailles geschlossen worden, und dieser war notwendig ein Erzeugnis desselben Nationalismus, der vorher die Völker reif für den großen Krieg gemacht hatte. Wären die Staatsmänner von Versailles fähig gewesen, einen anderen als einen nationalistischen Frieden zu diktieren, dann wäre offenbar gar nicht erst Krieg gewesen. Die Deutschen ihrerseits vergaßen es den Gegnern nie, daß sie im Augenblick des Friedens noch dieselben Menschen des Krieges waren. Das erschütterte noch mehr ihren eigenen, schwachen Entschluß, es nicht mehr zu sein. Die Mehrheit der Deutschen hat es nicht zur Kenntnis genommen, wenn die anderen seither doch wohl einiges abließen von ihrem Nationalismus. Ihren eigenen trieben sie allmählich auf eine Höhe wie im Kriege und darüber noch hinaus; dies alles aber in einer Republik, deren Sinn sie nicht verstanden, obwohl sie ihn aufgeschrieben hatten: Völkerversöhnung ...

Die Republikaner waren als Inhaber des Staates nur schwach überzeugt von sich selbst, waren ohne republikanische Ideologie, und daher fürchteten sie die der anderen, den Nationalismus. Nur darin nicht zurückbleiben! Infolge ihrer angstvollen Hochachtung vor dem Nationalismus regierten die Republikaner fast immer zusammen mit Reaktionären oder abwechselnd mit ihnen und voll Rücksicht auf sie. Gerade deshalb haben die Reaktionäre sich endlich alle Macht genommen und dulden im Staat nur noch die Ihren, das ändert nichts ...

Niemals haben die Republikaner sich sicher gefühlt in ihrem eigenen Staat. Das regierende Personal aber stellte sich unentwegt, als brauchte es nur zu verwalten, nicht zu sichern, nicht zu führen. Das Höchste war, den Ruf zu haben als guter Verwalter – der Gewerkschaften oder der Schutzpolizei. Als aber beide die Republik hätten retten sollen, wurden sie gar nicht beansprucht. Dieser ganz unerprobte Staat hat Erscheinungen gezeitigt wie eine sehr alte Demokratie, die leichtfertig wird, als ob ihr überhaupt nichts geschehen könnte, weil die letzte Entscheidung der Wahlzettel bleibt. Über diese ist auf andere Art entschieden worden, wie man weiß ...

Das Volk war auf gutem Wege, es ist nur aufgehalten worden von seiner wirtschaftlichen Not. Die machte es zugänglich für die wütenden Schwärmer eines »Dritten Reiches«, während es mit seiner Republik das praktische Versprechen eines immer volkstümlicheren Staates schon in Händen hielt. Die Republik mußte nur beim Wort genommen werden, und sie mußte Männer finden, die sie äußerst ernst nahmen. Das Wahlrecht mußte besser und das Parlament dem Volk in Wahrheit verantwortlich sein. Das Volk war immer bereit gewesen, es war erfüllt von der Republik, viel tiefer als es wußte. Die letzten Wochen vor dem reaktionären Umsturz und Zwischenfall wurde auf den Straßen das Wort »Freiheit« gerufen, und das waren Kommunisten so gut wie Bürgerliche. Das Wort »Freiheit« und was es alles enthält an Werten, an Würde, selbstgewählter Pflicht, an Recht und an Hoffnung, war ihnen von ihren Parteien kaum erklärt worden, und die Regierenden hatten es so gut wie nie gebraucht. Die Straßen hörten es vorher nie. Als aber die Republik unter dem gefährlichsten Druck stand, da stieg von selbst dies Wort.

Wenn »Freiheit« kein Blendwerk ist, dann bedeutet sie den innigen Anspruch, niemandem zu gehorchen als nur der Vernunft. Wo das Wort Freiheit seinen Sinn zurückbekommt, geht auch immer schon die Ahnung um, als nahte, nicht mehr lange aufzuhalten durch Vergewaltigung, Dumpfheit und Lüge, ein neues Zeitalter der Vernunft.

Ende 1932; in der »Neuen Rundschau«.

Thomas Mann *Zum Sozialismus*

... *Sozialismus* ist nichts anderes als der pflichtmäßige Entschluß, den Kopf nicht mehr vor den dringendsten Anforderungen der Materie, des gesellschaftlichen kollektiven Lebens in den Sand der himmlischen Dinge zu stecken, sondern sich auf die Seite derer zu schlagen, die der Erde einen Sinn geben wollen, einen Menschensinn.

In diesem Sinne bin ich *Sozialist*. Und ich bin *Demokrat* in dem einfachen und allgemeinen Sinn, daß ich an die Unvergänglichkeit von Ideen glaube, die mir mit der Idee des Menschen selbst, mit jedem Gefühl für die Tatsache Mensch unverbrüchlich verbunden scheinen – der Idee der *Freiheit* zum Beispiel, die man heute für überwunden erklären und historisch zum alten Eisen werfen möchte ...

Die Bindung an Heimat, Scholle, Vaterland und Volkskultur ist eine natürliche Gegebenheit, die in diesem Sinne heilig und unzerstörbar bleibt. Das hindert nicht, daß für das politische und soziale Leben die *nationale Idee* heute die Führung, die Zukunft nicht mehr für sich in Anspruch nehmen kann. Sie hatte ihre heroische Zeit, und diese Zeit ihrer historischen Sendung war das neunzehnte Jahrhundert. Sie ist aus diesem Jahrhundert geboren worden und hat sich während seines Verlaufes in schweren Kämpfen durchgesetzt. Sie war eine revolutionäre Idee, für die man in Deutschland zeitweise ins Gefängnis kam. Kämpfend und siegend hat sich die nationale Idee nach allen Seiten hin und in allen Beziehungen, in politischer, sozialer, geistiger Beziehung, vollkommen verwirklicht und ausgelebt. Es ist eine Idee der Vergangenheit und nicht der Zukunft; in aller Welt ist heute nichts mehr mit ihr anzufangen, und nur noch hinausgehen kann man über sie, um zu größeren Zusammenfassungen, die das Leben fordert, zu gelangen. Jeder Mensch von Gefühl und Verstand, auch jeder bessere Politiker, weiß, daß die Völker Europas heute nicht mehr einzeln und abgeschlossen für sich zu leben und zu gedeihen vermögen, sondern daß sie aufeinander angewiesen sind und eine Schicksalsgemeinschaft bilden, die es anzuerkennen und zu verwirklichen gilt. Solcher Lebensnotwendigkeit irgendwelche völkische Natur-Romantik als Argument entgegenzustellen ist nichts als Quertreiberei . . .

12. 1. 1933. – Brief an Adolf Grimme, bis zur Absetzung der Regierung Braun-Severing am 20. 7. preußischer Kulturminister, seit dem Herbst Vorsitzender des »Sozialistischen Kulturbundes«, des Dachverbandes der in der SPD tätigen kulturellen Verbände, zugleich auch Vorsitzender des »Reichsausschusses für sozialistische Bildungsarbeit« der SPD. Thomas Mann hatte sich am 22. 10. 1932 in seiner »Rede vor Arbeitern in Wien« erneut zur sozialen Demokratie bekannt. Grimme beglückwünscht ihn zu dieser »Bundesgenossenschaft« und lädt ihn ein, auf der für den Januar 1933 vorgesehenen Tagung des »Sozialistischen Kulturbundes« eine Rede zu halten. Thomas Mann schickt statt dessen am 12. 1. den Redetext, mit der Bitte, ihn auf der am 19. 2. geplanten Kundgebung zu verlesen. Die Kundgebung findet nicht mehr statt.

Leopold Schwarzschild *Dämmerung*

. . . Die Entwicklung dieses deutschen Jahres 1932, das für die Historiker und Politiker späterer Epochen ein Studienobjekt allerersten Ranges sein wird, war zunächst ein so taumelnder Endgalopp zur Katastrophe, zum Kladderadatsch des plebejisch- oder feudal-faschistischen Umsturzes, – mit allem, was ihm folgen mochte: Terror, Reichsverfall, Hunger, Barbarei, – daß heute noch gar nicht ganz verstanden werden kann, welches geschichtliche Mirakel in fast letzter Minute die Linie plötzlich abseits bog. Wir können uns nur, aus der kurzen Sicht der Nähe, die Gründe des Mirakels zu erkennen bemühen, eines Mirakels, von dem man einst sagen wird, daß es wenige seinesgleichen im Völkerleben gibt . . .

Der Erfolg der reaktionär-faschistischen Bewegung hatte gerade darauf beruht, daß dem *Massenbewußtsein* eine ganz bestimmte Deutung der wirtschaftlichen Verhältnisse eingeimpft worden war. Diese sehr verschwommene Deutung war, kurz ausgedrückt:

Die Sozialisten sind schuld! Die Sozialisten pressen den Gewerbetreibenden aus; die Sozialisten gestatten oder wünschen sogar, daß ganz Deutschland vom feindlichen Ausland ausgepreßt wird! Mit Hilfe dieser patriotischen Mythologie, die sowohl auf die offen sozialdemokratischen Regierungen wie auf den tolerierten Brüning angewendet werden konnte und angewandt wurde, gelang es, jenes Massenbewußtsein zu züchten, das die Stabsquartiere der Reaktion und des Faschismus erst mit den notwendigen Armeekorps ausstattete. Und nun war eines Tages die letzte sozialdemokratische Regierung, die letzte Position von »November-Verbrechern« beseitigt . . .

Neue Parolen aber, die für die entleerte Novemberverbrecher-Parole wirksamen Ersatz hätten bieten können, sind bis heute nicht gefunden worden. Im Gegenteil. Die Tatsache des mißlungenen Ansprungs, das Schauspiel des verächtlichen Rivalitätskampfes der Führer setzen an die Stelle der inhaltslos werdenden Novemberverbrecher-Parole positiv wirksame Gegenparolen. Und so ist, gerade als Folge des Preußen-Staatsstreichs, der nur ein Anfang hätte sein dürfen, aber ein Ende war, die dritte Möglichkeit Wahrheit geworden: das geballte Massenbewußtsein beginnt sich deutlich zu zersetzen, in den gesammelten Armeekorps bricht die Kreuzzugsstimmung nieder, die Desertion nimmt progressiven Charakter an.

Vollkommen erledigt ist in dieser Lage die Möglichkeit, die zwischen Juni und Juli greifbarer war als je (ausgenommen die Periode nach den Wahlen von 1930): die Möglichkeit eines *isolierten Gewaltstreichs* der Nationalsozialisten. Der berühmte Hitler-Putsch hat jede Erfolgs-Chance verloren; Aufstände gelingen in einem Augenblick, in dem Heer, Polizei, Verwaltungsapparat fasziniert sind und den Sieg des Aufstandes für unabänderlich halten. Sie gelingen nicht in einem Augenblick, in dem Heer, Polizei, Verwaltungsapparat, die ihrer Natur nach keine Enthusiasten sind, sondern immer auf der Gewinnseite stehen wollen, den Zusammenbruch als wahrscheinlich betrachten ...

31. 12. 1932. – Artikel von Leopold Schwarzschild im »Tagebuch«. Der allmähliche Rückgang der Arbeitslosenzahlen, der Erlaß der Reparationszahlungen auf der Konferenz von Lausanne im Juli, die Verminderung der Reichstagssitze der NSDAP von 230 auf 196 bei den Reichstagswahlen vom 6. 11. 1932 – all das nährte bei manchen Republikanern die Hoffnung, der »Hitler-Zauber« werde nun wieder verblassen. Rechnerisch hätte die Weimarer Koalition nach den Novemberwahlen die Mehrheit im Parlament gehabt – doch nur auf dem Papier.

Carl von Ossietzky *Der Flaschenteufel*

... Deutschland nimmt die Diktatur als selbstverständlich hin ...", und jede Partei hat sich vom Nationalsozialismus infizieren lassen ... Die Nazipartei ... hat Deutschland den Faschismus ins Blut geimpft, sie hat ... die Stimmung bereitet, in der eine neue Katastrophe möglich wird. Niemand wagt mehr, die natürliche Berechtigung der Reichswehr zur Alleinherrschaft öffentlich anzuzweifeln. Soweit es noch eine Linke gibt, ist sie herzlich zufrieden, daß Herr von Schleicher ihr die unangenehme Verpflichtung zu selbständigem Handeln abgenommen hat. Mit einem nicht unbehaglichen Gruseln stellt sie sich vor, wie der böse Feind in der Flasche rumort, und hält sich für gerettet, weil ein General drauf sitzt.

10. 1. 1933. – Artikel Ossietzkys in der »Weltbühne«. General von Schleicher, seit dem 3. 12. 1932 Reichskanzler ohne parlamentarische Mehrheit, kündigt Arbeitsbeschaffungsmaßnahmen an. Am 30. Januar ernennt Hindenburg Hitler zum Reichskanzler.

Quellennachweise

Die Revolution

Kurt Hiller Rat geister Arbeiter. In: Die Weltbühne, 21. 11. 1918. – *Heinrich Mann* Sinn und Idee der Revolution. In: Essays, Bd. 2, Berlin 1956. – *Kundgebung von Berliner Künstlern und Dichtern.* In: Vorwärts, 16. 11. 1918. – *Walter von Molo* Ruhe, Ernst, Verantwortungsgefühl. In: Die Tat, Dezember 1918. – *Alfons Paquet* Das Golgatha der Völker. In: Die Tat, Dezember 1918. – *Aufruf der »Antinationalen Sozialisten Partei«.* In: Aktion, November 1918. – *Ludwig Rubiner* Die Erneuerung. In: F. Albrecht: Deutsche Schriftsteller in der Entscheidung. Berlin/Weimar 1970. – *Armin T. Wegner* Aufruf zum Bürgerkrieg. In: Albrecht, a. a. O. – *Carl Sternheim* Die deutsche Revolution. In: Zeitkritik, Bd. 6 des Gesamtwerkes. Neuwied 1966. – *René Schickele* ... ohne Anwendung von Gewalt. In: Die Weißen Blätter I, Januar 1919, und: Der 9. November. Essays. Berlin 1919. – *Rudolf Leonhard* Kampf gegen die Waffe! In: Bd. 3 der Reihe »Umsturz und Aufbau«. Berlin 1919. – *Kasimir Edschmid* Offener Brief an den hessischen Ministerpräsidenten. In: Frühe Schriften. Neuwied 1970. – *Alfred Döblin* Karl Liebknecht und Rosa Luxemburg. In: November 1918. Bd. 4: Karl und Rosa. München 1978. – *Kurt Tucholsky* »Zwei Erschlagene«. In: Weltbühne, 12. 1. 1919. – *Gerhart Hauptmann* Eine rote Garde, nach russischem Muster ... In: H. v. Brescius: G. Hauptmann. Bonn 1976. – *Oskar Kanehl* Demokratie – Lügendemokratie. In: Die Erde, 1. 5. 1919. – *Für das neue Deutschland!* In: Vorwärts, 17. 1. 1919. – *Thomas Mann* Zuspruch. In: Frankfurter Zeitung, 14. 2. 1919 und Tagebücher 1918-1921. Frankfurt/M. 1979. – *Hermann Broch* Konstitutionelle Diktatur als Rätesystem. In: Der Friede, 11. 4. 1919. – *Albert Ehrenstein* Urteil. In: A. Ehrenstein: ›Wie ich bin ...‹ München 1977. – *Entschließung des 2. Aktivistenkongresses.* In: Ziel. Bd. 4. Hg. v. K. Hiller. München 1920. –

Die Republik der Schriftsteller

Ernst Toller Brüder am Schraubstock, am Pflug, am Schreibtisch! In: H. Viesel: Literaten an der Wand. Frankfurt/M. 1980. – *Erich Mühsam* Proletarier aller Länder vereinigt euch! In: Viesel a. a. O. – *Klabund* Brief aus dem Gefängnis. In: Viesel. a. a. O. – *Gustav Landauer* Laßt mir ein paar Wochen Zeit ... In: Viesel. a. a. O. – *Aufruf der Unbeteiligten.* In: Viesel. a. a. O. – *Ret Marut* Im freiesten Staate der Welt. In: Viesel. a. a. O. – *Jakob Haringer* Stand, eine Zigarette rauchend, an der Wand. In: Viesel. a. a. O. – *Erich Mühsam* Schlußwort vor Gericht. In: E. M.: Fanal. Hrsg. v. K. Kreiler. Berlin 1977. – *Appell an die Münchner Regierung.* In: Viesel. a. a. O. – *Ernst Toller* Schlußwort vor dem Standgericht. In: Ges. Werke. Bd. 1. Hg. v. I. Spalek und W. Frühwald. München 1978. –

Versailler Vertrag

Gerhart Hauptmann Offener Brief an den Kongreß der Alliierten in Paris. In: Ges. Werke, Bd. XI. Berlin 1974. – *Thomas Mann* Nieder mit der westlichen Lügendemokratie ... In: Tagebücher 1918-21. – *Ernst Toller* Die Friedenskonferenz zu Versailles. In: Ges. Werke, Bd. 1. – *Thomas Mann* Zum Versailler Friedensvertrag. In: Tagebücher 1918-21. – *Walther Rathenau* Was soll geschehen? In: Die Zukunft, 31. 5. 1919. – *Gerhart Hauptmann* Folterbank von Versailles. In: Ges. Werke, Bd. XI. – *Franz Blei* Die Menschwerdung. In: Der Friede, 6. 6. 1919. – *Erwin Guido Kolbenheyer* Wem bleibt der Sieg? In: E. G. K.: Stimme. München 1931. –

Deutsch-französische Aussöhnung – ein erster Versuch

Hugo von Hofmannsthal An Henri Barbusse. In: Der Friede, 14. 2. 1919. – *Heinrich Mann* An Henri Barbusse und seine Freunde. In: Essays, Bd. 2. – *Unabhängigkeitserklärung des Geistes.* In: Das Forum, 1919. – *Richard Dehmel* Offener Brief an die Weltfriedensprediger. In: Das Tagebuch, 28. 2. 1920. – *Kasimir Ed-*

schmid An die revolutionäre französische Jugend. In: Das Tribunal, Juli 1919. – *Stefan Zweig* Aufruf zur Geduld. In: Das Tagebuch, 10. 1. 1920. – *An die Demokratien Deutschlands und Frankreichs!* In: Kurt R. Grossmann: Ossietzky. München 1963. –

»Nur bitte, immer reinspaziert / Das alte Stück wird aufgeführt!«
Otto Flake Klärung. In: O. F.: Das Ende der Revolution. Berlin 1920. – *Heinrich Mann* Kaiserreich und Republik. In: Essays. Hamburg 1960. – *Walther Rathenau* ... wir sind ein ordentliches Volk. In: Die Zukunft, 31. 5. 1919. – *Aufruf an das Proletariat.* In: Vorwärts, 20. 11. 1919. – *Ernst Bloch* Jugend, Hindenburg und Republik. In: E. B.: Politische Messungen, Pestzeit, Vormärz. Frankfurt 1970. – *Alfred Döblin* Republik. In: A. D.: Schriften zur Politik und Gesellschaft. Olten u. Freiburg i. Br. 1972. – *Zur Rettung von Georg Lukács.* In: Die Weißen Blätter, Dezember 1919. –

»Nie-wieder-Krieg«-Bewegung
Kurt Tucholsky Rausch, Suff und Katzenjammer. In: Ges. Werke, Bd. 1. Reinbek 1960. – *Kurt Tucholsky* Drei Minuten Gehör! In: Ges. Werke, Bd. 1. – *Ernst Toller* Genossen! Genossinnen! Revolutionäre Jugend! In: Ges. Werke, Bd. 1. –

»Das dritte Reich«
Moeller van den Bruck Das dritte Reich. Hamburg 1923. – *Joseph Goebbels* Michael. München 1929. – *Otto Flake* Die Ring-Leute. In: Weltbühne, 11. 5. 1922. – *Thomas Murner* (Carl von Ossietzky) Von der deutschen Republik. In: Monistische Monatshefte, 1. 5. 1922. –

Deutscher Maskenball
Kurt Tucholsky Kapp-Lüttwitz. In: Weltbühne, 25. 3. 1920. – *Gerhart Hauptmann* Deutsche Einheit. In: Ges. Werke, Bd. XI. – *Franz Jung* Für Max Hoelz. In: W. Fähnders/M. Rector: Linksradikalismus und Literatur. Bd. 1. Reinbek 1974. – *Gerhart Hauptmann* Für ein deutsches Oberschlesien. In: Ges. Werke Bd. XI. – *Alfred Döblin* Staat und Schriftsteller. In: Aufsätze zur Literatur. Olten 1963. –

Antisemitismus
Siegfried von Vegesack Schlag sie tot, Patriot! In: Weltbühne, 15. 4. 1920. – *Alfred Döblin* Zion und Europa. In: Neue Merkur, 1921. – *Jakob Wassermann* Mein Weg als Deutscher und Jude. In: Peter de Mendelssohn: S. Fischer und sein Verlag. Frankfurt 1970. – *Wilhelm Schäfer* Die deutsche Judenfrage. In: Tagebuch, 23. 7. 1923. –

Künstlerhilfe für die Hungernden in Rußland
Aufruf von Künstlern für die Rußlandhilfe. In: Helft! Rußland in Not. o. J. Literaturarchiv Marbach a. N. – *Aufruf des Auslandskomitees ...* In: Weimarer Republik. Hrsg. v. Kunstamt Kreuzberg. Berlin 1977. – *Karl Kraus* Gott erhalte ihn als Drohung ... In: Die Fackel, Juli 1920. –

Von deutscher Republik
Stefan Zweig Nicht aus der Nähe . In: D. Prater: Stefan Zweig. München 1981. – *Jakob Wassermann* Zu Walther Rathenaus Tod. In: J. W.: Lebensdienst. Leipzig 1928. – *Hermann Hesse* Geist »ruppiger Pistolenklöpferei«. In: H. H.: Politik des Gewissens. Bd. 1. Frankfurt 1977. – *Kurt Tucholsky* Das Opfer einer Republik. In: Ges. Werke. Bd. 1. – *Thomas Mann* Von deutscher Republik. In: Politische Schriften und Reden. Bd. 2. Frankfurt 1968. – *Kurt Tucholsky* Prozeß Harden. In: Weltbühne, 21. 12. 1922. – *Axel Eggebrecht* Das Ende der bolschewistischen Mode. In: Der Gegner 3, 1922. –

1923

Lion Feuchtwanger Ruhrbesetzung. In: Erfolg. München 1980. – *Alfons Paquet* An Frankreich. In: A. P.: Die neuen Ringe. Reden und Aufsätze. Frankfurt 1924. – *Rainer Maria Rilke* Alle diese herrlichen Patrioten. Brief an Nanny Wunderli-Volkart. In: R. M. Rilke. Ausstellungskatalog des Deutschen Literaturarchivs Marbach a. N., München 1975. – *Gerhart Hauptmann* An den amerikanischen Präsidenten Harding. In: Ges. Werke, Bd. XI. – *Carl Sternheim* Fest am irdischen Besitz. In: Gesamtwerk 10/2. Neuwied 1976. – *Alfred Döblin* Blick auf die Ruhraffäre. In: Schriften zur Politik und Gesellschaft. Olten u. Freiburg i. Br. 1972. – *Thomas Mann* Geist und Wesen der Deutschen Republik. In: Politische Schriften und Reden. Bd. 2. – *Heinrich Mann* Wir feiern die Verfassung. In: Essays. Hamburg 1960. – *Zum 11. August 1923.* In: Weltbühne, 9. 8. 1923. – *Heinrich Mann* Diktatur der Vernunft. In: Essays. – *Joseph Roth* Reisebild. In: Werke. Bd. 3. Köln 1976. – *Otto Flake* Der Zug nach rechts. In: Weltbühne, 6. 12. 1923. – *Lion Feuchtwanger* ›Abrechnung mit den Novemberlumpen‹. – *Erwin Guido Kolbenheyer* Volk und Führer. In: Stimme, a. a. O. –

Reichstagswahlen 1924

Fritz von Unruh Aufruf an die Jugend. In: Sämtliche Werke. Bd. 17. Berlin 1979. – *Heinrich Mann* An die Wähler zum Reichstag. In: Essays. Bd. 2. – *Umfrage zur Reichstagswahl.* In: Tagebuch, 3. 5. 1924. – *An alle Künstler und geistig Schaffenden!* In: Manifeste Manifeste. Hg. v. D. Schmidt. Dresden o. J. – *Alfred Döblin* Schriftsteller und Politik. In: Der Schriftsteller, H. 3, Mai 1924. – *Carl von Ossietzky* Schutz der Republik – die große Mode. In: Tagebuch, 13. 9. 1924. – *Schutzverein für die geistigen Güter Deutschlands.* Flugblatt. – *Johannes R. Becher* Deutsche Intellektuelle! In: Albrecht, a. a. O. –

Meinungs- und Lehrfreiheit – Der Fall Gumbel

Arnold Zweig Gumbel, Heidelberg, Republik. In: Weltbühne, 18. 8. 1924. –

Paneuropa

Heinrich Mann VSE – Vereinigte Staaten von Europa. In: Essays. Bd. 2. – *Wilhelm von Scholz* Paneuropa. In: Paneuropa, 1930. – *René Schickele* Erlebnis der Grenze. In: Werke. Bd. 3. Köln 1959. – *Fünfzehn Jahre später – eine deutsch-französische Rundfrage.* In: Literarische Welt, 1929, Nr. 48. –

»Groß in der Sentimentalität, aber schwach in der Politik«

Thomas Mann Zu Friedrich Eberts Tod. In: Politische Schriften und Reden. Bd. 2. – *Kurt Hiller* Republikanische Krönungsfeier. In: Weltbühne, 12. 5. 1925. – *Gerhart Hauptmann* ... ein Segen für das Reich. In: Brescius, a. a. O. –

Von deutscher Justiz

Adolf Hitler Rede vor dem Volksgericht. In: Ernst Deuerlein: Der Aufstieg der NSDAP in Augenzeugenberichten. Düsseldorf 1968. – *Emil J. Gumbel* Vier Jahre politischer Mord. Heidelberg 1980. – *Alfred Kerr* Politisch talentlos. In: Alternative 48, Juni 1966. – *Ludwig Quidde* Die Gefahr der Stunde. In: Welt am Montag, 10. 3. 1924. – *Mitteilung der Liga für Menschenrechte.* In: Die Menschenrechte, 1927, Nr. 1/2. – *Paul Levi* ... lauter ehrenwerte Männer ...: In: Die Menschenrechte, 1927, Nr. 15. – *Johannes R. Becher* An Hindenburg. In: Von großen und von kleinen Zeiten. Politische Lyrik. Hrsg. v. T. Rothschild. Frankfurt 1981. – *Gegen eine Gesinnungsjustiz.* In: Der Schriftsteller, 1927. – *Für die Freiheit der Kunst.* In: Politische Justiz gegen Kunst und Literatur. Berlin 1925. – *Protest der »Gruppe 1925«.* In: Die Rote Fahne, 23. 3. 1926. – *Alfred Döblin* Recht der freien Meinungsäußerung. In: Schriften zur Politik und Gesellschaft. – *Dichter und Richter.* In: Der literarische Hochverrat v. J. R. B. Berlin 1928. – *Die Rote Hilfe als »staatsfeindliche Verbindung«.* In: Felix Halle. Anklage gegen Justiz und Polizei. Berlin 1926. – *Thomas Mann* Rachsucht und ›genehmere Gesinnung‹. In: Halle

a. a. O. – *Heinrich Vogeler* Aufruf an die deutschen Künstler. In: Manifeste Manifeste. – *Für eine Neujahrsamnestie!* In: Die Menschenrechte. – *Heinrich Mann* Amnestie! In: Die Menschenrechte. – *Für Max Hoelz.* In: E. E. Kisch (Hrsg.): M. Hoelz. Briefe aus dem Zuchthaus. Berlin 1927. –

Fürstenabfindung

Aufruf zur entschädigungslosen Enteignung der Fürsten. In: Geschichte der deutschen Arbeiterbewegung. Bd. 4. Berlin 1966. –

Schund- und Schmutzgesetz

Walter von Molo Schund und Schmutz. In: Tagebuch, 12. 6. 1926. – *Gegen das Schundliteratur-Gesetz.* In: Berliner Börsen-Courier, 12. 10. 1926. – *Umfrage zum Schund- und Schmutzgesetz.* In: Eckart, November 1926. – *Für Carl Zuckmayer.* In: Der Schriftsteller, März 1926. –

Kampf gegen die Zensur

Alfred Döblin Aktionsgemeinschaft für geistige Freiheit. In: Schriften zur Politik und Gesellschaft. – *Alfred Döblin im Gespräch mit Franz de Paula Rost.* In: Die Stimme der Freiheit, Februar 1930. – *Heinrich Mann* Gegen die Zensur. In: Die Stimme der Freiheit, April 1929. – *Für die geistige Freiheit.* In: Der Schriftsteller, 1929. – *Für Alfred Döblin.* In: Die Stimme der Freiheit, 1930. – *Gegen die Entartung im deutschen Volksleben.* In: Die Stimme der Freiheit, 1929. –

Über die Freiheit der kolonialen Völker

Brüsseler Manifest zum Kolonialismus. In: Ernst Toller: Ges. Werke. Bd. 1. – *China-Resolution.* In: Kasten Varia Weimarer Republik. Deutsches Literaturarchiv Marbach a. N. –

Die schwindende Zustimmung

Josef Ponten Worte an die Jugend. In: Literarische Welt, 28. 1. 1927. – *Heinrich Mann* Der tiefere Sinn der Republik. In: Essays. – *Gerhart Hauptmann* Mussolini. In: Brescius, a. a. O. – *Kurt Tucholsky* Zur Psychologie der ›radikalen‹ Literaten. In: Ges. Werke. Bd. 2. – *Alfred Rosenberg* Der Mythos des 20. Jahrhunderts. München 1930. – *Thomas Mann* Kultur und Sozialismus. In: Politische Schriften und Reden. Bd. 2. – *Erich Mühsam* Es lebe die Republik! In: Ausgewählte Werke. Bd. 2. Berlin 1978. –

Gegen Panzerkreuzer

In: Geschichte der deutschen Arbeiterbewegung, a. a. O. Bd. 4. –

Gegen die Todesstrafe

Erich Mühsam Sacco und Vanzetti. In: Ausgewählte Werke. Bd. 2. – *Heinrich Mann* Für Josef Jakubowski. In: Essays. –

Zehnter Jahrestag der Revolution

Carl von Ossietzky Gedenkblatt. In: Weltbühne, 6. 11. 1928. – *»Was würden Sie tun, wenn Sie die Macht hätten?«* In: Literarische Welt, 1928, Nr. 45. – *Ernst von Wolzogen* Aufblick zu Führern. In: Deutschlands Köpfe der Gegenwart über Deutschlands Zukunft. Hrsg. v. Eigenbrödler-Verlag. Berlin 1928. – *Ernst Toller* In Memoriam Kurt Eisner. In: Ges. Werke. Bd. 1. – *Siegfried Kracauer* Asyl für Obdachlose. In: S. K.: Schriften I. Frankfurt/M. 1971. –

Blutmai

Erich Weinert Große Anfrage. In: E. W.: Ges. Werke. Berlin 1960. – *Carl von Ossietzky* Zörgiebel ist schuld. In: Weltbühne, 7. 5. 1929. – *Kurt Tucholsky* Heimat. In: K. T.: Deutschland, Deutschland über alles. Reinbek 1973. –

»Der Krieg ist unser Vater«

Friedrich Georg Jünger Der totale Staat. In: F. G. J.: Der Aufmarsch des Nationalismus. Leipzig 1926. – *Ernst Jünger* Der Krieg ist unser Vater. In: Vorwort zu F. G. J.: Der Aufmarsch des Nationalismus. a. a. O. – *Franz Schauwecker* Die Besten der Nation. In: Aufbruch der Nation. 1929. – *Ernst Toller* Das dumme Heldenideal. In: Berliner Tageblatt, 8. 4. 1927. – *Hermann Hesse* Keine alte Geschichte. In: Politik des Gewissens. Bd. 1. – *Ernst Jünger* Selbstanzeige. In: Tagebuch, 21. 9. 1929. – *Alfred Rosenberg* Sammlung statt Verlumpung. In: Der Mythos des 20. Jahrhunderts, a. a. O. – *Kurt Hiller* Krieg ist organisierter Massenmord. Rundfunkgespräch mit Franz Schauwecker. – *Manifest gegen Wehrpflicht und militärische Ausbildung.* In: Monistische Monatshefte, Dezember 1930. –

Von der Rolle des Schriftstellers in dieser Zeit

Gottfried Benn An Becher und Kisch. In: Über die Rolle des Schriftstellers in dieser Zeit. Ges. Werke. Bd. 7. Hg. v. D. Wellershoff. Wiesbaden 1968. – *Bertolt Brecht* Ein Mißverständnis. In: Schriften zur Politik und Gesellschaft Ges. Werke Bd. 20. Ffm 1967. – *Stefan George* Artverschlechterung. – Telegramm Hindenburgs und Georges Antwort. Ausstellungskatalog des Deutschen Literaturarchivs Marbach a. N. München 1968. –

Erdrutsch – Septemberwahl

1929 – ein weltgeschichtliches Jahr? Eine Umfrage. In: Literarische Welt, Januar 1930. – *Alfred Döblin* Führer für junge Wanderer durchs Labyrinth. In: A. D.: Der deutsche Maskenball. Olten u. Freiburg i. Br. 1972. – *Siegfried Kracauer* Was soll Herr Hocke tun? In: Alfred Döblin: Ausstellungskatalog des Deutschen Literaturarchivs. Marbach a. N. 1978. – *Thomas Mann* Diese neue ›Rückkehr zur Natur‹. In: Politische Schriften und Reden. Bd. 2. – *»Die Intellektuellen haben das Wort«.* In: Linkskurve, September 1930. – *Walter Mehring* Antwort auf ein kommunistisches Verhör. In: Tagebuch, 6. 9. 1930. – *Ernst Toller* Reichskanzler Hitler. In: Ges. Werke. Bd. 1. – *Heinrich Mann* Nach der Septemberwahl. In: Brescius, a. a. O. – *Gerhart Hauptmann* Vom »verwegenen Jugendsein«. In: Brescius, a. a. O. – *Klaus Mann* Jugend und Radikalismus. In: K. M.: Auf der Suche nach einem Weg. Berlin 1930. – *Thomas Mann* Ein Appell an die Vernunft. In: Politische Schriften und Reden. Bd. 2. – *Erich Mühsam* Zwölf Jahre Republik. In: Fanal, a. a. O. – *Erich Mühsam* Das Jahr der Entscheidung. In: Ausgewählte Werke. Bd. 2. –

Aus dem Vereinsleben

Alfred Döblin Bilanz der Dichterakademie. In: Vossische Zeitung, 25. 1. 1931. – *Paul Ernst* Des Volkes Not und Aufgabe. In: P. E.: Ein Credo. München 1935. – *Friedrich Wolf* Die zwei Patienten. In: Cyankali. Eine Dokumentation. Berlin/Weimar 1978. – *Bertolt Brecht* Für Friedrich Wolf. In: Schriften zur Politik und Gesellschaft. a.a.O. – *Thomas Mann* Die Wiedergeburt der Anständigkeit. In: Politische Schriften und Reden. Bd. 2. – *Hans Henny Jahnn* Die neue Linke greift an. In: Staats- und Universitätsbibliothek Hamburg. Nachlaß H. H. Jahnn Nr. 230. – *Gegen eine Notverordnung zur geistigen Knebelung.* In: Aktionen, Bekenntnisse, Perspektiven. Berlin u. Weimar 1966. – *Kurt Tucholsky* Austrittserklärung. In: Weltbühne, 18. 8. 1931. – *Aufruf für die Freiheit des Schrifttums.* In: Aktionen, Bekenntnisse, Perspektiven. – *Aufruf der »Aktionsgemeinschaft für geistige Freiheit«.* In: Die Stimme der Freiheit. – *Hermann Hesse* Dieser haltlose und geistlose Staat. In: Politik des Gewissens. Bd. 1. –

Die deutsche Entscheidung

Gerhart Hauptmann Sehnsucht nach der Monarchie. In: Brescius, a. a. O. – *Heinrich Mann* Die deutsche Entscheidung. In: Essays. – *Erich Mühsam* Aktive Abwehr. In: Weltbühne, 15. 12. 1931. – *Alfred Kerr* Mein stärkstes Erlebnis 1931. In: Welt am Abend, 31. 12. 1931. – *Carl von Ossietzky* Der Weltbühnen-Prozeß.

In: Weltbühne, 1. 12. 1931. – *Thomas Mann* Für Carl von Ossietzky. Brief an Alfred Apfel. In: Politische Schriften und Reden. Bd. 2. – *Carl von Ossietzky* Rechenschaft. Ich muß sitzen! In: Weltbühne, 10. 5. 1932. –

Die Ausscheidung der Juden aus dem Leben

Alfred Rosenberg Die Lüge als jüdische Lebensform. In: Der Mythos des 20. Jahrhunderts, a. a. O. – *Gegen die ›Kulturschande des Antisemitismus‹.* In: Kurt R. Grossmann: Ossietzky. a. a. O. – *Heinrich Mann* Der Antisemitismus und seine Heilung. In: Essays. – *Paul Fechter* Kunstbetrieb und Judenfrage. In: Deutsche Rundschau, Januar 1931. – *Jakob Wassermann* Antwort an Fechter. In: Deutsche Rundschau, Februar 1931. – *Hans Friedrich Blunck* Anti-Germanismus. In: Deutsche Rundschau, Februar 1931. – *Walter Mehring* Rede gegen den Antisemitismus. In: Weltbühne, 3. 2. 1931. – *Theodor Lessing* Ein Kollektiv-Verbrechen. In: Der Jud ist schuld . . .? Basel 1932. –

Dämmerung

Ernst Bloch Tag und Dunkel. In: Politische Messungen, a. a. O. – *Hanns Johst* Kunst unter dem Nationalsozialismus. In: Albrecht E. Günther (Hrsg.): Was wir vom Nationalsozialismus erwarten. 20 Antworten. Heilbronn 1932. – *Walter Karsch* Flucht aus der Drecklinie. In: Weltbühne, 31. 5. 1932. – *Fritz von Unruh* Die Front des Reiches. In: Sämtliche Werke. Bd. 17. – *Kurt Hiller* Der Präsident. In: Weltbühne, 9. 2. 1932. – *Walter Mehring* Frühlingsheil: 1932. In: Der Zeitpuls fliegt. Hamburg 1958. – *Aufruf des Scheringer-Komitees.* In: Weltbühne, 12. 4. 1932. – *Max Hermann-Neiße* Wo ich leben möchte. In: Literarische Welt, 1932. Nr. 18. – *Lion Feuchtwanger* Motive, die nicht zu ergründen sind. In: Berliner Tageblatt, 28. 2. 1932. – *Protest des Hauptvorstandes des SDS gegen Zensur.* In: Der Schriftsteller, März/April 1932. – *Carl von Ossietzky* Ein runder Tisch wartet. In: Weltbühne, 3. 5. 1932. – *Paul Fechter* Die Stimme des deutschen Ostens. In: Deutsche Rundschau, Juli 1932. – *Arnold Zweig* Der Krieg und seine Folgen. In: A. Z.: Werk und Leben in Dokumenten. Berlin 1978. – *Für Freiheit und Frieden!* In: Aktionen, Bekenntnisse, Perspektiven. – *Hans Henny Jahnn* Humanismus und Nationalsozialismus. In: Castrum Peregrini, 1932. Nr. 65. – *Dringender Appell!* In: Der deutsche PEN-Club im Exil. Katalog der deutschen Bibliothek, Frankfurt/M. 1980. – *Thomas Mann* Was wir verlangen müssen. In: Berliner Tageblatt, 8. 8. 1932. – *Jura Soyfer* Bericht von der deutschen Verfassungsfeier. In: Das Gesamtwerk. Wien 1980. – *Kurt Hiller* Selbstkritik links! In: Weltbühne, 23. und 30. 8. 1932. – *Erich Fromm* Am Vorabend des Dritten Reiches. In: Gesamtausgabe. Bd. 3. Stuttgart 1981. – *Heinrich Mann* Der Schriftsteller und der Krieg. In: Essays. Bd. 2. – *Walter Bloem* Offener Brief an Heinrich Mann. In: H. M.: Texte zu seiner Wirkungsgeschichte. Hrsg. v. R. Werner. Tübingen 1977. – *Gegen die Wiedereinführung der Wehrpflicht.* In: Weltbühne, 15. 11. 1932. – *Heinrich Mann* Das Bekenntnis zum Übernationalen. In: Essays. – *Thomas Mann* Zum Sozialismus. In: Politische Schriften und Reden. Bd. 2. – *Leopold Schwarzschild* Dämmerung. In: Tagebuch, 31. 12. 1932. – *Carl von Ossietzky* Der Flaschenteufel. In: Weltbühne, 10. 1. 1933. –

Nachbemerkung

Die erste Demokratie auf deutschem Boden begann mit großen Hoffnungen und endete als Republik ohne Republikaner. Wie verhielten sich Schriftsteller in diesen fünfzehn Jahren? Um einen Überblick zu ermöglichen, mußten die hier zusammengetragenen Manifeste, politischen Erklärungen, Reden, Essays, Artikel, Briefe usw. zum Teil erheblich gekürzt werden und sie können, schon aus Platzgründen, keinen Anspruch auf Vollständigkeit erheben.

Die Haltung der Schriftsteller zu Politik und Staat ist in der Zeit von 1918 bis 1933 weitaus uneinheitlicher als in der Bundesrepublik heute. Der Schwerpunkt wird in diesem Lesebuch auf vier Gruppen gelegt: die völkisch-nationalen Autoren (von Moeller van den Bruck über Alfred Rosenberg bis zu Ernst Jünger), die bürgerlich-liberalen (wie Hermann Hesse, Thomas Mann, Stefan Zweig), die radikaldemokratischen und sozialistischen (z. B. Heinrich Mann, Alfred Döblin, Kurt Tucholsky, Carl von Ossietzky, Kurt Hiller, Erich Mühsam, Hans Henny Jahnn).

Am einheitlichsten war die Haltung der Autoren in den ersten Nachkriegsmonaten. Schriftsteller, Künstler und Intellektuelle lassen sich von der revolutionären Aufbruchsstimmung erfassen und strömen in die »Politischen Räte geistiger Arbeiter«, einige Autoren übernehmen politische Ämter, und die Namen selbst eher konservativer Autoren finden sich unter den ersten Manifesten. Dabei gilt, während sich Gerhart Hauptmann als Sprecher der bürgerlichen und sozialdemokratischen Mitte versteht, die Sympathie der jüngeren Autoren und Intellektuellen Heinrich Mann, der unentwegt für die junge Republik das Wort ergreift, um Literatur und Politik, Geist und Macht aus ihrer traditionellen Rollenfeindschaft zu lösen. Doch der Enthusiasmus weicht bald den realen Bedingungen. Die Mehrheit in Deutschland nach dem Versailler Vertrag denkt national bis nationalistisch. Und der Alltag der Republik wird beherrscht von einem Beamtenapparat aus der Kaiserzeit, einer von Freikorps unterstützten Reichswehr, die sich als Schule der Nation und Staat im Staate aufführt. Und beherrscht auch von einer akademischen Intelligenz, die in ihrer überwältigenden Mehrheit das Weimarer »System« unverhohlen bekämpft. Manche Schriftsteller machen sich zu Sprachrohren der antirepublikanischen, antidemokratischen und antisemitischen Stimmung, die meisten aber sind pragmatische (und teilweise auch – wie Heinrich Mann – überzeugte) Republikaner: Sie verfassen Aufrufe gegen die indirekte Wiedereinführung der Zensur, enthüllen die geheime Wiederaufrüstung, beteiligen sich an Aktionen gegen eine Justiz, die auf dem rechten Auge blind und auf dem linken überaus scharfsichtig ist. Sie machen sich zur Fürsprecherin der Aussöhnung mit Frankreich und unterstützen die Hoffnung auf die Vereinigten Staaten von Europa; um der promonarchistischen Stimmung zu begegnen, unterstützen sie den Volksentscheid über die entschädigungslose Enteignung der Fürsten, und in großer Zahl setzen sie sich ein für die Liberalisierung bzw. Abschaffung der Paragraphen 218 und 175.

Erst mit der Weltwirtschaftskrise, als der nationale Unterstrom wieder größere Wellen schlägt, werden die Stimmen der republikanischen Schriftsteller wieder lauter und dringlicher. Sie bleiben vergeblich. Die Republik ertrinkt im emotionalen Wärmestrom der völkisch-nationalistischen ›Bewegung‹.

Danksagung

Ich danke folgenden Personen und Bibliotheken/Archiven, die mir mit Hinweisen und Materialien geholfen haben:

Martin Broszat, Rudolf Burmeister, Frau Fahrländer, Cornelia Girndt, Robert M. W. Kempner, Klaus Landfried, Martin W. Lüdke, Erich Lüth, Erich Matthias, Peter de Mendelssohn, Wolfgang Michalka, Golo Mann, Oskar Neumann, Gottfried Niethart, Friedrich Pfäfflin, Harry Pross, Wolfgang Rothe, Bernhard Rübenach, Klaus Sauer, Thomas Scheuffelen, Wilfried F. Schoeller, Franz Schonauer, Jürgen Thöming, Klaus Völker, Wilma von der Vring, Klaus Wagenbach, Rainer Wahl, Hans-Albert Walter. (Ferner den Funkkollegen Hanns Grössel, Alfred Pfaffenholz, Klaus Sauer, Gert Kalow, P. P. Schulz.)

Universitätsbibliothek Heidelberg, Literaturarchiv Marbach a. Neckar, Bundesarchiv Koblenz, Staats- und Universitätsbibliothek Hamburg/Handschriftenabteilung, Institut für Zeitgeschichte, München, Bibliothek des Germanischen Seminars der Uni HD, Bibliothek des Instituts für Politische Wissenschaft an der Uni HD.

Der Verlag dankt den Autoren und Rechtsinhabern für die freundliche Genehmigung des Abdrucks. Im folgenden Verzeichnis werden die jeweiligen Lizenzgeber für die Texte in Klammern hinter dem Autorennamen genannt, die genauen bibliographischen Nachweise finden sich im Quellenverzeichnis. Bei einigen Autoren konnten wir die heutigen Rechtsinhaber nicht ermitteln; sie werden gebeten, den Verlag zu benachrichtigen.

Johannes R. Becher (Aufbau Verlag Berlin) – Gottfried Benn (Klett-Cotta Verlagsgemeinschaft Stuttgart) – Ernst Bloch (Suhrkamp Verlag Frankfurt/M) – Bertolt Brecht (Suhrkamp Verlag Frankfurt/M) – Hermann Broch (Suhrkamp Verlag Frankfurt/M) – Alfred Döblin (Walter-Verlag Olten und Freiburg im Breisgau) – Kasimir Edschmid (Elisabeth Edschmid) – Axel Eggebrecht – Lion Feuchtwanger (Aufbau Verlag Berlin) – Otto Flake (Verlagsgruppe Bertelsmann Gütersloh) – Erich Fromm (Deutsche Verlags-Anstalt Stuttgart) – Emil J. Gumbel (Verlag Das Wunderhorn Heidelberg) – Gerhart Hauptmann (Ullstein Verlag Berlin) – Hermann Hesse (Suhrkamp Verlag Frankfurt/M) – Hugo von Hofmannsthal (S. Fischer Verlag Frankfurt) – Hans Henny Jahnn (Hoffmann und Campe Verlag Hamburg; Staats- und Universitätsbibliothek Hamburg) – Ernst Jünger (Klett-Cotta Verlagsgemeinschaft Stuttgart) – Franz Jung (Rowohlt Verlag Reinbek) – Siegfried Kracauer (Suhrkamp Verlag Frankfurt) – Karl Kraus (Kösel-Verlag München) – Rudolf Leonhard (Rowohlt Verlag Reinbek) – Heinrich Mann (Aufbau Verlag Berlin) – Klaus Mann (Heinrich Ellermann München) – Thomas Mann (S. Fischer Verlag Frankfurt) – Ret Marut (Büchergilde Gutenberg Frankfurt) – Walter Mehring (Claassen Verlag Düsseldorf) – Walter von Molo (Athenäum Verlag Königstein/Ts.) – Alfons Paquet (Lechte Verlag Emsdetten) – Rainer Maria Rilke (Insel-Verlag Frankfurt; Christoph Sieber-Rilke) – Joseph Roth (Kiepenheuer & Witsch, Köln) – Ludwig Rubiner (Aufbau Verlag Berlin) – Leopold Schwarzschild (Athenäum Verlag Königstein/Ts.) – Jura Soyfer (Europaverlag Wien) – Carl Sternheim (Luchterhand Verlag Neuwied und Darmstadt) – Ernst Toller (Hanser Verlag München) – Kurt Tucholsky (Rowohlt Verlag Reinbek) – Fritz von Unruh (Haude & Spenersche Verlagsbuchh. Berlin) – Armin T. Wegner (Verlag Peter Hammer Wuppertal) –Erich Weinert (Aufbau Verlag Berlin) – Friedrich Wolf (Aufbau Verlag Berlin) – Arnold Zweig (Aufbau Verlag Berlin) – Stefan Zweig (S. Fischer Verlag Frankfurt).